21 世纪全国高等院校物流专业创新型应用人才培养规划教材

U0826389

物流管理信息系统

主　编　傅莉萍　姜斌远

北京大学出版社
PEKING UNIVERSITY PRESS

内 容 简 介

本书是在总结编者多年教学经验的基础上编写的，将物流信息技术与物流信息系统融合在一起，力求内容新颖、结构合理；以理论为基础，着重实际应用；强调学生对物流信息化过程的一个整体了解。本书立足于普通高等院校学生的特点及未来从业的实际需要，根据物流管理的最新理论和实践成果，以物流管理信息系统涉及的主要环节为主线安排教材内容，同时兼顾理论的完整性。本书主要讲述物流信息系统基本技术、物流管理信息系统开发与管理，以及典型的物流信息系统，共9章。

本书可以作为普通高等院校物流管理专业的学生和培训机构的教学用书，也适合作为广大物流从业者的学习参考用书，还可供企业物流管理人员自学、提高之用。

图书在版编目(CIP)数据

物流管理信息系统/傅莉萍，姜斌远主编.—北京：北京大学出版社，2014.10

(21世纪全国高等院校物流专业创新型应用人才培养规划教材)

ISBN 978-7-301-24940-6

Ⅰ.①物…　Ⅱ.①傅…②姜…　Ⅲ.①物流—管理信息系统—高等学校—教材　Ⅳ.①F252-39

中国版本图书馆CIP数据核字(2014)第231166号

书　　名：物流管理信息系统

著作责任者：傅莉萍　姜斌远　主编

策 划 编 辑：李　虎　刘　丽

责 任 编 辑：刘　丽

标 准 书 号：ISBN 978-7-301-24940-6/U·0115

出 版 发 行：北京大学出版社

地　　址：北京市海淀区成府路205号　100871

网　　址：http://www.pup.cn　新浪官方微博:@北京大学出版社

电 子 信 箱：pup_6@163.com

电　　话：邮购部 62752015　发行部 62750672　编辑部 62750667　出版部 62754962

印 刷 者：三河市博文印刷有限公司

经 销 者：新华书店

787毫米×1092毫米　16开本　19.5印张　450千字

2014年10月第1版　2016年6月第2次印刷

定　　价：40.00元

未经许可，不得以任何方式复制或抄袭本书之部分或全部内容。

版权所有，侵权必究

举报电话：010-62752024　电子信箱：fd@pup.pku.edu.cn

21世纪全国高等院校物流专业创新型应用人才培养规划教材

编写指导委员会

(按姓名拼音顺序)

主任委员	齐二石			
副主任委员	白世贞	董千里	黄福华	李向文
	刘元洪	王道平	王海刚	王汉新
	王槐林	魏国辰	肖生苓	徐　琪
委　　员	曹翠珍	柴庆春	陈　虎	丁小龙
	杜彦华	冯爱兰	甘卫华	高举红
	郝　海	阚功俭	孔继利	李传荣
	李学工	李晓龙	李於洪	林丽华
	刘永胜	柳雨霁	马建华	孟祥茹
	乔志强	汪传雷	王　侃	吴　健
	于　英	张　浩	张　潜	张旭辉
	赵丽君	赵　宁	周晓晔	周兴建

丛书总序

物流业是商品经济和社会生产力发展到较高水平的产物，它是融合运输业、仓储业、货代业和信息业等的复合型服务产业，是国民经济的重要组成部分，涉及领域广，吸纳就业人数多，促进生产、拉动消费作用大，在促进产业结构调整、转变经济发展方式和增强国民经济竞争力等方面发挥着非常重要的作用。

随着我国经济的高速发展，物流专业在我国的发展很快，社会对物流专业人才需求逐年递增，尤其是对有一定理论基础、实践能力强的物流技术及管理人才的需求更加迫切。同时随着我国教学改革的不断深入以及毕业生就业市场的不断变化，以就业市场为导向，培养具备职业化特征的创新型应用人才已成为大多数高等院校物流专业的教学目标，从而对物流专业的课程体系以及教材建设都提出了新的要求。

为适应我国当前物流专业教育教学改革和教材建设的迫切需要，北京大学出版社联合全国多所高校教师共同合作编写出版了本套《21 世纪全国高等院校物流专业创新型应用人才培养规划教材》。其宗旨是：立足现代物流业发展和相关从业人员的现实需要，强调理论与实践的有机结合，从“创新”和“应用”两个层面切入进行编写，力求涵盖现代物流专业研究和应用的主要领域，希望以此推进物流专业的理论发展和学科体系建设，并有助于提高我国物流业从业人员的专业素养和理论功底。

本系列教材按照物流专业规范、培养方案以及课程教学大纲的要求，合理定位，由长期在教学第一线从事教学工作的教师编写而成。教材立足于物流学科发展的需要，深入分析了物流专业学生现状及存在的问题，尝试探索了物流专业学生综合素质培养的途径，着重体现了“新思维、新理念、新能力”三个方面的特色。

1. 新思维

(1) 编写体例新颖。借鉴优秀教材特别是国外精品教材的写作思路、写作方法，图文并茂、清新活泼。

(2) 教学内容更新。充分展示了最新最近的知识以及教学改革成果，并且将未来的发展趋势和前沿资料以阅读材料的方式介绍给学生。

(3) 知识体系实用有效。着眼于学生就业所需的专业知识和操作技能，着重讲解应用型人才培养所需的内容和关键点，与就业市场结合，与时俱进，让学生学而有用，学而能用。

2. 新理念

(1) 以学生为本。站在学生的角度思考问题，考虑学生学习的动力，强调锻炼学生的思维能力以及运用知识解决问题的能力。

(2) 注重拓展学生的知识面。让学生能在学习到必要知识点的同时也对其他相关知识有所了解。

(3) 注重融入人文知识。将人文知识融入理论讲解，提高学生的人文素养。

3. 新能力

(1) 理论讲解简单实用。理论讲解简单化，注重讲解理论的来源、出处以及用处，不做过多的推导与介绍。

(2) 案例式教学。有机融入了最新的实例以及操作性较强的案例，并对案例进行有效的分析，着重培养学生的职业意识和职业能力。

(3) 重视实践环节。强化实际操作训练，加深学生对理论知识的理解。习题设计多样化，题型丰富，具备启发性，全方位考查学生对知识的掌握程度。

我们要感谢参加本系列教材编写和审稿的各位老师，他们为本系列教材的出版付出了大量卓有成效的辛勤劳动。由于编写时间紧、相互协调难度大等原因，本系列教材肯定还存在不足之处。我们相信，在各位老师的关心和帮助下，本系列教材一定能不断地改进和完善，并在我国物流专业的教学改革和课程体系建设中起到应有的促进作用。

齐二石

2009 年 10 月

齐二石 本系列教材编写指导委员会主任，博士、教授、博士生导师。天津大学管理学院院长，国务院学位委员会学科评议组成员，第五届国家 863/CIMS 主题专家，科技部信息化科技工程总体专家，中国机械工程学会工业工程分会理事长，教育部管理科学与工程教学指导委员会主任委员，是最早将物流概念引入中国和研究物流的专家之一。

前　言

现代信息技术的飞速发展带动了传统物流向现代物流的转变，计算机技术的发展和互联网的普及更是促进了现代物流的巨大发展，企业物流管理与作业的信息化水平高低，已经成为区别现代企业与传统企业的重要标志，进行物流系统管理已成为发展的必然趋势。

物流管理信息系统是物流专业的主干课之一，教学重点不仅要求学习者掌握物流信息整合管理的基本理论、方法和模型，而且要求重点培养学习者的实践动手能力，其在物流人才培养体系中发挥着重要的作用。本书从企业物流管理应用的实际出发，介绍物流主要作业环节所引发的数据，以及如何将分散的数据集成系统管理。

本书力求将物流管理信息系统的知识体系进行整合与优化，达到知识点“全面而精准”的效果，从“理论—方法—操作”系统地对知识体系进行设计。突出“对物流管理信息系统的基本理论、构成、功能、应用、设计和管理”的主线，本书重视技术工具的熟练使用，培养学生的实践动手能力，各章有教学要求和关键知识点、引导案例和本章小结；设计了针对性的思考与练习，增强了教材的可读性和实践性，便于巩固所学的知识和培养掌握物流信息技术的能力；通过学习，使学习者理清物流管理作业各环节的脉络；每章提供了大量不同类型物流信息管理案例、丰富的知识资料，以供读者阅读，便于初学者把握学习的精髓。

本书共分9章，建议授课学时48学时。为了便于教师安排教学进度，本书给出专业必修课与相关专业选修课的课时建议，见下表。

章　节	必修课		选修课	
	理论课时	实验课时	理论课时	实验课时
第1章　物流管理信息系统概述	2		2	
第2章　物流管理信息系统开发与管理	4		2	2
第3章　订单管理信息系统	4	2	2	2
第4章　库存管理信息系统	4	4	2	2
第5章　运输管理信息系统	4	4	2	2
第6章　客户管理信息系统	4	2	2	2
第7章　物流成本管理信息系统	4	2	2	2
第8章　物流行业其他系统	2	2	2	2
第9章　物流管理信息系统应用	2	2	2	2
合计	30	18	18	16
	48		34	

本书由傅莉萍和姜斌远担任主编，张红坚参编，全书由傅莉萍统稿。第1、3、4、5、7、9章由傅莉萍编写，第2章由张红坚编写，第6、8章由姜斌远编写。

本书的出版获得广东培正学院教材建设立项资助，在此表示感谢！本书在编写过程中参阅了国内外许多同行的学术研究成果，参考和引用了所列参考文献中的某些内容，作者尽可能详尽地在参考文献中列出，谨向这些文献的编著者、专家、学者致以诚挚感谢！对可能由于工作疏忽或转载原因没有列出的，在此也表示万分歉意。

由于时间紧迫，编写力量有限，加之物流科学、信息技术日新月异，本书难免有不当之处，恳请同行、读者给予批评和指正，以便再版时改正。编者邮箱是 hzne999888@163.com，欢迎与我们联系交流。

编　者

2014 年 7 月

目　录

第1章 物流管理信息系统概述

【教学要求】

本章是全书的基础，着重介绍物流管理信息系统的基本知识，使读者对物流管理信息系统有初步的了解。

【关键知识点】

(1) 物流信息的概念与特征；
(2) 物流信息的功能与分类；
(3) 物流管理信息系统的构成；
(4) 物流信息平台的构成、功能和作用；
(5) 物流信息管理系统的功能和作用。

引导案例

海尔物流信息化建设

建立高效、迅速的现代物流系统，才能建立企业核心的竞争力。海尔需要这样的一套信息系统，使其能够在物流方面一只手抓住用户的需求，另一只手抓住可以满足用户需求的全球供应链。海尔实施信息化管理主要有以下两个目的。

(1) 现代物流区别于传统物流的主要特征是速度，而海尔物流信息化建设需要以订单信息流为中心，使供应链上的信息同步传递，能够实现以速度取胜。

(2) 海尔物流需要以信息技术为基础，能够向客户提供竞争对手所不能给予的增值服务，使海尔顺利从企业物流向物流企业转变。

解决方案：海尔采用了 EOS、EDI、GPS、GIS 等技术，组建自己的物流管理信息系统(Logistics Management Information System，LMIS)。

LMIS 实施后，打破了原有的“信息孤岛”，使信息同步而集成，提高了信息的实时性与准确性，加快了对供应链的响应速度，如原来订单由客户下达传递到供应商需要 10 天以上，而且准确率低，实施后订单不仅 1 天内完成“客户—商流—工厂计划—仓库—采购—供应商”的过程，而且准确率极高。

思考

信息化对企业意味着什么？

1.1 物流信息

1.1.1 物流信息概述

1. 概念

我国实施的国家标准“物流术语”中，对物流信息进行了以下定义：物流信息(Logistics Information)是反映物流各种活动内容的知识、资料、图像、数据、文件的总称。

物流信息是物流活动中各个环节生成的信息，是指与物流活动(如运输、保管、包装、装卸、流通加工等)有关的信息。一般是随着从生产到消费的物流活动的产生而产生的信息流，与物流过程中的运输、保管、装卸和包装等各种功能有机结合在一起，是整个物流活动顺利进行所不可缺少的物流资源，如运输工具的选择、运输路线的确定、在途货物的追踪、仓库的有效利用和订单管理等，都需要详细和准确的物流信息。

小知识

“物流”一词的来源

“物的流通”这个词最初是由英语“Physical Distribution”翻译而来的，开始时只在政府的有关部门中使用，后来，逐步流传到了民间；而将“物的流通”简称为“物流”并在企业界广泛使用，则已经是 20 世纪六七十年代的事了。

现代物流发展趋势是物流的信息化，现代物流也可看做是物资实体流通与信息流通的结合。在现代物流运作过程中，通过使用计算机技术、通信技术、网络技术等手段，大大加快了物流信息的处理和传递速度，从而使物流活动的效率和快速反应能力得到提高。建立和完善物流信息系统，对于构筑物流系统，开展现代物流活动是极其重要的一项工作内容。物流信息在物流系统中，既同其他物流功能一样表现成其子系统，但又不同于其他物流功能，它总是伴随其他物流功能的运行而产生，又不断对其他物流以及整个物流起支持保障作用。

2. 物流信息的特征

物流信息除具有信息的一般特性外，还具有以下特点，如图1－1所示。

图1－1 物流信息的特征

1）信息量大

物流信息随着物流活动及商品交易活动展开而大量发生，多品种少批量生产和多频度小数量配送使库存、运输等物流活动的信息大量增加。零售商广泛应用POS(Point of Sale System，销售时点信息系统)读取销售时点的商品价格、品种、数量等即时销售信息，并对这些销售信息加工整理，通过EDI(Electric Data Interchange，电子数据交换)向相关企业传送。同时，为了使库存补充作业合理化，许多企业采用EOS(Electronic Ordering System，电子订货系统)。随着企业之间合作倾向的增强和信息技术的发展，物流信息的信息量在今后将会越来越大。

2）更新快

多品种少量生产、多频度小数量配送、利用POS系统的即时销售使得各种作业活动频繁发生，从而要求物流信息不断更新，而且更新的速度越来越快。此外，物流信息动态性强，实时性高，信息价值衰减速度快，时效性强。因而对信息管理的及时性和灵活性提出了很高的要求。

3）来源多样化

物流信息不仅包括企业内部的物流信息(如生产信息和库存信息等)，而且包括企业之间的物流信息和与物流活动有关的基础设施的信息。物流信息的产生缘于物质实体的“位移”，与整个物流活动密切相关，涉及原材料供应商、企业生产制造商、中间环节的批发商和零售商，以及最终消费者市场(客户)流通的全过程，物流信息种类多、来源广，使得物流信息的搜集、分类、筛选、统计、研究等工作的难度增加。

4）物流信息趋于标准化

由于物流信息种类多，不仅本系统内部各个环节有不同种类的信息，且与其他系统

(如生产系统和供应系统)密切相关，企业竞争优势的获得需要供应链各参与企业之间相互协调合作。协调合作的手段之一是信息及时交换和共享。随着信息处理手段电子化，要求物流信息标准化。

现在，越来越多的企业力图使物流信息标准化和格式化，并利用 EDI 在相关企业之间进行传送，实现信息共享。

广角镜

XML

XML(Extensible Markup Language，可扩展标记语言)是 Web 上表示结构化信息的一种标准文本格式，是一个用来定义其他语言的源语言，它没有复杂的语法和包罗万象的数据定义。虽然目前 HTML 语言仍然是制作网页最常用的程序语言，但是它储存信息的能力却有很大的限制。相比而言，XML 就具有比较大的弹性，它允许程序员使用任何虚拟形态的信息，从简单的单笔数据到复杂的数据库。

3. 物流信息的功能

1）流程控制功能

物流信息的流程控制作用就是记录、控制物流活动的基本内容。例如，当收到订单，就记录了第一笔交易的信息，意味着流程的开始。随后按记录的信息安排存货，指导材料管理人员选择作业程序，指挥搬运、装货及按订单交货，都在物流信息的控制下完成。流程物流信息的主要特征是：程序化、规范化，作用上强调效率。

2）管理控制功能

物流服务的水平和质量及现有管理个体和资源的管理，要由信息系统做相关的控制。应该建立完善的考核指标体系来对作业计划和绩效进行评价和鉴别，这里强调了信息对加强控制力度的作用。通过移动通信、计算机信息网、电子数据交换、全球定位系统等技术能够实现物流信息处理网络化，如货物实时跟踪、车辆实时跟踪，以提高管理力度；又如通过每磅的运输和仓储成本、存货周转、供应比率等信息可以进行成本衡量、资产衡量、顾客服务衡量等功能衡量和报告。畅通的信息通道是物流运行控制、服务质量控制、成本控制的基本前提。

3）协调功能

沟通货主、用户、物流服务提供者之间的联系，满足各类货主、用户、中介服务人的需要，满足不同物流环节协同运作的需要。在物流运作中，加强信息的集成与流通，有利于工作的时效性，提高工作的质量与效率，减少劳动强度系数。例如，零售商与物流企业之间共享商品销售信息，物流企业可以据此预测库存情况并及时补货，使库存保持在最佳水平。

4）支持决策和战略功能

物流网络规划决策、运营线路设计与选择、仓库作业计划、库存管理、利用外部资源补充内部瓶颈资源、物流系统运行中的短期决策等管理工作都需要大量经过处理的信息支持，包括评估信息、成本—收益信息等。该层次的物流信息的特征是范围广、时间跨度大、非结构化程度高，作用上强调有效性而不是强调效率。

广角镜

VAN

VAN(Value Added Network，流通增值网)是VAN公司所经营的各种信息通信服务网络。利用VAN企业之间可以实现在线联络，不同的计算机可以实现数据交换。各行业、各地区有各种VAN，流通企业利用的网络称为流通VAN。在流通VAN中，EOS的数据传输方法被经常使用。

1.1.2 物流信息的内容

物流信息包括物流系统内信息和物流系统外信息两部分。

1. 物流系统内信息

物流系统内信息是指与物流活动(如运输、保管、包装、装卸、配送、流通加工等)有关的信息，如图1-2所示。它是伴随物流活动而发生的。

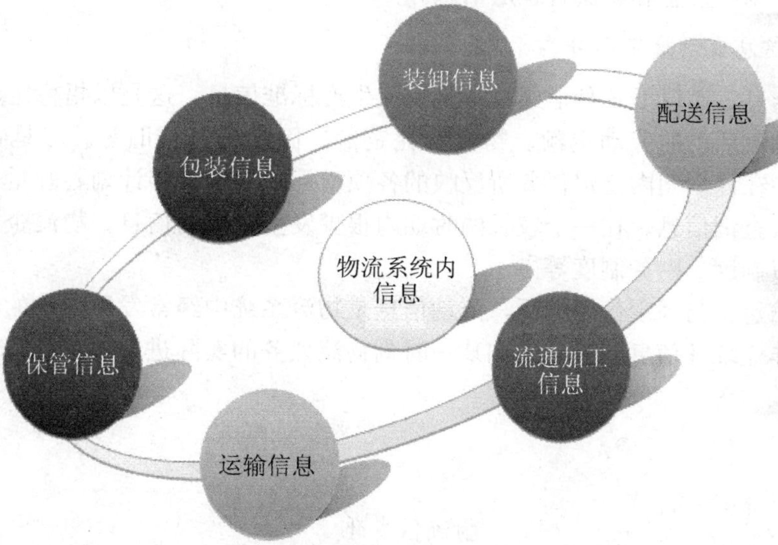

图1-2 物流系统内信息

在物流活动的管理与决策中，如运输工具的选择、运输线路的确定、在途货物的追踪、仓库的有效利用、订单管理等，都需要详细和准确的物流信息，因为物流信息对运输管理、库存管理和订单管理等物流活动具有支持保证的功能。

2. 物流系统外信息

物流系统外信息是在物流活动以外发生的，但提供给物流使用的信息，包括供货人信息、顾客信息、订货合同信息、交通运输信息、市场信息、政策信息，还有来自企业内生产、财务等部门的与物流有关的信息。

1.1.3 物流信息的分类

1. 按信息沟通联络方式不同分类

(1) 口头信息。通过面对面交谈所进行交流的信息。它可以迅速、直接传播，但也容易失真，与其他传播方式相比速度较慢。物流活动的各种现场调查和研究是获得口头信息最简单的方法。

(2) 书面信息。物流信息表示的书面形式，可以重复说明和进行检查。各种物流环节中的报表、文字说明、技术资料等都属于该类信息。

2. 按信息来源不同分类

(1) 外部信息。在物流活动以外发生但提供给物流活动使用的信息，包括供货人信息、客户信息、订货合同信息、交通运输信息、市场信息、政策信息，还有来自企业内生产、财务等部门的与物流有关的信息。

(2) 内部信息。来自物流系统内部的各种信息的总称，包括物流流转信息、物流作业层信息、物流控制层信息和物流管理层信息。

3. 按物流信息变动度不同分类

(1) 固定信息。有以下 3 种形式：一是物流生产标准信息。这是以指标定额为主体的信息，如各种物流活动的劳动定额、物资消耗定额、固定资产折旧等。二是物流计划信息。物流活动中在计划期内已定任务所反映的各项指标，如物资年计划吞吐量、计划运输量等。三是物流查询信息。在一个较长的时期内很少发生变更的信息。物流企业内的职工人事制度、工资制度、财务制度等。

(2) 流动信息。与固定信息相反，流动信息是物流系统中经常发生变动的信息。这种信息以物流各作业统计信息为基础，如某一时刻物流任务的实际进度、计划完成情况、各项指标的对比关系等。

小知识

物流信息化

物流信息化是指广泛使用现代信息技术，管理和集成物流信息，通过分析、控制物流信息和信息流来管理与控制物流、商流和资金流，提高物流运作的自动化程度和物流决策的水平，达到合理配置物流资源、降低物流成本、提高物流服务水平的目的。

1.1.4 物流信息管理

1. 物流信息管理的定义

物流信息管理是对物流经营活动中收集的数据经过加工处理、给予分析解释、明确意义后，对物流经营管理活动产生影响的数据资料。

从控制论的观点出发，物流管理过程就是物流作业信息的收集、传递、加工、判断和决策的过程。物流管理信息可以通过实物指标、劳动指标、价值指标和文字图表等形式表现，反映企业所进行的物流活动以及与之相关的外部环境状况，它是现代物流管理工作的依据。

小知识

数据

数据(Data，又称为资料)是用来对客观事物的性质、状态，以及相互关系等进行记录，并且可以鉴别的物理符号，也就是说，数据就是可以识别的、抽象的符号。

计算机信息系统中所说的数据，不同于数学上的数值，其符号形式不仅指数字，而且还包括字符、文字、图形和声音等。

例如，一个制造业企业物流的过程如图 1－3 所示，原材料的购进(供应商与供应科)→产品的生产(生产部门)→产品推向市场(销售科与客户)，该物质实体“位移”过程是单向的。伴随物流产生了众多的信息流，而其中许多信息流发生于不与物流直接相关的部门，例如，财务科和管理部门。信息流反映的是物流的状态，要求有反馈，即信息流是双向的，用来控制和调节物流。又如，外部“供应商”通过企业的“供应科”向该企业供应原材料(物流)，伴随物质实体这一“位移”产生的信息流是供应科→供应商→采购单；信息流向：生产部门→管理部门→生产计划→供应科→领料单(信息)以得到供应科提供的原材料(物质实体)，并生产出产品(物质实体)交付销售科，而销售科通过市场销售了解客户的需求变化，并将客户的订货单→用户要求→生产部门，生产部门再将生产报表→管理部门→生产计划(信息)物流信息管理，就是要对物流的数量、方向、速度进行控制和调节，使信息流按一定的目的和规则运动。

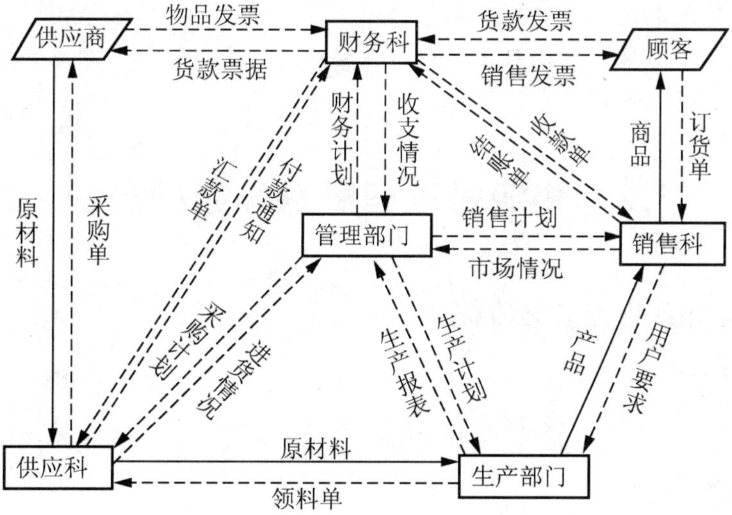

图 1－3　制造业企业物流的过程

2. 物流信息管理的作用

一般人们认为信息流是伴随物流的产生而产生的，但是随着信息技术的发展和应用，信息及信息流的作用由过去单一的、被动的作用转变为多方的、主动的作用。一类信息流先于物流的产生，它控制物流产生的时间、流动的大小和方向，引发、控制、调整物流，主要是各种决策、计划、用户的配送加工和分拣及配货要求等；另一类信息流则与物流同步产生，例如，运输信息、库存信息、加工信息、货源信息、设备信息等，它们反映物流的状态。前者是计划信息流或协调信息，后者为作业信息流，如图 1－4 所示。

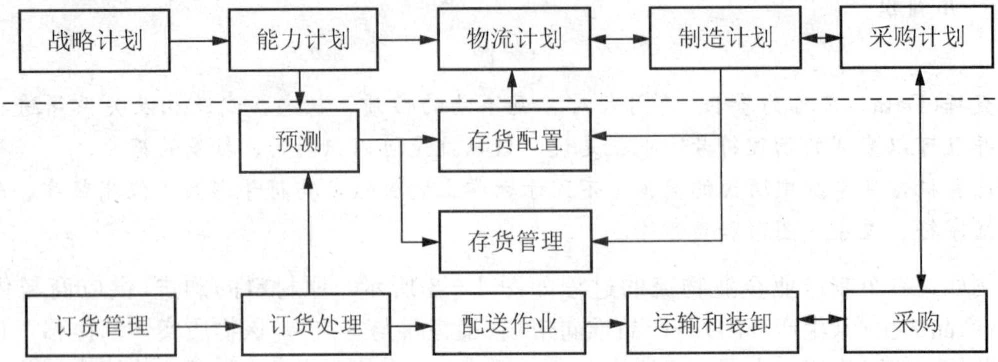

图 1－4 物流管理信息作用

图 1－4 说明管理信息是企业的宝贵资源也是科学决策的依据。

小贴士

第三利润源

企业追求利润，其第一利润源是“增加销售额”；第二利润源是“降低制造(采购)成本”；第三利润源就是引人注目的“降低物流成本”。在结束经济高速增长的 20 世纪 70 年代，出现了销售额上不去的情况，因而也不可能降低制造成本。这时，被称为“黑暗大陆(未开拓的领域)”的物流，开始为人们所关注。

降低物流成本的效果，可以与扩大销售额相媲美。这种第三利润源的理论，具有较充分的说服力，为经营层所认可。

1.2 物流管理信息系统结构模型

1.2.1 管理信息系统定义与特征

1. 系统的定义

系统指在一定环境中，为了达到某一特定功能而相互联系、相互作用的若干个要素所组成的一个有机整体。

例如，物流公司就是一个系统，它是由员工、场地、物流设施设备、资金、部门、商品和信息等组成的，为了有效地实现商品物资流通，以最好的方式组织和运输产品，在满足消费者商品需求的同时，从中获取最大利润。

2. 系统的模型表示

输入、处理、输出是组成系统的 3 个基本要素，加上反馈功能就构成一个完整的系统，如图 1－5 所示。

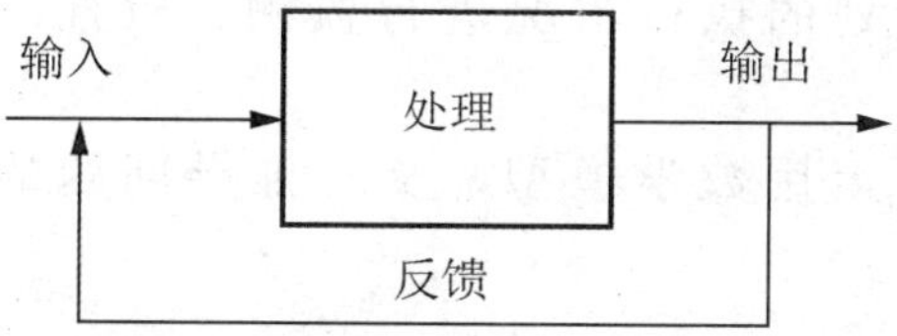

图 1-5 系统模型

3. 系统的特征

根据上述系统的含义，可以得到系统具有的特征是：①整体性；②目的性；③系统的层次性；④系统的关联性；⑤环境适应性。

1.2.2 管理信息系统的组成与功能

1. 管理信息系统的组成

一般来说，管理信息系统由以下 3 个部分组成。

(1) 数据处理部分。完成数据的采集、输入、处理、存储、查询、运算和输出等。

(2) 数据分析部分。在数据处理的基础上，对数据进行深加工，如利用各种管理模型、定量定性分析方法、程序化方法等，对组织的生产经营情况进行分析。

(3) 管理决策部分。管理信息系统的决策模型多限于以解决结构化的管理决策问题为主，其结果是要为高层管理者提供一个最佳的决策方案。

小知识

供应链管理

企业从原材料和零部件采购、运输、加工制造、分销直至最终送到顾客手中的过程被看成是一个环环相扣的链条，这就是供应链。

因此，供应链管理就是指对整个供应链系统进行计划、协调、操作、控制和优化的各种活动和过程，目标是要将顾客需要的正确的产品(Right Product)能够在正确的时间(Right Time)，按照正确的数量(Right Quantity)、正确的质量(Right Quality)和正确的状态(Right Status)送到正确的地点(Right Place)——即“6R”，并使总成本最小。

供应链对上游的供应者(供应活动)、中间的生产者(制造活动)和运输商(储存运输活动)，以及下游的消费者(分销活动)同样重视。

2. 管理信息系统的功能

一个完整的管理信息系统应该具有以下功能。

(1) 数据处理。完成数据的收集、输入、传输、存储、加工处理和输出。

(2) 事务处理。将管理人员从繁重的事务处理中解脱出来，以从事创造性劳动。

(3) 预测功能。运用数学、统计或模拟等方法，根据过去的数据预测未来的情况。

(4) 计划功能。安排各部门的计划，并按照不同的管理层提供相应的计划报告。

(5) 控制功能。对计划的执行情况进行监测、检查，辅助管理人员及时加以控制。

(6) 辅助决策功能。运用数学模型，及时推导问题的最优解，辅助管理人员决策。

1.2.3 物流管理信息系统概要

1. 物流管理信息系统结构

物流管理信息系统是一个以人为主导，利用计算机硬件、软件、网络通信设备，以及其他办公设备，进行物流信息的收集、存储、传输、加工、更新和维护，以支持物流管理人员、行业中高层决策、中层控制、基层运作的领导者控制物流运作的人机系统。物流管理信息系统结构如图 1－6 所示。

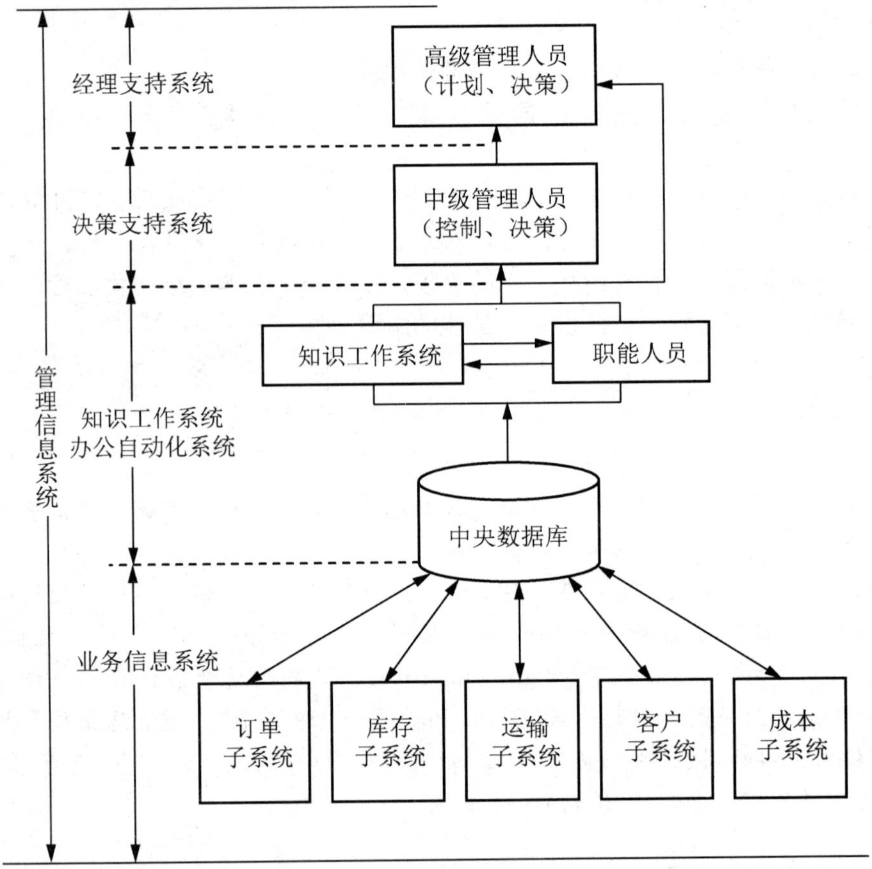

图 1－6　物流管理信息系统结构

2. 建立物流管理信息系统的意义

现代物流管理以信息为基础，因而建立物流信息管理系统越来越具有战略意义。

(1) 在企业日益重视经营战略的情况下，建立物流信息管理系统是必要的、不可缺少的。具体来说，为确保物流竞争优势，建立将企业内部的销售信息管理系统、物流信息管理系统、生产供应信息综合起来的信息管理系统势在必行。

（2）随着信息化的发展，各企业之间的关系日益密切。如何与企业外部销售渠道的信息管理系统、采购系统中的信息管理系统，以及运输信息管理系统连接起来，将成为今后重点研究的课题。

（3）企业物流已经不止是一个企业的问题，进入社会系统的部分将日益增多。在这种形势下，物流信息管理系统将日益成为社会信息管理系统的一个重要组成部分。

（4）物流信息管理可以缩短物流管道，物流管道缩短是指物流周转时间和存货的减少。一般来讲，物流备货时间大于顾客订单周期，要克服备货时间差距的唯一办法就是保持存货。存货量根据预测确定，预测误差会导致存货的过剩或不足。为缩短管道长度，必须尽可能地减少或消除存货，同时使物流备货时间与订单周期一致。物流信息化管理可以提高物流作业速度，优化物流流程，减少物流备货时间。

（5）实现物流系统化管理。现代物流的核心理念在于系统化，主要是通过整合各种物流功能和物流资源来实现系统化管理，达到整体效益最优，创造出整体竞争优势。

3. 物流管理信息系统所要解决的问题

（1）缩短从接受订货到发货的时间间隔。

（2）库存适量化(压缩库存并防止脱销)。

（3）提高搬运作业效率。

（4）提高运输效率。

（5）使接受订货和发出订货更为省力。

（6）提高接受订货和发出订货精度。

（7）防止发货和配货出现差错。

（8）调整需求和供给。

（9）信息咨询。

（10）提高成本核算与控制能力。

4. 物流管理信息系统的构成

物流信息系统是根据系统目标的需要，对输入的大量数据进行加工处理，代替人工处理烦琐、重复劳动，为决策提供及时、准确的信息。

可以认为，物流信息系统就是由一系列相互关联的元素组成的集合，它可以输入数据、经过处理、输出信息，并提供反馈、控制机制以实现某个既定目标。

从结构功能上来看，信息管理系统一般包括信息处理系统和信息传输系统两个方面。信息系统的基本结构如图 1－7 所示，其基本组成为：信息源、信息接收者、信息处理器、信息传输通道和信息管理者。

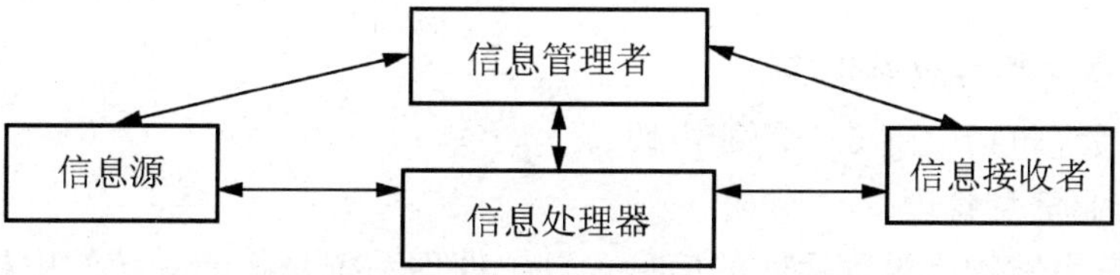

图 1－7　物流管理信息系统的基本结构

小贴士

物流管理组织

很久以前，在物流活动还包含在生产、销售活动中时，其管理部门也作为生产等部门的附属部门而存在，但其地位低，物流岗位也得不到承认。但是，随着物流一体化思想的发展，人们认识到物流的重要性，成立了独立的物流管理组织。现在，这些部门除了承担物流管理外，还期待其承担与信息部门、政府部门的联络职能。

1.2.4 物流管理信息系统模型

1. 物流管理信息系统模型结构

物流管理信息系统模型结构如图 1－8 所示。

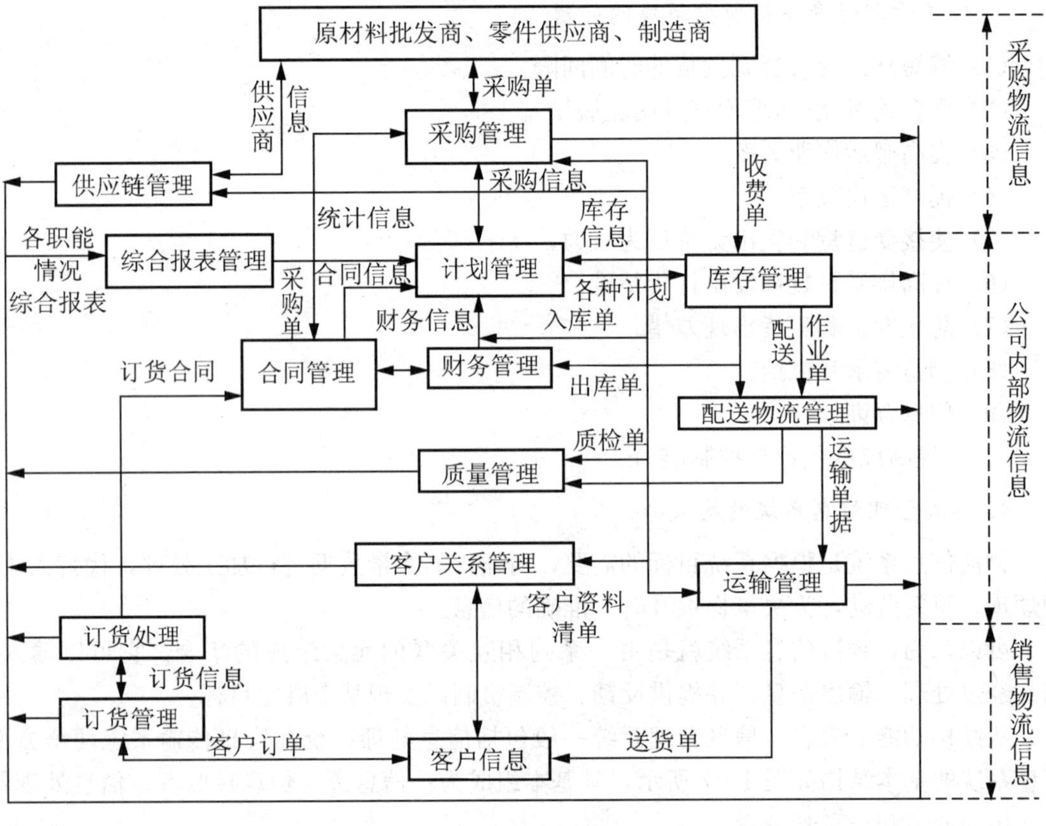

图 1－8 物流信息系统模型结构

2. 物流信息系统的功能模块

物流信息系统包括以下 5 个功能模块。

1）订单作业信息管理

客户订单是引发物流过程运转的信息，订单处理系统是物流系统的中枢。信息流的速度与质量直接影响整个运作过程的成本与效率。低速、缺乏稳定性的信息传输不但会导致失去客户，而且还会增加运输、库存和仓储成本。订单处理系统能够为提高物流绩效水平提供巨大潜力。

2）库存业务信息管理

库存管理系统以物的管理为基础，重点管理实际物品的入库、出库、库存，以及所产生的信息。

3）运输与配送信息管理

配送中心管理最低存货水平的高需求物品，主要在接收和运输两个环节处理产品。因而配送中心收集和控制的数据信息是实时的，配送中心建立的目标是在达到客户交货要求时，实现利润最大化。其管理系统对信息的管理主要是在配车计划和单据操作两方面。

4）客户信息管理

客户信息管理是对客户的信息、合同、信息查询等进行管理。

5）物流成本信息管理

该模块功能，对物流成本计算对象的3个维度进行了整合，物流成本信息使用者可从该表中了解到详尽的物流成本信息，既可以了解不同物流功能成本及存货相关成本的发生额，又可以了解不同物流范围的成本发生额；既可以了解单项物流成本项目在不同物流范围的成本明细额，又可以了解单一物流范围所发生的不同的成本项目明细额；既可以了解内部自营物流成本及其具体的成本项目和物流范围成本发生额，又可以了解委托物流成本及其支出明细。

1.2.5 物流业务信息系统的内容

物流信息系统按其实现的功能不同可分为：订单处理系统、库存管理系统、运输与配送管理系统、客户管理系统、物流成本管理系统等；按照货运的基本模式不同又可分为：公路、铁路、航空、船舶、管道5种不同的货运管理信息系统；另外还有一些更为新颖的或与最新信息技术结合的物流管理信息系统问世并投入使用，例如，货物配载系统、智能化道路交通系统、地理信息系统等。这些子系统构成了物流信息系统的内容。

1. 按企业物流信息系统的功能不同划分

1）订单处理系统

客户订单是引发物流过程运转的信息，订单处理系统是物流系统的中枢。信息流的速度与质量直接影响整个运作过程的成本与效率。低速、缺乏稳定性的信息传输不但会导致失去客户，而且还会增加运输、库存和仓储成本。订单处理系统能够为提高物流绩效水平提供巨大潜力。

广角镜

提单

提单(Bill Of Lading，BOL)是购买运输服务所使用的基本单证。它对所装运的商品和数量起到了收据和证明文件的作用，因此，对货物进行精确地描述和点数是至关重要的。在货物发生灭失、损坏或延误的情况下，提单是请求损害赔偿最基本的证明。提单所指定的个人或买主是货物唯一真实的受领人，承运人则有责任按照提单上所载明的指示适当地交付货物。事实上，因完成了货物交付才使货物实际转移了物权。

2）库存管理系统

库存管理系统以物的管理为基础，重点管理实际物品的入库、出库、库存，以及所产生的信息。

3）运输与配送管理系统

配送中心管理最低存货水平的高需求物品，主要在接收和运输两个环节处理产品。因而配送中心收集和控制的数据信息是实时的，配送中心建立的目标是在达到客户交货要求时，实现利润最大化。其管理系统对信息的管理主要在配车计划和单据作业两个方面。

4）客户管理系统

客户管理是物流管理中的一个重要环节，以客户为中心的企业管理理论、商业理念和商业运作模式，是通过客户管理信息系统应用来提高企业收益、客户满意度、雇员生产力的。

5）物流成本管理系统

物流成本管理系统具备的功能有：初始数据设置、物流费用归集、物流成本分析、物流成本支付管理、物流分配计算。

2. 按货运的基本模式不同划分

1）公路货运信息系统

公路货运信息系统主要管理的内容包括：货运基础档案、货运业务处理和货运跟踪查询。货运基础档案包括车辆基础档案、驾驶员基础档案、配送中心(仓库)基础档案，以及企业对码头、火车站、机场等信息建立档案的管理；货运业务处理包括接收托运人订单、送货单确认、车辆预订、车辆配载、货运线路优化、发车管理、途中监控、到站管理、货运异常信息处理、货运签收单维护等；货运跟踪查询是将托运人信息、承运人信息和客户信息通过管理信息系统进行管理，对货运作业、可用车辆、车辆行驶路线、货物移动情况和运费等进行查询和跟踪。

2）铁路货运信息系统

铁路货运按照一批货物的重量、体积、性质、形状，可以分为整车运输、零担运输和集装箱运输3种。以整车运输为例说明铁路货运管理的信息内容。如果一批货物的重量、体积、性质或形状需要一辆或一辆以上铁路货车装运(除集装箱货运)，就属于整车运输。

3）航空货运信息系统

航空货运的基本作业包括发送作业、途中作业和到达作业。其管理的主要内容是航空货运单上需要填写的内容，包括托运人名称和地址、托运人账号、收货人名称和地址、收货人账号、始发站、路线和目的站、运费、托运人向承运人声明的货物价值、到站、保险金额、件数、毛重、货物品名及体积等。

广角镜

HAWB是什么单证？它与MAWB有什么关系？

HAWB是House Air Waybill的简称，即航空分运单，由运输行签发(该运输行本身没有飞机)。运输行将揽收后拼装的货物交航空运输公司，由航空运输公司签发的运输单据是Master Air Waybill，简称MAWB。

4）船舶货运信息系统

船舶货运信息管理的基本内容是提出货物运单上的各项目。管理信息系统除提供上述日常业务操作数据外，利用收集的客户信息还可提供重要的决策之用。也就是说，将数据资料转化成有用的信息，供决策者参考。承运人所做的决策有战术层的，也有战略层的。例如，承运人的一个战术层的运输决策可能是如何分配驾驶员和运输工具，从而使空载路程最短、收入最多；承运人的一个战略的运输决策可能是根据对未来5年内货运流量的预测来决定运输车队的规模大小。战术决策受到战略决策的影响，反之亦然。托运人和收货人也做这样的决策。

5）管道货运信息系统

管道货运信息系统管理的内容是通过系统控制中心对管道运输的过程进行控制和管理。任务就是控制运量、调整泵站压力、货物计量、运输过程的信息管理等。管道运输具有高度自动化，良好的信息系统控制中心配合现代的监测器及熟练的管理与维护人员，随时检测、监视管道运输设备的运转情况，可以防止意外事故发生时所造成的漏损及危害。

小知识

提前装船通知

提前装船通知(Advanced Shipment Notice，ASN)包含：船名、航次、提单号等内容，就是发送给客户的一个货物相关信息通知文件。

1.2.6 运输过程所需信息

运输过程所需信息可以分为交易前、交易中、交易后3种。信息的管理关键在于信息系统的集成，信息对于托运人和收货人之间的运输过程是非常必要的，这是连接所有供应链伙伴所必需的。

1. 交易前的信息

交易前的信息包括计划运输所需的信息，交易中的信息包括货物到达承运人处时所需的信息，交易后的信息包括交货后所需的信息。表1-1说明了托运人、承运人和收货人对3种信息的需求，以及三方之间的信息流必须合成以确保货物如期如约到达。在交易前，托运人需要采购订单信息、进行可能的预测，以便选择有能力的承运人并作出决策，托运人还需要从承运人处获知可用设备情况和计划提货时间这样的信息。从战略上，承运人需要从托运人处获知预测的数量，以便适当地计划运载量。从战术上，承运人需要从托运人处获知他所期望的提单(BOL)信息及期望交货和取货的时间。收货人需要从托运人处获知提前装船通知(ASN)及从承运人处(或在ASN上的托运人处)获知计划交货时间。

2. 交易中的信息

在交易中，三方都需要得知货物情况，例如，货物是否按计划到达？许多承运人都通过信息技术，例如，卫星跟踪、车载电脑、条形码来监控货物情况。一般来说，货物信息是由承运人掌握和提供的。通常，这些信息都是另外处理的，只有在交货时间或货物需求发生变化时才通知托运人和(或)收货人。

表 1-1 运输过程所需信息

运输活动	信息使用者		
	托运人	承运人	收货人
交易前	采购订单信息 预测 可用设备	提单信息 预测 取货/交货时间	提前装船通知 交货时间
交易中	货物情况	货物情况	货物情况
交易后	运费清单 承运人业绩 交货证明 索赔信息	付款 索赔信息	承运人业绩 交货证明 索赔信息

3. 交易后的信息

交易后，如果货物是船上交货，即按离岸价格(FOB)交货，需要从承运人处取得运费清单及交货证明(POD)和承运人业绩的其他证明，例如，货损或索赔信息。承运人需要从托运人处获知承运人业绩情况，例如，是否按时、无货损等，以及从托运人或承运人处得到交货证明(POD)，以便开始对托运人就产品进行付款。这些不同类型的信息及它们的流动如图 1-9 所示。所以，运输过程中一个严密操作的环节是承运人、托运人和收货人之间信息流的合成。

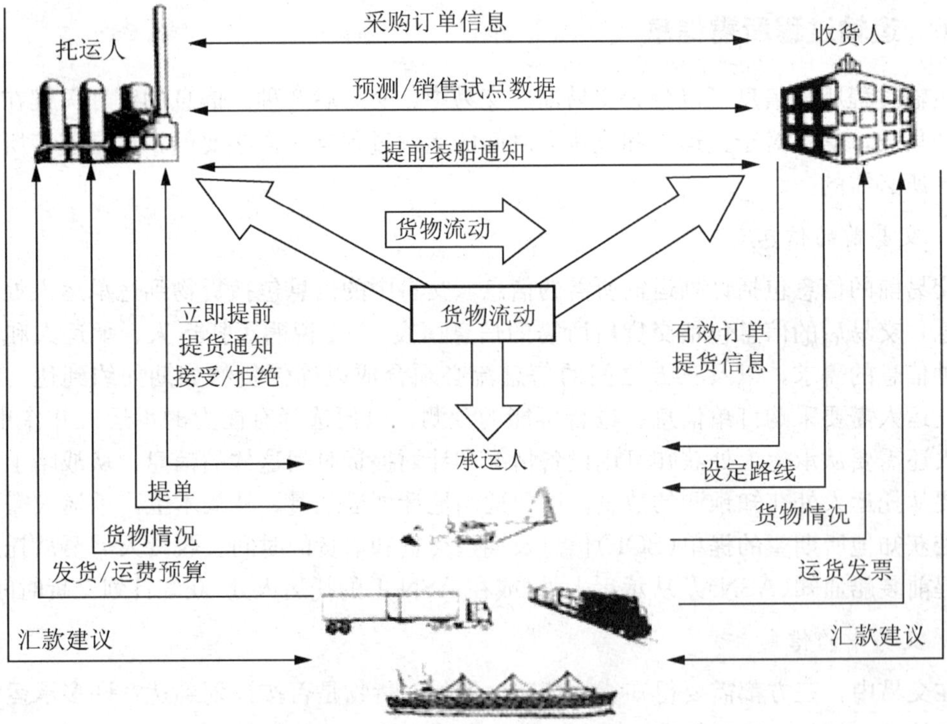

图 1-9 运输活动交易前、交易中、交易后信息流示例

小知识

离岸价格

离岸价格(Free On Board，FOB)涉及装船的问题，装船是FOB合同划分风险的界线，国际上不同惯例对装船的解释不尽一致。按国际商会*Incoterms*(International Commercial Term)规定：卖方负担货物在装运港越过船舷为止的一切风险，即当货物在装运港越过船舷时，卖方即履行交货任务。卖方的交货点(Point of Delivery)是船舷(Ship's Rail)，买方自该交货点起，负担货物灭失或损坏风险。但《1990年通则》规定是可以被买卖合同的具体规定或买卖双方确立的习惯做法所超越或改变的。因此，在实际业务中，FOB合同的卖方，往往根据合同规定或双方确立的习惯做法，负责将货物在装运港实际装到船上，并提供给卖方已装船收据或提单。

1.3 物流信息平台

1.3.1 物流信息平台的含义

物流信息平台是现代物流业的重要组成部分，对物流供应链上基于信息交换与共享的企业间协作运营起着基础性的支撑作用。物流信息平台可从广义和狭义来划分。广义的物流信息平台是指全球定位系统(Global Positioning System，GPS)、地理信息系统(Geographical Information System，GIS)、电子商务等多种技术在仓储、货运代理、联运、集装箱运输及政府管理等物流相关领域的集成应用。例如，2004年9月浙江杭州中药饮片物流信息平台通过了省经贸厅组织的专家鉴定。目前已有多家产品供应厂家进入系统，二十多家医疗机构接入系统。该平台推动了现代化的物流配送和定量小包装的中药饮片，减少了医院的中药库存，增加了中药饮片的新鲜度。狭义的物流信息平台是指具体提供各类物流信息的特定软硬件基础设施，软硬件基础设施的建设、管理和维护，以及信息的发布是专业组织，如物流服务中介组织、物流企业等，该类组织为广大的客户提供物流信息，是依托区域综合物流信息服务中心的一种重要基础系统。

资料

汽车网络交易市场是由美国汽车制造商及其供应商共同发起的一项行动，计划开发一个安全、高性能和高度可靠的外部商务网络平台，成员企业可以利用该商务网络平台交换计算机辅助设计和制造系统产生的大量设计数据。他们认为，汽车及其零部件的合作设计将会减少汽车供应链中的时间和成本。

1.3.2 物流信息平台的功能

物流信息平台的功能包括基本功能和扩展功能两大部分。基本功能对应于狭义物流信息平台的业务处理；扩展功能涵盖了广义物流信息平台在先进的信息技术与设备支撑下的业务领域。

1. 基本功能

(1) 数据交换功能。主要指电子单证的翻译、转换和通信，例如，网上报关、报检、结算、缴(退)税、许可证申请、客户与商家的业务往来等与信息平台连接的用户交换信息。这是信息平台的核心功能。

资料

罗塞塔网络(Rosettanet)是美国高技术和电子行业的一项行动，该行动的重点在于建立业务流程集成的标准和工具，通过标准化的界面流程，使供应链成员企业之间实现更加复杂的知识交换。其中一项功能是自动更新分销商的在线目录中的制造商的产品信息。这一自动化更新过程，提高了速度和准确性，使整个行业都有所获益。

(2) 信息发布功能。企业通过 Internet 连接到 Web 货运信息网上，例如中国货运信息网、传化物流网等，就可获得站点提供的物流信息。这些物流信息包括专业物流信息平台提供的水/陆运价格、新闻和公告、政务指南、航班船期、货源和运力、空车配载、铁路车次、适箱货源、联盟会员、政策法规、职业培训等信息。

(3) 会员服务功能。主要包括会员单证管理、会员的货物状态和位置跟踪、交易统计、交易跟踪、会员资信评估等。该功能可为注册会员提供个性化服务。

(4) 在线交易功能。物流信息平台的交易系统为供需双方提供一个虚拟交易市场，供方和需方均可发布和查询信息，对自己感兴趣的信息可与发布者进行洽谈，交易系统可为双方提供交易撮合。

2. 扩展功能

(1) 智能配送功能。即利用物流中心的运输资源、消费者的购物信息和商家的供货信息，寻求最优化的配送方案，尽可能地降低配送成本。信息平台提供的信息用以有效解决路线的选择、配送的车辆类型、配送的发送顺序、客户限制的发送时间等问题。

(2) 货物跟踪功能。指采用全球定位系统(GPS)、地理信息系统(GIS)跟踪货物的状态和位置。用户可通过呼叫中心或 Web 站点获得跟踪信息。

(3) 库存管理功能。充分利用物流信息平台提供的信息，对整个供应链进行有效的整合，使库存量在满足客户需求的条件下达到最低。

(4) 决策分析功能。通过对已有数据的分析，例如，设施选址、客户服务分析等，协助企业管理层鉴别、评估和比较在物流战略层面制定的可选方案。

(5) 金融服务功能。利用物流信息平台实现银行、保险、税务、外汇等金融服务。物流信息平台对金融服务只起信息传递作用，具体业务需在相关部门内部处理，处理结果通过信息平台返回客户。

资料

Transora 是美国消费品行业的一项行动。Transora 建立了一个企业之间的全球化电子市场，该电子市场使制造商能够利用互联网商务平台来简化与其全球的供应商、客户和分销商之间的业务交易过程。Transora 是一家独立的公司，由行业内的公司所有并进行投资。在2000年6月，49家消费品公司已经投入了将近25 000万美元的资金来资助Transora。Transora支持跨越公司的普遍的合作，提供一批基于互联网的服务和交换的连接，从而达到提高效率、改进与客户和消费者之间交互作用的目的。电子化市场有望引导整个消费品行业的改革，它在许多方面为整个供应链提供了突破性的收益，最终将收益传递到消费者，所涉及的方面包括：消费者促销、合作型计划、预测和补货、供应商管理库存、行业能力管理、端点到端点的物流等。

在未来，供应链将采用网络化的技术和业务流程来对消费者和客户需求作出反应，在更高的效率和反应能力的水平上优化结构和绩效。在供应链成员企业之间、供应商网络之间以及整个行业市场上，新的电子商务信息交换方法正在不断地被开发出来。公司的成功需要对组织未来电子商务角色进行规划。

1.4 物流信息技术

1.4.1 信息技术概述

1. 概念

信息技术(Information Technology，IT)泛指凡是能拓展人的信息处理能力的技术。目前来看信息技术主要包括传感技术、计算机技术、通信技术和控制技术等，它替代或辅助人们完成了对信息的检测、识别、变换、存储、传递、计算、提取、控制和利用。

传感技术扩展了人的感觉器官能力，主要完成对信息的识别、收集等。例如，在企业物资管理中，物资入库时，将入库的物资搬到磅秤上，保管员抄磅秤数，然后将数据输入计算机中已经成为历史。现在有了汽车磅，当装载入库物资的汽车上了汽车磅后，入库数量一次被采集、输入计算机，从而既提高数据的准确性、及时性，又减轻了工人的劳动强度。

计算机技术以高速的计算能力以及“海量”的存储能力扩展了人的大脑能力，包括计算、记忆能力，可以完成信息的加工、存储、检索、分析等。由于计算机的特点，使以前难以解决甚至无法解决的问题得以解决。如在库存信息处理方面，对时常需要的库存数据、图表，计算机很快给出结果，使及时补充库存、调整库存商品种类、减少冗余库存、合理安排运输路线和装运量、节约资源等方面都有了有效的改进和提高。

通信技术则通过扩展人的神经系统能力来实现信息的传递。过去，人们传递信息主要依靠口头、书信、电话电报等方式。以资金周转为例，在使用传统方法进行资金流通结算时，国内一般需要一个星期，国际一般需要半个月左右；实现网络化后，国内国际的资金流通结算均可在24小时甚至更短时间内完成。

2. 信息技术对企业的影响

信息技术的应用随着企业生产及其管理的要求向广度和深度发展。新信息技术的使用将对企业产生很大影响，信息技术不仅可以改变企业的价值链，而且还可以改变企业与其竞争者之间的竞争对比，从而为企业创造竞争优势带来了新的可能性。这种影响分为以下4个方面。

1）创造成本优势

信息技术主要从以下方面来构建企业的成本优势：首先，信息技术减少企业与消费者、原材料供应商之间的环节，缩短路径距离而降低企业交易成本，从而提高企业成本优势。其次，良好的信息技术系统可以减少企业成品、半成品及其原材料的库存量，降低了管理成本，从而提高企业成本优势；最后，信息技术的应用尤其是电子商务的迅速发展，使每个用户能非常方便、快捷、低廉地在网上完成交易全过程，从而大大降低了企业的交易成本，形成成本优势。

2）创造差异化优势

信息技术为企业创造的差异化优势有以下两个方面。

(1) 提高买方价值，满足个性化需求。信息技术的应用，能够使消费者与企业之间建立良好的沟通渠道，从而使经营者迅速了解、分析顾客的个性化需求成为可能。例如，Dell就是让客户可通过自动订货系统选择自己喜爱的电脑配置，然后由公司组装、调配、送货，从而更好地满足顾客个性化需求，达到提高买方价值的目的。

(2) 提高服务质量，形成服务差异化优势。例如，中国的海尔，在产品不断创新、质量不断提高、品牌国际化的前提下，积极提高售后服务质量，主动上门提供规范化、专业化的海尔星级服务，从而赢得了消费者的好评，维持了老顾客，创造了新顾客。

3）改变竞争方式

信息技术几乎彻底改变了企业传统的竞争方式。这种改变主要表现在以下3个方面。首先，信息技术使企业与企业之间直接面对中间商的竞争逐步改变为直接面向消费者的竞争；其次，信息技术是企业从以往的以产品或服务设计为管理为中心的竞争模式，转变为以产品或服务销售为中心的竞争模式；最后，由以往的产品或服务成本与质量的有形竞争转变为争取消费者信心的虚拟竞争。

4）信息技术极大地扩展竞争领域

信息技术不仅改变企业竞争方式，而且极大地扩展了企业竞争领域。

(1) 信息技术(尤其是互联网技术)的“时空压缩”效应，使企业信息交流变得直接和简单，网上竞争日趋激烈。企业竞争由有形向无形转化，竞争模式变得日趋隐蔽和变化多端。

(2) Internet的迅速发展使整个世界越来越小，形成了所谓的“地球村”。“时空放大”效应使企业可以选择的供应商、销售商、制造商、目标市场等范围扩大了，这意味着企业的竞争环境由区域化向全球化发展，即竞争范围的扩大。而企业本身在地理位置上的分布也越来越广，跨国企业在越来越多的国家建立了子公司。

1.4.2 常用的物流信息技术

物流信息技术是指运用于物流领域的信息技术。在物流领域中，广泛采用的信息技术主要包括条形码技术、射频技术(Radio Frequency，RF)、无线射频识别(Radio Frequency Identification，RFID)、地理信息系统(Geographic Information System，GIS)、全球定位系统(Global Positioning System，GPS)、电子数据交换(Electronic Data Interchange，EDI)、万维网(World Wide Web，WWW)技术等。信息技术的出现与普及运用，为现代物流在更大范围的信息共享与交互提供了基础平台。

1. 数据自动识别与数据采集技术

数据自动识别和数据采集是收集物流信息的技术。通过数据的自动识别和采集，可保证物流各环节高速、准确地获取数据，实现实时控制。

从20世纪90年代中期开始，随着零售业在我国的勃然兴起，自动识别与数据采集技术(Automatic Identification and Data Capture，AIDC)作为提升零售业自动化水平的强有力工具，也得到广泛的应用。自动识别与数据采集技术的核心内容在于能够快速、准确地将现场的庞大数据有效地登录到计算机系统的数据库中，从而加快物流、信息流、资金流的速度，明显地提高了商家的经济效益和客户的服务水平，如图1-10所示。

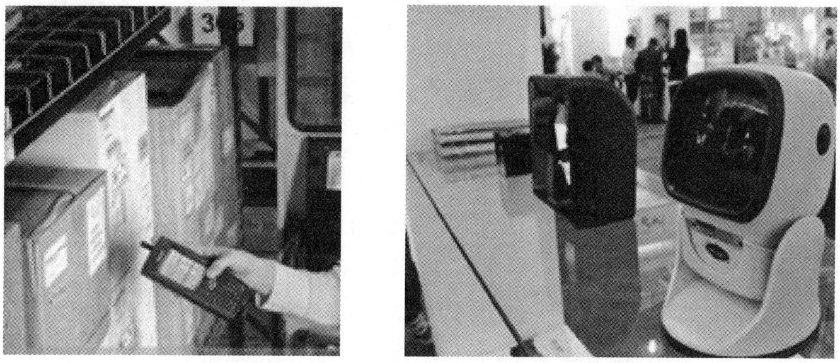

图1-10 配送中心自动识别技术应用

AIDC包括许多技术，可以提供处理不同的信息收集、传递问题的方法。这些技术包括条码技术，电子标签(RFID：无线射频识别和数据传递技术)、磁条磁卡技术、声音图像识别系统、光学字符识别技术、生物统计识别方法等。

1）条形码

条形码是最早的也是最著名和最成功的自动识别技术。在超市购买的各种商品上都有条形码，常用的条形码有UPC(Universal Product Code)，EAN 128(European Article Number)码、Code 39码、Code 93码和交叉二五码，其标准由国际标准组织(ISO)制定。线性条形码可用于将数字或者数字字母作为数据库关键字的许多领域。最主要的限制在于条形码储存的数据量有限；另外，打印对比度不够或缺墨时，会降低对条形码的识别能力。

2）二维条形码

二维条形码是新型的条形码，可在很小的地方存储大量的数据。二维条形码有3种类型，即堆叠式符号(线性条形码彼此堆叠)、矩阵式符号(明暗点、圆点、方点或者六边形组成的矩阵)和层式符号(线性符号随机排列)，如PDF 417，Code 49码、Code 16K码(堆叠式)、CodeOne码、MaxiCode码、DataMatrix码、Aztec码(矩阵式)和SuperCode码(包式)。这些标准大多已提交ISO批准。

与线性条形码相比，二维条形码的主要优势是能储存大量的数据。每个符号可储存7 000个数字或者4 200个字母数字，还可以利用“结构化附加”的功能用多重符号表示信息，从而提供几乎无限制的储存空间。二维条形码的缺点是需要特殊的扫描器，堆叠式符号可用栅格激光扫描器识别，而矩阵式符号则需要用图形扫描器阅读。

小知识

RSS码和CS码

RSS码(Reduced Spaced Symbology)和CS码(Composite Symbology)由UCC和EAN国际条码组织创造性开发，是为了满足日益增长的对较小商品进行识别的商务需要而应运而生的两种新的条码符号。

RSS条码家族包括7种线性条码符号，非常适用于对条码空间有限制的应用场合。这些新的条码符号作为对现有条码符号和技术以及EAN、UCC条码体系的相关应用的补充，被认为是支撑全球商业活动运转的首要条码符号体系。今天，这些条码符号正被广泛应用于全球23个主要行业中，每日的扫描频率多达50亿次。

UCC的高层这样评价RSS码的市场前景："随着各主要行业对于较小物品和产品更有效识别需求的不断增强，RSS码的市场应用空间将会迅速延伸。我们将继续推广并增强这种条码技术，来满足全球经济发展的需要。"

CS码是一个一维条码(RSS码、UPC/EAN码或UPC/EAN－128码)和一个二维条码(或者是PDF 417码，或者是EAN、UCC所规定的Micro PDF 417码的不同形式)的组合。其主要识别信息被编码至一维线性条码中，部分信息可以被低端扫描器轻松识读。

次要信息则被压缩编码至二维条码部分，以尽量少占空间。这样，CS码可以实现对一维条码的向下兼容，可以方便那些暂时尚不具备购置二维条码识读设备能力的用户。除了基本的物品识别功能外，RSS码和CS码的一个明显特点是，RSS码和CS码的出现增强了EAN、UCC体系的功能，让使用者能够更有效地采集更多信息，并大大降低了成本。

3）磁卡

20世纪60年代初交通部门开始使用磁卡，20世纪70年代银行业开始使用，之后磁卡的使用率不断增长，现在已经非常普及。磁卡的主要问题是储存的信息量有限及数据的安全性不高，目前许多厂商都提供了各种解决方案。虽然许多人预测磁卡会被其他技术取代，但目前对它的投资还在不断增加。磁卡是非常理想的技术，成本非常低且有许多种用途。随着新的安全技术的出现，磁卡技术还会得到更广泛的应用，磁卡技术的国际标准是由ISO制定的。

4）智能卡

最早的智能卡专利是1974年在法国申报的，智能卡最早是1982年在法国开始使用的。它提供了安全、廉价的离线确认机制，由于欧洲进行交易的在线确认的通信成本很高，这种技术在欧洲被迅速接受。智能卡有两类：一种是仅有记忆功能的"哑卡"，仅用于储存信息，如零售和售货机用的储值卡；另一种是真正的"智能卡"，嵌入的微处理器可以处理所储存的数据，如智能钱包或者多用卡。因为卡上有微处理器，能够用多种方法来防止对卡上信息的非法访问，从而提供了安全的环境，这是智能卡能替代其他卡的主要原因。微处理器类的智能卡有接触型和非接触型两种。非接触型智能卡没有镀金的接触点磨损及电击接触点而破坏集成电路的问题，缺点是卡片和阅读器复杂而加大了成本。虽然今天智能卡的成本有大幅度的下降，但仍然高于磁卡。智能卡的最大优点是能够储存大量数据和具有很好的安全性。智能卡的国际标准也是由ISO制定的。

5）光卡

光卡技术与音乐 CD 和 CDROM 相似，用卡上镀有的金色光感材料用来储存信息。激光在其上烧出小孔，阅读时低能激光可探测出这些小孔，有无小孔即表示出 1 或 0。光卡是一次写入多次读出的介质，数据可永久保存。目前容量达到 4～6.6MB，可存储如照片、指纹等图像。ISO 制定了光卡的标准。光卡的主要缺点在于：由于其一次写入的技术特点，写入新数据会用尽可用的储存空间。但在某些应用上这也是优点，因为这样可以记录下完整的变化历史。

6）射频识别

射频识别技术(Radio Frequency Identification，RFID)是 20 世纪 90 年代开始兴起的一种自动识别技术，射频识别技术是一项利用射频信号通过空间耦合(交变磁场或电磁场)实现无接触信息传递并通过所传递的信息达到识别目的的技术。

RFID 是一种非接触式自动识别技术，它通过射频信号自动识别目标，并获取相关数据，识别工作无须人工干预。作为条形码的无线版本，RFID 技术具有条形码所不具备的防水、防磁、耐高温、使用寿命长、读取距离大、标签上数据可以加密、存储数据容量更大、存储信息更自如等优点。

7）POS 系统

销售时点信息系统 POS(Point Of Sale)是指利用光学式自动读取设备搜集销售商品时，按照单品类别读取商品销售、进货、配送等阶段发生的各种信息，通过通信网络送入计算机系统，按照各个部门的使用目的对上述信息进行处理、加工和传送的系统。

POS 系统最早应用于零售业，以后逐渐扩展至企业物流、金融、旅馆等服务性行业，从企业内部扩展到整个供应链。

小知识

电子订货系统

EOS 系统是电子订货系统(Electronic Ordering System)是指将批发、零售商场所发生的订货数据输入计算机，即通过计算机通信网络连接的方式将资料传送至总公司、批发商、商品供货商或制造商处。因此，EOS 能处理从新商品资料的说明直到会计结算等所有商品交易过程中的作业，可以说 EOS 涵盖了整个物流。在寸土寸金的情况下，零售业已没有许多空间用于存放货物，在要求供货商及时补足售出商品的数量且不能有缺货的前提下，必须采用 EOS 系统。EOS 系统因内涵了许多先进的管理手段，因此在国际上使用非常广泛，并且越来越受到商业界的青睐。

2. 地理信息系统与全球定位技术

GIS(Geographical Information System，地理信息系统)是多种学科交叉的产物。它以地理空间数据为基础，采用地理模型分析方法，适时地提供多种空间和动态的地理信息，其基本功能是将表格型数据(无论它来自数据库、电子表格文件或直接在程序中输入)转换为地理图形显示，然后对显示结果进行浏览、操作和分析。GIS 的显示范围可以从洲际地图到非常详细的街区地图，显示对象包括人口、销售情况、运输线路，以及其他内容。

GIS应用于物流主要是利用其强大的地理数据功能，完善物流分析，如车辆路线选择。GPS具有在海、陆、空进行全方位实时三维导航与定位的能力。

GPS是英文Global Positioning System的缩写，即全球定位系统，它是利用卫星星座(通信卫星)、地面控制部分和信号接收机对对象进行动态定位的系统。GPS能对静态、动态对象进行动态空间信息的获取，快速、精度均匀、不受天气和时间的限制反馈空间信息。

GPS的主要应用领域有以下4个方面。

①车辆自定位、跟踪调度及所运货物跟踪，车载导航将成为GPS系统应用的主要领域之一；②用于内河及远洋船队最佳航程和安全航线的测量、航向的实时调度、监测及所运货物跟踪；③用于空中交通管理、精密进场着陆、航路导航和监视；④用于铁路列车、机车车辆、集装箱及所运货物跟踪。

3. 电子数据交换技术

EDI是Electronic Data Interchange的缩写，即电子数据交换，它是一种利用计算机进行商务处理的新方法。EDI是将贸易、运输、保险、银行和海关等行业的信息，用一种国际公认的标准格式，通过计算机通信网络，使各有关部门、公司与企业之间进行数据交换与处理，并完成以贸易为中心的全部业务过程。

联合国标准化组织将EDI描述成按照统一标准，将商业或行政事务处理转换成结构化的事务处理或报文数据格式，并借助计算机网络实现的一种数据电子传输方法。

EDI技术可以使不同的企业之间为了提高经营活动的效率，在标准化的基础上，通过计算机网络进行数据传输和交换的技术。其主要功能表现在电子数据传输和交换、传输数据的存证、文书数据标准格式的转换、安全保密、提供信息查询、提供技术咨询服务、提供信息增值服务等。随着因特网的迅速发展，电子数据交换不再是单一的模式，一种新的以因特网为基础，使用可扩展标识语言XML的EDI模式即Web-EDI，正在中小型公司中得到应用。基于XML的EDI有很好的发展前景，因为它可以使用网络，运营费用低廉，即使是中小企业也可以加入到电子商务中。

4. WWW技术

WWW技术是一种网络技术，主要内容是在因特网上使用“超链接”方式来浏览网络资源。WWW技术的蓬勃发展为物流参与者信息共享和交流提供了相对方便、快捷和廉价的方式，物流参与者可以不受空间限制地从事与物流相关的信息活动和商业活动。

利用WWW技术可以实现企业之间及消费者与企业之间的物流信息交换。通过因特网，企业可以完成对在不同地域的供应商、分支机构和合作伙伴的物流信息交换和控制，实现对重要客户的及时访问和信息收集。消费者可以利用WWW技术随时查询、选择和安排物流活动，实现对物品的全程跟踪。利用WWW技术还可以实现物流信息系统的集成，使企业内部、外部信息环境形成一个统一的平台和整体，实现物流信息低成本、方便的汇集和共享。

本章小结

本章通过实例介绍了物流信息、物流管理信息系统的概念。物流信息流有两类：一类是伴随物质实体的“位移”而产生的；另一类是先于物质实体的“位移”而产生的。由于在物流管理中，信息流的速度和质量对总成本和效率产生直接影响，因而，现代物流企业都大量应用管理信息系统进行订单录入、订单处理、成品库存控制、绩效衡量、货物审核、付款和仓储管理以支持基于时间的竞争。物流企业越来越多地运用信息技术，并把信息技术作为竞争优势的来源。本章还介绍了物流信息平台，有助于理解现实物流作业中运用信息技术进行物流管理的重要性。最后介绍物流信息技术，它替代或辅助人们完成了对信息的检测、识别、变换、存储、传递、计算、提取、控制和利用，使物流管理登上新的台阶。

思考与练习

一、填空题

1.（　　）是物流活动中各个环节生成的信息，是指与物流活动（如运输、保管、包装、装卸、流通加工等）有关的信息。

2. 物理管理信息具有信息的一般特性外，还具有的特点是：（　　）、（　　）、（　　）、（　　）。

3. 物流信息的功能有：流程控制功能、（　　）、（　　）、（　　）。

4. 一般来说，管理信息系统由三个部分组成：（　　）、（　　）、（　　）。

5. 物流信息系统的功能模块有：订单作业信息管理、库存业务信息管理、（　　）、（　　）、（　　）。

二、判断题

1. 物流信息的流程控制作用就是记录、控制物流活动的基本内容。（　　）

2. 书面信息是通过面对面交谈所进行交流的信息。（　　）

3. 内部信息来自物流系统内部的各种信息的总称，包括物流流转信息、物流作业层信息、物流控制层信息和物流管理层信息。（　　）

4. 客户订单是引发物流过程运转的信息，订单处理系统是物流系统的中枢。（　　）

5. 库存信息管理是对客户的信息、合同、信息查询等进行整好管理。（　　）

6. 客户管理系统以物的管理为基础，重点管理实际物品的入库、出库、库存以及所产生的信息。（　　）

7. 铁路货运按照一批货物的重量、体积、性质、形状，可以分为整车运输、零担运输和集装箱运输三种。（　　）

8. 公路信息管理的基本内容是提出货物运单上的各项目。管理信息系统除提供上述日常业务操作数据外，利用收集的客户信息还可提供重要的决策之用。（　　）

9. 运输过程所需信息可以分为交易前、交易中、交易后三种。（　　）

10. 物流信息平台的功能包括基本功能和扩展功能两大部分。基本功能对应于狭义物流信息平台的业务处理；扩展功能涵盖了广义物流信息平台在先进的信息技术与设备支撑下的业务领域。（　　）

三、单项选择题

1. 物流信息除具有信息的一般特性外，还具有以下的特点，信息量大、更新快、来源多样化、物流信息趋于（　　）。

A. 标准化　　B. 流行化　　C. 通用化　　D. 全球化

2. 流程物流信息的主要特征是：程序化、规范化，作用上强调(　　)。

A. 功能　　B. 可靠　　C. 效率　　D. 简单

3. 物流网络规划决策、运营线路设计与选择、仓库作业计划、库存管理，利用外部资源补充内部瓶颈资源、物流系统运行中的短期决策等管理工作都需要大量经过(　　)支持，包括评估信息、成本—收益信息等。

A. 收集的信息　　B. 所有的信息　　C. 内部信息　　D. 处理的信息

4. (　　)信息是指与物流活动(如运输、保管、包装、装卸、配送、流通加工等)有关的信息。

A. 物流系统内　　B. 物流系统外　　C. 各部门　　D. 物流系统内外

5. (　　)信息是在物流活动以外发生的，但提供给物流使用的信息，包括供货人信息、顾客信息、订货合同信息、交通运输信息、市场信息、政策信息，还有来自企业内生产、财务等部门的与物流有关的信息。

A. 物流系统内　　B. 物流系统外　　C. 各部门　　D. 物流系统内外

四、简答题

1. 什么是物流信息？
2. 物流信息的特点有哪些？
3. 分析物流信息的作用。
4. 简述物流管理信息系统的内容。
5. 简述物流管理信息系统的功能。
6. 简述物流信息平台的作用。
7. 简述常用的物流信息技术。
8. 什么是 GIS、GPS 系统？
9. 什么是电子数据交换技术？
10. 什么是 WWW 技术？

五、案例分析

沃尔玛如何使用电子信息

管理信息系统可以连接各种信息技术。例如，沃尔玛使用 EDI(电子数据交换)技术与供应商沟通，从供应商那里接收有关发运状况、送货时间表、数量至账单/发票等信息。沃尔玛还在零售商店的付款通道使用条形码读码器来捕获实时销售信息，并随即下载给厂商。厂商使用此信息决定要发运什么产品给沃尔玛，订单会自动生成。该系统将销售情况迅速反馈给厂商，厂商因此能够依据准确、及时的销售数据预测生产需求。他们也能更早地收到付款，这对其现金流很有帮助。沃尔玛得到的好处是它再也不用向众多的厂商直接下订单，并且可以将库存水平保持在最低水平。这两项策略都降低了沃尔玛的成本，并提高了客户服务水平。

背景

沃尔玛(Wal-Mart Stores，Inc.)来自美国，以营业额计算是全球最大的公司，属世界性的连锁企业。沃尔玛主要涉足零售业。业务类型主要有沃尔玛购物广场、山姆会员商店、沃尔玛商店、沃尔玛社区店 4 种形式。

沃尔玛百货有限公司由美国零售业的传奇人物山姆·沃尔顿先生于1962年在阿肯色州成立。经过40余年的发展，沃尔玛百货有限公司已经成为美国最大的私人雇主和世界上最大的连锁零售商，连续多年荣登《财富》杂志世界500强企业和“最受尊敬企业”排行榜。

资料来源：夏火松．物流管理信息系统[M]. 北京：科学出版社，2012.

思考与讨论

结合案例谈谈信息技术的重要性。

第2章 物流管理信息系统开发与管理

【教学要求】

本章首先介绍物流管理信息系统的规划与设计有关知识，然后介绍物流管理信息系统开发的几种方法：结构化系统、原型法、面向对象法。说明几种方法的特点、流程，各种方法的应用。读者在实际应用中选择合适的方法。

【关键知识点】

(1) 结构化系统法；
(2) 原型法；
(3) 面向对象法；
(4) 生命周期法；
(5) 系统运行管理的方法及如何应用安全策略。

引导案例

伊利集团分销及库存管理信息系统开发方式的选择

像很多大企业的发展史一样，伊利集团也是从产品经营阶段，走向资本运营阶段，再到现在的品牌经营阶段，这样一步一步走过来的。作为品牌经营的重要手段，信息技术被提到了绝对的高度。伊利集团从自身的业务特点出发，选择了从分销及库存管理环节入手，开始整合销售业务流程，拟建立一个面向全国的、基于因特网的集中式管理信息系统，从而将各事业部、分子公司、经销商、各级代理、各个商品仓库、各个生产厂产成品库存，有机地、畅通地衔接起来，以达到与市场的“绝对亲密接触”。

做一件事情总需要理由，尤其是对于投资巨大的信息建设的项目来说，理由更显得重要。“其实理由就来源于企业的实际业务发展需求。”

在中层领导开会讨论关于下一季度或年度的生产和销售计划的时候，最常见的事情就是：底气不足、论据不充分。因为有的人认为计划应该增加40%，有的人又认为计划应该增加50%……当在详细探究理由时，基本上又都是以“上年或上个季度的销售情况不错，看发展态势也不错，总应该比上年或上个季度要强吧”为由。没有确实的数据支持，就很难做到细分市场、了解市场以至采取各种手段应对市场的变化。

还有一个现象：在北京利客隆连锁超市集团的采购部门可能同时出现了3名伊利集团的销售人员上门的尴尬场面。这与伊利集团目前的管理结构有关。伊利集团共有3种产品：液态奶、奶粉和冷冻产品，因此也就有3个事业部，并且是相互独立经营运作、独立管理结算，自然很容易出现以上现象。因而就面临着要整合企业资源、避免资源浪费等亟待解决的问题。

于是，伊利集团从2000年年底开始进行内部改造和整合。对于一个传统产业的企业来说，要想自己独立完成开发、实施、应用这样的系统所要面对的难题实在是太多，人才、时间就是其中最关键的两个难题。

当时伊利集团的信息技术方面的人才也不过几十人，而且相对而言，他们的专门作业能力并不是很强。其次，伊利集团一直是以“领跑战术”作为主要竞争手段，不论是从产品上还是从技术设备上，都要走在行业内的最前线。因此时间上的领跑在一定程度上决定了竞争优势。于是，伊利集团决定选择外包方式——即采用伟库网提供的ASP平台产品及服务，实施并运用分销系统及库存管理系统。

思考

企业选择物流信息系统开发方式要考虑哪些因素？

2.1 物流管理信息系统规划与设计

一个完整的物流管理系统开发的基本过程需要经过：系统的规划系统分析、系统设计、系统实施、系统管理和系统维护5个阶段。

2.1.1 物流管理信息系统规划概述

物流管理信息系统的开发是一项复杂的系统工程。它涉及物流管理理论、信息系统技术、物流信息技术等知识，不仅涉及运输部门，而且涉及仓储、调度、信息中心、门店等多部门，此外，还涉及技术、管理业务、组织和行为，其生命周期如图2-1所示。

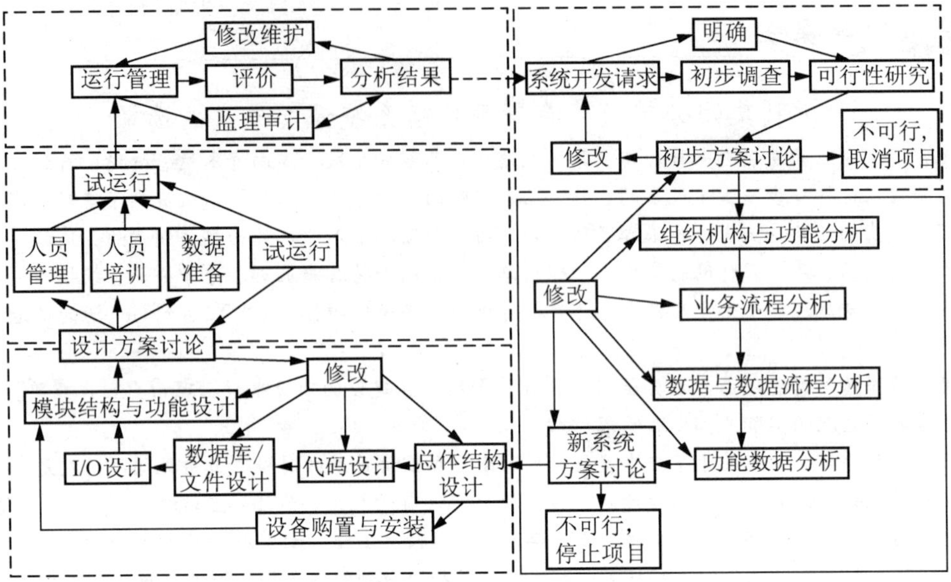

图 2-1 物流系统开发生命周期

系统各阶段工作量的计算一般常用甘特图(Gantt)来记载和描述，如时间、进度、投入和工作顺序之间的关系，如图 2-2 所示。

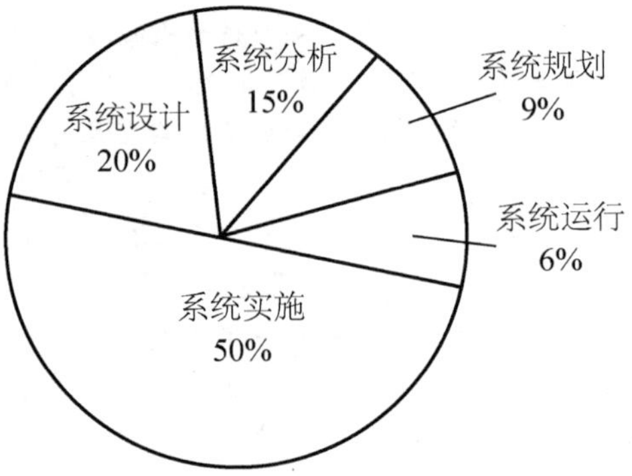

图 2-2 系统生命周期各阶段工作量

1. 物流管理信息系统的规划

系统规划方法很多，这里介绍常用的结构化系统开发方法。采用结构化系统法开发物流管理信息系统，其过程一般来讲可分为 5 个阶段，即系统规划、系统分析、系统设计、系统实施、系统评价与系统维护。每个阶段又细分为若干个步骤(图 2-3 所示的结构化系统法的开发流程系统规划是物流信息系统开发中的第一个环节)。

2. 系统规划的概念及目标

物流管理信息系统的规划是根据用户的系统开发请求，进行初步调查，明确问题，确定系统目标和总体结构，确定分阶段实施进度，然后进行可行性研究。

系统规划的主要目标是根据组织的目标与战略制定出组织中业务流程改革与创新和信息系统建设的长期发展方案，决定信息系统在整个生命周期的发展方向、规模和进程。一般既包括 3～5 年的长期规划，也包括 1～2 年的短期规划。

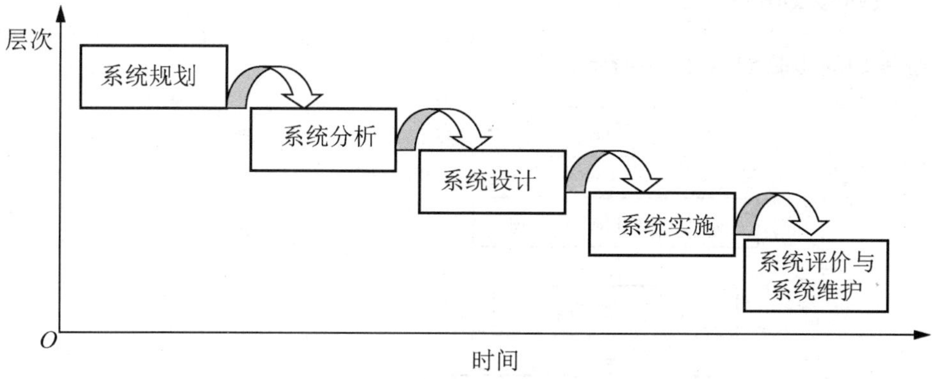

图 2－3　结构化系统法开发流程

2.1.2　系统规划的主要内容

1. 初步调查

初步调查又称为可行性调查，就是根据用户提出的要求，对用户单位的组织情况、现行系统的情况及其存在的主要问题，进行一次初步的、全面的调查了解。

初步调查的对象是现行系统(包括手工系统和已采用计算机的管理信息系统)，目的在于完整掌握现行系统的现状，发现问题和薄弱环节，收集资料，为下一步的系统化分析和提出新系统的逻辑设计做好准备。

初步调查的方法可以采用召开调查会、访问、发调查表、参加业务实践等方式。

2. 可行性分析

可行性分析就是在初步调查的基础上，对当前开发新的管理信息系统的条件是否具备、新系统目标实现的可能性和必要性进行分析和研究。

可行性分析通常应包括以下 4 方面内容。

(1) 对系统规定的目标和边界是否合理的分析。系统边界是指系统支持业务活动的范围、程度和有关业务项目等。

(2) 对社会限制的分析。新系统的社会因素是很多的，它包括社会、政治和经济发展状况、管理组织体制、人际关系、人的心理状态和习惯势力等，要分析这些因素对开发新系统的影响。

(3) 经济上的可行性分析。估计、分析开发费用和系统的经济效益等。

(4) 技术上的可行性分析。主要是分析开发新系统所需要的技术资源、人才资源和设备资源等是否具备等问题。

在进行可行性分析后，要将调查的情况、分析的结果和下一步行动的建议，整理成书面的“可行性分析报告”，提交给领导审核。

可行性分析报告的内容包括：系统描述、项目的目标、所需资源、预算和期望效益、对项目可行性的结论。

2.1.3 系统规划的步骤

系统规划的步骤如图 2－4 所示。

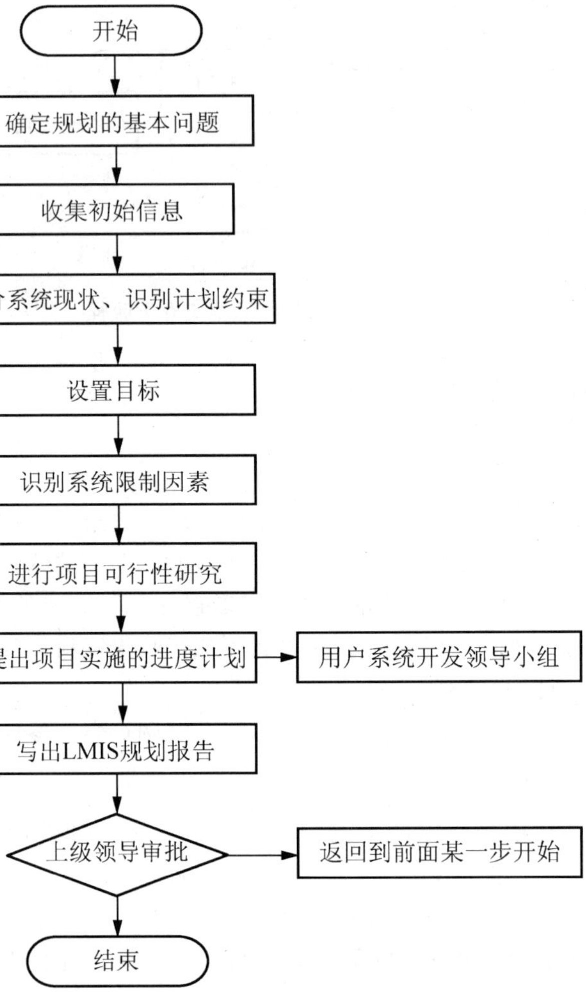

图 2－4 系统规划的步骤

注：LMIS(Logistics Management Information System，物流管理信息系统)。

(1) 确定规划的基本问题。明确规划的年限、方法、方式及策略等内容。

(2) 收集初始信息。从各级主管部门、市场同行业竞争者、本企业内部各管理职能部门，及相关文件、书籍和杂志中收集。

(3) 评价系统现状、识别计划约束。分析系统目标、功能结构、信息部门的情况等，识别现存设备、软件及其质量，根据企业的人、财、物状况定义物流管理信息系统的约束条件和政策。

(4) 设置目标。根据企业整体目标，确定物流管理信息系统的目标。

(5) 识别系统限制因素。这些因素包括环境造成的，如上级主管理部门、税收部门、市场及客户等信息的要求；或企业管理造成的，如硬件设备等。

(6) 进行项目可行性研究。对项目经济可行性、技术可行性和社会可行性分析。

(7) 提出项目的实施进度计划。根据企业实际情况提出项目实施的进度计划。

(8) 写出 LMIS 规划报告。通过不断与用户、系统开发领导小组成员交换意见，将 LMIS 规划书写成文。

(9) 上级领导审批。将系统规划书写好之后，交企业领导审批，审批通过即开始实施。

2.1.4　系统规划的方法

系统规划涉及的时间长，涉及的内外因素多，不确定性问题突出。科学的系统规划更多地取决于规划人员的远见卓识，取决于他们对环境及其发展趋势的理解。各种方法只能起到辅助作用。

系统规划常用的方法有战略集合转移法、关键成功因素法和企业系统规划法。

1. 战略集合转移法(Strategy Set Transformation，SST)

1978 年，William King 提出了该法，它是把组织的总战略看成一个“信息集合”，包括使命、目标、战略及其他战略变量(如管理的复杂性、对计算机应用的经验、改革的习惯及重要的环境约束等)。

LMIS 的战略规划就是要把组织的这种战略集合转化为 LMIS 的战略集合。该战略集合由系统目标、系统环境约束和系统战略计划组成，图 2－5 所示为实现 LMIS 战略规划的过程。

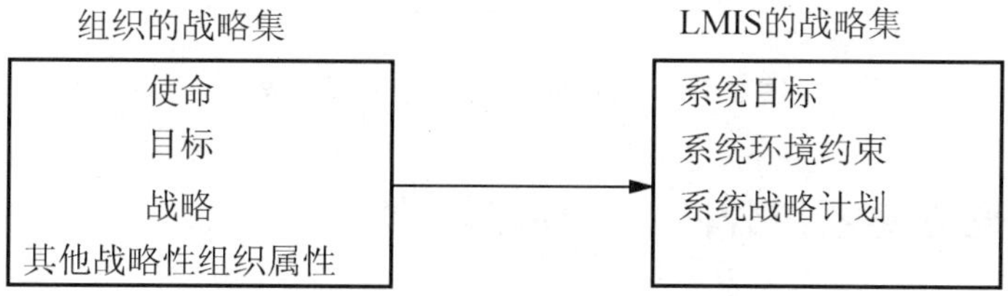

图 2－5　LMIS 战略规划的过程

2. 关键成功因素法(Critical Success Factors，CSF)

1970 年，哈佛大学 Willam Zasi 教授在 LMIS 模型中用到了关键成功变量，这些变量是确立 LMIS 成败的因素。如果这些区域(部门)的运行令人满意，组织就能在竞争中获胜；否则，组织在这段时期的努力将达不到预期的效果。

CSF 的应用包括以下几个步骤。

(1) 了解企业的战略目标。

(2) 识别所有成功因素。

(3) 确定关键成功因素。

(4) 给出每个关键成功因素的性能指标和测量标准。

可以使用鱼刺因果图对识别出来的所有成功因素进行评价，选出关键成功因素，如图 2－6 所示。

3. 企业系统规划法(Business System Planning，BSP)

BSP 是在 20 世纪 70 年代由 IBM 公司提出的。其基本出发点是必须让企业的信息系统支持企业的目标，让信息系统战略表达出企业各个管理层次的需求，向整个企业提供一致性的信息，并且在组织机构和管理体制改变时保持工作能力。

以企业过程为基础所构建的信息系统具有较强的适应性，一般只要企业的产品或服务不发生变化，企业过程就基本不变，在很大程度上系统独立于企业组织机构的变化。

要特别注意的是，企业过程是企业的一组基本逻辑活动和决策区域，它依赖于企业的产品和服务，但独立于企业的机构。

在实际中，上述规划方法要灵活应用，往往需要多种方法结合，如 CSF 和 BSP 都需要高层管理者先就企业发展的前景达成共识。当企业高层出现意见不一致的情况时，许多企业的领导层并不是简单地强求一致，而是容忍和保留一些对未来的分歧意见。

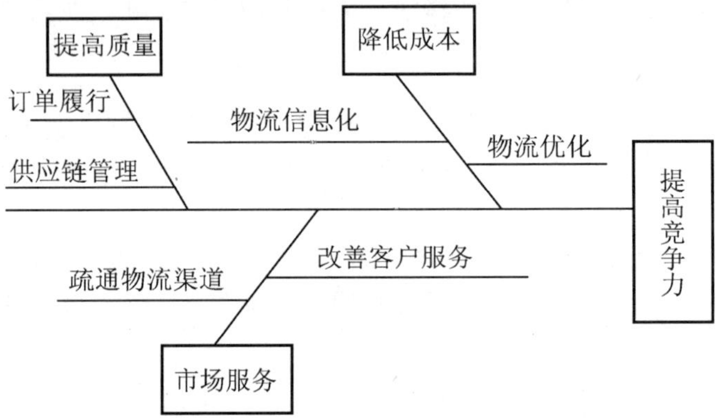

图 2-6　识别成功因素的鱼刺因果图

2.1.5　物流管理信息系统分析

系统分析就是对现行系统运用系统的观点和方法，进行全面的、科学的分析和研究，在一定的限制条件下，优选出可能采取的方案，以达到系统预期的目标。

系统分析按其内容不同分类，可以分为目标分析、需求分析和业务流程分析。

1. 目标分析

目标分析包括对现行系统的组织目标分析和目标系统的组织目标分析。任何一个企业或组织都有自己的目标，这是组织开展各项工作的指南。信息系统是帮助企业实现其总体目标的，因此，在开发信息系统时，首先应该弄清楚企业的组织目标。组织目标分析包括以下内容。

（1）根据系统调查的结果分析、归纳、确定现行系统中的关键问题，列出问题表。

（2）根据问题表，画出现行系统目标树。目标树的树根是企业总体目标，下一层是对总体目标分解所得到的分目标，依次往下，最底层是实现目标所具备的功能。

（3）分析、确定各个分目标以及它们之间的关系，如果目标之间有冲突，确定解决冲突的方法。

（4）根据各分目标在系统中所起作用的轻重程度，重新排列问题表，重要的目标排在前面，次重要的排在中间，不重要的目标排在最后，这是确立新系统目标的基础。

目标系统的组织目标分析是指在现行系统组织目标分析的基础上，确定目标系统应该在哪些方面发挥作用及如何发挥作用。一般来讲，目标系统在以下两个方面功能得到了加强。

① 辅助管理功能。新的计算机管理信息系统可以帮助人们从大量烦琐、重复的日常工作中解放出来，如生产经营情况的统计、财务记账、填制各类报表等。

② 辅助决策功能。新的计算机管理信息系统可以充分发挥信息存储、检索、传递的能力和迅速、准确的计算能力，人—机结合解决问题的能力，帮助企业决策者制订各种计划，实现辅助决策功能。

2. 需求分析

在系统分析阶段，系统分析员要对企业各有关部门的业务流程进行详细的调查。除此之外，还要向各级领导和业务人员就系统处理事务的能力和决策功能的需求作出分析。

(1) 按照企业的管理目标并结合业务流程图，分析系统事务处理能力需求的合理性，既要对不合理的业务流程进行调整，还要对系统事物处理能力需求进行调整。

(2) 按照企业的管理目标，分析决策辅助功能需求的合理性。

(3) 根据信息系统的投资规模，综合分析、平衡各项需求，找出关键的、主要的需求，并制订出满足这些需求的初步计划，为功能分析打下基础。

需求分析的结果还要反馈给业务人员，以征求意见进行修改。

3. 业务流程分析

在对物流信息系统进行分析的过程中，通常会收集到大量的报表、单据、文件等资料。需要按照业务功能将业务处理过程中的每一个步骤用一个完整的图形表达出来。并在绘制业务流程图的过程中发现系统中存在的问题，分析并改正问题，对业务处理过程进行优化。

1) 物流信息系统业务流程符号

对现行系统的组织结构和功能进行分析时，需要将详细调查中有关某项业务流程的资料从业务流程的角度串起来以便作进一步的分析。

对业务流程进行描述可以使用业务流程图(Transaction Flow Diagram，TFD)，它用一些规定的符号和连线来表达某个具体业务处理过程。业务流程图是在业务功能的基础上将其细化，利用系统调查的资料，用完整的图形将业务处理过程中的所有处理步骤串联起来。

业务流程图的表达目前还没有统一，在不同的参考资料中会看到各种不同符号表示的业务流程图。下面介绍业务流程图的几种基本符号，它们所代表的内容与业务系统最基本的功能一一对应，这几种基本符号如图 2-7 所示。

业务处理单位或部门符号表达了某项业务参与的人或者事物；业务处理描述符号表明了业务处理功能，一般以一个简单的祈使句表示；数据存储或存档符号表明了一种数据载体，但该数据是作为档案来保存的，如财务部门存档的发票；数据表单符号表明了业务处理单位或部门传递的相关单据或实物或业务处理产生的相关单据；物流或信息流符号表达了业务数据或实物的流动方向，注意这个符号不表示由谁去完成某项业务。

2) 业务流程图的绘制

使用以上几种基本符号，系统分析员按照业务的实际处理步骤和过程完成业务流程图的绘制，业务流程分析采用的是自顶向下的方法，首先画出高层管理的业务流程图，然后再对每一项功能描述部分进行分解，画出详细的业务流程图。图 2－8 所示为物流管理信息系统订单处理的业务流程。从图中可以看到，业务流程图表示各个组织机构的业务处理过程和他们之间的分工和联系，表示出了连接各机构的信息流、物流的流通情况和传递关系，反映出现行系统的界限、环境、输入、输出、数据存储和处理。业务流程图是系统分析的重要依据。

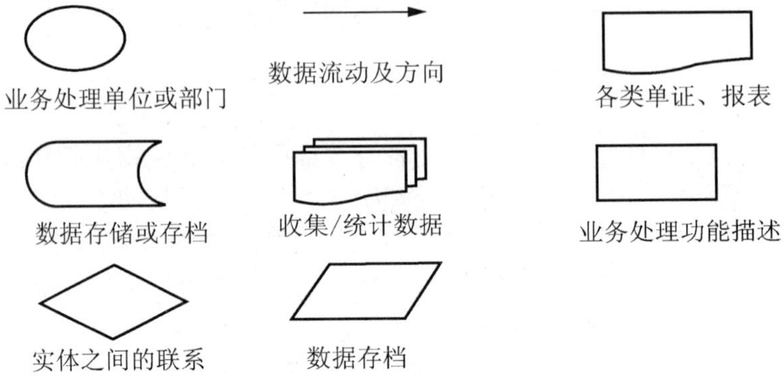

图 2－7　流程图形符号说明

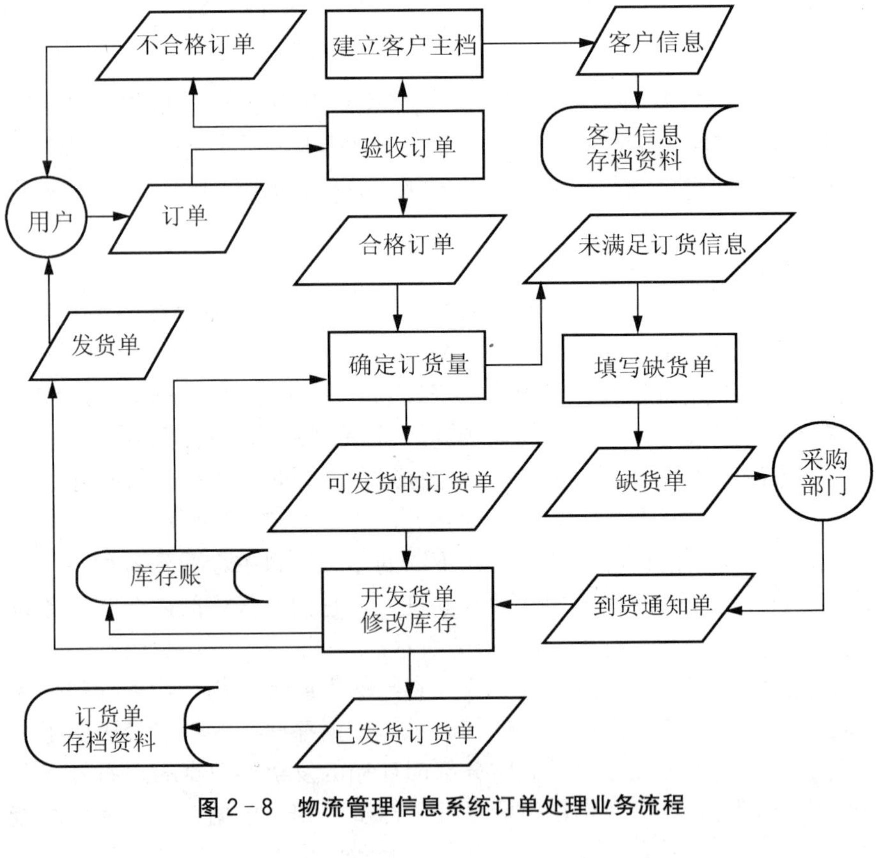

图 2－8　物流管理信息系统订单处理业务流程

2.1.6 物流管理信息系统分析的步骤

1. 详细调查

一般来说，一个新的物流信息系统的开发，总是建立在现行物流系统的基础上的。因此，为了开发新系统，应对现行系统进行详细调查。

详细调查与初步调查不同，初步调查中调查的面广但不深入，是对用户单位及现行系统的概况进行一般性的调查，其目的是为开发新系统的可能性和必要性进行可行性分析提供依据；而详细调查则是要全面、深入、细致地调查和掌握现行系统的运行情况，为系统功能分析提供素材。调查的重点应该围绕人力、物力、财力和设备等资源的管理过程。

2. 详细调查的目的和原则

详细调查应遵循用户参与的原则，即由使用部门的业务人员、主管人员和设计部门的系统分析人员、系统设计人员共同进行。设计人员虽然掌握计算机技术，但对使用部门的业务不够清楚；而管理人员则熟悉本身业务而不一定了解计算机。两者结合，就能弥补不足。

3. 功能分析

这里所说的功能指的是目标系统应该具备的功能。

功能具有层次性的特点。各层次功能之间存在信息交换。因此，系统的功能分析主要包括：功能层次结构分析和信息关联分析两个方面。

4. 系统效益分析

系统效益分析，即估计系统开发所需费用和所得的利益。首先，要估算系统开发所需费用，这不仅包括对系统硬件、通信设备、软件开发工具、操作系统等的购置费用及开发费用等，还包括系统安装完成后，用以运行系统、维护系统的费用。

可以从定性分析开始估算系统的收益。用户单位在建立信息系统后，可期望获得以下一些利益。

（1）减少机会损失。如减少了订货处理错误，缩短了工期，减少了返工、退货等。

（2）自动化、省力化。如分类核算的自动化、开发标的自动化等。

（3）资金效用。如提高了资金回转率。

（4）库存效用。如减少了库存量，从而避免了库存积压，减少了库存保管费用。

（5）提高了生产计划精确度，保证了订货及时等。

然后，将以上分析结果定量化，计算出详细的收益额或投资回报率等指标。

根据系统分析结果，最后提出新系统逻辑方案。写出信息系统需求说明书或功能说明书及初步的系统用户手册，提交管理机构评审。

5. 编写系统分析报告

系统分析报告是系统分析阶段工作的总结，也是进行物流信息系统设计的依据。系统分析报告要请领导审批，批准后才可以开始进行系统的设计。

系统分析报告主要包括以下 4 方面内容。

（1）现行物流业务系统的状况及其存在的问题。

(2) 新系统即物流信息系统的目标。

(3) 新系统的逻辑模型。

(4) 支持新系统方案的可行性分析。

2.1.7 系统设计

系统分析报告被批准后，就可以开始物流管理信息系统设计了。

1. 系统总体设计

在总体设计阶段的主要工作是：决定系统的整体结构、决定系统硬件设备和系统软件、划分子系统，决定应用系统的模式及其控制结构图。

在硬件设计中要决定系统所使用的计算机、打印机、数据收集设备、存储设备、数据传送设备、数据显示设备等。通常应从新系统的数据量和数据流量出发，考虑所购置计算机的数据存储能力和处理能力是否能够满足需要。

在决定购买硬件设备时，还要充分考虑设备的配套，如数据采集设备、打印输出设备等。过去信息系统总体设计考虑的主要问题在于能否满足企业自身信息处理的需要，所以常常以信息处理的数据量和计算机的处理能力为中心来考虑问题。随着计算机网络化的发展，局域网、企业网、行业网等计算机网络的形成，今后的硬件设计还充分考虑企业外部信息的问题。企业不但需要得到有关政府管理部门的信息，还要与行业中的合作伙伴等经常通信，或通过 EDI 进行贸易，同时企业还需要对外提供技术和信息服务，例如建立电子广告，企业网络主页等。

系统总体设计和硬件设计是牵涉技术性因素较多的工作，要求设计者有足够的信息技术方面的背景知识。硬件性能主要是由设备决定的，同时又受到软件系统的很大影响。所以需要综合地考虑许多因素。

2. 系统的物理配置方案设计

在物流管理信息系统的设计过程中，其硬、软件环境配置需要考虑以下几个因素。

(1) 处理能力。系统的吞吐量越大，系统的处理能力就越强。系统的吞吐量即每秒钟执行的作业数，它与系统硬、软件的选择有直接的关系，为获得较大的吞吐量，就应当选择具有较高性能的计算机和网络系统。

(2) 可靠性。系统的可靠性用连续工作时间来表示。若系统每天需要 24h 连续工作，则宜采用双机双工系统结构方式。所谓双机双工工作就是两台主机同时为一套业务应用提供服务，每套主机互为备份。在系统正常情况下，两台主机同时工作，相互监控。当其中一套主机出现异常，不能支持信息系统运营时，另一套主动接管所有的工作，继续支持系统的运营，从而保证信息系统能够不间断地运行，提高了可靠性。

(3) 响应速度。从用户向系统发出一个作业请求开始，经系统处理后，给出应答结果的时间称为系统的响应时间。响应时间愈短，则响应速度愈快。如果要求系统快速响应，就应当选择运算速度较快的计算机及具有较高传递速率的通信线路。

(4) 系统结构。考虑采用集中式还是分布式，若系统的处理方式是集中式的，则信息系统既可以是单机系统，也可以是网络系统；若系统的处理方式是分布式的，则采用网络将更能有效地发挥系统的性能。

（5）区域范围。对于分布式系统，要根据系统覆盖的范围来决定是采用广域网还是局域网。

（6）数据管理方式。若用文件系统管理数据，则操作系统应具备文件管理功能；若用数据库方式管理数据，则需数据库系统管理软件。

3. 系统编码设计

把信息系统设计转换成计算机可以接受的程序，即写成以某一程序设计语言表示的“源程序清单”，这步工作称为编码。

1）代码的种类

常用的代码有顺序码和区间码。

（1）顺序码又称序列码，它是一种用连续数字代表编码对象的代码，通常从1开始。例如一个单位的员工号可以编成：0001，0002，0003，……，9999。

（2）区间码把数据分成若干组，代码的每一区间对应一组数据，例如电话号码。在使用这种编码时，需要为待编码的每组信息规定出一个号码序列。当项目表很复杂，但易于明确分组时，适宜使用区间码。

区间码的优点是码中数字的值和位置都代表一定意义，信息处理比较可靠，排序、分析、检索等操作易于进行。但这种码的长度与它分类属性的数量有关，有时可能造成很长的码，代码的维护也比较困难。

2）代码宽度的确定

在确定信息代码时，究竟采用几位数字或字符宽度，可根据具体信息的全部数量来计算确定。以本书软件代码设计说明代码的设计过程，如图2-9所示。

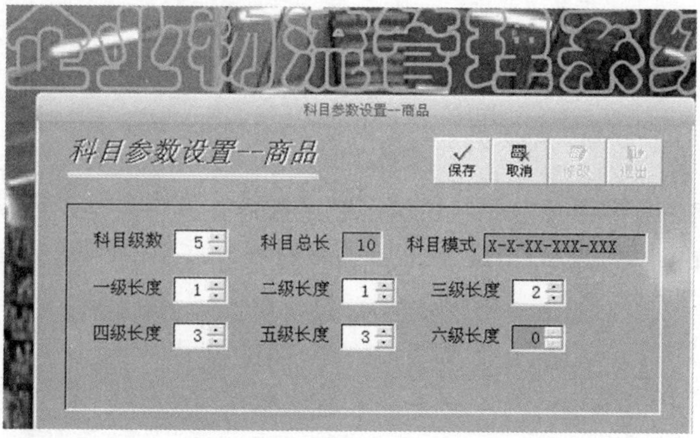

图2-9 代码的设计示意图

商品代码的分类应以国家通用的物资目录和商品目录的分类为依据，结合企业物资的实际情况，遵循科学性、系统性、可扩延性和实用性原则，以区间码为主，顺序码、助忆码为辅的线分类方法对物资进行分类编码。

系统物资代码设计由10位阿拉伯数字组成，将其分为5个层次，整个物资代码具有以下结构及含义。

第一层：表明物资大类。例如，产品颜色是黑色的，用“H”表示。

第二层：表明物资中类。例如，地台板用“B”表示，如图2-10所示。

第三层：表明物资小类。例如，塑胶周转箱中，方形的用“F”表示，椭圆形用“T”表示等。

第四层：表明物资的品名、型号及规格。它用4位阿拉伯数字表示。根据物资材料颜色，采用颜色组合码和系列顺序码相结合的表示方法。

颜色组合码是以材料颜色作为其代码，系列顺序码用于当不能以材料颜色作为其代码时，对同一品种的材料按其规格型号的顺序系列编码，并留有足够的空位，以便于被编码。

第五层：表明物资的材质型编号。对于塑胶类，其材质是表示它的化学成分，例如，合成塑胶等。没有材质要求的用“000”表示。

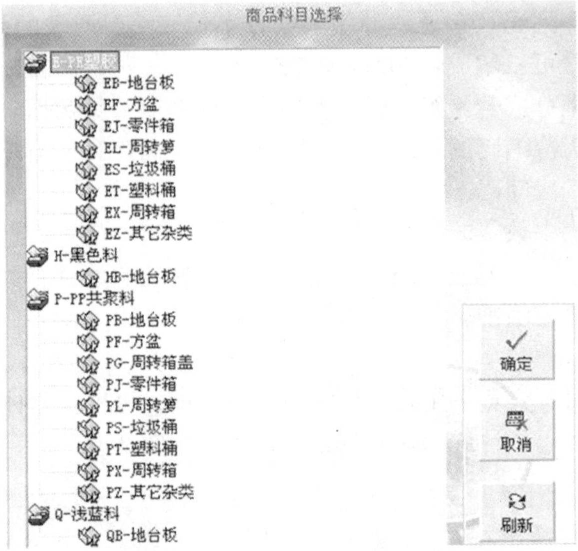

图2-10　代码的结构层次

3）助记码

助记码用文字、数字或文字+数字结合起来编码，其特点是，可以通过联想帮助记忆。例如，本系统中黑色料用“H”代表，共聚材料方盆用“P-PF共聚料”代表，便于记忆，如图2-11所示。

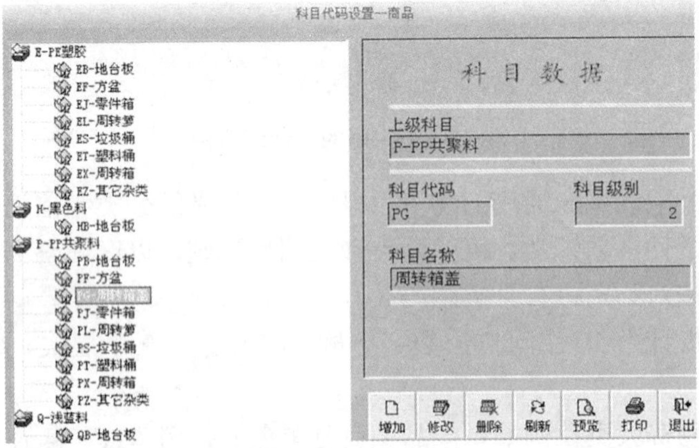

图2-11　助记码

4）代码编制流程

代码编制流程如图 2-12 所示。

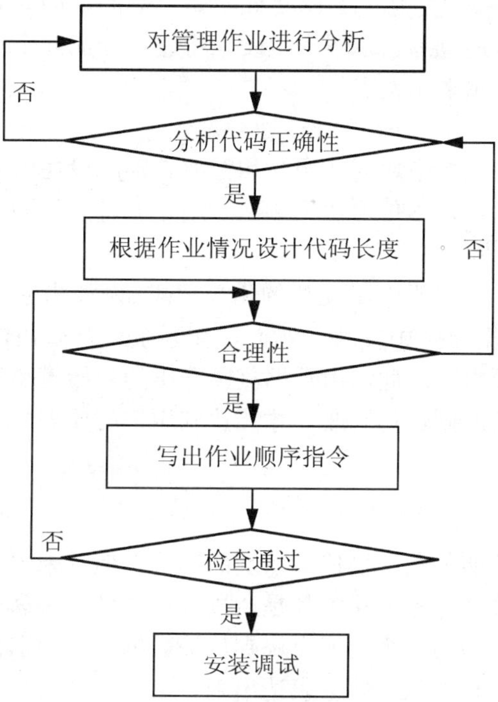

图 2-12 代码编制流程

4. 物流信息系统模块设计

物流信息系统对物流信息进行收集、整理、存储、传播和利用，也就是将物流信息从分散到集中，从无序到有序，从产生、传播到利用。同时对涉及物流信息活动的各种要素，包括人员、技术、工具等进行管理，实现资源的合理配置。模块结构图的设计追求与数据图的对应性，模块间的独立性，即高内聚、低耦合，基本模块的大小适中，模块的扇入、扇出适度，模块只有单一的入口等，如图 2-13 所示。结构图也称为模块图。

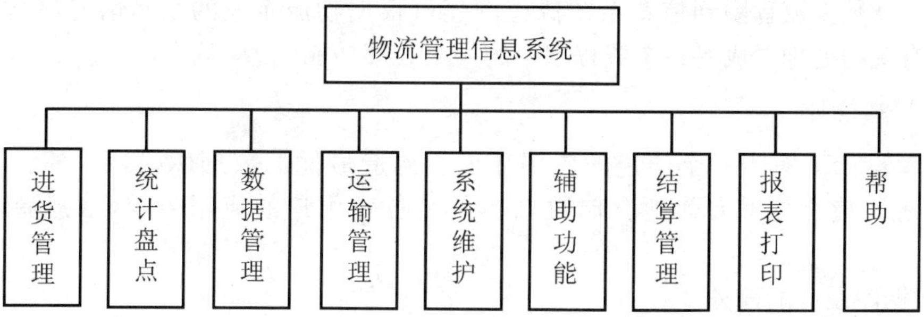

图 2-13 物流管理信息系统模块图

模块设计时要注意以下事项。

1）模块的大小要适当

模块的大小是模块分解时要考虑的一个重要问题。模块多大最好？有许多不同的观点。模块自顶向下的分解，主要按功能来进行，也就是说一个模块最好一个功能。同时要注意模块间的接口关系以较为简单为宜。从经验上讲，为了提高可读性和方便修改，一个基本模块的程序量为10～100个语句。这当然不是绝对的，例如对于一个数学公式计算模块，即使语句远远超出上述范围，也不应生硬地将它们分成几个小模块。因此，模块的功能是决定模块大小的一个重要出发点。

2）消除重复的功能

设计过程中如果发现几个模块的功能是相似的，则应设法消除其中的重复功能。因为同一功能的程序段多次出现，不仅浪费了编码时间，而且会给调试和维护带来困难。

3）补充、完善和修改

在系统分析阶段，加工说明中所反映的用户要求(例如出错处理、过程信息，以及种种限制等)不能完全在数据流图中反映。然而，在系统设计阶段的系统模块结构图中，都必须体现出用户的所有要求。因此，由数据流图导出的初始模块结构图必须进行补充和完善，还要根据模块分解的原则进行修改，才能达到用户的要求。企业要根据自己的实际情况进行系统模块设计。

5. 流程图设计

功能结构图主要从功能的角度描述了系统的结构，但并未表达各功能之间的数据传递关系。实际上，系统中许多业务或功能都是通过数据文件相关联的。如某一功能模块向某一数据文件中存入数据，而另一个功能模块则从该数据文件中取出数据。这些关系在设计中可通过绘制信息系统流程图从整体上表达出来。

信息系统流程图是以系统的数据流程图为基础绘制的，其包括以下几个步骤。

(1) 为数据流程图中的处理功能画出数据关系图。数据关系图反映了数据之间的关系，即输入数据、中间数据和输出数据之间的关系。

(2) 把各个处理功能的数据关系图综合起来，形成整个系统的数据关系图，即信息系统流程图。

信息系统流程图不同于数据流程图，如图2-14所示，信息系统流程图中仅表示计算机的处理流程，而数据流程图有时还反映了人工操作那一部分。因此绘制信息系统流程图的前提是已经确定了系统的边界、人—机接口和数据处理方式。

另外，从数据流程图到信息系统流程图还可根据物流企业的实际情况进行合并或分解，再把有关的处理看成是系统流程图中的一个处理功能。

6. 数据库设计

数据库设计。对于一个给定的应用环境，构造最优的数据库模式，建立数据库及其应用系统，使之能够有效地存储数据，满足各种用户的应用需求(信息要求和处理要求)。

1）数据库设计的任务

(1) 根据用户需求研制数据库结构的过程。

(2) 对于一个给定的应用环境，构造最优的数据库模式，建立数据库及应用系统，使之能有效地存储数据，满足用户的信息要求和处理要求。

2）数据库设计的内容

数据库设计包括数据库的结构设计和数据库的行为设计。

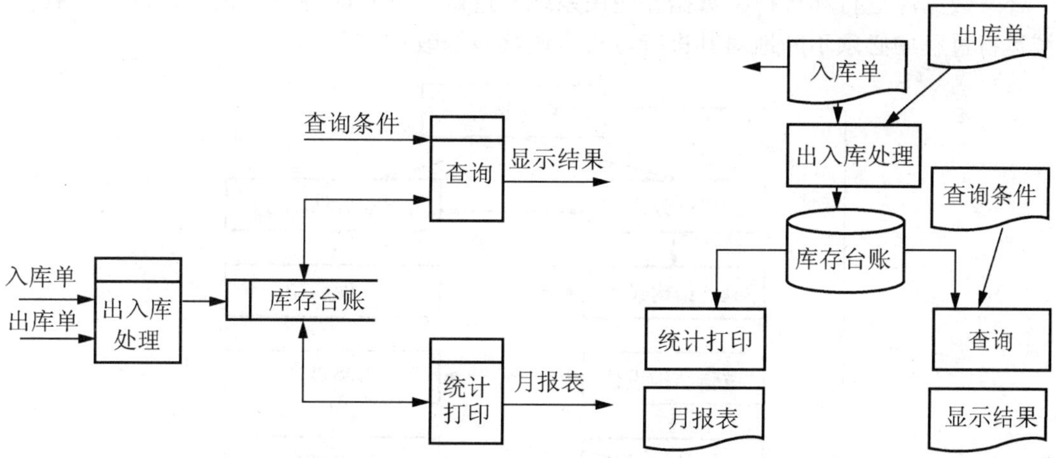

(a) 库存管理系统部分数据流程图　　(b) 转换后的库存管理信息系统流程图

图 2-14　信息系统流程图与数据流程图的对比

(1) 数据库的结构设计。

① 据给定的应用环境，进行数据库的模式或子模式的设计。

② 由于数据库模式是各应用程序共享的结构，一般是不变化的，所以结构设计也称静态模型设计。

③ 包括概念设计、逻辑设计和物理设计。

(2) 数据库的行为设计。

① 确定数据库用户的行为和动作，即用户对数据库的操作。

② 数据库的行为设计就是应用程序设计。

3) 数据库设计的特点

数据库设计具有以下几个特点。

(1) 数据库建设是硬件、软件、技术与管理的结合。

(2) 整个设计过程中要把结构(数据)设计和行为(处理)设计密切结合起来。

4) 数据库设计的基本步骤

数据库设计全过程如图 2-15 所示。

(1) 数据分析。需求收集和分析，得到用数据字典描述的数据需求，用数据流图描述的处理需求。

(2) 概念结构设计。对需求进行综合、归纳与抽象，形成一个独立于具体 DBMS 的概念模型。

(3) 逻辑结构设计。将概念结构转换为某个 DBMS 所支持的数据模型(例如关系模型)，并对其进行优化。

(4) 物理结构设计。为逻辑数据模型选取一个最适合应用环境的物理结构(包括存储结构和存取方法)。

(5) 数据库实施。运用 DBMS 提供的数据语言(例如 SQL)及其宿主语言(例如 C)，根据逻辑设计和物理设计的结果建立数据库，编制与调试应用程序，组织数据入库，并进行试运行。

(6) 数据库运行和维护。数据库应用系统经过试运行后即可投入正式运行。在数据库系统运行过程中必须不断地对其进行评价、调整与修改。

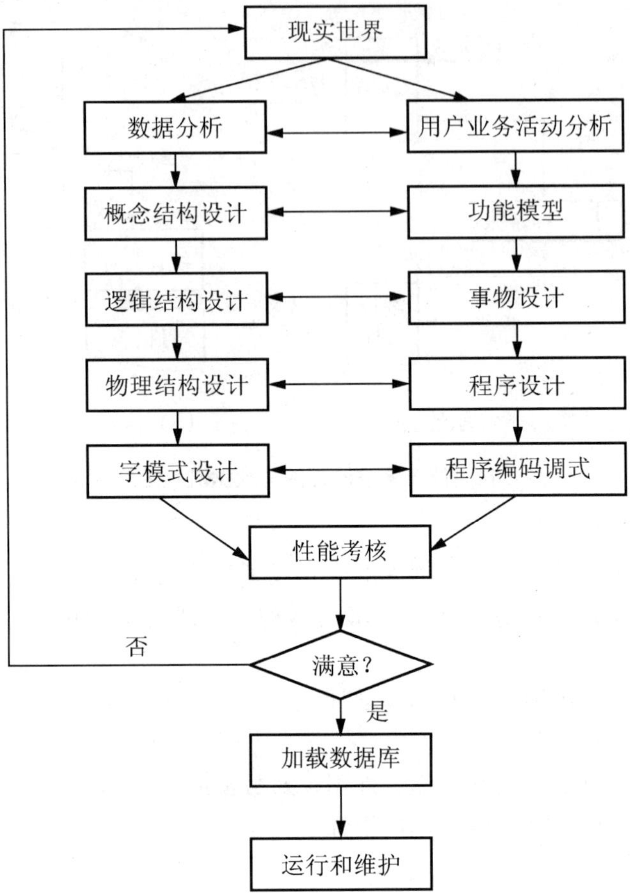

图 2-15 数据库设计过程

2.2 物流管理信息系统开发方法

2.2.1 结构化系统法

1. 基本思想

结构化系统法又称瀑布法，是一种传统的信息系统开发方法，用系统工程的思想和工程化的方法，按用户至上的原则，结构化、模块化，自顶向下地对系统进行分析与设计，如图 2-16 和图 2-17 所示。

在 20 世纪 90 年代以前，系统开发主要是使用结构化系统法。软件工程学的许多理论也是在使用这种方法中诞生的。

2. 开发过程

生命周期法的整个开发过程可分为以下 5 个基本阶段：系统规划、系统分析、系统设计、系统实施、系统维护。各个阶段主要包括以下工作内容。

(1) 系统规划阶段：明确当前物流企业所面临的问题和未来信息系统的关系，决定为解决这些问题进行信息系统开发所采用的基本策略、基本方法和组织结构。

(2) 系统分析阶段：根据系统规划的思想，对组织当前所面临的问题进行详细分析，对物流企业现行信息处理方法作出详尽的描述，提出新系统的若干代替方案，并对其进行成本效益分析。

(3) 系统设计阶段：根据系统分析的结果，提出信息系统逻辑模型和物理模型，进行子系统的划分，描述系统的功能和实现方法。

(4) 系统实施阶段：按照系统设计的思想实现系统，进行软件编程和调试检错，硬件设备的购入和安装，对物流企业有关操作人员的训练，从旧系统向新系统转换。

(5) 系统维护阶段：使用和评价系统，对系统的维护、改进等。

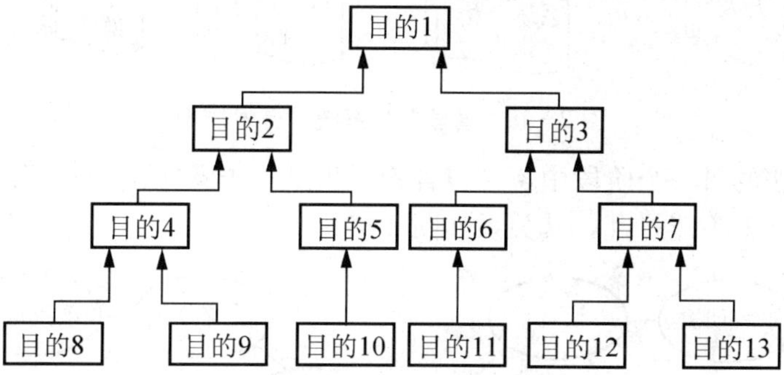

图 2-16　目录树结构

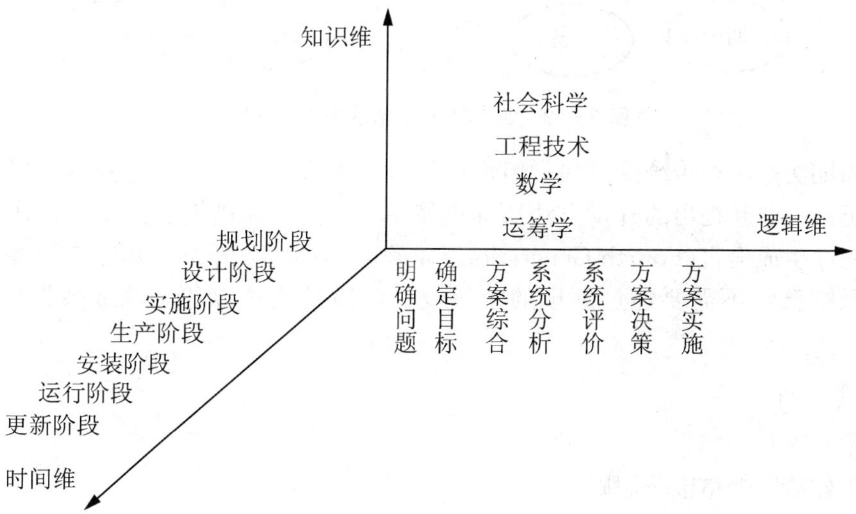

图 2-17　霍尔三维结构

以上各阶段中，(2)、(3)、(4)这 3 个阶段是主要阶段。系统开发队伍的系统分析师、系统设计师、程序员 3 部分人员分别担任 3 个阶段主要工作负责人。在这 3 个主要阶段中，还各有一个主要的任务，就是要产生各阶段的文档，它们既是该阶段工作的总结，同时又是下一阶段的工作基础。它们之间的关系如图 2-18 所示。

生命周期法是一种“面向功能的”系统开发方法，在系统分析阶段主要是将系统的功能加以分解，使之成为软件开发人员所能理解的形式。在系统设计阶段也根据系统的功能要求来进行。生命周期法的特点是强调结构化、规范化、文档化，强调在不同的开发阶段中由不同的人员从事专门的工作，产生各阶段的文档。这样，一旦在某阶段发现了问题，就转到其上一阶段进行修正，避免较大的损失。另外，系统的软件结构设计是以功能模块的设计为中心的。

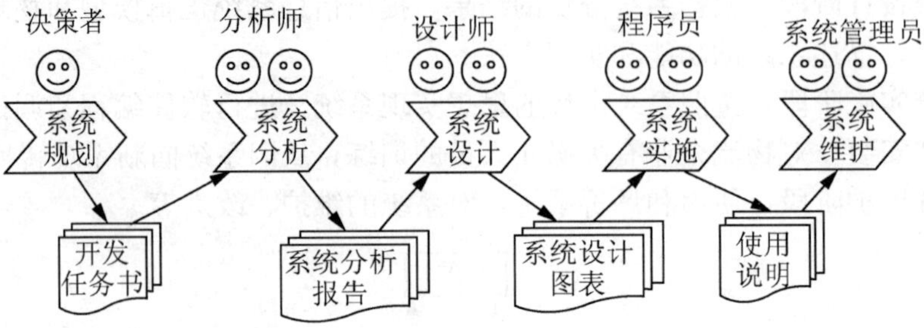

图 2-18　管理信息系统的开发周期

在生命周期法的每一个阶段中，又包含若干步骤，步骤在该阶段可以不分先后，但仍有因果关系，总体上不能打乱，其关系如图 2-19 所示。

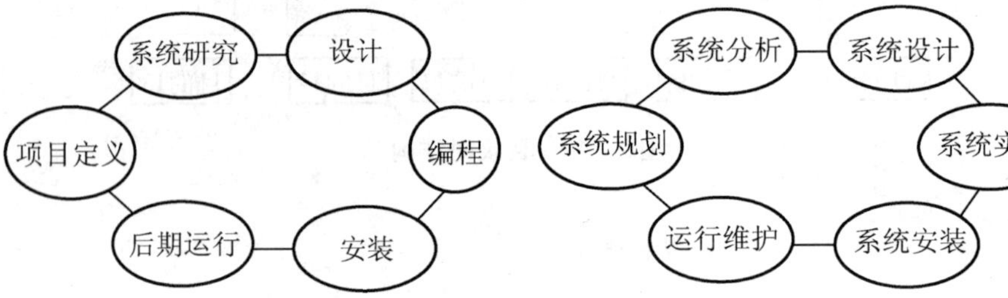

图 2-19　物流管理信息系统生命周期

生命周期法是一种传统的方法，但现在仍有很大影响，它的一些基本思想，如封装、模块化等仍被一些新提出的开发方法所继承使用。但是生命周期法的问题是开发效率低，在第四代程序生成语言(Fourth Generation Language，4GL)开发工具迅速发展起来之后，开发信息系统已经不需要经过烦琐的模块设计，而是代之以原型法或数据中心的开发方法。

3. 主要原则

(1) 用户参与原则。

(2) 工作阶段严格区分原则。

(3) 自顶而下的原则。

(4) 系统开发过程工程化，工作成果文档化、标准化原则。

4. 特点

(1) 自顶向下整体地进行分析与设计和自底向上逐步实施的系统开发过程：在系统规划、分析与设计时，从整体考虑，自顶向下地工作；在系统实施阶段则根据设计的要求，先编制一个个具体的功能模块，然后自顶向下逐步实现整个系统。

（2）用户至上是影响成败的关键因素，整个开发过程中，要面向用户，充分了解用户需求。

（3）符合实际，客观性和科学化，即强调在设计系统之前，深入实际，详细地调查研究，努力弄清实际业务处理过程中的每一个细节，然后分析研究，制定出科学合理的目标系统设计方案。

（4）严格区分工作阶段，把整个开发过程划分为若干个工作阶段，每一个阶段有明确的任务和目标，预期达到的工作成效，以便计划和控制进度，协调各方面的工作。前一阶段的工作成果是后一阶段的工作依据。

（5）充分预料可能发生的变化：环境变化、内部处理模式变化和用户需求变化。

（6）开发过程工程化，要求开发过程的每一步都要按工程标准规范化，工作文件或文档资料标准化。

（7）强调开发过程的整体性和全局性，在整体优化的前提下考虑具体的分析设计问题。

（8）严格区分工作阶段，每一阶段及时总结、发现，总是及时反馈和纠正，避免造成浪费和混乱。

（9）开发周期长，不能充分了解用户的需求和可能发生的变化。

5. 结构化系统开发方法的适用范围

结构化系统开发方法主要适用于大型系统或缺乏系统开发经验的情况。

结构化系统开发方法的优缺点及适用范围见表 2-1。

表 2-1　结构化系统开发方法的优缺点及适用范围

优　点	缺　点	适用范围
整体思路清楚	开发周期太长	大型系统或缺乏系统开发经验的情况
阶段性非常强，每阶段均有工作成果出现	不大符合认知规律	
系统分析中易诊断出原系统存在的问题	需要大量的文档和图表，工作量较大	

2.2.2　原型法概述

1. 概念

原型法是 20 世纪 80 年代随着计算机软件技术的发展，特别是在关系数据库系统、第四代程序生成语言和各种系统开发生成环境产生的基础上，提出的一种从设计思想、工具、手段都全新的系统开发方法。

2. 原型法的基本思想

原型法的基本思想是试图改进生命周期法的缺点，在短时间内先定义用户的基本需求，通过强有力的软件环境支持，开发出一个功能并不十分完善的、实验性的、简易的信息系统原型。运用该原型，与用户一起反复补充、修改、完善、发展，直至得到用户满意的系统。所以，原型法依据的基本模型是循环或迭代模型。

3. 原型法的特点

原型法从原理来看，并无任何高深的理论和技术，但为什么会备受推崇，在实践中获得了巨大的成功呢？与结构化方法相比，原型法具有以下特点。

（1）原型法更多地遵循了人们认识事物的规律，那就是人们认识事物的过程都是循序渐进的，不断受环境的启发，不断完善的。

（2）原型法将模拟的手段引入系统分析的初期阶段，沟通了人们的思想，缩短了物流企业管理人员和系统分析人员之间的距离，解决了结构化方法中最难以解决的一环。

（3）原型法的模拟原型能启发人们对问题进行较确切的描述和较准确的认识。

（4）充分利用最新的软件工具，摆脱老一套工作方法，使系统开发的时间、费用大大地减少，效率、技术等方面都大大地提高。

（5）原型法将系统调查、系统分析、应用设计等阶段融为一体，物流企业管理人员能看到系统实现后是什么样子，提高物流企业管理人员对参加系统研制工作的积极性。

4. 原型法的开发过程

（1）确定用户的基本需求。这是系统开发一开始要做的工作，也是建立初始原型的必要条件。该步骤主要是确定用户准备从系统得到些什么，对系统有哪些要求。如果要求较多，还要确定各种要求的优先顺序。在分析这些基本需求基础上，构造一个简单的、并不完整和完善的计算机化的模型。该阶段不需要大量收集和充分积累数据及信息。

（2）建立系统初始原型。根据构造的模型，采用快速技术，开发出一个尽量满足物流信息管理基本要求和习惯的初始系统模型。

（3）运行和评价原型。将开发出来的系统原型交给物流企业使用。物流企业信息管理操作人员在使用过程中检验、评价该原型，如不满意或者不满足，再提出意见和要求，请求修改完善。

（4）修改旧原型、建立新原型。根据使用者提出的意见和要求，对旧原型修改、完善或扩充，构造新的系统原型，再重复第(3)步，即将修改、完善后的新原型交给物流企业运行和评价。

第(3)步和第(4)步是一个反复迭代的过程，直至满足物流企业信息管理需要为止。

（5）建立最终系统。满足物流信息管理需要的系统可能是一个新系统，也可能是完善系统的开发基础。该步是改进数据管理的例行程序，增强有关辅助的功能，以及完成系统说明的各种资料和使用说明等。原型法的工作过程如图 2－20 所示。

5. 原型法的适用场合

原型法主要用于以下情况。

（1）用户事先难以说明需求的较小的应用系统。

（2）决策支持系统。

（3）与结构化系统开发方法结合起来使用，即整体上仍使用结构化系统开发方法，而仅对其中功能独立的模块采用原型法。原型法的优缺点及适用范围见表 2－2。

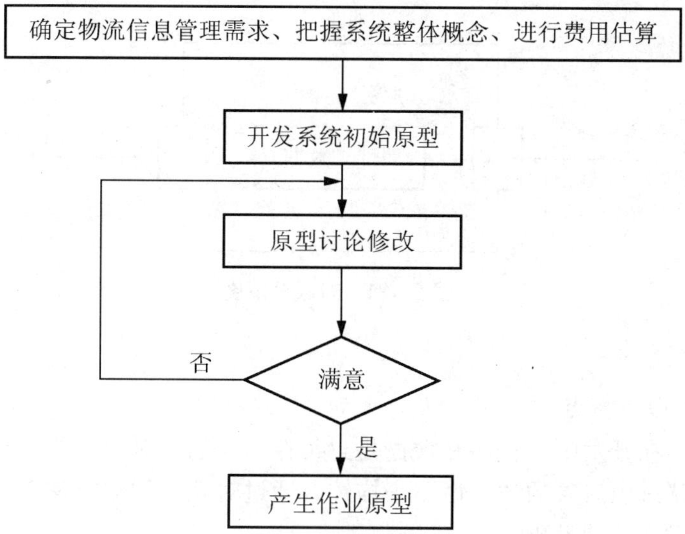

图 2－20　原型法进行开发的基本步骤

表 2－2　原型法的优缺点及适用范围

优　点	缺　点	适用范围
认识论上的突破	开发工具要求高	用户事先难以说明需求的较小的应用系统
加强了与用户的交流	解决复杂系统和大型系统问题很困难	决策支持系统
开发风险及开发成本降低	管理水平要求高	与 SSA&D 方法结合

2.2.3　面向对象法

面向对象系统的开发方法(Object Oriented，OO)是从 20 世纪 80 年代各种面向对象的程序设计方法(如 Smalltalk，C 等)逐步发展而来。

1. OO 方法的基本思想

OO 方法认为，客观世界是由各种各样的对象组成的，每种对象都有各自的内部状态和运动规律，不同对象之间的相互作用和联系就构成了各种不同的系统。当我们设计和实现一个客观系统时，如能在满足需求的条件下，把系统设计成由一些不可变的(相对固定)部分组成的最小集合，这个设计就是最好的，而这些不可变的部分就是所谓的对象。这种方法的主要思路是所有开发工作都围绕对象展开，在分析中抽象地确定出对象及其他相关属性，在设计中将对象严格地规范，在实现时严格按照对象的需要来研制软件工具，并由这个工具按设计的内容，直接地产生出应用软件系统。面向对象方法是一种基于问题对象的自底向上的开发方法论。

面向对象方法中，系统模型的基本单元是对象，是客观事物的抽象，是相对稳定的。系统的功能是通过对象之间的消息传递来实现的，如图 2－21 所示。因而面向对象方法开发的系统有较强的应变能力，重用性好。

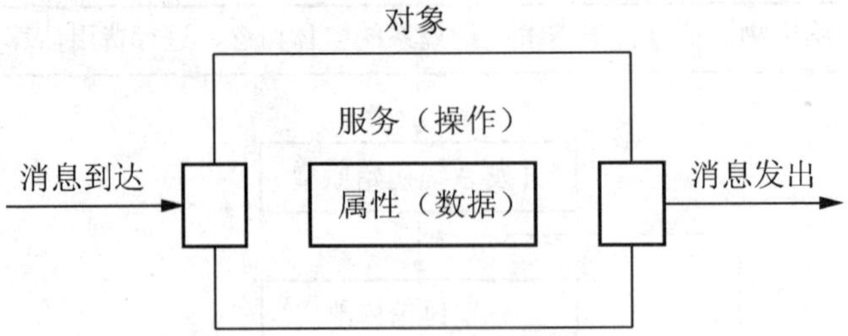

图 2-21　对象分解图

2. OO 方法的特点

OO 方法具有以下特点。

(1) 封装性。在开发中，程序和数据是封装在一起的，对象作为一个实体，其操作隐藏在方法中，其状态由对象的“属性”来描述，通过对象中的“方法”来改变。封装性构成了面向对象开发方法的基础。

(2) 抽象性。面向对象开发方法中，把从具有共同特性的实体中抽象出来的事物本质特征，称为“类”，对象是类的一个实例。比如，在系统初始参数设计中，商品参数设置和客户参数设置，可以按“类”中封装了对象共同的属性和方法，通过一个类创建的对象，自动具有类中描述的属性和方法。

(3) 继承性。类可以派生出子类，子类自动继承父类的属性与方法。这样，在定义子类时，只需说明它不同于父类的特性，从而大大提高了软件的可重用性。

(4) 多态性。对象间的联系是通过对象间的消息传递动态建立的，发送到不同的对象可引发不同的操作。

3. OO 方法的优缺点

OO 方法以对象为基础，利用特定的软件工具直接完成从对象客体的描述到软件结构之间的转换，这是 OO 方法最主要的特点和成就。OO 方法的应用解决了传统结构化开发方法中客观世界描述工具与软件结构的不一致性问题，缩短了开发周期，解决了从分析和设计到软件结构之间多次转换的繁杂过程，是一种很有发展前途的信息系统开发方法。

4. OO 的开发过程

(1) 系统调查和需求分析。对系统将要面临的具体管理问题及用户对系统开发的需求进行调查研究，即先弄清要干什么的问题。

(2) 分析问题的性质和求解问题。在繁杂的问题域中抽象地识别出对象及其行为、结构、属性、方法等。一般称之为面向对象的分析，即 OOA。

(3) 整理问题。对分析的结果作进一步的抽象、归类和整理，并最终以范式的形式将它们确定下来。一般称之为面向对象的设计，即 OOD。OOD 阶段主要完成系统总体结构设计、用户界面设计、任务管理设计，以及数据管理设计等。

(4) 程序实现。用面向对象的程序设计语言将上一步整理的范式直接映射(即直接用程序设计语言来取代)为应用软件。一般称之为面向对象的程序，即 OOP。

(5) 由模型系统转为目标系统的阶段。首先识别用户需求的对象及行为，分别设计出各个对象的实体。分析对象之间的联系和相互所传递的信息，由此构成该用户的信息系统模型。由信息系统模型转换成软件系统的模型，再对各个对象进行归并和整理，并确定它们之间的联系，继而由软件系统模型转换成目标系统。

5. OO 的开发模型

面向对象开发一般经历 3 个阶段：面向对象系统分析(Object Oriented Analysis，OOA)、面向对象系统设计(Object Oriented Desigh，OOD)和面向对象系统实现(编程)。这与传统的生命周期法相似，但各阶段所解决的问题和采用的描述方法却有极大区别。图 2-22 所示是面向对象系统开发模型，它表达了面向对象开发的内容和过程。

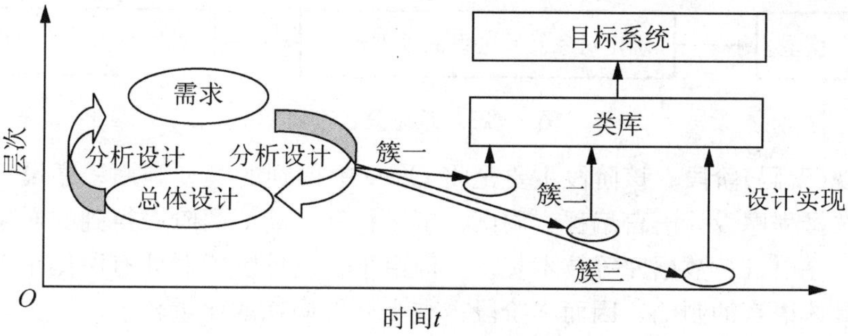

图 2-22 面向对象系统开发模型

图 2-22 所示的面向对象开发模型体现了面向对象开发方法的基本特征。

(1) 分析与设计是反复的，充分体现了原型开发的思想。

(2) 分析与设计的不断反复结果是对客观世界对象的模型化，建立针对簇的规格说明。

(3) 运用库中已有对象，反复测试实现簇，并将新簇纳入库中，该过程体现了继承和重用。

(4) 强调分析阶段和设计阶段的合并。

OO 各阶段的思路包括以下几个方面。

(1) 分析阶段。该阶段主要采用面向对象技术进行需求分析。面向对象分析遵循以下主要原则。

① 构造和分解相结合的原则。构造是指由基本对象组装成复杂活动对象的过程；分解是对大粒度对象进行细化，从而完成系统模型细化的过程。

② 抽象和具体结合的原则。抽象是指强调事务本质属性而忽略非本质细节；具体则是对必要的细节加以刻画的过程。OO 方法中，抽象包括数据抽象和过程抽象：数据抽象把一组数据及有关的操作封装起来，过程抽象则定义了对象间的相互作用。

③ 封装的原则。封装是指对象的各种独立外部特性与内部实现相分离，从而减少了程序间的相互依赖，有助于提高程序的可重用性。

④ 继承的原则。继承是指直接获取父类已有的性质和特征而不必再重复定义。这样，在系统开发中只需一次性说明各对象的共有属性和服务，对子类的对象只需定义其特有的属性和方法。继承的目的也是为了提高程序的可重用性。

(2) 设计阶段。该阶段主要利用面向对象技术进行概念设计。值得注意的是面向对象的设计与面向对象的分析使用了相同的方法，这就使得从分析到设计的转变非常自然，甚至难以区分。可以说，从 OOA 到 OOD 是一个积累型的扩充模型的过程。

一般而言，在设计阶段就是将分析阶段的各层模型化的"问题空间"逐层扩展，得到模型化的特定的"实现空间"。有时还要在设计阶段考虑硬件体系结构、软件体系结构，并采用各种手段(如规范化)控制因扩充而引起的数据冗余。

系统分析过程如图 2-23 所示。

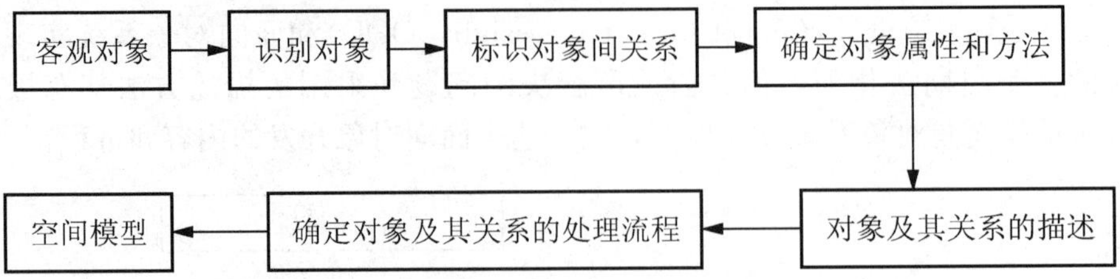

图 2-23 系统分析过程

(3) 实现(编码)阶段。该阶段主要是将 OOD 中得到的模型利用程序设计实现。具体操作包括：选择程序设计语言编程、调试、试运行等。前面两阶段得到的对象及其关系最终都必须由程序语言、数据库等技术实现，但由于在设计阶段对此有所侧重考虑，故系统实现不会受具体语言的制约，因而本阶段占整个开发周期的比重较小。

2.2.4 计算机辅助方法

1. 计算机辅助方法的基本思路

计算机辅助方法(Computer Aided Software Engineering，CASE) 解决问题的基本思路是：在前面所介绍的任何一种系统开发方法中，如果自对象系统调查后，系统开发过程中的每一步都可以在一定程度上形成对应关系，那么就完全可以借助于专门研制的软件工具来实现上述一个个的系统开发过程。

另外，由于在实际开发过程中上述几个过程很可能只在一定程度上对应，故这种专门研制的软件工具暂时还不能一次"映射"出最终结果，还必须实现其中间过程。对于不完全一致的地方由系统开发人员再作具体修改。上述 CASE 的基本思路决定了 CASE 环境具有以下特点。

(1) 在实际开发一个系统中，CASE 环境的应用必须依赖于一种具体的开发方法，例如生命周期法、原型法、OO 方法等。而一套大型完备的 CASE 产品，能为用户提供支持上述各种方法的开发环境。

(2) CASE 只是一种辅助的开发方法。这种辅助主要体现在它能帮助开发者方便、快捷地产生出系统开发过程中各类图表、程序和说明性文档。

(3) 由于 CASE 环境的出现从根本上改变了开发系统的物质基础，从而使得利用 CASE 开发一个系统时，在考虑问题的角度、开发过程的做法及实现系统的措施等方面都与传统方法有所不同，故称之为 CASE 方法。

2. CASE 的特点

CASE 方法与其他方法相比，一般来说有以下特点。

(1) 解决了从客观世界对象到软件系统的直接映射问题，强有力地支持软件、信息系统开发的全过程。

(2) 既支持自顶向下的结构化开发方法，又支持自底向上的面向对象和原型化开发方法。

(3) 简化了软件的管理和维护，加速了系统的开发过程，使开发者从繁杂的分析设计图表和程序编写工作中解放出来。

(4) 自动生成文档和程序代码，使系统产生了统一的标准化文档。

(5) 着重于系统分析与设计，具有设计可重用性等。

(6) 尽管CASE工具在系统开发的一些方面提供了方便，它能够加快分析和设计的速度，利于重新设计，但它并不能做到系统设计的自动化，并且无法使业务上的需求自然而然地得到满足。系统分析和设计工作仍然要依靠分析与设计者的分析技能。

2.2.5 各种开发方法的比较

(1) 生命周期法是基于系统的生命周期理论，严格、细致地一步一步规划各个开发阶段的任务及得到相应的阶段成果，非常系统、严谨。由于后一阶段的工作需要前一阶段成果的支持，因此每一个阶段都非常重要，直接影响到后阶段的成果，因此开发周期较长，代价较大，故多被用于大型系统开发。

(2) 原型法是一种基于4GLS(第四代程序生成语言)的快速模拟方法，它通过模拟及对模拟后原型的不断讨论和修改，最终建立系统。要想将这样一种方法应用于一个大型信息系统开发过程中的所有环节是根本不可能的，故它多被用于小型局部系统或处理过程比较简单的系统设计来实现这一环节。

(3) 面向对象法是一种围绕对象来进行系统分析和系统设计，然后用面向对象的工具建立系统的方法。该种方法可以普遍适用于各类信息系统开发，但无法涉足系统分析以前的开发环节。

(4) CASE方法。CASE方法是一种除系统调查外全面支持系统开发过程的方法，同时也是一种自动化的系统开发方法，适用于各类信息系统开发。

2.3 物流管理信息系统实施与管理

2.3.1 系统实施的主要内容

系统实施阶段的工作量很大，任务复杂，而且涉及面广，包括软硬件的配置。因此，要进行全面规划，确定实施的方法、步骤和所需的时间、费用。

1. 设备安装调试

根据系统设计阶段提出的设备配置方案，购置物流作业工具，如GPS终端、POS设备等，安装好物理层面的计算机网络系统，进行计算机机房设计施工、计算机系统及各种设备的安装和调试等。

2. 程序调试和系统测试

在进行程序调试和系统测试前，应从多方面予以考虑，准备好调试和测试所需的数据。程序调试分程序单调、模块分调、子系统调试和系统联调。经过调试成功的系统，在正式运行前，还要进行软硬件各种设备的联合系统测试。所谓系统测试，就是试运行，用以检验系统运行的正确性、可靠性和效率。

3. 系统测试的内容

1）功能测试

功能测试是指对系统中的功能进行测试，确定其是否具备所规定的功能。功能测试主要注意边界条件、覆盖条件，以及出错处理是否有效等问题。

2）性能测试

性能测试主要是指对程序和系统数据的精确性、时间特性、适应能力是否能满足实际要求进行测试，如运行环境、接口、系统处理时间、响应时间、数据转换时间等。

3）可靠性与安全性测试

可靠性与安全性测试是指在可靠性和安全性方面进行的测试，如加密效果、授权的有效性和可靠性、系统的容错能力等。

4. 系统测试的主要步骤

1）模块测试

模块测试是对单个模块进行的测试，目的是保证每个模块作为一个单元能够正确运行。通常情况下，模块测试方案设计比较容易，发现的错误主要是编码和详细设计方面的错误。模块测试比系统测试更容易发现错误，能更有效地进行排错处理，是系统测试的基础。

2）子系统测试

子系统测试是在模块测试的基础上，将测试过的模块组合起来形成一个子系统进行测试。子系统测试主要解决模块间的相互调用、通信问题，所以测试重点在接口方面。子系统测试通常采用自顶向下和自底向上两种测试方法。

3）系统测试

在所用子系统都成功测试之后，将它们组合起来进行的测试就是系统测试。系统测试主要解决的是各子系统之间的数据通信、数据共享问题，测试系统是否满足用户要求。系统测试的依据是系统分析报告，要全面考查系统是否达到了设计目标。系统测试可以发现系统分析遗留的未解决问题。

4）验收测试

在系统测试完成后，要进行用户的验收测试。验收测试是把系统作为单一的实体进行测试，它是用户在实际应用环境中所进行的真实数据测试。与系统测试的内容基本一致，测试要使用手工系统所用过的历史数据，将运行结果与手工所得相核对，考查系统的可靠性和运行效率。

2.3.2 物流管理信息系统的运行管理

系统运行管理的根本目的是为了让软件项目尤其是大型项目的整个软件生命周期(从分析、设计、编码到测试、维护的全过程)都能在管理者的控制之下，以预定成本按期、按质地完成软件并交付用户使用。

1. 物流信息系统的运行管理

所谓运行管理就是对物流信息系统的运行进行监测和控制，记录其运行状态，对信息系统进行必要的完善、修改和补充，以使信息系统充分地发挥其功能。

物流信息系统运行管理的目标就是对信息系统的运行进行实时控制，记录其运行状态，进行必要的修改与扩充，以便使信息系统真正符合管理决策的需要，为管理决策者服务。

2. 信息系统运行管理的组织与人员配置

1）信息系统运行的组织机构

有效地组织好信息系统运行对提高管理信息系统的运行效率是十分重要的。系统运行组织的建立是与信息系统在企业中的地位分不开的。目前国内企业组织中负责系统运行的大多是信息中心、计算中心、信息处等信息管理职能部门。

小贴士

物流管理组织

很久以前，在物流活动还包含在生产、销售活动中的时候，其管理部门也作为生产等部门的附属部门而存在，但其地位低，物流岗位也得不到承认。但是，随着物流一体化思想的发展，人们认识到物流的重要性，成立了独立的物流管理组织。现在，这些部门除了承担物流管理外，还期待其承担与信息部门、政府部门的联络职能。

2）人员配置

人员是项目成功的关键。一般而言，在中小型企业中物流信息系统部门中的人员较少，常常是一人身兼数职，而在大型企业中的物流信息系统管理部门的构成比较复杂，人员较多，分工也较细，其人员究竟多少为好，主要还要根据管理需求和物流信息系统的规模而定。

人员的管理主要包括以下 3 个方面。

(1) 明确地规定各类人员的任务及职权范围。尽可能确切地规定各类人员在各项业务活动中应负的责任，应做的事情，办事的方式，工作的次序。简单地说，要有明确的授权。

(2) 定期检查、评价每个岗位的工作。具体做法是：对每项工作建立相应的评价指标，这些指标应该尽可能有定量的尺度，以便检查与比较。这些指标应该有一定的客观的衡量办法，并且要真正按这些标准去衡量各类工作人员的工作，即必须有检查和评价。

(3) 对工作人员进行培训。对工作人员进行培训，使他们的工作能力不断提高，工作质量不断改善，从而提高整个系统的效率。

2.3.3 物流信息系统运行管理的内容

物流信息系统的运行管理工作是系统开发工作的继续，是系统能否达到预期目标的根本，主要包括日常运行的管理、运行情况的记录及对系统的运行情况进行检查与评价。

1. 物流信息系统日常运行的管理

信息系统投入使用后，日常运行的管理工作量巨大，通过信息系统必须完成数据的收集、例行的信息处理及服务工作、计算机本身的运行与维护、系统的安全管理4项任务。见表2-3。

表2-3 信息系统运行管理内容

管理内容	主要任务
数据的收集工作	一般包括数据收集、数据校验及数据录入等
信息处理及服务工作	包括例行的数据更新、统计分析、报表生成、数据的复制及保存与外界的定期数据交流等
计算机本身的运行与维护	包括设备的使用管理、定期检修、备品配件的准备及使用、各种消耗性材料的使用及管理、电源及工作环境的管理
系统的安全管理	系统的安全性体现在保密性、可控制性、可审查性、抗攻击性这4个方面

1）数据的收集工作

数据的收集工作一般包括数据收集、数据校验及数据录入3项主要任务。

系统主管人员应该努力通过各种方法，提高数据收集人员的技术水平和工作责任感，对他们的工作进行评价、指导和帮助，以便提高所收集数据的质量，为系统有效地工作打下坚实的基础。

数据校验工作，也就是对数据进行把关。在较小的系统中，往往是由系统主管人员自己来完成。在较大的系统中，一般需要设立专职数据控制人员来完成这一任务。

数据录入工作的要求是迅速与准确。录入人员的责任在于把经过校验的数据输入系统，录入人员并不对数据在逻辑上、具体业务中的含义进行考虑与承担责任，该责任是由校验人员承担的，只需要保证输入系统的数据与业务数据一致。

2）完成例行的信息处理及服务工作

常见的工作包括：例行的数据更新、统计分析、报表生成、数据的复制及保存、与外界的定期数据交流等。这些工作，一般来说都是按照一定的规程，定期或不定期地运行某些事先编制好了的程序，这是由软件操作人员来完成的。这些工作的规程，应该是在系统研制中已经详细规定好了的，操作人员也应经过严格的培训，清楚地了解各项操作规则，了解各种情况的处理方法。

3）计算机本身的运行与维护

运行和维护工作包括设备的使用管理、定期检修、备品配件的准备及使用、各种消耗性材料(如软盘、打印纸等)的使用及管理、电源及工作环境的管理等。

对于大型计算机，该工作需要有较多的专职人员来完成；对于微型机，由指定能够切实负责的人员来兼管这些事情。

4）系统的安全管理

系统的安全管理是为了防止系统外部对系统资源不合法的使用和访问，保证系统的硬件、软件和数据，不因偶然或人为的因素而遭受破坏、泄露、修改或复制，维护正当的信息活动，保证信息系统安全运行所采取的手段。信息系统的安全性体现在保密性、可控制性、可审查性、抗攻击性4个方面，它是日常工作的重要部分之一。

提醒您

信息系统的管理不止是对机器的管理，对机器的管理只是整个管理工作的一部分，更重要的是对人员、数据及软件的管理。

2. 物流信息系统运行情况的记录

系统的运行情况如何对系统管理、评价是十分重要且十分宝贵的资料。而多数企业或单位却缺乏系统运行情况的基本数据，无法对系统运行情况进行科学分析和合理判断，难以进一步提高信息系统的工作水平。信息系统的主管人员应该从系统运行的一开始，就注意积累系统运行情况的详细资料，见表 2-3。

表 2-3 物流信息系统运行中需要收集的资料

主要资料	说 明
系统的工作数量信息	反映系统的工作负担、所提供的信息服务的规模及计算机应用系统功能的最基本的数据
系统工作的效率	系统为了完成所规定的工作，占用了多少人力、物力及时间
系统提供的信息服务的质量	系统所提供的信息应准确、及时、满足相应需求的情况
系统的维护修改情况	对维护工作的内容、情况、时间、执行人员进行记录
系统的故障情况	对故障的发生时间、故障的现象、故障发生时的工作环境、处理的办法、处理的结果、处理人员等进行记录

2.3.4 物流信息系统运行管理制度的建立与实施

企业启用新物流信息系统后，便进入长期的使用、运行和维护期。为保证系统运行期间正常工作，就必须明确规定各类人员的职权范围和责任，建立和健全信息系统管理体制，保证系统的工作环境和系统的安全，为此要有效地利用运行日志等对运行的系统施行监督和控制，这也是系统正常运行的重要保证。

1. 信息系统运行的机房管理制度

一个较大的系统往往是一个网络系统，除中心机房(服务机房)外，工作站大多安装在业务人员的办公室，没有专门的机房。

专用机房要有一套严格的管理制度，正式行文并张贴在墙上。该制度一般包括以下内容。

(1) 操作人员的操作行为，例如，开机、关机、登记运行日记、异常情况处理等。

(2) 出入机房人员的规定。

(3) 机房的电力供应。

(4) 机房的温度、湿度、清洁度。

(5) 机房安全防火等。

(6) 严格禁止上网玩游戏和与外来盘互相拷贝，防止计算机病毒感染和传染。

(7) 不得在带电状态下拔、插机器部件和各电线、电缆。

(8) 专用机房由专人管理。

2. 信息系统的运行管理制度

系统的运行是长期的，而不是突击性的，要使每一个操作计算机的人养成遵守管理制度的习惯。对运行中的异常情况要做好记录、及时报告，以便得到及时处理，否则可能酿成大问题，甚至出现灾难性故障。

系统中的数据是企业极其宝贵的资源，禁止以非正常方式修改系统中的任何数据。

数据备份是保证系统安全的一个重要措施，它能够保证在系统发生故障后能恢复到最近的时间界面上。重要的数据必须每天备份，以便保证系统数据的绝对安全。

3. 信息系统的运行日记制度

运行日记的内容应当包括：①时间；②操作人；③运行情况；④异常情况，包括异常情况的发生时间、现象、处理人、处理过程、处理记录文件名、在场人员等；⑤值班人签字；⑥负责人签字等。

系统运行日记主要为系统的运行情况提供历史资料，因此运行日记应当认真填写并妥善保存，也可为查找系统故障提供线索。

综上所述，物流信息系统的运行管理制度的主要内容见表 2-4。

表 2-4　物流信息系统运行管理制度的主要内容

主要制度	机房管理制度	运行管理制度	运行日记制度
具体内容	操作人员的操作行为	操作规范	时间
	出入机房人员的规定	数据管理	操作人
	机房的电力供应	备份管理	运行情况
	机房的温度、湿度、清洁度	人员管理	异常情况
	机房安全防火等	组织管理	值班人签字
	严格禁止上网玩游戏和与外来盘互相拷贝		负责人签字
	不得带电拔、插机器部件		
	专用机房由专人管理		

2.3.5　物流信息系统运行的档案管理

系统文档并非在系统开发之前一次形成的，它是在系统调查与规划、分析、设计、实施、运行和维护的整个过程中不断地依次编写、修改、完善与积累而成的。如果没有规范的系统文档，系统的开发、运行和维护将处于一种混沌状态，系统质量根本无法保证。因此可以说，文档是系统的生命线，没有规范的系统文档就没有系统成功的保证。

1. 物流信息系统文档的类型

信息系统文档按照不同的分类标准，可分为不同的类型(见表 2-5)。

物流信息系统文档是系统的重要组成部分，要做好分类、归档工作，进行妥善、长期保存。档案的借阅也必须建立严格的管理制度和必要的控制手段。

2. 物流信息系统文档的管理

为了最终得到高质量的信息系统文档，在信息系统的建设过程中必须加强对文档的管理。文档管理应从以下几个方面着手进行。

表 2-5　信息系统文档的主要类型

文档类别	文档内容	产生阶段	备　注
技术文档	系统可行性研究报告	系统调查	
	系统总体规划报告	系统规划	
	系统分析报告	系统分析	
	系统概要设计	系统设计	
	系统详细设计	系统设计	
	系统测试说明	系统实施	
	系统测试报告	系统实施	
	系统使用手册	系统实施	
	系统维护手册	系统实施	
管理文档	系统需求报告	系统规划	委托或合作开发时
	系统开发计划	系统规划	
	系统开发合同	系统规划	
	系统总体规划评审意见	系统规划	
	系统分析评审意见	系统分析	
	系统实施计划	系统设计	
	系统设计评审意见	系统设计	
	系统试运行报告	系统实施	
	系统维护计划	系统运行与维护	
	系统运行报告	系统运行与维护	
	系统开发报告	系统运行与维护	
	系统评价报告	系统运行与维护	
	系统维护报告	系统运行与维护	
记录文档	会议记录	各阶段各次会议	主要在分析阶段
	调查记录	各阶段系统运行与维护	
	系统运行情况记录		
	系统维护记录	系统运行与维护	

1）文档管理的制度化和标准化

必须形成一整套的文档管理制度，其内容包括以下 4 个方面。

（1）明确必须提供文档的种类、格式规范。

（2）明确文档管理人员。

（3）明确文档的制定、修改和审核的权限。

（4）制定文档资料管理制度。

2）文档管理的人员保证

项目小组应设文档组或至少一位文档保管人员，负责集中保管本项目已有文档的两套主文本，两套文本内容应完全一致。其中的一套可按一定手续办理借阅。

3）维护文档的一致性

信息系统开发建设过程是一个不断变化的动态过程，一旦需要对某一文档进行修改时，要及时、准确地修改与之相关的文档，否则将会引起系统开发工作的混乱。而该过程又必须有相应的制度来保证。

4）维护文档的可追踪性

由于信息系统开发的动态性，系统的某种修改是否最终有效，要经过一段时间的检验，因此文档要分版本来实现，而版本的出现时机及要求也要有相应的制度。

2.3.6 物流信息系统的安全管理

1. 物流信息系统安全性的含义

社会信息化导致社会各个方面对信息系统的依赖性越来越强，信息系统的任何破坏或故障，都将对用户乃至整个社会产生巨大的影响，信息系统的安全日益重要。信息系统的安全性是指为了防范意外或人为地破坏信息系统的运行，或非法使用信息资源，而对信息系统采取的安全保护措施。

2. 物流信息系统安全的类型

信息系统的安全实际上包括了以下4个方面。

（1）信息安全。信息安全是指保护信息资源，使其免遭偶然的和有意的泄露、删改、破坏和处理能力的丧失。

（2）计算机安全。计算机安全是指确保计算机处于稳定的状态，使计算机的数据和程序文件不致被非法访问、获取和修改。

（3）网络安全。网络安全是指采取一系列措施确保网络的正常运行。

（4）通信安全。通信安全是指确保信息在网络传输中的完整性和保密性。

3. 影响物流信息系统安全的因素

影响物流信息系统安全的主要因素归纳见表2－6。

表2－6 影响物流信息系统安全的主要因素

影响因素	具体表现
黑客	一些非法的网络用户利用所掌握的信息技术进入未经授权的信息系统
病毒	各种病毒程序越来越严重地威胁着信息系统
源程序	容易被修改和窃取，并且本身可能存在漏洞
应用软件	若软件的程序被修改或破坏，就会损坏系统的功能，进而导致系统瘫痪
操作系统	操作系统如遭到攻击和破坏，将造成系统运行的崩溃
数据库	数据库中存有大量数据资源，若遭到破坏，其损失难以估计

续表

影响因素	具体表现
硬件	硬件本身可能被破坏或盗窃，组成计算机的电子设备和元件可能偶然发生故障
通信	信息和数据在通信过程中可能被窃听
数据输入	输入虚假数据或篡改数据，当然有时是误输入
数据输出	数据在输出过程中有泄露和被盗看的可能
软件的非法复制	会造成软件的失密
企业内部人员的因素	低水平的安全管理、偶然的操作失误或故意的犯罪行为等都会影响系统安全
商业间谍	出于商业目的窃取竞争对手的机密数据

4. 物流信息系统攻击的类型

物流信息系统面临的安全威胁主要有以下 4 种。

1）对信息系统硬件的攻击

该类威胁和攻击针对的是计算机本身和外部设备乃至网络和通信线路，如各种自然灾害、人为破坏、操作失误、设备故障、电磁干扰、被盗，以及各种不同类型的不安全因素所导致的物质财产损失、数据资料损失等。主要表现在对计算机的硬件系统、计算机的外围设备、信息网络的线路等的攻击。

2）对信息的攻击

该类威胁和攻击涉及企业和个人的机密，重要及敏感性信息。主要表现在信息泄露和信息破坏。

信息泄露是指偶然地或故意地截取目标信息系统的信息。信息破坏是指由于偶然事故或人为破坏而使信息系统中的信息被修改、删除、添加、伪造及非法复制。

3）计算机病毒

计算机病毒是通过运行来干扰或破坏信息系统正常工作的一段程序。由于病毒破坏经常导致企业物流信息系统不能正常运行甚至瘫痪，直接影响正常的物流运作和结算往来，危害极深，令人谈毒色变。

4）计算机犯罪

计算机犯罪是指针对和利用物流信息系统，通过非法操作或以其他手段进行破坏、窃取，危害国家、社会和他人利益的不法行为。

资料

信息系统安全问题的提出

目前，全球每天都在发生着因特网计算机入侵事件。在因特网上的网络防火墙，超过1/3被突破，一些银行、企业、机构都未能幸免。据不完全统计，每年因利用计算机系统进行犯罪所造成的经济损失高达上千亿美元。由此可见，信息系统对安全的要求越来越高，安全成为信息系统生存的关键和核心。

2.3.7 物流信息系统安全策略

1. Windows XP 系统的安全配置

操作系统是应用软件同系统硬件的接口，其目的是高效地、最大限度地、合理地使用计算机资源。安全的操作系统能增强安全机制与功能，保障计算机资源的保密性、完整性和可用性。

1）安装的安全策略

（1）不要选择从网络上安装。虽然微软支持在线安装，但这绝对不安全。在系统未全部安装完之前不要联入网络，因为 Windows XP 安装时，在输入用户管理员账号（Administrator）的密码后，系统会建立（ADMIN）的共享账号，但是系统并没有用刚输入的密码来保护计算机，这种情况一直会持续到计算机再次启动。在此期间，任何人都可以通过（ADMIN）进入系统；同时，安装完成，各种服务会马上自动运行，而这时的系统还到处是漏洞，非常容易从外部侵入。

（2）选择 NTFS 格式分区。最好所有的分区都选择 NTFS 格式，因为 NTFS 格式的分区在安全性方面更加有保障。应用程序不要和系统放在同一个分区中，以防攻击者利用应用程序的漏洞（如微软的 IIS 漏洞）攻击计算机，导致系统文件的泄露，甚至让入侵者远程获取管理员权限。

（3）组件的定制。Windows XP 在默认情况下会安装一些常用的组件，但是这个默认安装是很危险的。应该确切地知道你需要哪些服务，再根据安全原则（最少的服务＋最小的权限＝最大的安全）来安装确实需要的服务。

（4）分区和逻辑盘的分配。建议至少建立两个以上的分区：一个系统分区；一个应用程序分区。把系统分区和应用程序分区分开，以此来保护应用程序。因为病毒或者黑客利用漏洞攻击计算机，一般来说损坏的是系统分区，而不会对应用程序分区造成损坏。

2）账号的安全策略

（1）禁用 Guest 账号。到“计算机管理”｜“用户”里把 Guest 账号禁用，最好给 Guest 加一个复杂的密码（大小写字母、数字混合，且 8 位以上）。

（2）限制不必要的账号。删除所有的 Duplicate User 账号、测试账号、共享账号等。用户组策略设置相应权限，并且经常检查系统的账号，删除不再使用的账号。

（3）创建两个管理员账号。一个一般权限账号用来收信及处理日常事务；另一个拥有 Administrator 权限的账号只在需要的时候使用。

（4）把系统账号 Administrator 改名。Windows XP 的 Administrator 账号是不能被停用的，这意味着别人可以一次又一次地尝试这个账号的密码，所以尽量把它伪装成普通账号，比如改名为 Guesycludx。

（5）创建一个陷阱账号。创建一个名为（Administrator）的本地账号，把它的权限设置成最低，什么事也干不了的那种，并且加上一个超级复杂的密码。

（6）把共享文件的权限从 Everyone 组改为授权账号。不要把共享文件的用户设置成（Everyone）组，包括打印共享，默认的设置是（Everyone）组的。

（7）不让系统显示上次登录的账号名，修改方法如下。

打开注册表编辑器并找到注册表项 Software \ Microsoft \ Windows \ CurrentVersion

\ Winlogon \ Dont-DisplayLastUserName，把键值改成 1。

(8) 禁止空连接保护系统账号/共享列表。Windows XP 的默认安装允许任何账号通过空账号得到系统所有账号/共享列表，这本来是为了方便局域网账号共享文件的，但是一个远程账号也可以得到用户账号列表，并使用暴力法破解账号密码。禁止空连接方法如下：打开注册表编辑器并找到注册表项 Local _ Machine \ System \ CurrentControlSet \ ControlXLSA-Restrict Anonymous，把键值改成 1，即可禁止 139 空连接。还可以在 Windows XP 的本地安全策略(如果是域服务器就是在域服务器安全和域安全策略中)通过选项 Restrict Anonymous(匿名连接的额外限制)禁止空连接。

3) 应用的安全策略

(1) 安装杀毒软件。杀毒软件不仅能查杀一些著名的病毒，还能查杀大量木马和后门程序，但需要经常运行程序升级病毒库。

(2) 安装防火墙。防火墙能侦听外界对本机所采取的攻击，及早提醒用户采取防范措施，可以开启 Windows XP 系统自带的 Internet 连接防火墙。

(3) 安装系统补丁。经常访问微软和一些安全站点，下载最新的 Pack 和漏洞补丁，以保障系统的安全。利用 360 安全卫士可以快速地自动修复系统漏洞。

(4) 停止不必要的服务。服务组件安装得越多，用户可以享受的服务功能就越多。但是用户平时使用到的服务组件毕竟有限，而那些很少用到的组件除占用不少系统资源引起系统不稳定外，还为黑客的远程入侵提供了多种途径。因此尽量屏蔽那些暂时不需要的服务组件。具体的操作方法如下：打开“计算机管理”｜“服务”，停止需要屏蔽的服务，同时将“启动类型”设置为“手动”或“已禁用”。

4) 网络的安全策略

(1) 关闭不必要的端口。关闭端口意味着减少功能，在安全和功能之间需要平衡决策。如果服务器安装在防火墙的后面，风险相对较少。不管服务器在防火墙的前面还是后面，都需要经常扫描系统已开放的端口，确定系统开放的哪些服务可能引起黑客入侵。

(2) 设置安全记录的访问权限。安全记录在默认情况下是没有保护的，把它设置成只有 Administrator 和系统账户才有权访问。

(3) 使用 Web 格式的电子邮件系统。有些邮件危害性很大，一旦植入计算机，就有可能造成系统的瘫痪。所以尽量不要使用 Outlook、Foxmail 等客户端邮件系统接收邮件，也不要查看陌生人邮件中的附件。

2. 系统的备份

备份是系统文件和重要数据的一种安全策略，通过制作原始文件、数据的拷贝，就可以在原始数据丢失或遭到破坏时，利用备份恢复原始数据，保证系统的正常运行。

(1) 准备。要备份的系统应该是稳定没有错误并且已经安装必要的软件和硬件。

(2) 备份。为保险起见，关闭其他正在运行的程序，然后运行 Ghost 程序，随后进入类似于 DOS 的界面，选择要备份的分区，单击“确定”按钮即可。

3. 数据库的备份

数据库备份：是指对数据库的完整备份，包括所有的数据以及数据库对象。备份数据库过程就是首先将事务日志写到磁盘上，然后根据事务创建相同的数据库和数据库对象及拷贝数据的过程。

4. 设置防火墙

常见的防范工具包括：①天网个人版防火墙；②Norton个人防火墙；③“木马”杀手(the cleaner)；④BlackICE：挡住黑客的魔爪；⑤反黑高手Lock Down 2000；⑥斩断伸向电脑的黑手(10ckdown)；⑦ZoneAlarm。

2.4 物流管理信息系统的维护

一个应用系统由于需求环境的变化及自身暴露的问题，在交付用户使用后，对它进行维护是不可避免的，许多大型软件公司为维护已有系统软件耗费了大量人力和财力。当然，对物流信息系统的维护也是如此。

资料

十年来，系统维护的成本一直呈增长趋势。20世纪70年代系统维护费用之比为35%～40%，80年代增长到40%～60%，90年代又增长到70%～80%甚至更多。系统开发期一般为1～3年，而维护期一般为5～10年。从人力资源的分布看，现在世界上90%的软件人员在从事系统的维护工作，开发新系统的人员仅占10%。这些统计数字说明系统维护任务是十分繁重的。重开发、轻维护是造成物流信息系统(包括我国其他信息系统)低水平重复开发的主要原因之一。

2.4.1 系统维护的目的与任务

系统维护就是在开发的新系统运行和交付使用后，保持系统能正常工作并达到预期的目标而采取的一切活动，包括系统功能的改进，以及解决系统运行期间发生的一切问题和错误。系统维护的目的就是保证信息系统正常而可靠地运行，并能使系统不断得到改善和提高，以充分发挥作用。

系统维护的任务就是要有计划、有组织地对系统进行必要的改动，以保证系统中的各个要素不管环境如何变化始终是最新的。系统的维护和控制过程如图2-24所示。

2.4.2 物流管理信息系统维护的对象与类型

物流管理信息系统维护是物流信息系统生命周期的最后一个阶段，所有活动都发生在系统交付并投入运行之后。

1. 系统维护的对象

系统维护是面向系统中各种构成要素的，系统维护的对象包括以下4方面内容。

1）系统应用程序维护

物流管理信息系统在正式运行过程中可能会出现程序错误，需要改进一部分程序，或者随着物流业务发展，用户提出了新的更高的要求。这时就需要对部分程序进行修改、维护。在物流信息系统运行过程中，一旦业务处理过程或程序本身发生问题，就必然引起程序的修改和调整，因此系统维护的主要活动是对程序进行维护。

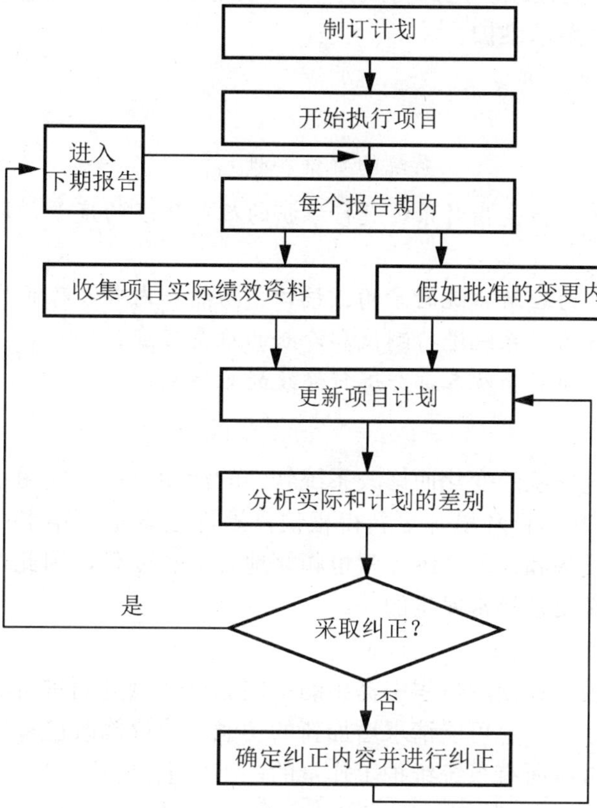

图 2-24 系统的维护和控制过程

2）代码维护

随着物流业务的发展，系统中的代码可能不适应新的物流业务发展需要，这就需要进行代码维护，制定新的代码体系或修改旧的代码体系。

3）数据维护

物流管理信息系统在正式运行中可能会出现数据文件的差错，或者物流业务的改变，要求系统建立新的数据文件时，就需要对系统的数据文件进行修改、维护和建立新的数据文件。系统中的各种代码往往需要进行一定程度的增加、修改、在物流信息系统中，有许多数据需要进行不定期的更新，或随环境和业务的变化而调整，数据的备份与恢复也是数据维护的工作内容。

4）硬件设备维护

硬件设备维护主要是指对主机及外围设备的日常维护和管理，如机器部件的清洗、润滑，设备故障的检修，损坏部件的更换等。物流管理信息系统中的硬件在经过一段时间的运行也会发生故障，特别是一些小故障的出现是正常的，这就需要经常对机器进行日常的维护和管理，要有专人进行维护或请厂家维修，以保证系统的正常运行。

2. 系统维护的类型

系统维护活动根据起因不同，可分为以下 4 种类型。

1）正确性维护

正确性维护是为诊断和改正系统中潜藏的错误而进行的活动。系统测试不可能排除系统中所有的错误，系统交付之后，用户将成为新的测试人员，在使用过程中，一旦发现错误就会向开发人员报告并要求维护。

小知识

系统的可维护性

物流信息系统的可维护性是指对系统进行维护的难易程度的度量，影响系统可维护性主要有以下 3 个因素。

(1) 可理解性。表现为理解系统的结构、接口、功能和内部过程的难易程度。

(2) 可测试性。表现为对系统进行测试和诊断的难易程度。

(3) 可修改性。表现为对系统各部分进行修改的难易程度。

2) 适应性维护

适应性维护是为适应环境的变化而修改系统软件的活动。一般应用系统软件的使用寿命很容易超过 10 年，但其运行环境却更新得很快，硬件基本是一年半一代，操作系统不断地推出新版本，外部设备和其他系统元素也频繁地升级和变化，因此，对物流信息系统进行适应性维护是十分必要且经常发生的。

3) 完善性维护

完善性维护是根据用户在使用过程中提出的一些建设性意见而进行的维护活动。在物流信息系统成功运行期，用户也可能请求增加新的功能、建议修改已有功能或提出某些改进意见。完善性维护通常占所有系统维护工作量的一半以上。

4) 预防性维护

根据对各类维护工作分布情况的统计结果得知，一般正确性维护占 21%，适应性维护占 25%，完善性维护达到 50%，而预防性维护及其他类型的维护仅占 4%，如图 2－25 所示。

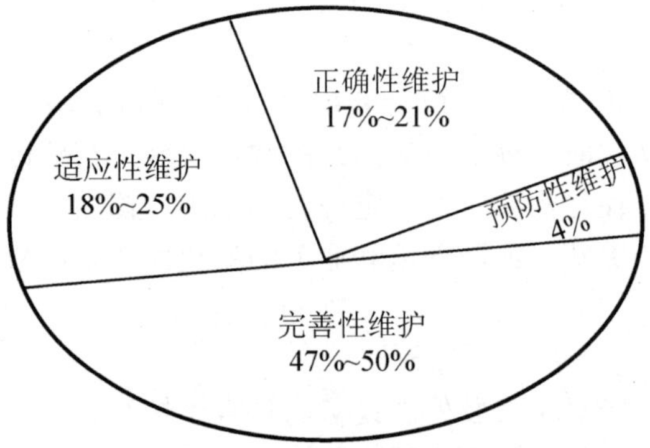

图 2－25　各类维护工作所占软件维护工作的比例

3. 流信息系统维护的过程

物流信息系统维护的工作过程一般包括以下内容。

(1) 确定维护目标，建立维护人员小组。维护人员小组首先应分析问题产生的原因及严重性。

(2) 建立维护计划方案。确定维护目标和维护时间。

维护工作应当有计划、有步骤地进行，维护计划应包括维护任务的范围、所需资源、维护费用、进度、验收标准等。

（3）修改程序及调试。在修改程序的过程中，维护人员往往只注意程序的修改，而忽略未改变的部分，这样产生潜在错误的可能性就会增加。因此，在程序修改完成后，维护人员还要对程序及系统的有关部分进行重新调试。

（4）修改文档。软件修改调试通过后，则可以修改相应文档并且结束本次维护过程。

总之，系统维护是物流信息系统运行阶段的重要工作内容，必须给予充分的重视。维护工作做得越好，信息资源的作用才能得以充分发挥，信息系统的寿命也就越长。

2.4.3 物流信息化的影响

现代信息技术在物流领域的广泛运用，促进了现代物流的快速发展。物流信息化是现代物流的重要标志，是现代物流企业的理想平台。

物流信息化产生于物流信息技术，物流信息技术的飞速发展，物流信息设备和产品的日新月异，物流信息技术在物流领域的广泛渗透和应用，已经对整个物流企业产生重大影响。其表现主要在以下几个方面。

1. 物流信息化拓宽了物流企业的生存发展空间

由于物流信息技术在物流领域的广泛应用，使物流市场和物流企业逐步实现信息化、数字化、网络化，有效合理地配置使用各种资源，方便物流企业进入其他地区、其他行业或其他企业的市场，甚至冲出国门，走向全球，从而大大地拓宽了物流企业的生存发展空间，有利于物流企业适应经济全球化的发展需要。

2. 物流信息化有利于物流企业的规模扩大

物流企业由于市场空间的扩大，往往会带来经营规模的扩大，而物流企业经营规模的扩大又常常会带来自身的组织成本及管理费用的增加，从而削弱组织的管理控制能力。因此，物流企业只有通过信息化、数字化、网络化才能消灭由于经营规模扩大所带来的空间距离，降低组织成本和管理费用，从而形成物流企业的规模竞争优势，提高物流企业的市场竞争实力。

3. 物流信息化为物流企业赢得了时间竞争优势

物流信息技术的强大功能不仅在物流企业内可加速物流信息的处理、存储、传递、使用和反馈，大大提高物流作业效率，而且使企业间的不同管理信息系统互相联网和整合，使物流供应链成员之间沟通交流信息更为方便、快捷，消灭了时间上的距离，为物流企业建立一个有效的快速反应系统，赢得了时间的竞争优势。

4. 物流信息化为物流企业走向世界提供了有利条件

物流企业要冲出国门，走向世界，开展国际物流，就必须以物流信息化作为信息交流平台。在国际物流条件下，企业的经营管理是准时管理、精益化管理和柔性化管理。而所有这些管理，都需要现代技术的支持，都需要有一个信息化支撑平台。如准时管理，就需要资金流、物流、信息流合而为一，需要一体化的全球供应链管理，需要基于物流信息化平台的支持，需要有能支持多功能集成的网络与物流信息化平台。现代物流是当代计算机技术与物流信息技术的运用，是先进物流思想的真实体现。

2.4.4 物流信息化建设的观念定位

在信息化浪潮一浪高过一浪的今天，物流企业都纷纷进行物流信息化建设。其中，有的物流企业获得成功，取得了很好的经济效益，有的物流企业却事与愿违以失败告终。为什么同样的事情会有截然不同的结果？其实物流信息化建设的观念定位是重要因素，物流信息化建设必须有一个正确的观念定位才能获得成功。

1. 不能将物流信息化等同于物流计算机化

不少人狭隘地把物流信息化理解为物流计算机化，以为买些计算机，利用计算机来处理物流作业就实现了物流信息化。这是一种片面的理解，是典型的重硬轻软的信息化误区。这种现象在我国的许多中、小型物流企业中很普遍，买了不少计算机，企业也上了网，开设了网站，但实际上只是用来处理一些简单事务，网站除了主页无任何实质性内容，常年挂在那里无人点击访问。花了大笔钱建设起来的物流信息化工程却是没有物流信息运行的“裸机”、“裸网”。

物流信息化建设是个系统工程，代表一种开放的物流管理思想和观念。物流信息化是物流企业根据物流信息的重要性，对企业的经营管理和业务流程进行改造、改组和重新定向，以达到一个比传统物流时期具有更高级、更有组织、更高效率和更好效益的物流新水平的目的。物流信息化的根本目的是通过运用现代信息技术来提高物流效率，增强物流企业的核心竞争力，提高物流企业的经济效益。

2. 物流信息化不能迅速改变经营状况

不少物流企业在经营管理上出现问题，都希望通过物流信息化来解决问题，迅速改变经营状况。经营状况好的物流企业，也希望通过物流信息化来寻找企业新的发展目标，在短时间内实现企业新的发展高峰。然而，物流信息化并不是救命稻草，不可能立竿见影，迅速帮助企业解决问题，马上改善企业的经营状况。

因为物流企业在经营管理上存在的问题，是由企业经营管理多方面的原因造成的，物流信息化可以帮助解决一些问题，改变企业的经营状况，但这种解决问题是通过提高企业综合竞争力来实现的，是一个渐进过程。物流信息化并不能解决经营层面的问题，只是当物流信息不畅而造成的风险和问题时，可以通过物流信息化来规避，而大部分风险和问题需通过其他经营管理方法来解决。物流信息化的效果需要一定的时间才能显现，希望在短时间内迅速解决经营管理问题是不现实的。

3. 物流信息化不能“包治百病”

我国的物流企业在物流管理上存在许多痼疾，特别是一些传统物流企业在物流管理、物流作业上的问题很多。不少物流企业把物流信息化当做“包治百病”的灵丹妙药，希望通过实施物流信息化建设把企业的痼疾一次性解决。

其实，物流信息化并不是“包治百病”的灵丹妙药，它仅仅是一种提升企业竞争力的途径，只能帮助企业“强身健体”，激烈的市场竞争最终靠的还是企业的综合竞争力。通过物流信息化建设来提升物流企业综合竞争力已经被证明是物流企业实现可持续发展目标的必备条件，但物流信息化并不能全面治愈物流企业的痼疾，更不能把传统物流企业的所有问题一次性解决。

4. 物流信息化不能一蹴而就

不少物流企业在物流信息化建设中追求一步到位，步入了物流信息化建设一蹴而就的误区。其实在建设过程中物流信息化是不可能一步到位的。这是因为当今物流信息技术发展日新月异，新的物流信息技术和设备不断涌现，即使购置的是当前市场上最先进的物流信息设备，过不了多久，更先进的物流信息设备又面世了，原来购置的最先进的物流信息设备可能就是落后的了。物流信息技术和设备是永远不可能一步到位的。

另外，物流企业的经营情况随市场的变化而变化，原来装备的物流信息设备适应物流市场需要，随着物流市场的发展变化，企业的经营也将发生变化，原来装备的物流信息设备可能会被淘汰。不少物流企业在物流信息化建设中一味追求技术先进、设备优良，常常提出一些超前和不切实际的需求，以为功能越先进越好，在造型上一味追求先进，而忽略了实用、可靠，是否有局限性等。结果经过辛辛苦苦建设起来的信息管理系统形同虚设，经费也造成巨大的浪费。

5. 管理是物流信息化的根本

要从本质上深刻认识物流信息化建设项目是物流企业一个管理变革系统工程，物流企业推进物流信息化仅仅是管理的一种手段、工具和方法，其目的是促使物流企业提高管理水平。物流信息化可以为管理提供一个很好的平台，物流企业可以在物流信息化这个平台上做很多事情，但也可能什么事都做不成。因此，物流信息化只为物流企业提供了一个管理工具和管理平台，成功与否关键还在于企业管理。

物流信息化是否能对物流企业发挥作用，物流企业花了大量经费搞物流信息化建设是否物有所值，是否能给企业发展带来好处，这些不能单凭 IT 服务厂家的吹嘘，也不能靠物流企业少数人的一面之词。它需要一个独立的机构对整个物流信息化建设的投入与效益进行有效评估，需要进行事后审计，以总结物流信息化建设的成功经验和吸取失败的教训。

本章小结

开发管理信息系统时，首先，要选择适宜的开发方式、合理的结构模式，充分满足开发管理信息系统的基本条件，分析开发过程中可能要遇到的各种问题。其次，要重视建立开发机构，开发人员分工明确，责任到人，对前面学过的结构化系统开发方法、原型法、面向对象开发方法和 CASE 开发方法学以致用。通过本章的学习，学生能做到理论联系实际，参与一些简单或专项物流信息管理系统的设计与开发。

开发物流管理信息系统的方法很多，主要有生命周期法、结构化方法、原型法、面向对象的方法、CASE 技术等。

本章介绍了 4 种物流管理信息系统开发方法，企业要根据自己实际情况进行选择。

思考与练习

一、填空题

1. (　　)是根据用户的系统开发请求，进行初步调查，明确问题，确定系统目标和总体结构，确定分阶段实施进度，然后进行可行性研究。

2. 初步调查的方法可以采用召开调查会、(　　)、(　　)、(　　)等方式。

3. (　　)，是估计、分析开发费用和系统的经济效益等。

4. 系统规划常用的方法有战略集合转移法、(　　)、(　　)。

5. 企业系统规划法是在(　　)代由 IBM 公司提出的。

二、判断题

1. 系统边界是指系统支持业务活动的范围、程度和有关业务项目等。(　　)

2. 可行性分析报告的内容包括：系统描述、项目的目标、所需资源、预算和期望效益、对项目可行性的结论。(　　)

3. 系统决策按其内容可以分为目标分析、需求分析和功能分析。(　　)

4. 在系统分析阶段，系统分析员要对企业各有关部门的业务流程进行详细的调查。(　　)

5. 对现行系统的组织结构和功能进行分析时，要将详细调查中有关某项业务流程的资料从业务流程中单独列出分析。(　　)

6. 系统效益分析，即估计一下系统开发所需费用和所得的利益。(　　)

7. 系统的吞吐量越大，系统的处理能力就越弱。(　　)

8. 把信息系统设计转换成计算机可以接受的程序，即写成以某一程序设计语言表示的“源程序清单。”这步工作称为编码。(　　)

9. 系统物资代码设计由 20 位阿拉伯数字组成，将其分为三个层次。(　　)

10. 数据库备份：是指对数据库的备份，不包括所有的数据以及数据库对象。(　　)

三、单项选择题

1. 系统各阶段工作量的计算一般常用(　　)来记载和描述，如时间、进度、投入和工作顺序之间的关系。

A. 甘特图　　B. 流程图　　C. 简图　　D. 鱼刺图

2. 结构化系统法开发物流信息系统，其过程一般来讲可分为(　　)。

A. 2 个阶段　　B. 3 个阶段　　C. 4 个阶段　　D. 5 个阶段

3. 可行性分析就是在(　　)的基础上，对当前开发新的管理信息系统的条件是否具备、新系统目标实现的可能性和必要性进行分析和研究。

A. 深入调查　　B. 初步调查　　C. 第三次调查　　D. 多次调查

4. (　　)是把组织的总战略看成一个“信息集合”，包括使命、目标、战略及其他战略变量(如管理的复杂性、对计算机应用的经验、改革的习惯及重要的环境约束等)。

A. 关键成功因素法　　B. 企业系统规划法

C. 战略集合转移法　　D. 生命周期法

5. 在总体设计阶段的主要工作是：决定系统的整体结构、决定系统硬件设备和系统软件，划分子系统，决定应用系统的模式及其(　　)。

A. 甘特图　　B. 控制结构图　　C. 流程图　　D. 相关图

四、简答题

1. 简述系统规划的步骤。
2. 说明在生命周期法系统开发中，各个阶段的主要工作和各阶段相互间的关系。
3. 如何进行物流信息系统开发的可行性分析？
4. 系统测试的内容主要有哪些？
5. 比较生命周期法、原型法、面向对象法、CASE 方法的优缺点和适用范围。
6. 企业选择物流信息系统开发方式应该考虑哪些因素？
7. 简述物流信息系统运行管理的主要内容。
8. 为什么要进行物流信息系统的维护？
9. 物流信息系统的维护对象及类型主要有哪些？
10. 简述物流信息系统的维护过程。

五、案例分析

厦门物流公共信息平台

厦门市高度重视物流信息平台的建设，于 2002 年出台了《厦门市物流信息平台建设规划》，成立了“物流信息平台建设协调小组”，市领导任组长，口岸办领导及海关领导任副组长。成员有：口岸办、信息产业局、贸发局、财政局、物流办、海关、国检局、海事局等，另安排一名人员负责日常联络工作。

在已有的“海港电子订舱一期工程”、“空运无纸化出口工程”等基础之上，通过整合现有网络资源，搭建口岸物流信息平台主体框架，重点建设了“一个平台，三个系统”，就是将港航 EDI 中心、空港 EDI 中心、电子商务中心 EDI 平台统一整合构建为一个物流信息平台(电子商务中心 EDI 平台和港航 EDI 平台已完成整合)，并在该平台上建设运行“运输作业数据交换联动系统”、“通关数据支持系统”、“物流公共信息服务系统”三大应用系统。其中，“运输作业数据，交换联动系统”主要实现船代、货代、码头、堆场等运输单位和中介单位的作业数据，例如托运单、码头作业动态电子数据交换，进行联动作业；“通关数据支持系统”构架海关、检验检疫等口岸监管单位外围数据处理中心，为口岸监管单位收集处理通关所需的例如舱单、货物进出场信息参考数据，以提高通关效率；“物流公共信息服务系统”为企业提供物流公共信息发布、作业动态查询、企业黄页等信息增值服务。过去，一家航空港货运站与海关的信息只是单向传输，货物通关速度慢。而现在，通过物流信息平台，把海关、国检、办检等口岸部门“串联”起来，实现信息共享和联网电子化作业，使得物流企业的通关速度大大加快。

厦门物流信息平台在科技部主办的“2003 北京国际现代物流技术大会及展览会”上荣获“现代物流优秀典型模式奖”。

资料来源：NOS 供应链管理实训软件素材库．作者进行整理．

思考与讨论

1. 信息化为企业带来哪些好处？
2. 厦门物流信息平台具有哪些功能？

第3章 订单管理信息系统

【教学要求】

本章介绍订单管理信息系统的功能、作用，订单业务的工作流程，通过学习，了解订单业务相关信息，懂得如何将物流订单信息进行整合。熟悉订单处理内容；熟悉订单作业过程中产生的数据；了解自动订货系统的功能作用。

【关键知识点】

(1) 订单管理信息系统的功能和作用；
(2) 订单业务的工作流程；
(3) 订单业务相关信息；
(4) 订单处理内容。

引导案例

南方公司的订单处理

南方公司(The Southland Corporation)因旗下的7 800家7-11店和快捷式便利店(Quick Mark Store)而闻名于世。由于店铺内绝大部分空间都要用于售货，所以货架上的商品必须频繁地得到补给，如果货架上的某种商品缺货，店里也没有储备存货来补充货架。订单处理系统必须做到方便、快捷、准确，以保证店里的货源不断。下面看一下这些要求是如何实现的。

每家分店都得到一份针对该店的库存清单或称订货指南(Order Guide)，其上列明授权各分店销售的商品(Authorized Items)。店铺经理或工作人员用一个手持电子订单录入器读出订货指南或货架上的条形码，接着输入每种商品所需的数量。该信息随后通过电话线传到南方公司的配送中心，在那里进入订单录入、订单履行系统，该系统把全天收到的订货及调整信息按商品、仓库汇总起来。在全部订单都收讫后，系统按商品和各仓库供货区的订货量生成一张拣货清单(Picking List)，并在给各分店的每张拣货单(Picking Document)上配以相同的3位数的控制码。同时，系统还监控各货架上的货量，一旦某货架上的库存量低于预先设定的临界点，系统就会生成一张大宗货物拣货单(Bulk Picking Label)，示意仓库的工作人员从托盘货物存储区提取一整箱货物，送到单品拣货区(Unit Picking Location)。在这份大宗货物拣货单上，还标明应附在商品上的零售价格，并指明贴过价签后的商品应摆放在哪个拣货区。在单品拣发区，商品是从货架的后部补充进来的，从货架的前部被放入塑料拣货箱或纸板物品箱里(在流动区，除了不贴价签及搬运的是整个托盘而不是箱子外，基本按照同样的方法补货)。

当大宗货物或托盘货物存储区的库存不足时，系统会根据经济订货批量(EOQ)向采购人员提出理想的订货量。采购人员审查订货量并视情况对订货规模做出调整后，系统即开始准备针对供应商的采购订单。

系统还可以根据各分店订购货物的体积，每天利用可变的运输调度法安排卡车装货，调整送货路线。通过对各卡车车厢的合理配货，系统可以保证最大限度地利用载货空间，并使每条线路的行车里程最短。然后，系统按与装货次序相反的顺序打印交付收据(Delivery Receipt)，方便各分店和货车司机清点货物。该订单处理系统的平均订单履行率在99%以上，仓库库存每22天周转一次，非常值得称羡。

现代信息系统取代了原来开展经营活动所必需的资产。利用信息高速公路或Internet，公司可以减少仓储空间，降低库存水平，缩短搬运时间，更好地跟踪订单的处理进度。

资料来源：王世文．物流管理信息系统[M]. 北京：电子工业出版社，2010.

思考

南方公司为什么要实施订单处理系统？

3.1 订单业务处理概述

客户订单是引发物流过程运转的信息，订单处理系统是物流系统的中枢。信息流的速度与质量直接影响整个运作过程的成本与效率。低速、缺乏稳定性的信息传输不但会导致失去客户，而且还会增加运输、库存和仓储成本。订单处理系统能够为提高物流绩效水平提供巨大潜力。

3.1.1 订单业务处理的概念

订单活动是物流活动的起点，在该环节中，客户与企业双方通过离线(人员洽谈)或在线(电子商务)等多种方式完成物流服务委托，是企业各客户提供配货、运输、货代等服务前提。

订单处理的效率，直接影响客户服务水平，同时，牵动着物流作业的合理性和有效性。

所谓订单处理是指从接到客户订单开始一直到着手准备拣选货品之间的工作，通常包括有关用户和订单的资料、单据处理等内容。

订单处理有人工处理和计算机处理两种形式，目前主要采用计算机处理。虽然人工处理弹性较大，但只适合少量的订单处理，一旦订单的数量较多，处理将变得缓慢且容易出错；而计算机处理则速度快、效率高，且成本较低，适合大量的订单处理。

3.1.2 订单处理的内容

1. 订单活动的管理

订单活动是物流活动的起点，在该环节，客户与企业双方通过信息交流，完成物流服务委托。订单管理就是对订单活动过程进行计划、组织和控制的过程。订单管理的内容如图 3-1 所示。

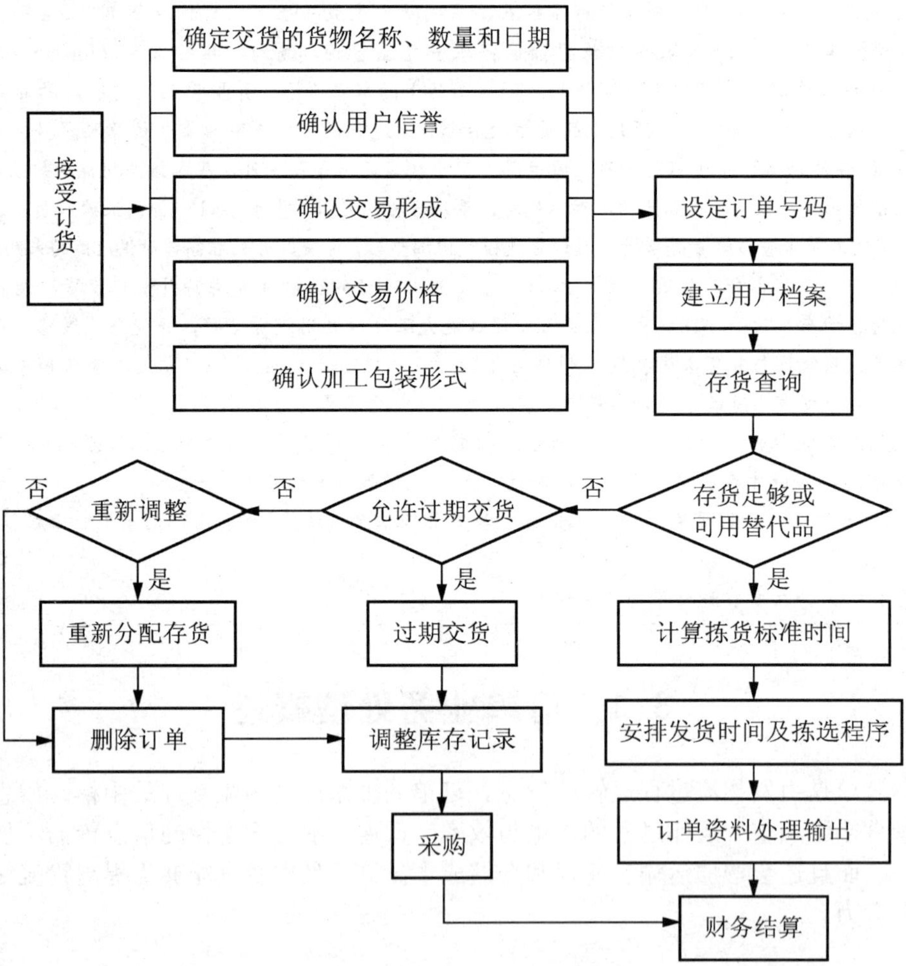

图 3-1 订单管理的内容

现代化的订单管理，订单处理作业都是通过计算机网络来实现的。在订单处理作业中，最重要的是通过网络将企业本部与物流配送中心和各个客户连接起来，从而使订货信息通过信息系统传输到物流中心，在准备发货的同时同期进行自动制作发货票、账单等业务。

2. 订货

接受订货的方式，由传统的人工下单、接单，已经演变为计算机直接或间接接送订货资料的电子订货方式。

1）传统订货方式

（1）厂商补货。供应商直接将商品装车，依次给各个订货方送货，缺多少补多少。该种方法适合周转快的商品或新上市的商品。

（2）厂商巡货、隔天送货。供应商派巡货人员前一天先到各客户处查询需要补充的商品，次日再补货。供应商采用该种方式可利用巡货人员为商店整理货架、贴标签或提供经营管理意见、市场信息等，也可利用机会促销产品。

（3）电话或口头订货。订货人员确定好商品名称和数量，以电话方式向厂商订货。订货种类和数量往往都很多，因此花费时间长，且出错率较高。

（4）传真订货。客户将缺货信息整理成文，传真给供应商。该种方式可快速准确传递订货资料，但传真的资料或许会因品质不良而增加事后确认作业。

（5）邮寄订单。客户将订货单直接邮寄给供应商。该种做法效率极低，在当今信息社会，基本上已经不能满足市场需求了。

（6）客户自行取货。客户自行到供应商处看货、补货，该种方式多为传统杂货店所采用。

（7）业务员跑单接单。业务员到各客户处去推销产品，然后将订单带回公司。

以上所有方式，都需要人工重复性地输入大量资料，在输入输出时工作效率低下而且出错率极高。随着市场竞争日益加剧，订货的高频率及快速响应的供应需求，已经使传统的订货方式无法应付，因此，新的订货方式——“电子订货”应运而生。

2）电子订货方式

这是一种借助计算机信息处理，以取代传统人工书写、输入、传送的订货方式。该种方式传送速度快、可靠性及准确性都较高，不仅可以大幅度地提高客户服务水平，而且能有效地缩减存货及相关的成本费用。具体有以下 3 种电子订货方式。

（1）订货簿或货架标签配合终端机和扫描器。订货人员携带订货簿及手持终端机巡视货架，发现商品缺货就扫描商品条形码，再输入订货数量，在所有订货资料都输入完毕后，利用数据机将订货信息传给供应商或总公司。

（2）POS(销售时点管理系统)。客户如果有 POS 收银机可以在商品库存档内设定安全库存量。每销售一笔商品计算机会自动扣除该商品库存。当库存低于安全库存量时，便自动生成订单，经确认后便通过通信网络传给总公司或供应商。

小知识

提前期

提前期(Lead Time)是指某一工作的工作时间周期，即从工作开始到工作结束的时间。提前期的概念主要是针对“需求”而提出的。例如，要采购部门在某日向生产部门提供某种物料，则采购部门应该在需要的日期之前就下达采购订单；否则，不可能即时提供给生产部门，这个提前的时间段就是提前期。

(3) 订货应用系统。客户的计算机信息系统里如果有订单处理系统，就可将应用系统产生的订货信息转化成与供应商约定的共同格式，在约定的时间里将订货信息传送出去。

3.2 订单作业流程

3.2.1 订单作业引发的信息

仓管员在接受客户订单时，需要在短时间内处理大量的信息，主要包括两方面：一是对客户订单进行确认；二是进行配送中心内部的能力核查。订单处理涉及的信息如图 3－2 所示。

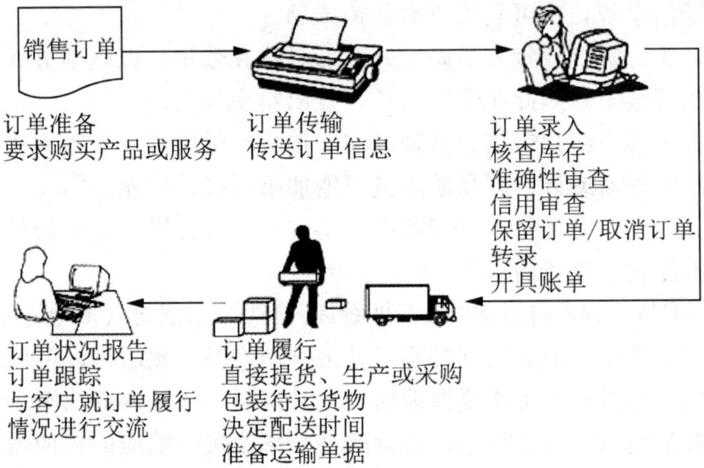

图 3－2 订单处理涉及的信息

订单处理的信息包括以下几方面内容。

1. 货物数量及日期的确认

这是对订货资料项目的基本检查，包括品名、数量、送货日期等是否正确，并准确核实运送时间。

2. 客户信用的确认

是否接受该客户的订单，首要应检查该客户的财务状况，以及其信用状况和信用额度，以确定该客户是否有能力支付该订单的账款。

3. 订单价格确认

不同客户由于订购批量不同，可能对应不同的售价，因而输入价格时系统应进行检查。

4. 加工包装确认

客户订购的商品如果有特殊包装、分装或贴标签等要求时，系统都应加以专门的确认。

5. 设定订单号码

通常，通过电子订货方式接受订单，信息系统会自动生成流水号订单号码。如果是传统人工订货方式，一定要做好订单号码的设定工作，保证后续作业及日后的统计查询工作的顺利完成。

6. 建立客户档案

将客户的详细资料备案，不仅有益于此次交易的顺利进行，更为日后合作增加机会。档案内容一般包括：客户名称、代号、等级等，客户信用额度，客户销售付款及折扣率的条件，开发或负责此客户的业务员资料，客户配送区域，客户收账地址，客户配送点与配送路径，客户点适合的送货车辆形态、卸货特性，客户配送要求等。

7. 存货查询和存货分配

(1) 存货查询的主要目的是确认库存是否能满足客户的需求。存货资料包括货物的品项名称、货物编码、产品描述、库存量、已分配存货、有效存货和期望进货时间等。

(2) 存货分配是在订单确认无误后，将大量的订货资料做最有效的分类和调拨。存货分配有两种模式：一种是采用摘果法按单一订单分配存货；另一种是采用播种法按订单、批次处理分配存货。在进行批次分配的时候，由于订单数量多、客户等级多，所以在优先权问题上，应按客户等级取舍，对重要性程度高的客户做优先分配；或者按订单交易量或交易金额来取舍，将对公司贡献大的订单优先处理；或者依据客户信用状况，将信用较好的客户订单优先处理。

8. 订单资料处理输出

订货信息经处理后即可输出或打印出货单据，以展开后续的物流作业。

(1) 拣货单。拣货单为商品储库提供指示资料，是拣货的依据。拣货单的输出应考虑商品的储存位置，依据储位前后相关顺序排列，以减少拣货人员重复往返取货，时间或数量、单位都需要详细准确地标明。

(2) 送货单。物品交货配送时，通常附上送货单据以供客户清点签收。由于送货单要给客户签收、确认出货资料，故应该准确、清晰。

(3) 缺货信息。配货完毕后，对于缺货的商品或缺货的订单资料，系统应提供查询界面或报表，以便采购人员紧急采购。

广角镜

EDI

EDI是Electronic Data Interchange的缩写，中文可译为“电子数据交换”，简单地说就是企业的内部应用系统之间，通过计算机和公共信息网络，以电子化的方式传递商业文件的过程。现实中，供应商、零售商、制造商和客户等在其各自的应用系统之间利用EDI技术，通过公共EDI网络，自动交换和处理商业单证。EDI是按照国际统一的语法规则进行处理，使其符合国际标准格式，并通过通信网络进行数据交换，是一种用计算机进行商务处理的新业务。

3.2.2 订单处理业务流程

订单处理主要包括3种作业，即客户询价报价、订单确认、生产物流协调。对客户的订单，在研究分析产销协调后，须妥善估价。订单报价处置不当，轻者引起客户抱怨，丧失销售机会；重者导致内部产销秩序混乱，甚至导致企业损失。

1. 业务需求

订单管理要求为企业提供一个展示服务项目的平台，以供客户浏览和选择。客户对感兴趣项目进一步查看服务类别、价格等详细信息，确定委托后便向企业下订单。企业要求确定订单快速、准确地传输到销售部门，同时传输给存货部门、运输部门、流通加工部门、财务部门。将订单的需求分解到具体物流服务活动，如存货核对、运输、流通加工等，同时需要生成相应的一系列物流服务单据，如拣货单、订车单、加工单等，供相关人员共享，进入相应的工作流程提供物流服务。订单处理的业务流程如图 3-3 所示。

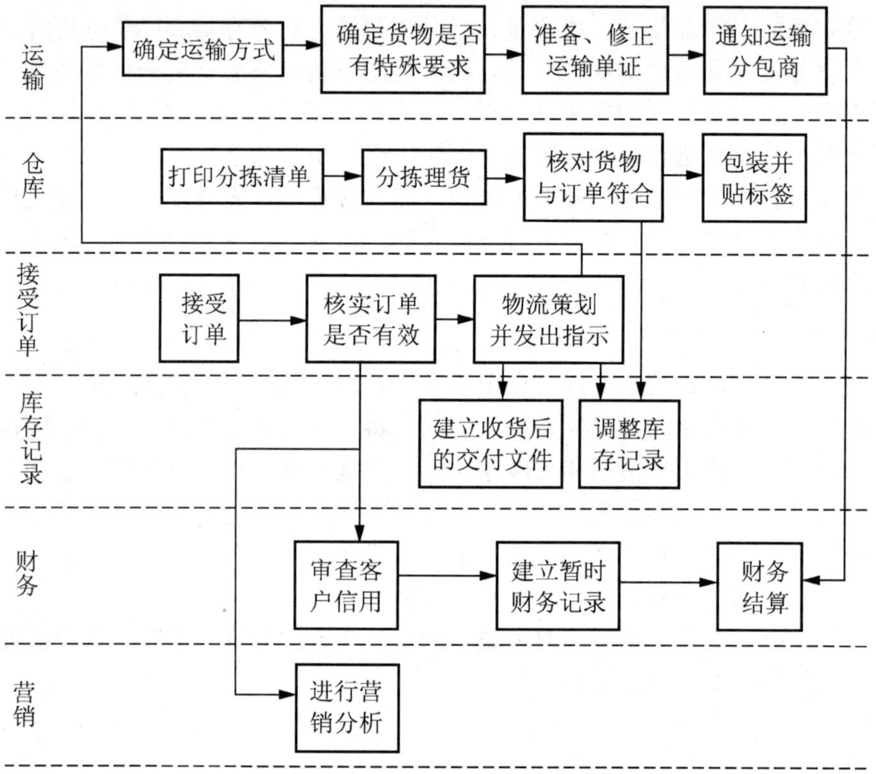

图 3-3　订单处理业务流程

2. 订单生产方式的订单处理流程

接受订单的处理模式，根据企业的营运方式可区分为两大类：订单生产方式的订单和存货生产方式的订单。订单生产方式的订单是以客户的订单来组织生产，基本上库存为零，或者只能给客户提供参考样品。订单生产方式生产的一般为大型设备或设施等。存货生产方式的订单则是根据销售部门对市场的预测得出的结论来组织生产，销售人员销售的是已经生产出来的产品。

订单生产方式包括以下处理流程。

(1) 销售部在同意客户订单之前，必须了解生产部门的生产设计能力，获得生产部门的确认。

(2) 销售部在接到客户的订单样品及询价后，将样品交由设计部门设计打样。

(3) 市场部根据制作完成的产品样品，与生产部门讨论制造流程及可能需要的生产日程后，拟定样品成本分析报告，呈报总经理核准。

(4) 销售部将制作完成的产品样品及设计图样交给客户，由其认可并商议交货期。

(5) 客户同意交货期，并同意接受所制成的样品后，则由销售部组织报价工作。

(6) 若客户对样品不满意，则由设计部门依据客户意见，再予修改。

(7) 若客户不同意交货期，则由销售部与生产部及实际生产作业部门研究后，再与客户洽商。交货期的确定，必须协调客户需求与企业的制造生产能力。

(8) 客户同意样品及交货期后，销售部根据样品成本分析报告，再加上运费、保险费等各项费用及预期利润，算出售价，并列表呈总经理核准。

(9) 总经理同意并签字后，由销售部负责承办人员向客户报价。

(10) 若客户接受报价，销售部接到客户正式订单后，首先检查订单各项条件齐全与否，订购内容是否清楚，若有涂改应盖章注记。

多数企业的产销形态，属于存货生产方式，其重点在于销售预测的能力与准确性，市场部门要通过销售预测，再给生产部门下发可能的销售量。生产部门根据市场部门的预测来安排采购与生产工作。

3.2.3 订单处理作业信息流

订单处理过程中，一方面，产生一系列作业信息；另一方面，也需要调用仓库中的相关信息。

1. 订单处理作业中需要的信息

(1) 客户信息，包括客户基本信息、客户信用信息。

(2) 货物储量信息，包括在库货物、进货在途货物、待出库货物等。

(3) 作业能力信息，包括分拣能力、运输能力。

2. 订单处理作业中产生的信息

(1) 客户及订货信息。

(2) 订单处理结果信息。

(3) 分拣作业计划信息。

(4) 送货作业计划信息。

在不同类型和不同规模的仓库，订单处理作业的工作人员往往有些差异。在较大规模的配送中心，一般有专门的计划调度员负责进行订单处理工作；而更多的小型仓库，是由客户服务部门，或者业务部门来完成订单的接收、审核，以及订单的处理工作。但是，不论哪种企业，订单处理过程中所需的信息及所产生的信息流特征都是一样的。

当客户发出订单，配送中心在收到时，首先对订单进行审查。审查包括两方面：一是对客户的审查，对新客户，要进行客户资料的登记，对老客户，则对客户信用进行核查；二是对订单内容的审查，订货的种类、数量，要求交货期、交货地点，付款结算方式等，确保订单信息清晰准确。接着，订单接收人员要对配送中心的内部能力进行核查，也包括两方面：一是对客户所订货品的库存量进行核查，若库存不足，要与客户商议延期交货或者其他解决办法；二是对配送中心的作业能力进行核查，包括分拣能力、装卸搬运能力、所需的流通加工能力、送货能力等。在配送中心作业高峰期，生产能力不足的时候，也要与客户说明，协商交货时间。

当与客户协商确定交货种类、数量、时间等信息后，订单处理中心需要做的就是进行后续作业的初步规划，包括制订分拣作业计划、送货作业计划。该环节需要应用优化技术方法，合理有效，低成本高服务水平地对后续作业进行一个合理的规划，这样就产生了分拣作业计划信息和送货作业计划信息。

分拣作业虽然在时间上先于送货作业，但是在制订计划时，要先根据订单要求制订送货计划，根据送货计划的时间节拍、送货量、送货路线返回来安排库内的分拣作业节拍。二者必须很好地协调，以保证后续作业的顺利流转。

3. 主要数据

订单处理作业涉及的主要数据见表 3 - 1。

表 3 - 1　订单处理作业涉及的信息系统主要数据

数据类	数　据　项
服务项目	服务名称，业务范围，从业资格，服务优势，服务价格……
服务记录	服务名称，浏览日期，是否下单，访问者 IP，停留时间……
订单档案	订单编号，客户名称，下单时间，服务名称，金额，备注……
交易合同	合同编号，签约客户，签约日期，合同条款，合同状态……
子任务说明	任务编号，所属合同，所属类别，任务要求，完成时间……
流程实例	流程编号，流程路径，流程状态……

4. 主要的控制点

订单业务流程主要控制点，如图 3 - 4 所示。

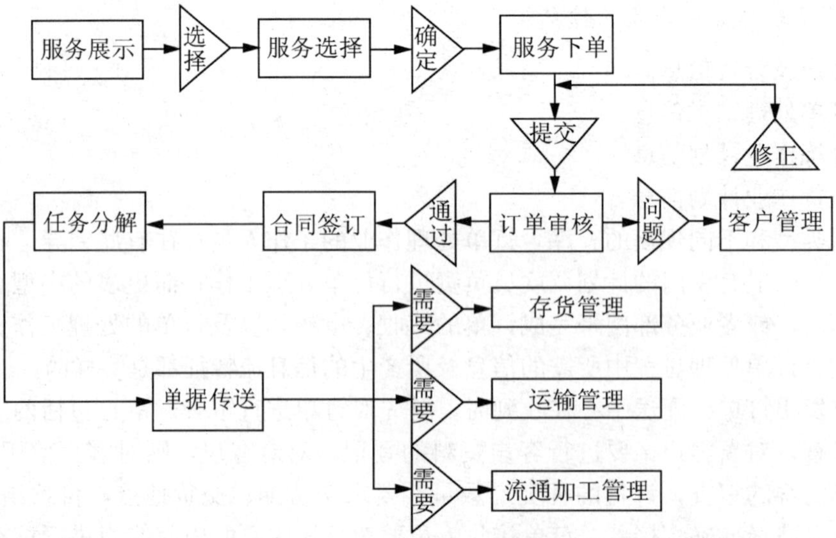

图 3 - 4　订单业务流程主要控制点

5. 协同数据

在业务管理子系统中，订单管理的主要协同数据见表3-2。

表3-2　订单管理的主要协同数据

数据类	所属功能	协同说明
订单档案	订单管理	提供给其他功能共享
客户档案	客户管理	共享客户信息
货物档案	存货管理	共享存货信息
拣货单	存货管理	共享订单中的存货要求，触发货物核对服务同步进行
订车单	运输管理	共享订单中的运输要求，触发运输服务同步进行
加工单	流通加工管理	共享订单中的流通加工要求，触发流通加工服务同步进行

资料

萨姆森-帕卡德公司的订单处理

萨姆森-帕卡德公司生产各种规格的工业用软管接头、阀门及高强度软管。公司每天平均要处理50份订单，订单总周期为15～25天，而订单处理时间占其中的4～8天。因为要根据客户的特定要求来安排生产，所以总的订单周转时间较长。除订单履行活动外，订单处理周期包括以下主要活动。

(1) 以两种方式将客户要求输入订单处理系统。第一种方式，销售人员从现场收集订单，然后通过邮寄或电话告知公司总部；第二种方式，客户主动邮寄订单，或者打电话把订货要求直接告知公司总部。

(2) 接到电话订单后，客户服务部的接待人员将订单转录成另一份缩略格式的订单，这些简式订单连同那些邮寄到的订单一起累计一定天数后，被传至高级客户服务代表，由他汇总信息，呈报给销售经理。

(3) 销售经理批阅这些订货信息以便了解销售活动的情况，偶尔也在某份订单上做出特别批示，说明某位客户的特别要求。

(4) 接下来，订单被送至订单准备人员手中，他们负责把订货信息连同特别批示一同转录在萨姆森一帕卡德公司的标准订单上。

(5) 订单被送至财务部门以便对客户进行信用核查，然后交销售部门核实价格。

(6) 数据处理部门将订单信息输入计算机，随后可以传到工厂，一旦进入该程序信息处理会更为便捷，订单跟踪也更加简单。

(7) 最后，高级客户服务代表对最终形式的订单进行全面审核，并通过电子传输方式将订单信息传至适当的工厂；同时，准备向客户发出接受订货的通知。

3.3 订单管理信息系统功能及应用案例

3.3.1 订单管理信息系统的功能

订单管理信息系统的功能如图3-5所示。

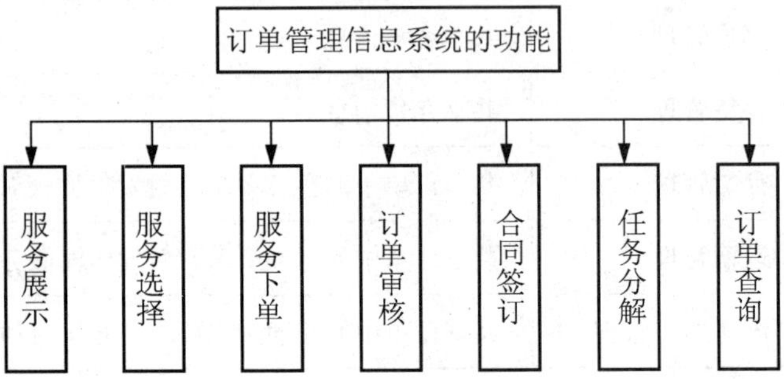

图3-5 订单管理系统的功能

1. 服务展示

企业将可提供的服务项目、服务内容发布到网络平台，供客户浏览和选择已发布的项目和内容，并进行后期的修改和维护。

2. 服务选择

客户可以浏览企业的一种或几种服务。系统描述相应服务的资格、资源、人才、监管等优势，详细说明了业务范围，客户如果满意服务则选择下单。系统还能对各个服务项目被浏览和被下单情况进行统计，供企业决策参考。

3. 服务下单

系统根据客户所选择的服务种类提供相应的电子表格，其中必要信息包括客户资料、货物信息，还有所选服务的相关信息、支付信息等。客户填完后提交订单，等待企业确认和签订正式合同。

4. 订单审核

客户填写的订单由销售部门接收，建立客户档案和订单档案；同时，客户服务部门、配货部门、运输部门、流通加工部门、财务部门也接收到订单，分别对资料的真实性、技术可行性与财务信用度等方面给出审核意见，如客户身份的合法性和特殊性、客户资信情况、特殊的委托要求等。遇到信息不完全、情况不明或委托难以完成的情况，将把疑问转到客户管理，由客服部门与客户协商，协商结果由客户进入该功能修正订单，继续接受审核。

5. 合同签订

审核通过以后，销售部门代表企业以电子数据的方式与客户签订合同。得到客户认可的合同通过网络传送回来，即时开始为客户提供物流服务。对需要的预收费用，生成报账单传送到结算管理功能模块。此后关于合同的变更、中止、完结等问题，则由企业管理子系统的交易合同特定功能模块负责。

6. 任务分解

系统获取正式合同后，对其中的服务条款进行识别和面向具体作业环节的任务分解，如分解为配货子任务、运输子任务、流通加工子任务等。然后为其选配相应的工作流程，生产一系列的服务起始单据。

7. 订单查询

企业和客户可以按订单编号、下单日期、服务项目、订单状态、货物名称、交易金额等方式查询已签订单，浏览订单的各项细目和相关单据，得到多种汇总信息。

3.3.2 订单管理系统应用案例

某家经营百货的大型商品零售企业拥有近 1 000 家分店，仅物流系统就涉及来自两万多个供应商的 20 万种商品。企业的战略是要使每家分店都成为利润中心。这就意味着要以各分店为基础在 4 万多个商品部门进行库存决策，与此同时，进行集中采购。

为了建立支持这种分散化管理的信息系统，企业在各分店安装了具有光学扫描能力的记录器来读入商品标签上的条形码。企业利用商店小型计算机和中心的主机可以立即获取各家分店的销售信息。该系统为企业带来了很多好处，包括结账更快速，库存控制更优，信用审核更快捷，能及时得到存货状况报告，对采购数量与采购时间的计划安排更妥当等。图 3－6 说明了该系统的运行机制。

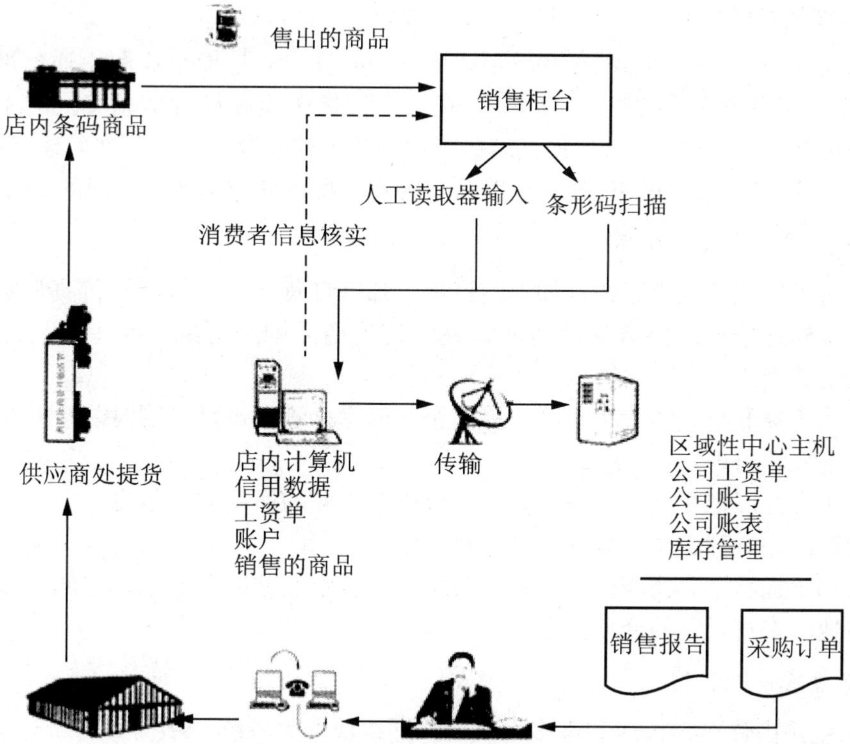

图 3－6 该系统的运行机制

第一步是接收来自仓库或供应商的产品。以咖啡壶为例，自动标签打印机打印出一张标签，注明咖啡壶的颜色、价格、库存编号，以及工作人员的部门编号。顾客拿着咖啡壶去收银台结账时，工作人员会用读取棒扫描标签，或者将商品信息输入记录器。

如果顾客想用信用卡付款，工作人员就会用读取棒读取一个磁性编码，在不到 1s 的时间就能通过商店的小型计算机刷卡。咖啡壶的数据在小型计算机里一直存到当天晚上，然后自动传输到企业 22 个地区性数据中心之一(区域性中心主机)，在那里由更大型的主机来处理这些信息，从顾客的信用卡账户中划款，将销售额和税收额数据输入财务部门的记录，将销售人员的佣金记录送到薪金部。

销售数据也进入咖啡壶部门的库存管理系统。如果当天咖啡壶的销售使该部门的商品库存量低于预先设定的临界点，计算机就会自动打印出采购订单，并在次日清晨由企业内部的信使交给部门经理。如果经理认为应该购买更多的咖啡壶，那么再订货的订单就会被送往履行订单的供应商处。

与此同时，销售数据通过地区数据中心传到企业总部的中央数据处理站，在那里汇编全国的单品销售信息。

3.4 自动订货系统

3.4.1 自动订货系统概述

1. 自动订货系统定义

电子自动订货系统(Electronic Ordering System，EOS)是指企业利用通信网络(VAN 或互联网)和终端设备在线联机(Online)方式进行订货作业和订货信息交换的系统。EOS 按应用范围可分各企业的 EOS(如连锁店经营中，各个连锁分店与总部之间建立的 EOS 系统)，零售商与批发商之间的 EOS 系统以及零售商、批发商与生产商之间的 EOS 系统。

2. 自动订货系统设计目标

(1) 相对于传统的订货方式，如上门订货、邮寄订货、电话订货和传真订货等，EOS 能够缩短从接到订单到发出订货的时间，缩短订货商品的交货期，减少商品订单的出错率，节省人工费用。

(2) 有利于降低企业的库存水平，提高企业的库存管理效率，同时防止商品特别是畅销商品缺货现象的出现。

(3) 对于生产厂家和批发商来说，通过分析零售商的商品订货信息，能准确判断畅销商品和滞销商品，有利于企业调整商品生产和销售计划。

(4) 有利于提高企业物流信息系统的效率，使各个业务信息子系统之间的数据交换更加便利和迅速，丰富企业的经营信息。

3. 自动订货系统结构

EOS 系统是由许多零售店和许多批发商共同组成的大系统，结构如图 3-7 所示。

1) 批发、零售商场

采购人员根据管理信息系统提供的功能，收集并汇总各机构要货的商品名称、要货数量，根据供货商的可供商品货源、供货价格、交货价格、交货期限、供货商的信誉等资料，向指定的供货商下达采购指令。采购指令按照商业增值网络中心的标准格式进行填写，经商业增值网络中心提供的电子数据交换格式转换系统而成为标准的EDI单证，经由通信界面将订货资料发送至商业增值网络中心，然后等待供货商发回的信息。

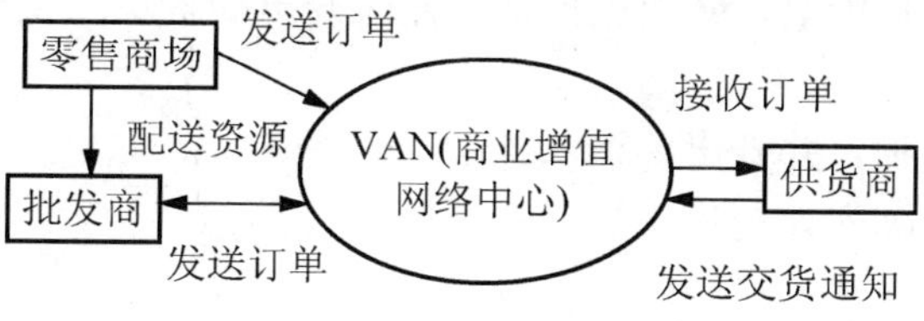

图3-7 EOS的系统结构图

2）商业增值网络

不参与交易双方的交易活动，只提供用户连接界面，每当接收到用户发来的EDI单证时，自动进行EOS交易伙伴关系的核查，只有具有伙伴关系的双方才能进行交易，否则视为无效交易。确定有交易关系后还必须检查EDI单证格式，只有交易双方都认可的单证格式，才能进行单证传递，并对每笔交易进行长期保存，供用户今后查询或在交易双方发生交易纠纷时，可以根据商业增值网络中心所储存的单证内容作为司法证据。

3）供货商

根据商业增值网络中心转来EDI单证，经商业增值网络中心提供的通信界面和EDI格式转换系统而成为一张标准的商业订单，根据订单内容和供货商的MIS系统提供的相关信息，供货商可及时安排出货，并将出货信息通过EDI传递给相应的批发、零售商场，从而完成一次基本的订货作业。

当然，交易双方交换的信息不仅仅是订单和交货通知，还包括订单更改、订单回复、变价通知、提单、对账通知、发票、退换货等许多信息。

VAN(Value-Added Networks，商业增值网络中心)是公共的情报中心，它是通过通信网络让不同机构的计算机或各种连线终端相通，是一种更加便利的共同的情报中心。实际上，在这个流通网络中，VAN也发挥了很大的功能。VAN不仅负责资料或情报的转换工作，而且还能够与国内外其他地域VAN相联并交换情报，从而扩大了客户资料交换的范围。

4. 自动订货系统流程

EOS系统的流程如图3-8所示。

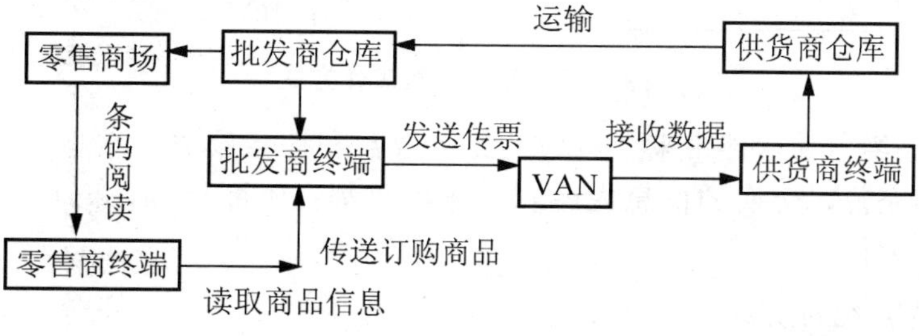

图3-8 EOS系统的流程

（1）根据库存及销售情况，零售商利用条码阅读器获取准备采购的商品条码，并在终端机上输入订货材料。

（2）将订货材料通过网络传给批发商。

（3）批发商根据各零售商的订货信息及库存信息，形成订货信息，并传给供货商。

（4）供货商开出提货传票，并根据传票，同时开出提货单，实施提货，然后根据送货传票进行商品发货。

（5）批发商接收货物，并开出传票、拣货、送货。

（6）零售商收货、陈列、销售。

3.4.2 自动订货系统发展趋势

1. 自动订货系统实现基础

随着商业化的迅速发展，电子订货系统因其方便高效的特点越来越受到人们的重视，电子订货系统的标准化和网络化已经成了其发展的趋势。

（1）要实施 EOS 系统，必须做一系列的标准化工作。如商品的统一代码、企业的统一代码、传票的标准格式、通信程序的标准格式，以及网络资料的标准格式等。

（2）要实施 EOS 系统，必须要有稳定安全的专业网络。在贸易流通中，常常是按商品的性质划分专业的，如食品、医药、玩具、衣料等。因此形成了各个不同的专业，例如日本各行业为了实现流通现代化的目标，分别制定了自己的标准，形成 VAN。目前已提供服务的有食品、日用杂品、医药品等专业。EOS 系统工作方式如图 3－9 所示。

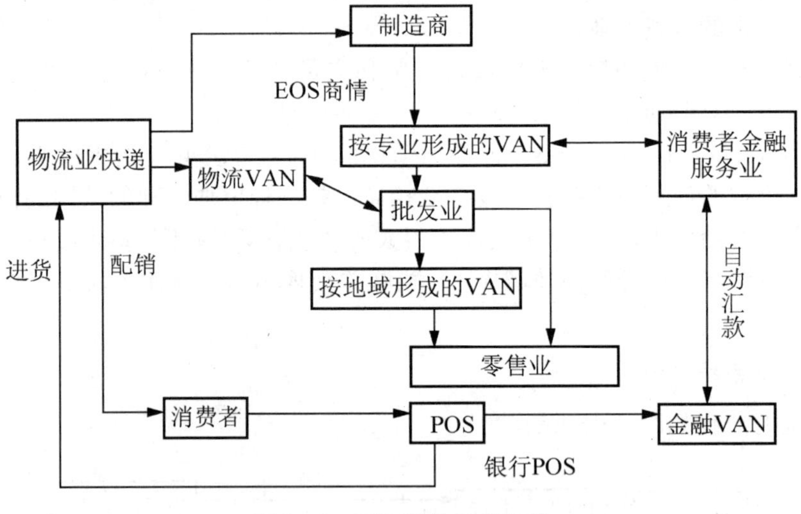

图 3－9　EOS 系统工作方式

EOS 系统已给贸易伙伴带来了巨大的经济效益和社会效益，专业化的网络和地区网络在逐步扩大和完善，交换的信息内容和服务项目都在不断增加，EOS 系统正趋于系统化、标准化和国际化。

2. 自动订货系统的实施

1）全面考虑影响 EOS 系统实施的因素

（1）系统的现状。供应商、批发商和零售商信息化程度参差不齐，所以对新的 EOS

系统的适应能力也各不相同。通常信息化程度较高的企业，其内部的作业流程也比较合理，对新的作业方式有较强的适应能力。

（2）零售商的专业属性。零售商的专业属性是指零售商场所售商品信息的品类特征，专业属性将直接影响 EOS 的实施。

（3）系统的发展前景。实施单位是否有 EOS 系统化的体制或能力也是 EOS 系统运行维护的一个重要的因素，EOS 系统在运行时需要多方面的沟通、协调，基本商品资料会经常更新，来自各供货商的报文非常频繁，需要随时更新商品数据库，因此维护商品数据库的正确性就非常重要了。在考虑了上述因素后，实施 EOS 系统还应该考虑自动化发展方向，与供应商协调合作问题之后，做出整体规划。

2）实施 EOS 系统的前提条件

（1）联网对象的协调制度。所有的交易各方应该就新商品信息的导入、促销处理、意外状况处理、登录维护等诸多方面建立统一规范，做到 EOS 业务处理一致性。

（2）代码字典。建立商品代码(自用、通用)、条形码、企业代码的管理体制，建立代码字典。

（3）增值网。根据企业信息化的性质、性能价格比，以及交易伙伴参加情况来选择最合适的交易网。

（4）标准的订货模式。包括订货方式、订货时间、订货周期、订货人、EOS 终端、多店订货及设备操作程序。标准的订货模式是 EOS 实现网络信息交换的必要条件。

（5）商品交易档案。为了进行分单处理和绩效分析，应建立交易对象信息表。

（6）培训作业人员。实施 EOS 系统之前要对作业人员进行培训，包括维护、操作及意外处理等内容。

3.4.3 订单处理系统应用分析

1. 系统构成

订单处理系统根据功能分为自动报价系统和订单传送系统。自动报价系统根据用户询价输入实现报价的自动化；订单传送系统实现订单接收、确认及输入。

（1）自动报价系统。客户首先向系统输入客户名称、口令，登录报价系统，然后再输入询问的商品名称(或代码)、详细规格等。系统根据客户交易数据库，从该客户报价的历史资料库及供应商的报价库，取得对客户此种商品的报价历史资料、折扣率、商品供应等信息，形成报价单并打印，如图 3－10 所示。销售主管核准后送客户或直接从网上传递报价单。

（2）订单传送系统。客户根据报价系统传给的报价信息，决定订货的数量、规格，形成正式的订单数据，然后转换成订购数据并进一步转换成为内部订单格式，通过网络传给供货商。其中订单的发送和接收需要考虑订购数据的识别和法律效力问题，可采用数字签名的方式确认。

供货商接收订单后，由销售人员核查在客户指定的出货日期是否能够如期出货，此核查可以通过查询库存数据库等进行确认。数据确认即可转入待出货订单数据库中，并相应地修改库存信息。若销售人员经核查无法满足订单需求，可由其余客户进行协调，可选择分批交货或延迟交货，然后根据协调结果修改订单数据文件。

销售人员核查客户的订单应付账是否超过公司对客户所规定的信用额度，超出额度应由销售主管核准后再输入订单数据或退订。

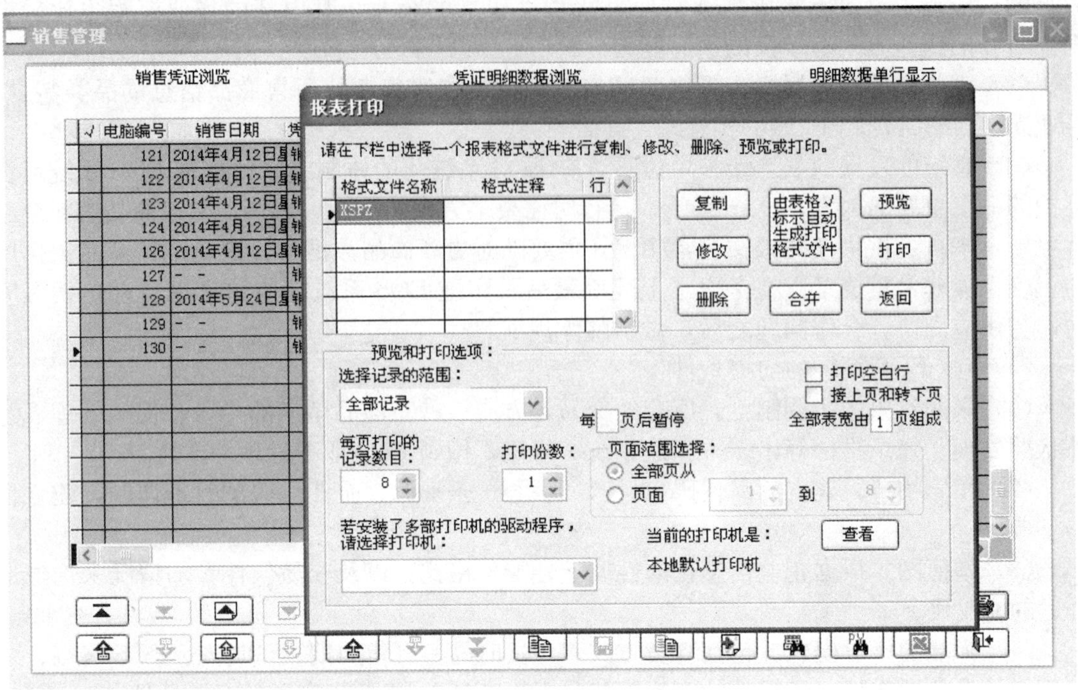

图 3－10　自动形成报价单并打印

2. 数据结构

系统主要表和数据字典的数据结构如下所述。

(1) 订单表数据结构：订单编号、商品编号、商品名称、商品单价、商品数量、合计价格、特殊要求、订货日期、出货日期、出货期限、客户编号、备注等。

(2) 客户字典表数据结构：客户编号、客户名称、信用级别、客户地址、公司名称、联系电话、手机号码、电子邮箱、赊贷金额、备注等。

(3) 商品字典表数据结构：商品编号、商品名称、商品分类、商品单价、备注等。

订单表为订单处理系统的主表，而商品字典表和客户字典表是系统的辅助表，三者通过主、外键关系连接，如图 3－11 所示。

3. 功能设计

(1) 订单的接收和分析。客户的办事人员通过网络向系统输入订单计划，系统对订单首先进行检验(商品数量、期限)后，对每一项计划赋予统一的编号，生成相应的合同订货记录。若客户名称可以在数据库中找到，只将订货记录输入数据库即可。否则，系统将建立新的客户记录、订货记录，如图 3－12 所示。

(2) 市场订货。系统允许市场调节的订货形式进入系统，从计算机处理来说只是在合同订货记录中标上非计划合同，一般来说，它的优先级大大低于计划合同。从具体处理上对这些订货有以下两个方面的要求。

① 赊贷控制。系统接到订货后立即检查客户的赊账是否已超过规定限额。如已超出限额，系统通过行动文件向赊贷管理员提供决策信息，而不是简单代替管理人员做任何决定。

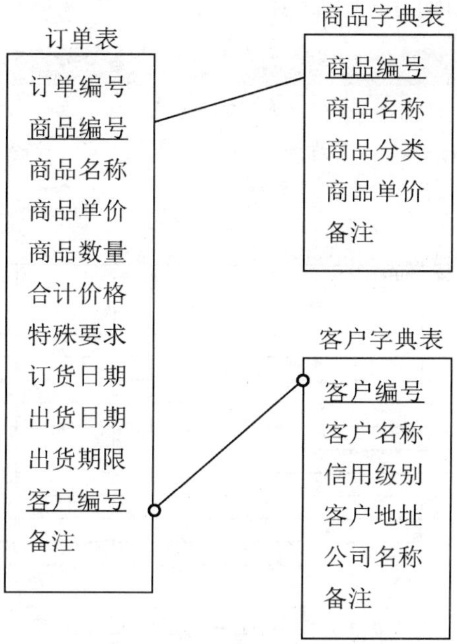

图 3－11 表间关系示意图

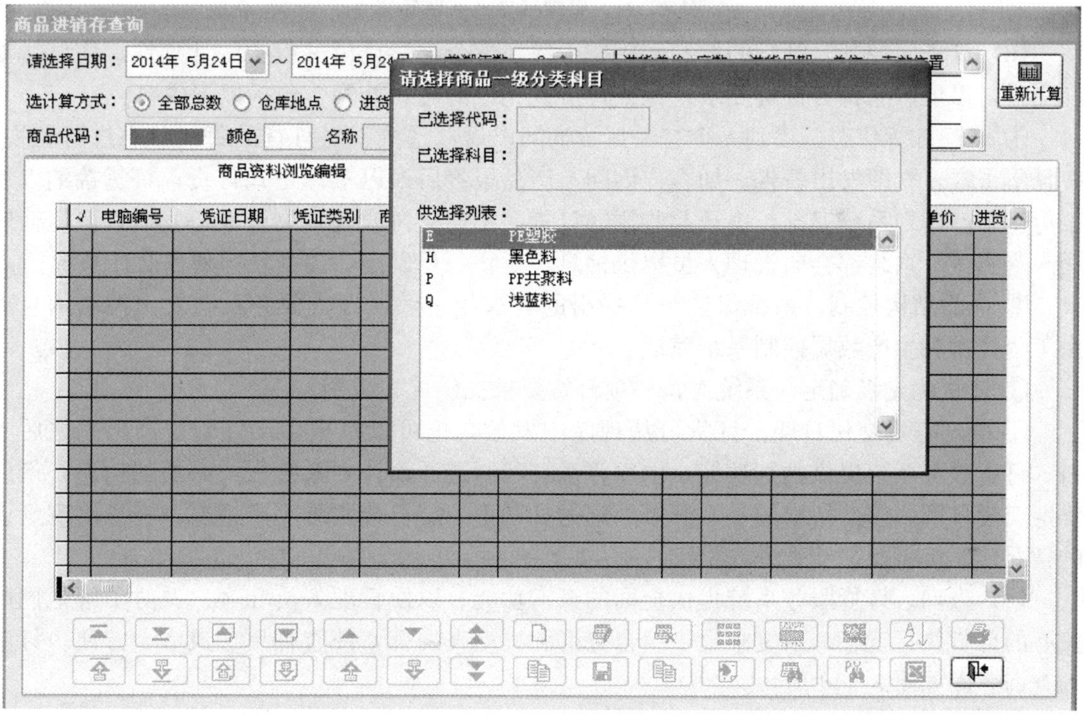

图 3－12 订货接收

② 订货项的识别。为保证订货项不出错，系统可按项号去查找该项的一些摘要，加以核实。有时用户不一定知道它要的产品编号，只能给出一些属性，系统将从数据库中找出有关项供核实。在用户要备品备件等情况下，系统可根据客户订货历史资料和产品历史

资料找到客户需要的项，如图 3 - 13 所示。

图 3 - 13　市场订货单处理界面

(3) 订货的控制。订货的控制作用在于保证整个订货兑付过程中的计划性，使订货如期交付，保证产品符合订货要求，保证订货优先级的合理处理，包括以下内容。

① 跟踪订货状态。接到一个有关订货询问以后，系统就对订货的每一状态进行监视，一旦不正常，立即发出警告。如客户询问某产品报价后迟迟不作正式订货；订货接纳以后正等待生产计划系统安排；由于某些原因订货要延期交付或者货物已准备发运，但运输问题未落实等，系统都会向管理人员提供信息。货物一旦发出，控制转向财务会计系统。

② 产品结构控制。系统保证产品提出的要求相一致，订货服务系统发出控制信息后由工程技术和生产数据控制系统完成。

③ 订货优先级确定。系统对每一项订货要求提供优先级别。

④ 确定订货交付日期。订货可从现库中发放，也可以根据生产计划生产出来之后支付。订货服务系统提供判别功能，由库存系统和制造活动计划系统提供必要的信息，最后确定交货日期。需要指出的是，开始约定的日期不一定符合实际生产情况，一旦出现延误的情况，系统将反馈给管理人员。

(4) 查询。订货服务系统提供全面的查询功能，以便管理人员和客户及时了解他们所关心的订货执行状态。系统中提供组合查询和模糊查询等，使查询更加灵活、方便。订单的查询界面如图 3 - 14 所示。

4. 系统实施前后效益对比

系统使用前后对比可知：订单业务处理效率明显提高，实现规范化的业务操作流程；建立了企业专业物流形象；将历史数据打包封装保存在系统中，随时可以查询调用，从而减轻劳动量、减少错误率；费用账表管理有序；提升企业管理的水平和质量，降低成本。表 3 - 3 列出了公司信息化实施前后的效益指标对比。

图 3-14 订单的查询界面

表 3-3 信息化实施前后的效益指标对比

实施订单系统前	实施订单系统后
订单处理的速度慢	订单处理的速度明显提高
订单管理水平很差，错误率较高，工作效率低，重复劳动多	提升了订单管理的水平，减轻劳动量减少错误率，工作效率明显提高
客户无法通过网络对订单状况进行查询	实现网上客户对订单的查询
由于时间长久、管理混乱，无法对历史数据进行查询	将历史数据打包封装保存在系统，随时可以查询调用
业务操作流程不规范	规范化的业务操作流程
对客户合同、供应商资料管理混乱，企业形象差	建立了企业专业物流形象
服务理论体系落后，对预留烫金产品管理混乱，需要单独账本和计算，而且经常出错，导致客户不满退货	提供e化服务，转型为专业物流服务体系。对预留烫金产品管理，无须单独分开，满足订单百分率高，准确无误，提高对客户的服务水平
对客户的服务水平的能力较低	订单履行错误减少，费用账表管理有序

本章小结

订单处理的效率，直接影响客户服务水平；同时，牵动物流作业的合理性和有效性，完善的订货系统可以降低成本、提高客户满意度。因此，了解订货信息系统需要掌握哪些信息对系统的实施很重要。本章列出了订单作业引发的主要数据和协同数据，以便对订货信息系统功能原理进一步了解。

订单处理系统和电子订货系统是“前后道工序”的关系。一旦收到订单，就启动订单处理系统，从录入订单到跟踪订单处理过程，最后产生订单处理报告，全部在计算机上实现。

本章通过 EOS 的应用范例，说明了 EOS 的数据、功能效用、实现条件和实施管理。使用 EOS 系统，管理人员和客户及时了解他们所关心的订货执行状态。

思考与练习

一、填空题

1. 订单处理的效率，直接影响着客户服务水平，同时，牵动着物流作业的(　　)。

2. 现代化的订单管理，订单处理作业都是通过(　　)来实现的。

3. (　　)前一天先到各客户处查询需要补充的商品，次日再补货。

4. (　　)经处理后即可输出或打印出货单据，以展开后续的物流作业。

5. (　　)这是一种借助计算机信息处理，以取代传统人工书写、输入、传送的订货方式。

二、判断题

1. 接受订货的方式，由传统的人工下单、接单，已经演变为计算机直接或间接接送订货资料的电子订货方式。(　　)

2. 传真订货是订货人员确定好商品名称和数量，以电话方式向厂商订货。(　　)

3. 客户自行取货就是客户自行到供应商处看货、补货，此种方式多为传统杂货店所采用。(　　)

4. 配货完毕后，对于缺货的商品或缺货的订单资料，系统应提供查询界面或报表，以便采购人员紧急采购。(　　)

5. 在不同类型和不同规模的仓库，订单处理作业的工作没什么些差异。(　　)

6. 当与客户协商确定交货种类、数量、时间等信息后，订单处理中心需要做的就是进行后续作业的初步规划，包括制订分拣作业计划、送货作业计划。(　　)

7. EOS 是指企业利用通信网络（VAN 或互联网）和终端设备在线联机（ONLINE）方式进行订货作业和订货信息交换的系统。(　　)

8. VMI 称为商业增值网络。(　　)

9. 要实施 EOS 系统，必须做一系列的标准化工作。(　　)

10. 要实施 EOS 系统，不需要有稳定安全的专业网络。(　　)

三、单项选择题

1. 订单活动是物流活动的(　　)。

A. 起点　　B. 中间点　　C. 终点　　D. 部分始末

2. 存货分配是在订单确认无误后，将大量的订货资料做最有效的(　　)。

A. 分类　　B. 调拨　　C. 分拣　　D. 分类和调拨

3. (　　)为商品储库提供指示资料，是拣货的依据。拣货单的输出应考虑商品的储存位置，依据储位前后相关顺序排列，以减少拣货人员重复往返取货，时间或数量、单位都需要详细准确地标明。

A. 拣货单　　B. 送货单　　C. 配货单　　D. 出库单

4.（　　）主要包括 3 种作业，即客户询价报价、订单确认、生产物流协调。

A. 订单处理　　B. 作业处理　　C. 流程处理　　D. 入库处理

5. 订单处理过程中，一方面，产生一系列（　　）；另一方面，也需要调用仓库中的相关信息。

A. 作业信息　　B. 入库信息　　C. 出库信息　　D. 运输信息

四、简答题

1. 什么是订单处理？
2. 什么是提前期？
3. 简述订单处理的步骤。
4. 订单作业过程涉及的主要数据有哪些？
5. 订单处理作业中需要的信息有哪些？
6. 简述订单管理信息系统的功能作用。
7. 简述自动订货系统实现基础。
8. 简述 EOS 业务处理流程。
9. 简述实施 EOS 系统的前提条件。
10. 简述实施 EOS 所带来的主要优势。

五、案例分析

宝供全面订单管理

宝供物流企业集团有限公司总部设在广州，是商贸流通领域中的一家中型民营企业，公司创立于 1994 年，并于 1999 年在国家工商总局注册成为中国第一家物流企业集团公司，是国内领先的物流全面解决方案的提供者。宝供集团信息系统建设一直贯穿在宝供集团的发展历程中。2011 年以来宝供全面订单管理(Total Order Management，TOM)项目作为宝供的重点项目，它对公司的订单管理进行了广泛的变革。订单管理业务流程的改造，在订单的接收、调度、发运、跟踪、结算等各环节进行优化流程设计和高效管理。

1. TOM 基本原理

TOM 主要包涵以下 3 方面的内容。

(1) 流程：结构化的订单处理流程是全面订单管理的核心。宝供的 TOM 项目为了实现订单处理的事前计划、事中控制、事后考核，设计了结构化业务核心流程模块。

(2) 组织：组织是根据流程设计的，组织的设计是流程得以实现的根本保障，宝供 TOM 系统根据客户订单特点和宝供运作特点设计了业务部门组织工作职责，具有的特点是：围绕工作流程而不是部门职能来建立机构，传统的部门边界被打破。

(3) IT 技术：在全面订单管理项目中，流程和组织实现的支撑基础是现代信息技术的应用。得益于现代信息技术的发展，宝供物流在 TOM 流程中使用 IT 技术来达到流程的事前计划、事中监控、事后考核的功能；将 IT 技术应用到组织设置和考核中，TOM 能够实现对组织人员绩效的有效管理。

2. 技术标准

全面订单管理项目采用以下技术标准：B/S 多层网络架构标准；IT 系统架构符合 J2EE 标准；XML 通信协议标准；SOAP 电子商务平台通信协议标准。

3. 关键技术的解决

（1）数据挖掘与法典化存储数据是系统运行最为基础和重要的元素，为了保证全面订单管理系统运行的稳定与高效，必须解决如何将已经运作和正在运作的海量数据从原有系统中挖掘出来，并且正确地识别出有效信息和无效信息的技术问题。同时，已挖掘的数据必须结合未来的需求进行整理，规范化和法典化之后导入 TOM 系统中。

（2）客户数据接口标准化全面订单管理是以客户的订单为中心，因此客户订单作为 TOM 系统最初始的输入之一是十分重要的。无论是电子商务对接或者是传统纸面传递信息，标准化的系统输入信息（客户订单）对全面订单管理系统的正常运行都至关重要。

（3）网络安全与信息共享对 TOM 来说，网络安全包涵两方面：一是全面订单管理作为物流企业的核心系统之一，如何保证分布全国的运作人员使用安全和企业内部信息安全；二是全面订单管理作为物流企业与客户进行电子商务对接的系统，如何保证每个客户的数据和第三方物流企业的数据是有效隔离的。

4. 效益分析与评估

（1）TOM 实施前后的部分指标对比见表 3-4。

表 3-4　TOM 实施前后的部分指标对比

项　目	实　施　前	实　施　后
订单处理	50（票/小时）	150（票/小时）
信息处理量	34（项/每票业务）	78（项/每票业务）
管理监控点	7 个	29 个
全面 B2B 对接	不支持	支持
覆盖仓库业务	否	是
订单全程跟踪查询	不支持	支持
财务结算	手工	自动

（2）TOM 提高了宝供综合竞争力。①宝供在居国内领先的物流信息系统的基础上，开发和实施了具有国际水平的全面订单管理系统。②通过全面订单管理系统的实施，达到与国际物流公司相当的订单管理和客户服务水平，初步具有物流国际竞争力。③全面订单管理计划将为公司节约 15%的年运作成本，将物流运作部门人均劳动生产率提高 20%。④全面订单管理的开发与实施，将在电子商务时代与客户结成更紧密的战略联盟，实现更大范围的信息共享，每年能够为客户节约 2%～4%的物流成本。通过实施全面订单管理，宝供将有能力率先在国内实现供应链整合的系统解决方案，通过对客户订单的计划、运作、成本、质量等要素的系统分析，宝供将能够为客户提供客户供应链系统解决方案、客户物流分析与改良方案、客户物流单证系统等物流增值服务，这些都将为宝供在传统物流服务的基础上，提供新的利润和利税增长点。

资料来源：http://www.chinawuliu.com.cn/?pgv_ref=404.

思考与讨论

1. TOM 的基本原理是什么？
2. TOM 有哪些技术标准？
3. TOM 有什么意义？

第4章 库存管理信息系统

【教学要求】

本章介绍库存管理信息系统的有关概念和特征，库存管理信息系统业务流程，库存业务相关信息，库存管理信息系统的作用，库存分类及相关信息。通过学习知道如何将物流库存信息进行整合，掌握库存管理信息系统的功能。

【关键知识点】

(1) 库存管理信息系统的有关概念和特征；
(2) 库存管理信息系统业务流程；
(3) 库存业务相关信息。

引导案例

库存管理系统带给高科技企业收益

惠普在华盛顿州卡玛斯(Camas)的工厂中生产喷墨打印机。零部件存放在一个现场的仓库和一个12英里(1英里=1.690 3千米)之外的仓库中。为了管理生产车间中零部件的流转，惠普公司使用了一套库存管理系统(WMS)。这套库存管理系统记录下从库存转入生产车间的物料的搬运过程。除了能记录这些物料，这套WMS还能根据工厂的订单判断要把哪些物料发到车间里去。

惠普的两个库存管理系统独立运行，但又可以互相传递信息。一套系统运行生产现场的库存；另一套系统负责检查生产车间之外的那个工厂。系统能提供准确、新的库存信息和所有部件的存储位置。结果，现在90%以上的订单在被确认后的几分钟内就能上生产线准备生产了。

再如，德州仪器(T1)在办公用品的订单下达管理中已经将电子数据交换(EDI)和条形码连接起来，效果很好。公司的库存占用资金减少了200万美元，所用的库存面积也减少了40 000平方英尺(1英尺=0.305米)，重新安置了11名办公用品管理人员，并将整个周期时间减少了1/3。

思考

分析WMS给惠普公司带来的效益。

4.1 库存管理信息系统概述

4.1.1 库存管理信息系统的概念、特征及基础设置

1. 概念

库存管理信息系统就是运用现代化物流管理思想和方法，采用电子计算机、软件及网络通信技术，对企业物流仓储管理决策过程中的信息进行收集、存储、加工、分析，以辅助库存业务处理直到决策方案的制定和优选等工作，以及跟踪、监督、控制、调节整个库存管理过程的人机系统。库存管理信息系统如图4-1所示。

2. 系统特征

库存管理信息系统，是根据企业实际量身定做，所以具有行业专家特性及实际应用特性。

(1) 系统是从企业战略的角度出发，在全局和总体考虑的前提下设计库存信息系统，是从企业的产品管理、仓储管理、系统权限管理、销售管理、采购管理、配送管理等系统的角度，考虑战略的实现性和信息之间的关联性及制约性，具有系统性和整体性。

(2) 具有历史知识的积累性和共享性。库存信息系统能够将各部门和各员工的日常工作的关键数据，存储在数据库中，并能根据权限方便查阅和调用。

(3) 具有决策的支持性。所有的各种数据可以经过计算机的处理从不同的角度得到各种分析结果，并通过报警提醒的方式，使决策者在第一时间得到相关信息。

(4) 动态特性。由于信息的时效性和关联性，当系统中某一信息要素发生变化时，与之相关联的其他信息均发生变化。同时，由于企业的外部环境和内部要素均在动态发生变

化，保证企业无论从横向的规模扩充，还是从纵向的组织延伸都能够持续应用。

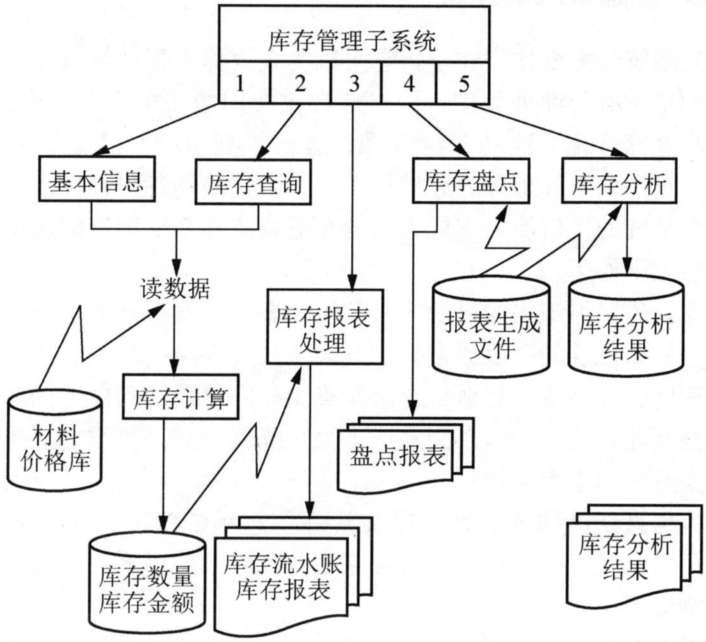

图 4－1 库存管理信息系统

3. 基础设置

为使库存管理系统成功地运用于企业，正确配置是必不可少的。通过“基础设置”这一过程，系统管理员可定制仓储管理系统，以满足企业对跟踪客户、货位、产品及其他信息的需求。通过该设置过程，还可对所有的系统默认值进行规定。通过该设置也可以大致了解其涉及的仓库、订单、客户等各个基本方面的信息，主要包括以下内容。

(1) 设置存货人(storer)。

(2) 设置货物的信息(commodity)。

(3) 货位设置(location)。

(4) 存储区设置(putaway zone)。

(5) 包装代码设置(pack code)。

(6) 循环级别设置(cycle class)。

(7) 批量属性设置(lottable)。

(8) 批量属性显示/验证规则设置(lottablelvalidate)。

(9) 设置收货验证(receipt validation)。

(10) 设置货品别称(alternate commodity)。

(11) 设置替换货物(substitude commodity)。

(12) 设置条件验证(conditional validation)。

(13) 设置物料单(bill of material)。

(14) 设置任务管理(task management)。

(15) 设置订单状态(order status)。

4.1.2 库存管理信息系统的作用

库存管理信息系统的主要作用在于，它可以为企业提供管理物流体系的整体解决方案并支持各类物流配送中心的商务处理，同时应提供实用的联机平台及应用软件集成方案。特别是可以实现与仓储管理、流动库存管理、运输规划协同、品类规划、供应商管理库存、跨区域多业态集中采购管理等的有机衔接。系统还应具备与各种现代化的物流技术设备及其他管理信息系统的接口能力，成为商业企业物流体系及物流配送中心应用的集成解决方案。系统具有以下作用。

(1) 共享信息。确保组织内的每个成员都能共享。在没有计算机、软件和网络通信技术的前提下，企业发布信息的手段通常采用开会、发文件及书籍等手段，除了发布成本高外，知识的传播速度、传播量、更新、查阅及查阅权限等都受到极大的制约；而本系统则有效地解决了这些问题，使知识信息交易成本大大降低，交易质量和效率大大提高，有力地发挥了知识在企业中的生产力作用。

(2) 确保物流信息获得的及时性。库存管理信息系统解决了跨地区、跨时间、跨单位、跨部门、跨员工之间的查阅障碍，只要是在有权限的前提下，可以迅速通过系统找到自己需要的各种物流信息。

(3) 提升组织或个人的隐性知识为显性知识，并保证两者之间的有效转换。在企业没有物流信息系统之前，员工的知识和经验仅存在自己的脑子里，部门的知识也在这个部门里，物流信息呈现孤岛状态。遗忘、人员流失和成员之间交流不畅导致企业的知识大多是隐性知识，而不能转变为显性知识，组织的知识难以积累。组织随着人员的流动、时间的推移不断地交学费，企业不能形成经验曲线，生产效率和竞争力也就难以提高。使用信息系统，使企业部门之间得到共享和交融，企业对员工的过分依赖性降低，从而避免企业因某些关键岗位人员流失出现不可收拾的局面。

4.1.3 库存信息概述

库存信息的收集与管理工作是构建库存管理信息系统的基础性环节，其成败直接影响库存管理信息系统建设的成败，所以必须重视库存信息的收集与管理。

1. 库存信息的内容

库存信息是伴随着库存管理活动而产生的信息。相对应于订购、预测、计划和执行等管理活动，库存信息有订货、订货商品的出库和商品采购反馈的信息。库存信息管理需要从这些信息中筛选出有效的信息并迅速加以处理。销售管理最重要的是严格地按照顾客要求的送货时间、地点和数量进行送货。库存管理则在服务水平和成本平衡的基础上确定如何订货、订货多少及何时订货。为此，就必须建立一个能迅速地处理大量信息的库存信息系统，以便能迅速地开展物流活动并有效地管理库存。

2. 库存信息的重要数据

有关库存信息的重要数据是衡量物流企业的服务水平、运营状况的重要参考信息，它包括以下几个方面的数据。

(1) 服务水平。一般说来，一个物流企业的服务水平是用供应量占需求量的百分比来衡量的。供应量越大，服务水平越高，但这并不意味着为了提高服务水平而一味地增加供应量。因为盲目地增大库存量会增加库存管理成本。所以必须重点掌握动态的安全库存量(保险储备)的库存信息，保证供应。对于某些季节性波动的生产和供应，则更应该确定合理的库存量，从而保证生产和供应的均衡性和连续性。所以服务水平是库存信息的一个重要数据。

(2) 缺货率。缺货率是从另一个角度衡量服务水平高低的指标。它是用缺货量与需求量的比值来计算的。

(3) 平均供应费用。平均供应费用是指为供应每单位库存物资所消耗的活劳动和物化劳动。

(4) 库存资金周转率。库存资金周转率是指单位库存资金用于供应的效率。为了提高库存资金周转率，要正确地掌握其相关的变动的信息数据，以便调整及确定合理的储存金额，处理积压和提高服务水平。

服务水平、缺货率、平均供应费用和库存资金周转率 4 个指标是相互联系、相互制约的。库存信息的作用在于为库存管理提供服务，权衡轻重，分清主次，全面考虑，做出最佳的决策。

小知识

流通库存

库存不仅存在于厂家、流通业者的仓库中，也存在于配送途中的卡车、港口、机场等处。从离开生产线到进入店铺的货架上为止，在此过程中出现的所有库存，都称为“流通库存”。在进行库存管理时，不仅要减少生产库存，而且也要控制流通库存。但由于流通库存的情况比较复杂，因此流通库存的管理也比较困难。

3. 库存信息的作用

库存信息是物流计划、协调与作业之间最基本的界面，其作用是在从生产到顾客装运的期间为明确计划需求和管理制成品库存提供决策服务。库存信息的第一个作用是预测。预测内容是每一个配送中心的顾客对产品的需求，从而支持物流企业作出决策计划。

决策支持是库存信息管理的另一项功能。决策支持是指导库存计划人员在决定何时订货、订多少货时所必需的。决策支持的工具较多，范围覆盖了从简单的反应模型到复杂的计划工具等诸多内容。反应模型是根据再订货点和订货数量参数对当前的需求和存货环境作出反应。有效的库存管理可以大大地降低满足特定服务目标所需的存货资产水平。库存管理还包括监督库存水平、周转期和生产率等。

4.2 库存管理信息系统功能及其应用

4.2.1 库存管理信息系统功能

系统以物流为基础，实现物流、资金流、信息流和工作流的完美结合，将企业管理中的主要要素：人、财、物、信息形成有机的运作整体。库存管理信息系统具备的功能如

图 4－2 所示。

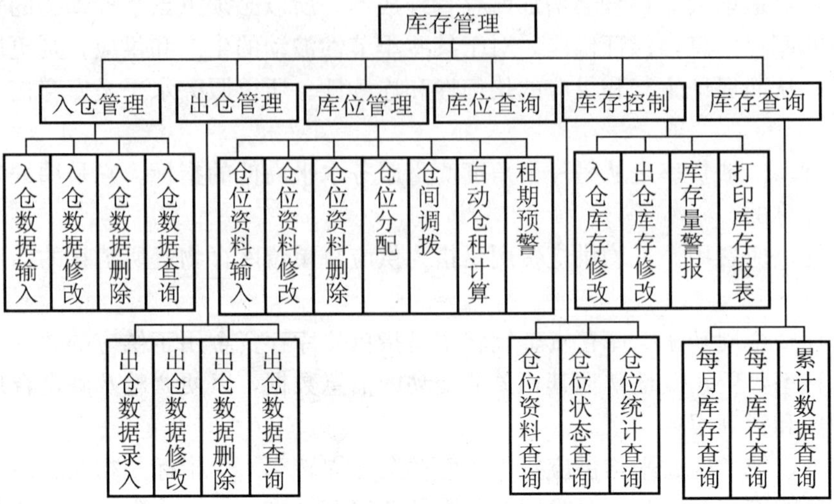

图 4－2　库存管理信息系统功能结构

4.2.2　库存管理信息系统应用

以某生产塑胶企业开发的库存管理系统应用为例，该系统是根据企业业务需求，量身定做开发出相关的实用模块，系统具备以下功能，如图 4－3 所示。

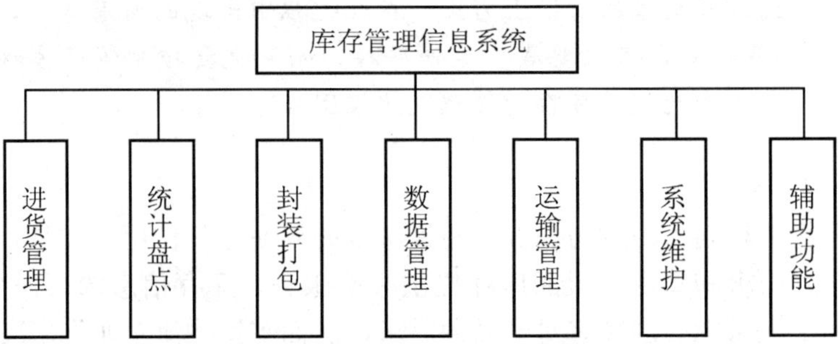

图 4－3　佛山市某企业库存管理系统

1. 进货管理功能

（1）进货管理：进货凭证、凭证明细数据、明细数据查询。

（2）销售管理：销售凭证、凭证明细数据、数据查询。

（3）综合管理：商品凭证、凭证明细数据、明细数据查询。

（4）商品进出：凭证、凭证明细数据查询。

（5）客户业务管理。

（6）综合数据查询，凭证浏览、凭证明细数据浏览。

（7）商品价格信息，明细数据查询。

（8）商品进销价格查询，明细数据查询。

（9）账表管理，明细数据查询。

(10) 成本管理，各种费用计算明细。

进仓、出仓管理操作界面如图 4－4 和图 4－5 所示。

图 4－4 进仓管理

图 4－5 销售出仓管理

小贴士

卖方主导型的库存管理

在 CRP 系统中，厂家和批发商编制产品的补充计划，对零售商的库存进行管理。像这样由卖方对顾客的库存进行管理的方法称为卖方主导型的库存管理。

与 CRP 系统相似的库存管理有 VMI(Vendor Managed Inventory，零售商的库存管理)。两者的区别是：一般前者是指零售业物流中心的库存管理；后者是指零售企业的库存管理。

2. 统计盘点功能

统计盘点流程如图 4-6 所示。

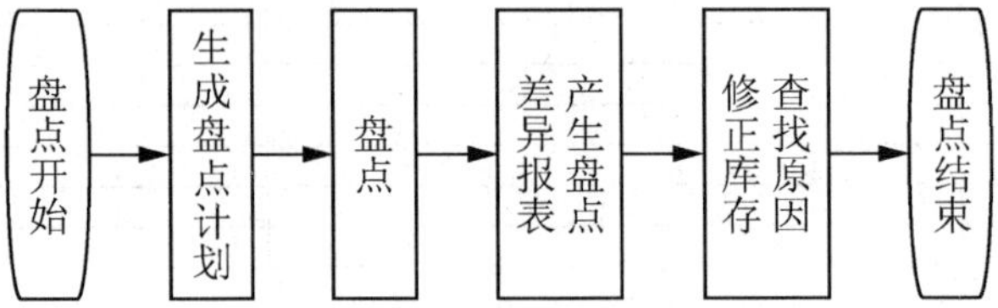

图 4-6　统计盘点流程

统计盘点功能包括：①每日统计报表；②每月自动统计报表；③盘点管理；④盘点凭证生成；⑤盘点明细数据查询；⑥明细数据单行显示；⑦盘店数据统计。

盘点统计操作界面如图 4-7 所示。

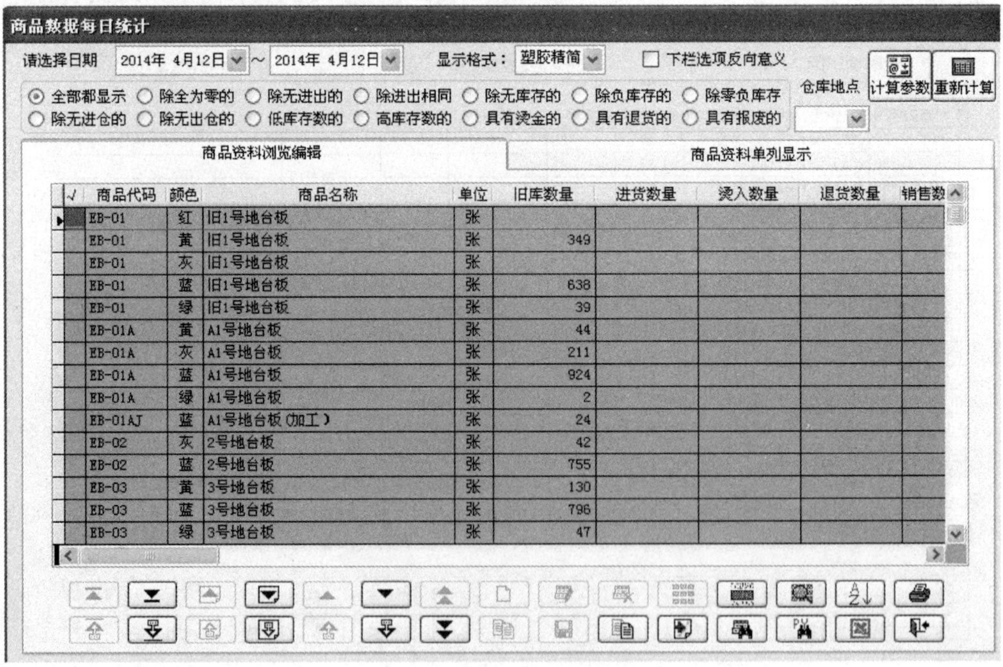

图 4-7　统计盘点管理

3. 封装打包功能

封装打包功能包括：①数据封装打包；②打包进货查询；③打包销售查询；④打包综合查询；⑤打包每日查询；⑥合并商务数据。

广角镜

数字化配货

数字化配货是指配货清单并不是书写在纸上而是由计算机来操作。数字化配货时，配货信息数据由终端输入并传送，在货架显示器上显示，作业者按照显示的信息进行配货。

数字化配货由于不要拿着商品清单，所以能防止商品名和商品号的读错。另外，由于两手能自由使用，加快了作业的速度。

4. 数据管理功能

数据管理功能包括：①数据备份；②数据修复；③数据库管理；④进销存数据初始化；⑤合并商品资料；⑥合并客户资料；⑦合并商务数据。

5. 运输管理功能

运输管理功能包括：①商品装车信息；②装卸费；③装车单；④司机信息。

派车管理流程如图 4－8 所示。

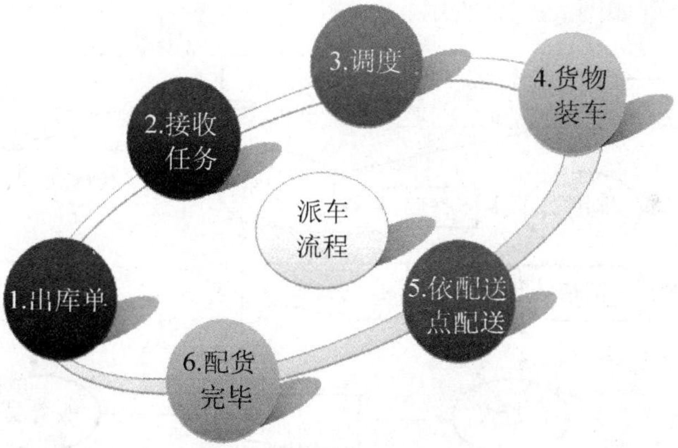

图 4－8　派车管理流程

运输管理操作界面如图 4－9 所示。

6. 应用系统维护数据

应用系统维护数据包括：①商品科目参数设置；②科目代码设置；③商品资料设置；④检查商品资料；⑤客户科目参数设置；⑥科目代码设置；⑦客户资料设置；⑧出纳收支科目设置。

7. 辅助功能模块及数据

辅助功能主要数据包括：①词汇编辑；②密码修改；③设置软件背景图片；④软件参数设置；⑤权限设置；⑥结算管理、报表打印；⑦计算器；⑧日历；⑨关于版本信息。

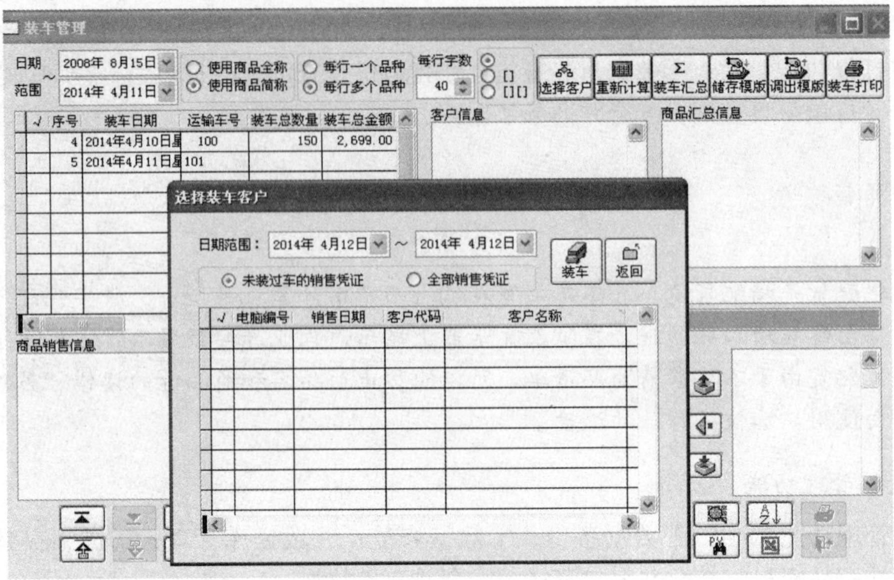

图 4-9　运输管理

4.2.3　库存信息系统原型

库存信息系统原型如图 4-10 所示。

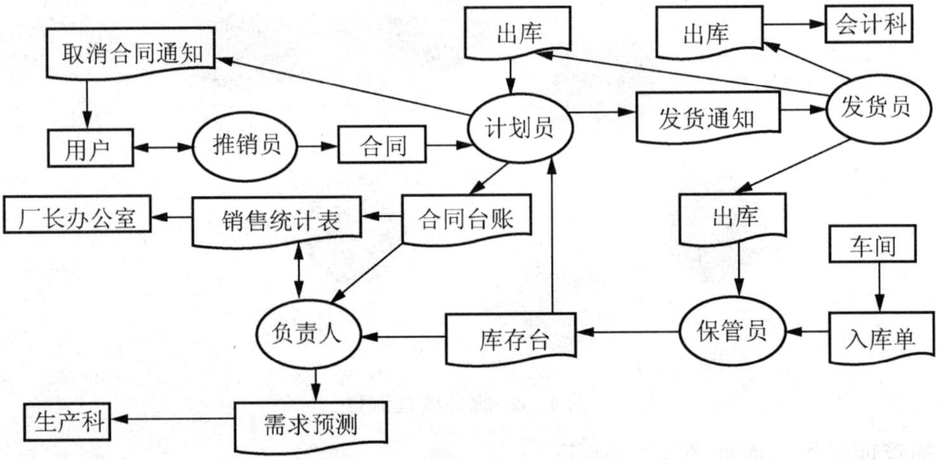

图 4-10　库存信息系统原型

4.3　库存管理信息系统业务流程

4.3.1　库存业务种类与相关信息

1. 概念

库存信息是指仓储过程中商品流动引发的数据。库存信息管理就是对库存活动过程的相关信息进行收集、整理、传输、存储、集成和利用的过程。

2. 库存的业务种类与相关信息

库存作业主要包括入库管理、库内管理和出库管理。入库管理包括以下相关信息。

（1）入库商品信息：商品种类、编号、颜色、尺寸、规格、单价、数量。

（2）仓库资料：编号、名称、地址、电话号码、传真、负责人、是否计算库存、备注。

（3）客户资料：编号、名称、联系人、电话、传真、地址、备注。

（4）供方资料：编号、供方名称、联系人、电话、传真、地址、备注。

（5）收款收据：客户名称、编号、日期、货号、品名及规格、单位、数量、金额、交款人、收款人、收款单位。

（6）采购单：供方名称、采购单号、采购日期、编号、品牌、类别、颜色、单价、金额、备注、制单人、财务审核、仓管员。

（7）采购退货单：退货单号、退货日期、供方名称、编号、类别、颜色、数量、单价。

还是以上述企业为例，说明库存信息系统业务流程。

4.3.2 库存业务流程

1. 入库业务流程

企业生产的成品，首先由申请人填写入库申请单，入库申请单主要包括以下几项：申请入库部门单位、入库时间、入库货位号、入库产品的品种、质量、数量(件数或重量)、金额、检验员签字、申请人签字、成品库库房主管签字等，见表 4－1。

表 4－1 入库申请单

入库申请单编号		申请日期			
产品品种	货位号	件数	重量	金额	备注
检验员签字		库房主管签字		申请人签字	

申请人持填写好的入库申请单，由检验员检验后签字，并由库房人员核实入库数量登记，库房主管签字。入库申请单一式四份，第一联：存根；第二联：成品库留存；第三联：财务核算；第四联：申请人留存。入库时做好各项记录，包括系统分配、打印单据、资源匹配、储位确认、装卸货品到库房、信息反馈等环节，以备查用。

（1）入库管理。入库业务流程。在正式入库作业之前，仓储物流企业需要按与客户签订的合同要求，包括验证、合同确认、系统分配、打印单据、资源匹配、储位确认、装卸货品到库房、信息反馈等环节。入库流程如图 4－11 所示。

以某企业库存管理系统为例，入库管理登录界面如图 4－12 所示。

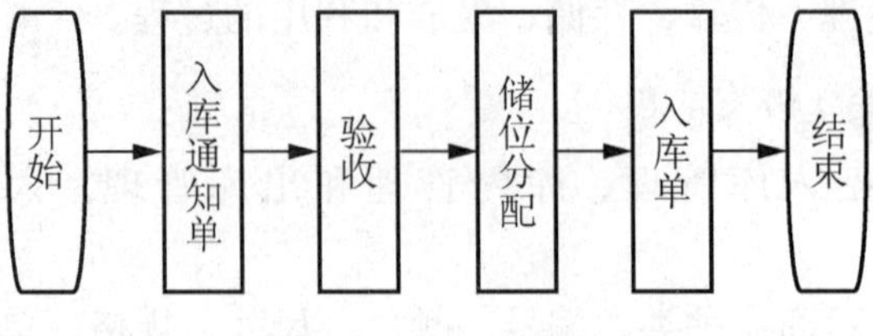

图 4-11 入库管理

图 4-12 入库管理登录界面

广角镜

库存处理的新方法

在 B2B 交易的电子市场上，也有为处理库存而进行的交易。在一般情况下，卖剩的库存商品很难处理，但企业可以通过网络在对方不知情的情况下，对这些商品进行推销。企业可以利用因特网的匿名性开展各种销售活动，从而有效地减少仓库中各类商品的积压。总之，网络也将成为企业处理库存物品的最有效方式之一。

(2) 入库业务数据。入库管理由多个其他业务活动引发，例如将生产成品入库或采购入库、调拨入库、销售退货入库、烫金入库(顾客预订产品后，打上烫金标记然后再入库)等，不论采用哪种形式入库，都需要先生成入库单，然后系统将生成应付款信息，转入相应的财务流程进行处理。该过程的数据有：进仓日期、凭证类别、进仓时间、进仓序号、仓库地点、进仓数量、制单日期、制单人等信息。

(3) 入库管理内容与作业相关信息见表 4-2。

在上述入库管理实施的过程中涉及的主要信息，一是“入库规划”中的入库单信息、库场运输动态信息库的信息和机械设备使用动态信息库的信息，这些信息分别在所接收货物的“货位分配”和“入库作业计划”中要用到。二是在最后的“入库执行”时用条码记录货物的信息，并通过库场平面布置信息将货物放置在指定的位置。

表 4-2 入库管理内容与相关信息

内　容	功　能	作业说明与相关信息
入库规划	货位分配	根据到达物资的品种、数量、规格、包装、运输方式、运抵时间等信息，查询库场平面布置图，预先规定物资的存储位置及停车位，初步建立库场运输的动态信息库
	入库作业计划	根据机械设备使用动态信息库，为仓库人员制订每日工作计划和机械设备使用计划，并根据库场运输动态信息库，制订库场运输计划，完成入库单据
入库验收	接收货物	在指定的时间和地点，按入库单和运单的要求接收货物
	审验货物	现场审验货物的铅封是否与运单副本号一致，审验外包装的完好性
	登记入库	将实际卸车并入账的货物规格、数量和质量作为已接收的货物登记在入库单上
	事故确认	若审验时发现差错，应现场要求承运者查看，按责任范围在入库单上填写普通记录或商务记录。双方无异议，办理交接手续
	事故处理	根据认定事故的性质，提出拒付、部分拒付、承付、索赔等意见，供财务部门和有关管理部门参考
入库执行	逐一入库	对自动仓库而言，首先在入库平台处让货物经过条码扫描，并将扫描信息传送给计算机数据库，库内搬运设备将货物运送至存货区，由堆垛机将货物存放至指定货位

入库管理有关数据集成界面如图 4-13 所示。

图 4-13 入库管理有关信息

2. 库内作业流程

入库作业完成后，将进入库内管理阶段，库内管理的主要作业活动包括储位分配、移库、补货、盘点等。其中，储位分配是库内作业及仓储管理的必要环节，如图 4 - 14 所示。

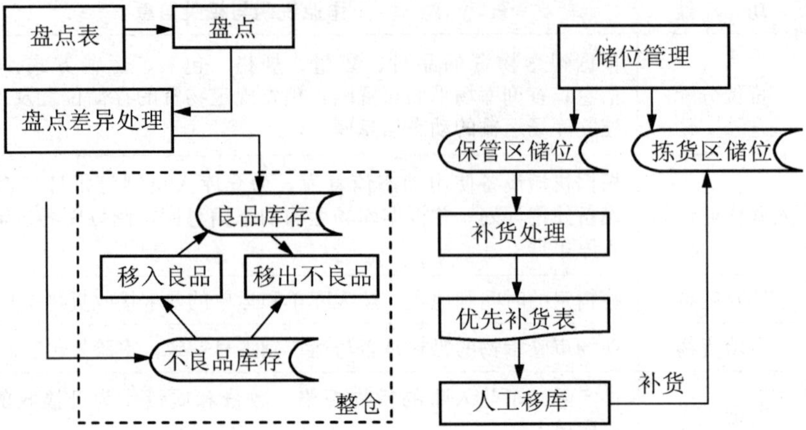

图 4 - 14　库内管理

（1）储位分配、移库。储位分配是指根据已确定的商品分类保管方案、仓容定额，规划和确定库房及货场的货位摆放形式。开发的库存系统，设计了自动分配储位功能，系统会根据储位情况进行合理分配；移库是由于业务上的需要，或由于商品特性的原因而需要变更储存场所，从一个仓库转移至另一仓库储存，合理安排商品调拨，从而既保证商品的供应能力，同时又可以把库存降到最合理的程度。库内管理的主要内容见表 4 - 3。

表 4 - 3　库内保管的主要内容

内　　容	作业说明与相关信息
商品查询	商品代码、商品名称、库存数量、仓库地点、商品价格
储位管理及储存保养	采用商品储存保养的策略和一般原则，将商品安排存放在适当的场所和位置，并为商品提供良好的保管条件和环境
补货	一是接收入库商品；二是在考虑库存量、保管空间、最低库存、最高库存、出库计划的基础上，计算补货量并进行补货作业管理
盘点	对库存货物进行清查，清点数量、检查质量，并在盘点表上进行登记

（2）补货。补货可以分为定期补货和紧急补货。定期补货是根据安全库存量对库内储存的货物进行补充；紧急补货是以预订出库的数量为基准，当进行货物的分配时，拣货货区出现不足，由存储库区给予紧急补充。补货信息管理界面如图 4 - 15 所示。

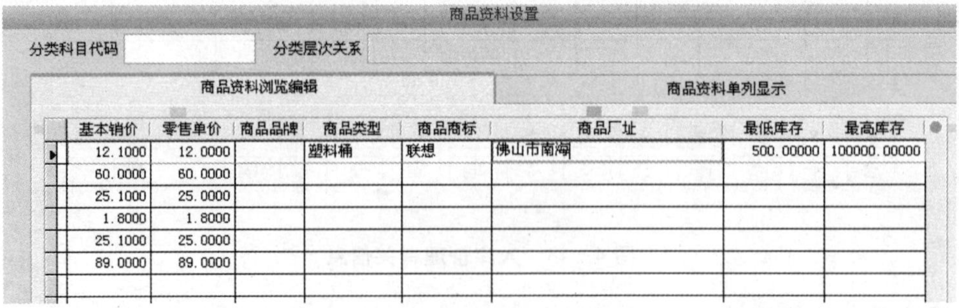

图 4 - 15　补货信息管理窗口

补货管理涉及较为详细的信息见表 4－4。

表 4－4 补货管理详细信息

补货方案

补货方案代码	订货期	货物名称	采购数量	采购价格	供货商代码	决策依据	备注

库存状况

货物储存号	仓库号	货区号	货位号	入库单号	入库日期	合同号	货位空间利用率	备注
货物号	货物数量	货物体积	货物重量	货物安全等级	供应商代码	储存有效期		

供货商信息

供货商代码	供货商名	地址	邮编	电话	传真	E-mail	开户行	账号	备注

货物信息

货物代码	货物名称	规格	型号	计量单位	质量技术标准		备注

(3) 盘点。盘点的目的是为了正确地掌握库存货物。盘点的方法有多种，从财务上看，期末和期初为了确定资产，要进行库存盘点。从管理上看，盘点的做法也有多种选择，例如，进行商品销售的 ABC 分析，对 A 商品正确地掌握计算机系统的库存，为了减少库存错误，盘点的周期应该较短；C 商品库存变动趋于稳定，则盘点的周期应该较长，以减少额外作业负担；考虑到盘点作业的效率，可以对每一个货区在一定时间间隔进行盘点，称为循环盘点法，如图 4－16 所示。

为了减轻盘点负担，应灵活借助库存数据库的信息进行盘点。在计算机系统中，如果用库存数据库对仓库和不同货架存储的货物进行盘点，需要事先输出盘点清单，并交给作业人员。作业人员根据盘点清单登记库存数量，以减少盘点时间。此外，还可采用手持式条码数据终端来提高盘点的效率和准确性，即通过条码表示各个货架的编号，将计算机系统中掌握的每个货架上的货物事先下载到该条码数据终端中，盘点时用该条码数据终端扫描货架的编号，再输入表示该货物的盘点数。

3. 销售出库业务流程

1) 出库管理

出库流程包括申报仓储计划、核对出库凭证、备货、复核等环节。货物出库的方式主要有 3 种：客户自提、委托发货、公司送货。第一种：客户自提，是客户自己派人或派车来公司的库房来提货。第二种：委托发货，对自己去提货有困难的客户而言，会委托第三方物流公司提供送货服务。第三种：仓储企业派自己的货车，给客户送货的一种出库方式。

打印预览

100%

统计日期：2014年 4月

月 报 表

打印日期：2014年4月12日
星期六

序号	商品名称	入	出	颜色	库存
1	旧1号地台板			红	
2	旧1号地台板			黄	349
3	旧1号地台板			灰	
4	旧1号地台板			蓝	638
5	旧1号地台板			绿	39
6	A1号地台板			黄	44
7	A1号地台板			灰	211
8	A1号地台板			蓝	924
9	A1号地台板			绿	2
10	A1号地台板(加工)			蓝	24
11	2号地台板			灰	42
12	2号地台板			蓝	755
13	3号地台板			黄	130
14	3号地台板			蓝	796
15	3号地台板			绿	47
16	5号地台板			黄	3
17	5号地台板			蓝	678
18	6号地台板			蓝	1701
19	8号地台板			黄	212
20	8号地台板			蓝	1072
21	9号地台板			蓝	475
22	10号地台板			蓝	867
23	11号地台板			蓝	794
24	12号地台板			蓝	426
25	13号地台板			蓝	642
26	14号地台板			蓝	737
27	15号地台板			蓝	883
28	16号地台板			蓝	331

53	6号方盘			白	2565
54	6号方盘			红	882
55	6号方盘			黄	1099
56	6号方盘			蓝	5249
57	6号方盘			绿	870
58	6号方盘			橙	2
59	7号方盘			白	3117
60	7号方盘			蓝	1497
61	8号方盘			蓝	305
62	9号方盘			蓝	238
63	9号方盘			奶	347
64	1号零件箱			红	1075
65	1号零件箱			黄	1257
66	1号零件箱			蓝	985
67	1号零件箱			绿	4390
68	2号零件箱			红	677
69	2号零件箱			黄	1469
70	2号零件箱			蓝	5680
71	2号零件箱			绿	2136
72	3号零件箱			红	853
73	3号零件箱			黄	720
74	3号零件箱			蓝	4676
75	3号零件箱			绿	1112
76	4号零件箱			红	275
77	4号零件箱			黄	328
78	4号零件箱			蓝	5138
79	4号零件箱			绿	499
80	5号零件箱			红	8452
第 2 列共 19 列 本列合计：					65017

图 4-16 月盘点报表生成

无论采用哪种出货方式，都要填写出库单，出库单主要包含以下项目：发货部门名称、出库日期、产品品种、产品数量、金额、出库方式选择、运费结算方式、提货人签字、成品库主管签字等，见表 4-5。

表 4-5 出库单

发货部门名称		出库日期	
产品品种：	产品数量：	金额：	备注：
出库方式选择：	客户自提	委托发货	公司送货
运费结算方式：	公司代垫运费	货到付款	
提货人签字		成品库主管签字	

出库单也是一式四份，第一联：存根；第二联：成品库留存；第三联：财务核算；第四联提单：提货人留存。提货的车到达仓库后，出示出库单据，在库房人员协调下，按指定的货位、品种、数量搬运货物装到车上。保管人员做好出库质量管理，严防撒漏、破损，做好数量记录，检斤人员做好数量、重量记录，制作出库检斤表，由复核人员核实品种、数量和提单，制作出仓库出门条。出库时交出库门卫，核实后放行。

2）出库业务流程

出库作业包括凭证录入、资源匹配、打印单据、拣货、装车、攒货、配货、运输业务环节等信息。销售出库流程如图 4-17 所示。

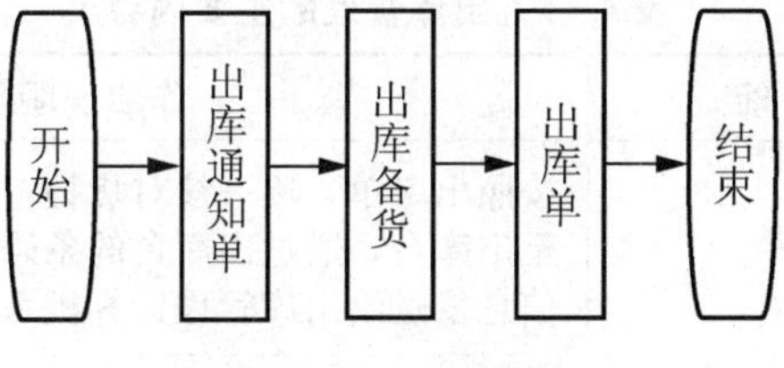

图 4-17 出库管理

3）引发出库因素

引发出库的因素主要有销售发货、报损出库、生产发料、调拨出库、采购退货等如图 4-18 所示。

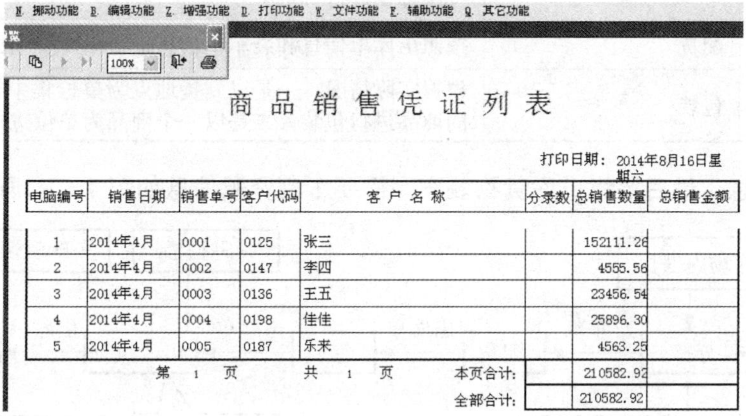

N. 挪动功能 B. 编辑功能 Z. 增强功能 D. 打印功能 W. 文件功能 F. 辅助功能 Q. 其它功能

商品销售凭证列表

打印日期：2014年8月16日星期六

电脑编号	销售日期	销售单号	客户代码	客户名称	分录数	总销售数量	总销售金额
1	2014年4月	0001	0125	张三		152111.26	
2	2014年4月	0002	0147	李四		4555.56	
3	2014年4月	0003	0136	王五		23456.54	
4	2014年4月	0004	0198	佳佳		25896.30	
5	2014年4月	0005	0187	乐来		4563.25	
第 1 页		共 1 页		本页合计:		210582.92	
				全部合计:		210582.92	

图 4-18 出库原因

出库业务发生时，首先需要制订并录入出库单，同时对于调拨出库，还会产生在途信息，例如，从一个库房调拨到另一个库房。出库单最后要转入相应财务流程进行收款处理。出库涉及的更为详细的信息见表 4-6。

表 4-6 出库管理详细信息

出库单号	物资存储号	客户代码	运单号	停车位号	仓库号	货区号	货位号
发票号	送货单位名	车辆类型	车辆数量	配载方案	制单日期	品名	规格
设备信息号	质量技术标准	加工计划	计量单位	包装形式	用户规格	型号	数量
库场运输号	出库加工日期	加工入库日期	出库验收日期	装货时间	交货日期	物资码	

4）出库业务内容

出库业务内容，见表 4-7。

在上述出库管理实施的过程中涉及的主要信息，一是要在“出库审核”和“货物准备”中对分拣单、出库单和运输任务单信息进行审核检验。二是在分拣中要用到设备使用动态信息，并利用库场平面布置信息将货物放置在指定的位置。三是在出库时用条码扫描

表 4-7　出库管理的主要内容

内　　容	功　　能	作业说明与相关信息
出库审核	按出库单审核	按照出库单，逐一核对货物，并由库内搬运设备将货物运送至出库台，通过出库台的条码扫描仪扫描出库货物，将条码信息发送给出库管理计算机系统
	出库单与运输任务单核对	按计划要求，在指定的时间和停车位，将出库单货物信息与运输部门持有的运输任务单信息进行核对
货物准备	分拣	根据出库计划和分拣单信息，逐一拣选货物，并存放在配货区分区。一种是播种式拣货，即将一定时期的出库量汇总后，按照不同的商品进行拣货；还有一种是摘取式拣货，即按照订单进行拣货
	配货	按照出库单信息和装车单信息进行出库货物的配货
	包装	根据实际情况，一是以到货地点为单位集中订单，将这些不同商品进行包装；二是以一个商品为单位进行包装

仪记录货物信息。最后要将出库货物装车。需要车辆资源信息如图 4-19 所示。

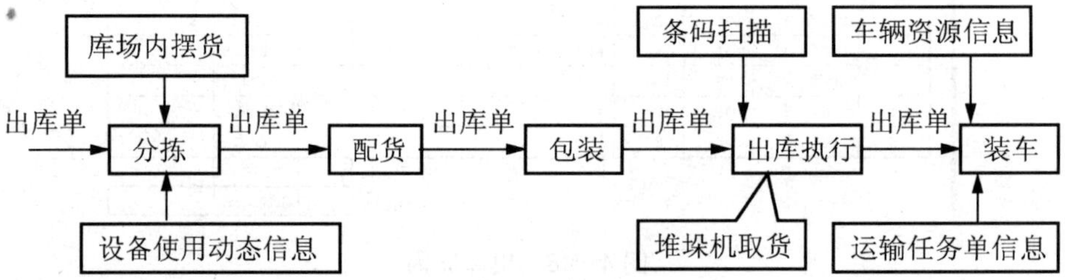

图 4-19　出库需要车辆资源信息

5）出库装车

出库装车信息管理界面，如图 4-20 所示。

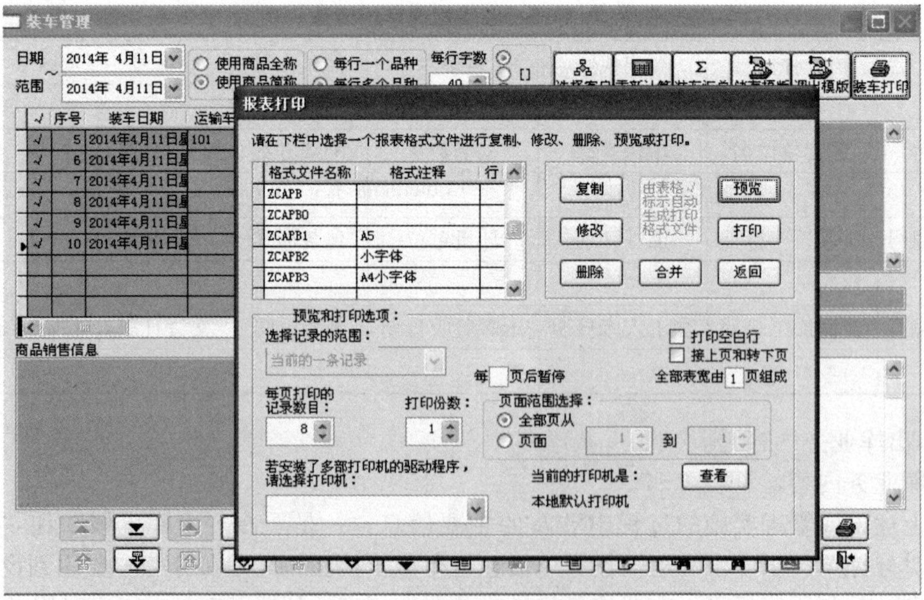

图 4-20　出库货物装车信息管理

4.4 库存的分类与相关信息

4.4.1 库存的分类

库存可以依据其积聚的原因不同分为周期库存、安全库存、在途库存、投机库存、季节性库存、闲置库存；依据物料形态不同可分为原材料库存、零部件库存、制成品库存、包装材料和在制品库存。

库存信息反映了企业目前库存持有的状态。例如，库存的总需求量、现有库存量、预计入库量、已分配量、净需求量、计划订货量、计划下达量等。

1. 按积聚的原因不同分类

1）周期库存

周期库存是指由补货过程导致的库存，周期库存用来满足确定条件下的需求，也就是说，企业能够正确预测需求和补货时间(提前期)。例如，如果某种产品的销售进度是不变的，每天30单位，而且提前期总是15天，那么，除了周期库存外，就不需要其他库存了。

2）安全库存

安全库存是为了应付需求、制造与供应的意外情况而设立的一种库存。例如，原材料供应的意外，有时会因为供应商可能发生的生产事故、原材料采购意外等造成原材料供应短缺，因而要对一些原材料设立安全库存；由于产品销售的不可预测性，也要存储一定量的成品库存；预防本企业生产发生的意外情况，需要设立半成品的安全存储量等。

3）在途库存

在途库存是指处于运输线路中的物品产生的库存量。通常，可将在途库存看做是周期库存的一部分，因为在还没有到达目的地之前，还不能用于销售和/或发货；而在途库存的持有成本可看做是运输出发地的库存，因为在途的物品还不能用于销售、使用、发货。

4）投机库存

公司持有投机库存的目的不是为了满足目前的需求，而是因为以下常见的其他一些原因。

（1）因为预测到价格的上涨或物料的短缺。

（2）在物料采购时，企业为了获得数量折扣会购买大于需求数量的物料。

（3）生产的经济性也会引起在不需要的时候进行产品制造。

（4）商品可能在一年中根据消费情况进行季节性生产，也可能为了维持稳定的工作量和劳动力，在预测季节性需求的条件下，以不变的水平进行生产。

5）季节性库存

季节性库存是投机库存的一种形式，是为了满足特定季节中出现的特定需要而持有的库存，目的在于维持稳定的劳动力和稳定的生产运转。对农副产品而言，是由于农副产品存在生长季节，从而限制了在整年中获取产品，所以，必须在产品的出产季节大量收购，从而持有的库存。

6）闲置库存

闲置库存是指在某些具体的时期内不存在需求的这样一组物品。这种库存有可能在库存储存的地方已不再使用了，在这种情况下，可将这些物品转运到另外一处，以避免因废弃这些物品造成的损失。也可采用降低价格的办法，在所在地进行销售。

2. 按物料的形态不同分类

这种分类方法与物料管理相关，物料管理完整的组成部分就包括对原材料、零部件、制成品、包装材料和在制品库存的管理。其中，原材料库存、零部件库存和包装材料库存通常是企业为了生产产品和销售产品而购进的持有库存。制成品库存和在制品库存是企业生产运作而产生的持有库存。

4.4.2 库存相关信息

从上述库存的分类中可以看出，库存信息反映了企业有什么，是对企业持有的原材料、零部件、在制品、制成品等状态的反映。主要信息包括以下几方面内容。

（1）总需求量，指原材料或零部件在要求时间内的需求量，总需求量不考虑当前库存持有量。

（2）现有库存量，指企业库存中对可用物料的持有库存量。

（3）预计入库量，指根据采购进货计划，在规定时间内到达的物料数量。

（4）已分配量，指目前企业的持有库存中已按计划分配了的物料数量。

（5）净需求量，指在各具体时间对各类物料的实际需求数量。

（6）计划订货量，指根据需求时间计算出的物料采购数量。

（7）计划下达量，指企业根据订货提前期所发出订单的物料数量。

库存是资本的一个主要占用因素，为此，库存管理的目标在于增加公司的赢利能力，预测公司政策对库存水平的影响，以及使物流活动总成本实现最小化。

公司赢利能力的提高可以通过增加销售量或者削减库存成本来实现。如果高库存水平可以带来在库库存可供量的改善，以及更加稳定的服务水平，那么增加销售量通常可以实现。较低的库存水平会降低客户订单的满足率，导致失去销售机会。然而，较高的库存水平花费的成本往往超过了所能获得的收益。降低与库存有关的成本的方法包括：减少延期交货的数量或者加快运输，从系统中将闲置库存消除，或者提高预测数据的准确度，这需要库存管理信息系统提供准确的信息。

综合考虑总成本是库存计划的目标。也就是说，在给定公司所要求的客户服务目标的条件下，管理者必须确定需要多少库存，来实现最低的物流总成本。库存信息为目标的实现提供决策和管理的依据。

4.4.3 搬运作业

1. 接货

库存管理中的搬运作业已成为关注的焦点，因为企业致力于提高存货的流动性以及从生产制造地到最终客户订单处理的速度。搬运作业包括接收、转移及存放、按客户订单进行分拣、接驳式转运。

(1) 接收。接收活动包括运输承运商的卸货、更新仓库中的存货记录信息、检查是否存在货物的破损，以及根据订单和运输任务单进行货物数量的确认。

(2) 转移及存放。将货物移动到仓库进行存储的物理移动，将货物搬运到进行特殊服务(例如合并)的地方的移动，以及出厂运输的搬运。

(3) 按客户订单进行分拣。按客户订单进行分拣是搬运的主要活动之一，这要涉及按照客户的不同需要对货物进行重新分类，并进行包装。

(4) 接驳式转运。接驳式转运直接从货物进货站台将货物转移至出货站台。因而，完全的接驳式转运运作避免了存放、存储和订单分拣。由于与要求的运输息息相关，信息的传递在接驳式转运中显得尤为重要。

广角镜

接驳式转运

接驳式转运指产品大量运入，并马上进行分解，以无误的种类和数量进行混合，再运输给客户。因而，从理论角度来看，产品从未进入过仓库。例如，一家负责处理汉斯牌(Hanes)产品的库存公司，将商品贴上标签，放置在吊架上，并装入箱中运往沃尔玛的各个分店，来补充那些已经卖出去的商品。拖车到达沃尔玛的配送中心后，产品从接驳式站台上用卡车运往各个分店，到了商店打开箱子，再将这些商品摆放在陈列支架上。可以看出，接驳式转运力图缩短产品的存储时间，在这里，库存实际上是一个配送混合中心。

2. 存储管理作业

存储管理的货物有依据提前期和产品需求方面所面临的变动性而进行的储存，例如，周期库存、安全库存。也有超过正常补货所需数量的存货，例如，由于季节性需求、不稳定需求、产品条件(水果、肉类等)、投机或提前购买、特殊交易(数量折扣等)。存储管理作业包括货物的保养、补货的确认、盘点货物等。在前述“库内业务流程”中对这些业务的流程和“正向”信息流进行了介绍，这里重点讲述存储管理作业产生“进向”信息流时的情况和对相应作业的岗位处理办法。

在存储管理作业中会碰到退货处理、货物报废处理和破损处理的情况，这时需要在退货单、货物报废单和破损报告单上分别记录相关信息，必要时要说明原因和处置方式，并在计算机库存管理系统中进行货物数量的变更修改。表4-8、表4-9、表4-10所示是相应的岗位操作流程模板。

表4-8　相应的岗位操作流程模板

货物编号	货物名称	数量	退货原因	签章

表 4-9 货物报废单

□原材料类 □设备工具类 □产品类 日期：

报废货物编号：	报废货物名称：		报废数量：	原用途或制造号码：	
报废原因及状况：			处置方式：	备注：	
成本计算(限产品类货物报废时填)：				评定价值：	
材料：	人工：	分摊费用：	合计：	单位成本：	合计：
经理：	入账：	价值评定：	审核：	填表：	备注：

表 4-10 破损报告

收料日期：

报废原因：					原领用途：			
材料类别	货物名称	规格	色纹材质	单位	退回	实收	估计价值	备注

会计： 收料： 主管： 填表：

3. 信息传递

信息在库存管理中是非常重要的。准确和及时的信息能使一个企业实现库存的最小化，改善运输工具、路线和计划，通常还能提高客户服务水平。物流企业为了更好地控制信息流，实现库存设备效率和效益的最大化，已采用了各类自动机械、传送装置、计算机技术、条形码扫描仪、EDI 和互联网、作业成本管理软件、生产率跟踪软件等自动化设备和信息技术。

从订单数据统计、打印报表、出/入库货物各类信息的管理、补货的确认、账面盘点、条形码标签打印、采购订单对账，到报废品的确认、退货的处理、库存更新等，整个库存业务各环节运作都是通过信息的传递来完成的。库存的管理在不断地实现计算机化，使用计算机系统进行信息的管理。同时，库存管理业务依据的信息和库存管理业务运作产生的信息又与物流供应链中的其他业务环节密切相关，形成了密集的信息流，图 4-21 反映了库存业务及其信息流在一个典型的物流供应链中所处的重要地位。

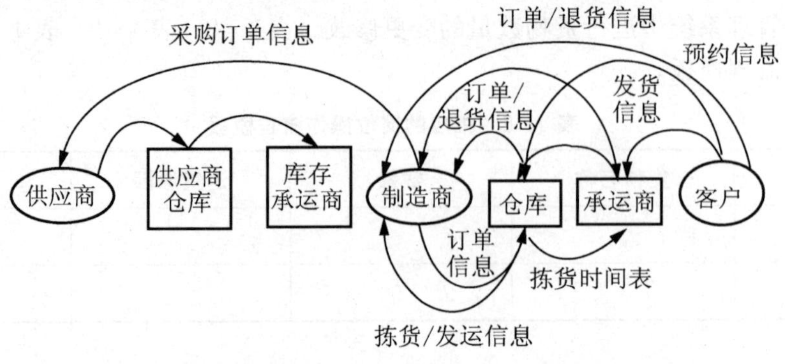

图 4-21 库存业务及其信息流在供应链中的重要地位

小贴士

ABC 管理

以一个小例子来说明 ABC 管理。根据产品进行的销售数量分析显示：A 类物品占物品种类数的 5%和销售额的 70%，B 类物品占物品种类数的 10%和销售额的 20%，而 C 类物品占剩余的 85%的物品种类和只有 10%的销售额。

那么，对于 A 类物品进行每天检查或连续检查库存状况是比较合适的。B 类物品可以每周进行库存检查，而 C 类物品则应该得到最少的关注。

本章小结

本章从库存的分类和相关信息分析着手，介绍了几种常见的库存、库存的业务种类与相关信息，包括入库管理、库内保管、出库管理作业，以及伴随这些作业产生的信息，以及这些库存产生的原因和对企业的重要作用。例如，入库和出库作业中有关库场运输动态信息、装车信息、商品的出入库相关信息等，这些信息是现代库存管理的基础，是通过计算机、网络、自动化机械设备的协同运作实现的。在现实中，无论是制造业企业，还是批发商和零售商，库存投资一般都占总资产的 10%～20%，甚至更多，以满足客户不断提高的对产品可供性的需求。因此，库存管理是一项重要任务。而能够有效实施库存管理的现代管理手段之一，就是运用库存管理信息系统对库存信息进行实时监控以实现库存的最小化，利用计算机对库存信息进行及时处理，以提高出入库作业的效率和与出入库相关的配送及订货作业的效率，准确掌握库内货物状态，同时又能满足客户的需求。通过对库存管理信息系统功能的详细介绍，说明了在现实库存管理中库存管理信息系统是如何通过对各个环节作业产生的信息进行记录、汇总、传递、控制，从而实现高效、准确的库存管理的。

思考与练习

一、填空题

1. (　　)的主要作用在于，它可以为企业提供管理物流体系的整体解决方案并支(　　)，同时应提供实用的联机平台及应用软件集成方案。

2. 库(　　)解决了(　　)、(　　)、(　　)、跨部门、跨员工之间的查阅障碍，只要是在有权限的前提下，可以迅速通过系统找到自己需要的各种物流信息。

3. (　　)、(　　)、(　　)和库存资金周转率 4 个指标是相互联系、相互制约的。

4. (　　)是指配货清单并不是书写在纸上而是由电脑来操作。

5. (　　)是指仓储过程中商品流动引发的数据。

二、判断题

1. 库存信息是伴随着库存管理活动而产生的信息。 (　　)

2. 库存信息的第一个作用是预测。 (　　)

3. 决策支持不是库存信息管理的功能。（　　）

4. 库存作业主要包括入库管理、库内管理和出库管理。（　　）

5. 入库申请单一式三份，第一联：存根；第二联：成品库留存；第三联：财务核算。（　　）

6. 入库流程包括申报仓储计划、核对出库凭证、备货、复核等环节。（　　）

7. 出库单主要包含以下项目：发货部门名称、发货时间、出库品种、出库数量、金额。（　　）

8. 出库作业包括凭证录入、资源匹配、打印单据、拣货、装车、攒货、配货、运输等业务环节等信息。（　　）

9. 周期库存是为了应付需求、制造与供应的意外情况而设立的一种库存。（　　）

10. 安全库存是指处于运输线路中的物品产生的库存量。（　　）

三、单项选择题

1. （　　）是指由于信息的时效性和关联性，当系统中某一信息要素发生变化时，与之相关联的其他信息均发生变化。

A. 动态特性　　B. 静态特性　　C. 相对性　　D. 绝对性

2. 通过“（　　）”这一过程，系统管理员可定制仓储管理系统，以满足企业对跟踪客户、货位、产品及其他信息的需求。通过该设置过程，还可对所有的系统默认值进行规定。

A. 功能设置　　B. 基础设置　　C. 流程设置　　D. 分类设置

3. （　　）是从另一个角度衡量服务水平高低的指标。它是用缺货量与需求量的比值来计算的。

A. 缺货率　　B. 需求率　　C. 配货率　　D. 出库率

4. （　　）是指为供应每单位库存物资所消耗的活劳动和物化劳动。

A. 平均供应费用　　B. 库存资金周转率

C. 配货率　　D. 出库率

5. （　　）是指单位库存资金用于供应的效率。

A. 缺货率　　B. 库存资金周转率

C. 配货率　　D. 出库率

四、简答题

1. 什么是库存信息管理系统？有什么特征？

2. 库存管理信息系统的作用是什么？

3. 简述库存信息及其作用。

4. 什么是周期库存、安全库存、在途库存？

5. 什么是投机库存、季节性库存？

6. 什么是闲置库存？

7. 分析库存管理信息系统与物流供应链中其他子系统的信息流及其作用。

8. 分析入库作业、出库作业引发的信息有哪些。

9. 出库单主要包含哪些项目？

10. 简述库存管理信息系统的功能。

五、案例分析

保时捷公司采用WMS获得准时信息

保时捷在北美市场中内华达州的利诺有一个部件仓库。这个仓库设施存储价值共计1 800万美元的部件存货，大约是35 000个存储单元，每天大约平均需要履行500个订单。除了标准的维修物品如过滤器和垫圈之外，仓库中还存有发动部件、电器系统、传输器和离合器。

大部分的部件直接从德国通过海运运到西海岸，接着用卡车运输至内华达州的分拣中心。作为一项规则，部件分别在德国包装，再集中装到更大运输集装箱中以便于海洋运输。当保时捷的管理人员开始寻找可以提高零售商部件服务水平的方法时，他们便快速得出这样的结论：仓库管理系统(WMS)软件不仅可以提供关于分销中心中存储部件的更加精确的信息，而且避免了对书面记录的需求。除了软件之外，公司还安装了射频数据收集(RFDC)系统，可以实时处理存货控制。当工人在接收地区检验条形码时，信息已经通过电波传给了仓库中负责部件记录的计算机。

WMS和RFDC系统一起加速了部件接收的流程。过去，保时捷运一批货需要10天，现在仅需要3天，几乎可以同步获取零件来满足订单。软件的应用不仅可以提供存货状态的可视性，它还在部件接收和运输中提高了汽车制造商的准确性。这意味着保时捷可以给销售商提供部件的实时的可得性信息。结果，它降低了运输差错率，减少了销售损失，仓库吞吐量提高了17%。

资料来源：田宇．物流管理[M]．广州：中山大学出版社，2013.

思考与讨论

1. WMS功能有哪些？
2. 开发WMS有什么好处？

第5章 运输管理信息系统

【教学要求】

本章介绍公路运输信息系统的有关概念、特征；公路运输信息系统业务流程及相关信息；货代业务和系统功能、船运业务相关流程和相关信息。通过本章学习，懂得如何将物流运输信息进行整合管理。

【关键知识点】

(1) 公路运输信息系统的有关概念和特征；
(2) 公路运输信息系统业务流程及相关信息；
(3) 货代业务和系统功能；
(4) 船运业务相关流程和相关信息。

引导案例

南航研发成功国内最先进货运信息系统

南航自主研发的唐翼系统在全球正式投产运行。该系统是目前国内最先进，也是国内首个完全由航空公司自主设计开发、拥有完全知识产权的计算机系统。它的研发成功，标志着南航在航空公司营运中最重要的两大生产系统(旅客订座系统和货运计算机系统)之一的货运计算机系统研发与应用中已处于国内领先地位。系统正式投产后，将会为南航货运开展网络运输、物流配送和承诺服务提供强大的信息技术支持，促进南航货运实现发展战略，实现客货两翼齐飞的战略目标。

在技术应用方面，唐翼系统使用 Microsoft 公司的 SQL 2000 数据库开发平台进行设计和开发，设计数据量大、速度快、效率高，拥有订舱、收运、仓库管理、出港、进港、集装设备管理、统计分析、动态航班数据模块、静态数据模块、语音查询、电子数据交换、公告栏管理和网上货运 13 个功能模块。与国内其他同类产品相比较，唐翼具有全天候网上货运、全球化网络覆盖、可视化货运监控、便捷性操作界面、多端口信息传递五大突出特点。其中，唐翼系统的网上货运功能，为国内首创。唐翼采用 Internet 技术将系统与南航各分支机构、代理、客户连接，系统终端可直达用户 PC 机。用户通过国际互联网可 24 小时访问唐翼系统，随时随地在网上进行网上制单、网上订舱、网上查询等业务处理。同时，唐翼系统通过技术手段整合货运市场营销网络和服务网络，推出快件产品、特种货物产品、量身定造产品和普货产品这四种产品，将货运中转资源充分整合，可以为货主提供从上门收货、联程中转、送货上门等一条龙服务。货主安坐家中，轻点鼠标，货物就可通过南航发达的空中、地面运输网络发往全球各地。

南航在全球正式启动唐翼系统后，将会利用其全球通行的网络技术优势，以网络信息技术为纽带，进一步整合南航集团在世界各地的货运资源，实现新的货运市场定位——“网络运输、物流配送和承诺服务”，并最终实现“以货机航班为龙头，客机腹舱为支持，建设覆盖国内、辐射全世界的国内最大的货运网络”的南航货运战略目标。

据业内专家分析，此次南航在国内航空公司中率先推出有“网上货运”功能的货运计算机系统，将会使南航货运在竞争日益激烈的航空货运业务发展中“e”路领跑，抢得先机。据悉，三大航空集团重组后，都不约而同地加大了货运业务的投入，将航空货运作为一个新的经济增长点。南航近年的营销思路也在悄悄地发生转变——从“以客为主，兼顾货运”转为“客货齐飞”。战略调整后，近年来南航货运猛然发力：整合营销机构、确立发展战略、引进超大货机、建立大型航空货站、构建货运中枢，一系列大手笔使南航货运的发展大大提速。如今，唐翼系统的研发成功，更是为南航货运的腾飞安装了一个马力强大的“助推器”。

思考

(1) 分析南航货运信息系统的特点。

(2) 南航的经验给我们带来什么启示？

5.1　公路运输管理信息系统

5.1.1　公路运输管理信息系统概述

1. 概述

运输管理信息系统是指为提高运输企业的运输能力、降低物流成本、提高服务质量而采取现代信息技术手段建立的管理信息系统，是多个专门信息系统的集合，从而实现运输方式(或承运人)的选择、路径的设计、货物的整合与优化，以及运输车辆线路与时间的选择。运输信息管理系统主要是货物的追踪管理和车辆的运行管理。

2. 运输信息

运输有水路、公路、铁路、航空、管道运输5种方式，每种运输方式的作业流程和信息系统有较大的差别。但是，总体来看，对于水路、公路、铁路、航空4种运输方式，运输作业可分为集货承运、运送、送达交付3个环节。运输信息是指在运输业务3个环节所发生的信息，主要的基础信息是产生并证明运输活动发生、完成的各种单据。公路运输信息见表5-1。

表5-1 公路运输信息

装车单	要求到达时间	停车位置	收货地点	货物名称	件数	重量	路线要求
发票号	送货单位名	车辆类型	车辆数量	配载方案	制单日期	品名	规格
车辆信息	车牌	执行订车单	停车地点	总载重	数量	型号	
库场运输号	出库加工日期	加工入库日期	出库验收日期	装货时间	交货日期	物资码	
运输单	运输日期	司机信息	客户明细	费用信息	联系人电话	送货方式	
运输结算	运输费用	回单	发票	客户明细	运输价格查询		

广角镜

世界各地的主要运输方式

从江户时代开始，东京就是紧靠运河的城镇。后来，由于建设高速公路的缘故，运河被中断了。从前，东京的运输手段是以河运为主的；现在，由于日本有了像毛细血管一样发达的公路网络，因而卡车运输就成了主要的运输方式。

而在美国，由于国土辽阔，航空费也比较便宜，空运就比较发达；在欧洲，从很久以前开始，河流就成为影响城市发展的主要因素，因而船运就很活跃。

作为核心的运输方式，主要是由各地特点、交通基础设施条件等决定的。

3. 公路运输信息管理的内容

(1) 接单。公司主管从客户处当面接收(或传真接收)运输发送计划；公路运输调度部门从客户处接出库提货单证；核对单证。

(2) 登记。运输调度部门在登记表上分配送货目的地，分配收货客户标定提货号码；司机(指定人员及车辆)到运输调度中心拿提货单，并在运输登记本上确认签收。

(3) 调用安排。填写运输计划；填写运输在途，送到情况，追踪反馈表；电脑输单。

(4) 车队交接。根据送货方向、重量、体积、统筹安排车辆；报运输计划给客户处，并确认到厂提货时间。

(5) 提货发运。按时到达客户提货仓库；检查车辆情况；办理提货手续；提货，盖好车棚，锁好箱门；办好出厂手续；电话通知收货客户预达时间。

(6) 在途追踪。建立收货客户档案；司机及时反馈途中信息；与收货客户电话联系送货情况；填写跟踪记录；有异常情况及时与客户联系。

(7) 到达签收。电话或传真确认到达时间；司机将回单用 EMS 或 FAX 传真回公司；签收运输单；定期将回单送至客户处；将当地市场的情况及时反馈给客户。

(8) 回单。按时准确到达指定卸货地点货物交接；百分之百签收，保证运输产品的数量和质量与客户出库单一致；了解送货人对客户产品在当地市场的销售情况。

(9) 运输结算。整理好收费票据，做好收费汇总表交至客户，确认后交回结算中心，结算中心开具发票，向客户收取运费。

公路运输信息管理的内容涉及工具、运送人员、货物装车，以及运输过程各业务环节的信息集成管理，如图 5-1 所示。

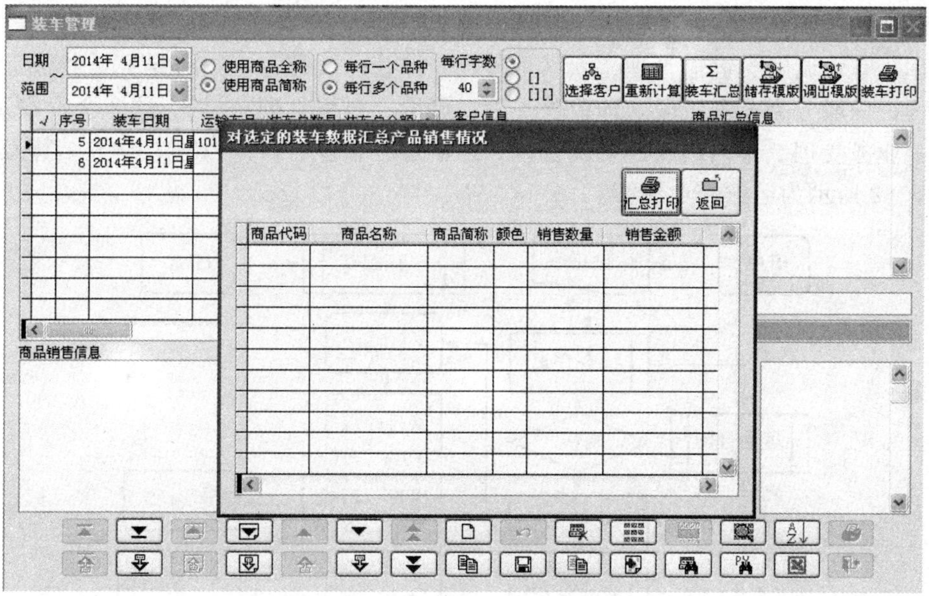

图 5-1 公路运输信息管理

5.1.2 公路货物运输方式

公路货物运输方式主要有以下几种。

(1) 整车运输。整车运输是指托运人一次托运货物的数量、性质、形状和体积在 3t 以上的货物运输。

(2) 零担运输。零担运输是指托运人一次托运量在 3t 以下或不满一整车的少量货物的运输。

(3) 集装箱运输。集装箱运输是指将货物集中装入规格化、标准化的集装箱内进行运输的一种形式。

（4）联合运输。联合运输是指货物通过两种或两种以上运输方式，或需要同时运输两次以上的运输。联合运输实行一次托运、一次收费、一票到底、全程负责。

小知识

联运

将两种以上的运输工具组合起来进行的运输，就叫“联运”。在铁路运输、内航海运、空中运输时，常常由卡车担负着从港口到目的地或出发地到港口的两端运输。因此，将从出发地到最终目的地的以单一的承担者使用两种或两种以上运输工具进行的运输称之为“联运”，由与货主订立合同的运输业者担负整个区间的运输责任；而在进出口业务中所进行的联运，称之为“国际联运”。

5.1.3 公路运输管理信息系统的业务流程分析

1. 公路运输作业

物流公司接到订单后，进行以下工作：检查订单是否全部有效、确认订单是否完全、收货受理、车辆调度、运输管理、入库管理、仓储管理及配送、财务结算。物流运输作业的全过程，一般分为3个阶段，即业务受理、调度、过程管理/查询。这3个阶段又分为7个环节：业务受理、车辆调度、资源管理、运输过程管理、客户管理、财务结算及决策支持。图5-2所示为运输作业流程。

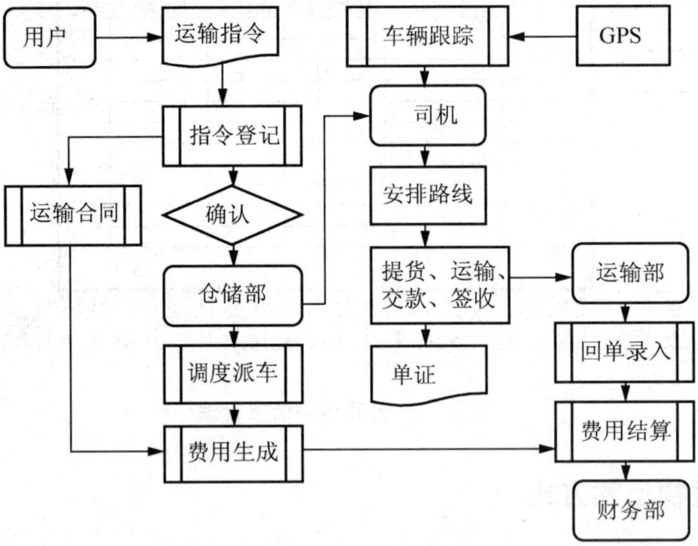

图5-2 运输作业流程

2. 公路运输主要方式

公路运输中，最常见的是汽车零担运输，其次是集装箱运输。

1）零担运输业务流程

零担运输一般为定线路发运，零担运输相关业务流程如图5-3所示。

（1）受理托运。零担货物承运人根据营运范围内的线路、站点、运距、中转车站的装卸能力、货物的性质及受运限制等业务规则和有关规定接受托运零担货物，办理托运手续。受理托运时，必须由托运人认真填写托运单，承运人审核无误后方可承运。

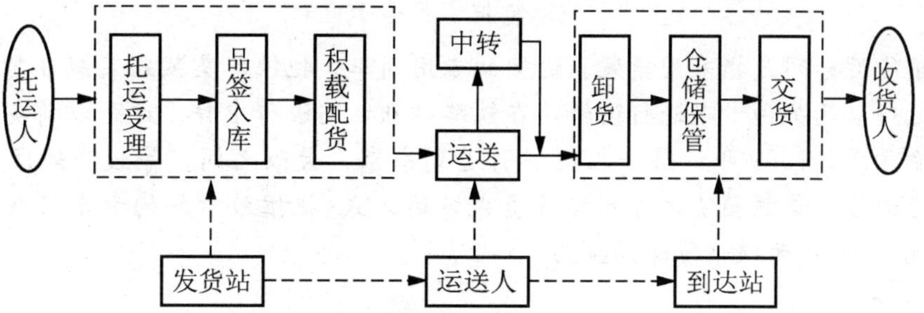

图 5-3 零担运输相关业务流程

(2) 过磅起票。零担货物受理人员在收到托运单后，应及时验货过磅，认真点件交接，做好记录，按托运单编号填写标签及有关标志，填写零担运输货票并收取运杂费。

(3) 仓库保管。零担货物在仓库的存放时间较短，维护保养工作较少，主要应控制货物的出入库效率和库内存放货位的管理。仓库的货位一般可划分为待运货位、急运货位、到达待交货位。货物进出仓库要严格执行照单入库或出货，做到以票对货，票票不漏，货票相符。

(4) 配载装车。按车辆容载量和货物的形状、性质进行合理配载，填制配装单和货物交接单。填单时应按货物先远后近、先重后轻、先大后小、先方后圆的顺序填写，以便按单顺次装车，对不同到达站和中转的货物要分单填制。将整理后各种随货单证分附于交接清单后面。按单核对货物堆放位置，作好装车标记，按交接清单的顺序和要求点件装车。

(5) 车辆运行。零担货运班车必须严格按期发车，按规定线路行驶，在中转站要由值班人员在行车路单上签证。

(6) 货物中转。对于需要中转的货物需以中转零担班车或沿途零担班车的形式运到规定的中转站进行中转。中转作业主要是将来自各个方向仍需继续运输的零担货物卸车后重新集结待运，继续运至终点站。

(7) 到站卸货。到站后，由仓库人员检查货物情况，如无异常在交换单上签字加盖业务章，如有异常情况发生，则应采取相应处理。

(8) 货物交付。货物入库后，通知收货人凭提货单提货，或者按指定地点送货上门，并作好交货记录。

2) 集装箱运输业务流程

集装箱运输业务主要包括接受托运申请、提取空箱、装箱、箱货交接、办理交接手续等业务，其基本的运输业务流程如图 5-4 所示。

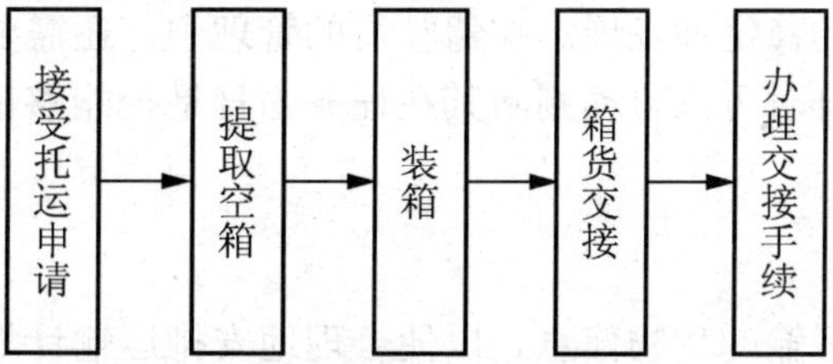

图 5-4 集装箱出口货运流程

广角镜

集装箱货运专列

集装箱货运专列是指采用集装箱运输的专用列车。把铁路集装箱装载在货车上，在网点间直通运行。两头由卡车进行运输，在铁路站点之间进行中转。这是以前英国国有铁路开发的运输方式。1969 年，第一次把它引进到东京、大阪之间。导致两地间出现了大量运输、高速运输。集装箱货运专列与背负式装运方式(把堆放货物的卡车装在货车上进行运输的系统)并列成为铁路货运的主力。

5.1.4 公路运输管理信息系统功能模块

公路货运管理信息系统主要功能模块如图 5-5 所示。

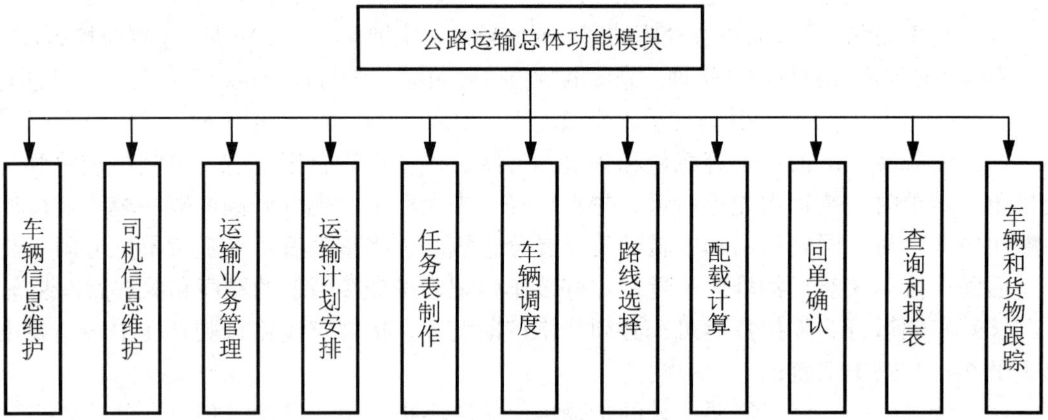

图 5-5 公路运输信息管理系统功能结构

1. 车辆信息维护

运输车辆的信息主要包括车辆的一些基本属性，如载重大小、运行年限、随车人员的要求，以及是否监管车辆等。进行日常的管理维护，随时了解车辆的运行状况，以确保在运输任务下达时，有车辆可供调配。

2. 司机信息维护

对驾驶员的基本信息进行管理，以随时跟踪驾驶员的情况，并对驾驶员的学习情况、违章记录、事故情况、准驾证件，以及其他证件进行管理；同时可以考核驾驶员的业务素质，以保证驾驶员队伍的稳定和发展。在驾驶员的管理中，还需要对驾驶员的出勤情况进行管理，以便在任务安排时可以自动判断其在任务当日是否能够正常地出勤，还是有其他情况不能担当此任务。

3. 运输业务管理

登记客户需要进行运输的货物信息，以便合理地安排运输计划。客户的一个委托为一笔业务，这里有 3 种情况：一是这笔业务是由其他操作流程转过来的，如可能是客户在报关、国际货运代理时就同时需要提供运输服务的；二是由物流公司自行承接的业务，即由销售人员直接与客户交流的结果；三是由合作伙伴提供的货源信息，如当货物运抵目的地后，正好合作伙伴需要将某些货物带回。由于信息沟通顺畅，可以减少车辆的空载率，进一步降低物流成本，可以更好地吸引客户。

4. 运输计划安排

根据客户的要求安排运输计划，客房的一笔业务可以安排一次运输计划，也可以安排几次运输计划，这就需要根据实际情况进行合理的安排。运输任务的大小、客户时间要求的限制等，这都是安排运输计划所要考虑的因素。

5. 任务表制作

根据运输计划，将运输计划分解成一笔一笔的任务，如将计划分解成一个一个的原子任务，这样在安排车辆时就可以根据地点、时间、车班情况进行优化与组合，同时还将选择最优的运行线路，达到较高的车辆利用率和效益。对已经由计算机自动制作出来的任务表，还可以对一些不合常理之处进行修改。

根据已经生成的任务表制作派车单，并及时地将派车单交给当班的驾驶员，实施运输计划。

6. 车辆调度

对于可调度的所有运输工具，包括自有车辆、协作车辆，以及临时车辆，先由系统根据订车单的要求进行筛选。筛选条件有订车类型(大陆牌、港牌等)、货物重量和体积、车辆当前地点、闲忙状态等，供操作员进行选择。该功能还维护所有运输工具的信息。

7. 路线选择

系统根据车辆当前的地点、装货地点、目的地、运输线路的要求，结合地图信息和当前交通状况，智能选择和优化运输线路。操作员查询、修正和确认推荐路径后，将其打印出来交给司机。

8. 配载计算

系统根据货物情况、货箱情况和车辆情况，自动计算生成配载方案。操作员确认后，将其打印出来一并交给司机带往装货地点供操作员参考。

9. 回单确认

驾驶员把货物送至目的地并驾车回场后，将客户收货确认带回，输入本次执行任务后的一些信息，如行程、油耗、台班数、货物有无损坏和遗失，以及是否准点到达等。这些数据将作为数据统计分析的基础。

小贴士

绿色价目表

自用卡车的牌照是白色的，而营业用卡车的牌照是绿色的。绿色价目表是指营业用卡车上张贴的运价表，上面分别标明了陆运局规定的按距离计算、按时间计算、按重量计算的运费标准。但实际上，运费的多少，一般都是按与货主协商的结果来定的，很少按标准价格收取。

10. 查询和报表

各种车辆运营情况、派车情况、任务完成情况，以及月度统计报表的处理如图 5-6 所示，这是企业营运分析所必需的功能。

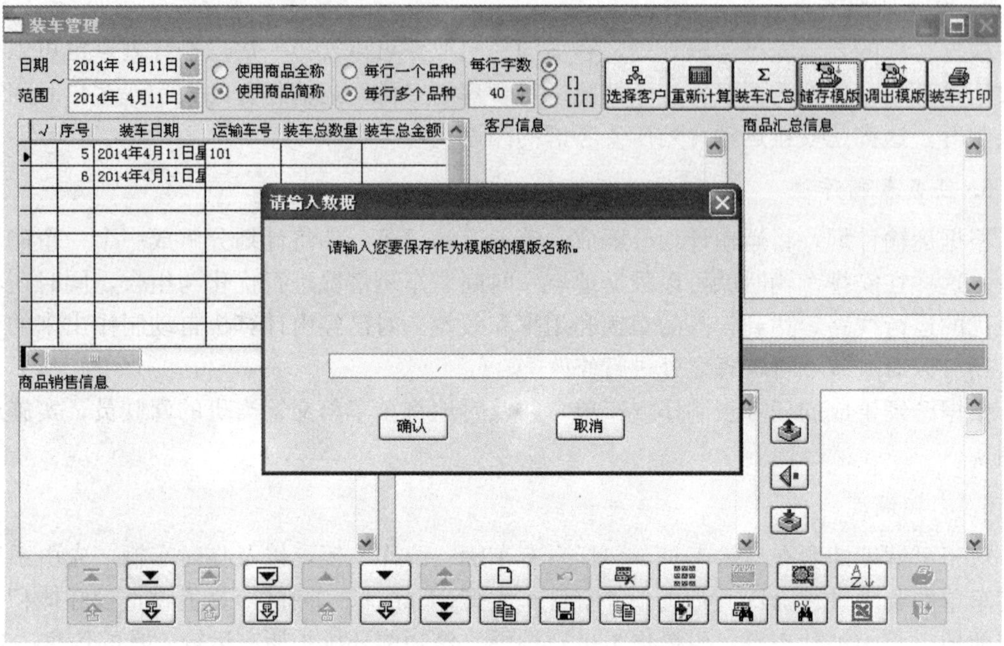

图 5-6　公路运输信息管理处理功能

11. 车辆和货物跟踪

智能化调度信息网是为了适应将来大容量、大范围、数字化、网络化的交通车辆调度和综合信息服务而开发的平台系统，它以 GPS 全球卫星定位网、GSM 全球个人通信和 SMS 短消息网、FLEX 高速寻呼网、Internet 互联网为基础，采用数据分析和智能化决策支持、GIS 地理信息系统等技术，具有车辆调度、监控、反劫防盗、报警、移动综合信息服务等功能。

智能化交通车辆调度和综合信息服务的基本原理是，利用 GSM 的短消息功能和数传功能将目标的位置和其他信息传送至主控中心，在主控中心进行地图匹配后显示在 GIS 监视器上。主控中心能够对移动车辆的准确位置、速度和状态等必要的参数进行监控和查询，从而科学地进行车辆调度和管理，实现对车辆的实时动态跟踪，提高交通效率。当移动车辆在紧急情况或其安全受到威胁的情况下，它可以向主控中心发送报警信息，从而及时地得到附近交通管理或保安部门的支援。

广角镜

ASN

ASN 是 Advanced Shipping Notice 的缩略语，译为“递送事先发货明细单”，即供货者在向物流中心提供商品时，事先通过计算机向对方传送“什么商品、提供多少”的信息。由此，收货方就能正确地知道将收到什么商品，以提高验收作业、收据制成等工作的效率。

5.2 配送管理信息系统

5.2.1 配送作业数据

配送是指将被订购的货物使用汽车或其他快捷的运输工具从供应点送达顾客手中的活动。

配送是整个物流业务的核心活动，企业90%以上的客户业务单据由配送部门接收、处理，并将信息通过网络传输到相关的业务部门，如运输部门和流通加工部门等。一般而言，配货活动是配送业务的起点，此后继续进行运输、流通加工等活动。现代配货管理大量使用条形码技术，依靠信息流来控制物流，真正实现精确、快捷、高效、灵活的配货管理，从而提高配送管理的水平。

配货作业的准确率和效率与商品的保管方式、区域设置、作业指示方法、作业通道设计、配货数量等要素密切相关。

1. 业务需求

配送物流活动要求在接到系统的选货后，分批发出印有条形码的拣货标签；分拣人员根据计算机打印出的选货单，在仓库中进行拣选，并在商品上贴上拣货标签；将拣出的货物运到自动分类机，检验拣货有无差错，货物即分岔流向按分店分类的滑槽中；然后将不同分店的货物装入不同的货箱中，并在货箱上贴上印有条形码的送货地址卡，输送到不同的发货区。当发现拣货有错时，商品流入特定的滑槽内。条形码配合计算机应用于作业过程的管理，使系统即时获得各个操作的信息。配送作业流程如图5-7所示。

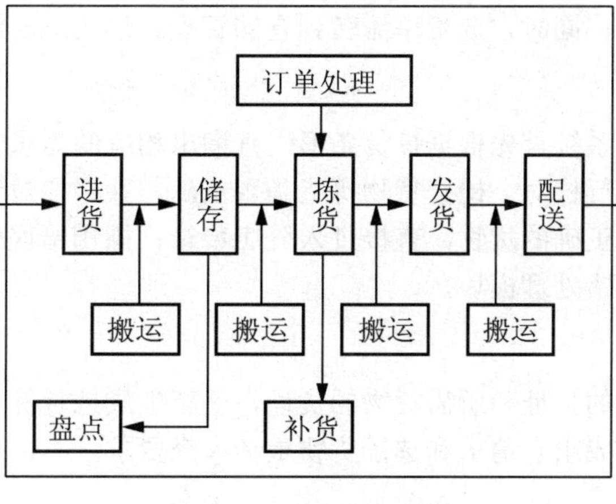

图5-7 配送作业流程

2. 主要数据

配送管理涉及的主要数据见表5-2。

表 5－2　配货管理的主要数据

数据类	数　据　项
选货单	选货单号、所属订单、货物名称、数量、存入货址、送达目的地、货箱编号
分店信息	分店名称、分店地址……
货箱清单	货箱编号、所属分店、分店地址、货物数量
拣货标签	所属拣货单号、送达目的地、所属分店……
货箱标签	货箱编号、所属分店、分店地址、货物数量……

表 5－3　配货管理的主要协同数据

数据类	所属功能	协 同 说 明
货箱清单	配货管理	提供给其他功能共享
进货单	配货管理	提供给其他功能触发本功能服务同步进行
货物档案	存货管理	共享存货信息
仓库档案	存货管理	共享仓库信息
分店信息	分店管理	共享分店信息口

5.2.2　配货子系统的功能

配货子系统具有以下功能。

1. 拣货预处理

操作员对照选货单操作系统，生成包含货址、发送地等条形码信息的拣货标签，打印出来供操作员进行作业；同时，选货单流转到仓储管理，形成出仓请求。

2. 拣货核对

拣货出仓结束后，系统首先根据拣货条形码查询出相应的需求货物，再与自动分类机扫描获得的货物信息进行核对，检查货物拣货是否正确，并将核对结果传输到自动分类机进行相应的操作。拣选正确的货物，直接进入分店装箱；拣货错误的货物，形成拣货错误通知单，流转到拣货差错处理模块。

3. 拣货差错处理

系统查询错误货物的货址和所需货物的货址，重新生成拣货标签并打印出来，流转到仓储管理功能模块，形成出仓请求和选错货物重新入仓要求。

4. 分店装箱跟踪

系统为货物对应的选货单记录货箱编号，为装好的货箱生成包含分店地址、货物件数等条码信息的货箱标签，打印出来供操作员进行作业；同时生成货箱清单和订车单传送到运输管理功能模块，形成运输请求。

5. 送发货区跟踪

系统扫描进入相应发货区的货箱标签，关联出相关的选货单记录并进行核对。对配货各环节发生的费用，分摊到各客户，并形成报账单传送到结算管理功能模块。

6. 配货查询

对配货查询，客户和企业可根据合同—子任务—工作流程的层次关系定位到需要查看的配货流程，也可以选择按执行时间、货物名称、流程状态、交易金额、分店查询配货流程。所得的查询结果是关于工作流程的进展报告，包括工作流程的路径全貌、各环节的名称、状态、操作时间和关键结论。

广角镜

"明日会来"公司的数字化配货系统

从事文具邮购的"明日会来"公司，接受订单后，最快当天就会将货送达。该公司为提高物流现场配货的速度，广泛采用 DPS 系统。另外，为防止出货数量的差错，用计算机记录了每种商品的重量，使配货后商品的数量可以用重量来进行检查。"明日会来"公司是配货高速化和精确化的成功典型。

5.2.3 配送运输的业务流程

配送运输是指将被订购的货物使用汽车或其他快捷的运输工具从供应点送达顾客手中的活动。配送运输的经济里程半径一般为 30km 以内。配送运输具有时效性、安全性、沟通性、方便性、经济性等特点。配送运输基本作业流程，如图 5-8 所示。

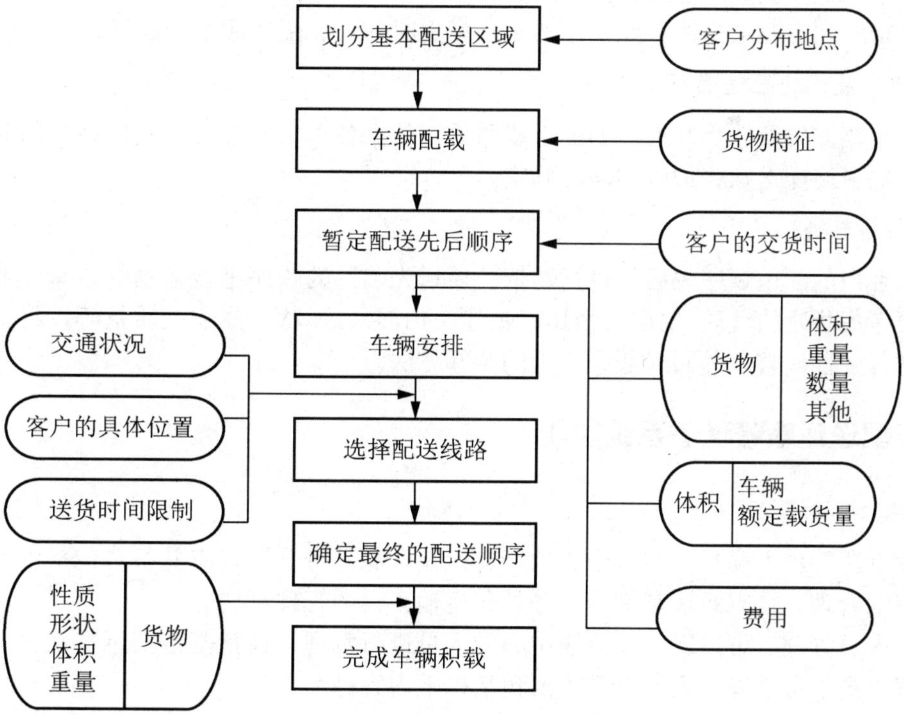

图 5-8 配送运输作业流程

1. 划分基本配送区域

根据客户所在地的具体位置或交通条件等，将所有的客户划分为几个配送区域，将每一客户囊括在不同的基本配送区域之中，为下一步决策提供依据。

2. 车辆配载

在接到订单后，首先，将货物按特性不同分类，分别采取不同的配送方式和运输工具。如按冷冻食品、速冻食品、散装货物、箱装货物等分类配载。其次，配送货物也有轻重缓急之分，必须初步确定哪些货物可配于同一辆车，哪些货物不能配于同一辆车，以做好车辆的初步配装工作。

3. 暂定配送先后顺序

先按客户订单要求的送货时间，将配送的先后作业次序作一概括的预计，为后面车辆积载做好准备工作，以便有效地保证送货时间，尽可能提高运作效率。

4. 车辆安排

车辆安排要解决的问题是安排什么类型、吨位的配送车辆进行最后的送货。一般企业拥有的车型有限，车辆数量亦有限，当本公司车辆无法满足要求时，可使用外雇车辆。其次，安排车辆之前，还必须分析订单上货物的信息，如体积、质量、数量等，对于装卸的特别要求等，综合考虑各方面因素的影响，做出最合适的车辆安排。

5. 选择配送线路

知道了每辆车负责配送的具体客户后，根据客户的具体位置、沿途的交通情况、客户要求的送货时间等要求来选择配送距离短、配送时间短、配送成本低的线路。

6. 确定最终的配送顺序

做好车辆安排及选择好最佳的配送线路后，依据各车负责配送的具体客户的先后，即可将客户的最终配送顺序加以明确的确定。

7. 完成车辆积载

根据客户的配送顺序先后，将货物依“后送先装”的顺序进行货物的装车作业。装车时，还要考虑货物的性质(怕震、怕压、怕撞、怕湿)、形状、体积及质量等，将货物装车的位置进行弹性调整，并同时兼顾货物的装卸方法。

5.2.4 配送运输管理子系统功能

1. 运输资源管理

运输资源管理主要是对配送中心的所有运输资源进行管理，应具备对包括中心作业责任人及组的管理、自有运输车辆及业务外包运输车辆的管理等功能。

(1) 人员管理。可以统一对运输中心的人员进行管理，包括基本信息的记录、人员权限的设置、员工考勤等。人员管理主要包括以下内容。

① 人员基本信息的维护。

② 人员权限的设置(用户管理)。用户管理主要是对系统用户进行新增、修改及删除处理。按用户级别来分，可分为超级用户和普通用户两种。超级用户对系统负责全面管

理，其权限不受限制；普通用户对系统负责部分管理，所以可分为各种不同的类别。其权限受超级用户的控制。

③ 员工的考勤。对驾驶员的出勤情况进行登记，以便进行车辆安排及驾驶员的考勤考核。

(2) 车辆管理。根据车辆所在的部门及车辆，对部门或车辆进行查询及统计分析。

① 生产量查询。生产量查询主要有生产汇总表、运费明细表、燃料消耗明细表、轮胎消耗明细表、材料及配件消耗明细表及行车杂费明细表等。如生产汇总表有车辆、营运车日、完好车日、工作车日、车班、车次、货运量、周转量、全行程、重车行程、运费、燃料消耗(升)、燃料消耗(元)、轮胎消耗、材料消耗、行车杂费、完好率、出车率、百吨公里油耗、里程利用率、吨位利用率等。

② 车辆业绩统计。车辆业绩统计主要有车辆台账、车辆月度统计、车辆生产年度表、车辆收支平衡表、车辆经费汇总表、车辆经费明细表等。

③ 车辆档案管理。对车辆的技术档案进行维护。

④ 车辆保养。根据车辆的码表数及时间对车辆进行大修、对保养过的车辆进行保养登记及相关数据处理。保、二保等预警提示。

⑤ 车辆消耗。对在保养作业中的消耗费用(按大类分)、材料费用与人工费用进行核算。

⑥ 路线管理。根据固定路线，设定路桥费的限额。

⑦ 车辆修理。该功能是记录车辆大修、保养或事故处理等情况的传票，输入车辆的修理材料、修理费用及人工费等信息。

企业还可以进一步检索和查看订车单、货箱清单等内部信息，对其进行跟踪、监督、管理和控制；同时，也可以帮助企业了解配货业务的频度、自有资源的使用率和效率，便于进行资源管理和调配，以及为运营决策提供辅助信息。

2. 配送过程控制管理

该功能是记录车辆的载货情况、行车情况及考核车辆等，主要包括以下几项工作。

(1) 行车单打印。可以单辆或成批地打印出车辆的行车单。

(2) 在途标志。行车单打印后，该辆车就表示已经出车了，系统做出正在途中的标志。

(3) 行车单撤销。行车单打印后，由于某种原因，该辆车当天不能出车，则要做行车单撤销处理。

(4) 出车情况分析表。显示出当天已预订车辆的出车情况。

5.2.5 配送信息系统数据分析

配送业务流程分析虽然反映了配送运输业务环节之间的信息流，但是不能反映出配送信息系统数据加工处理的细节，因此，有必要对系统调查中收集的数据及统计和处理数据的过程进行分析和整理。其目的主要是发现和解决数据流通中的问题。下面对配送信息系统的主要数据流程进行分析，见表 5-4。

表 5－4　配送业务数据

数据类	数　据　项
合同管理	检查合同、登记新单位信息、登记业务信息、检查发票、登记发票、更新信息、编制分析表……
集货管理	物品号、物品数量、包装形式、运输方式、交货期、入库单据、入库验收、组织接运、现场审验、登记入库单……
配载管理	物品调度、建立附属文件、配送加工、出库、分拣、物品包装、配送撞车
运输调度	运输调度、路线方案选择、路线优化、统计运输费用、运输单证……

5.3　货运代理管理信息系统

货运代理管理信息系统(Forwarder Management Information System)，是对托运单、操作(订舱、派车、报关)、提单、财务结算、EDI 的信息数据进行分析和处理的管理信息系统。

货运代理是物流业的雏形，也是现代物流的重要组成部分，其工作效率及服务水平取决于其信息化的程度。

5.3.1　货运代理管理信息系统业务介绍

1. 出口货运代理业务流程

出口货运代理业务流程如图 5－9 所示。

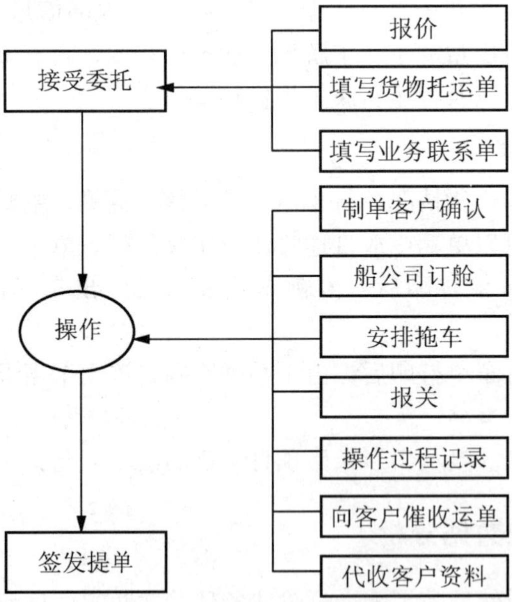

图 5－9　货运代理业务流程

1) 接受客户委托

(1) 揽货人员在对客户报价时，必须核实相关运价、运输条款、船期，在确定有能力接受委托的情况下，如实告知客户完成此次委托所需时间和船期，并按公司对外报价表向客户报价，如所报价格低于本公司公布运价，则按公司《运价管理规定》执行。

(2) 当客户接受报价并同意委托时，揽货人员或客户服务人员有责任向客户提供该公司的空白集装箱货物托运单，也可接收客户自己的托运单，但此类托运单应包括该公司托运单的主要条款，如托运单上无运价，则需将有关书面报价附于其后(对合约客户、公司的老客户已在电话中确认的运价可不在托运单上显示)。

同时要求客户在托运单上签字、盖章(境外客户、托运私人物品的非贸易订舱者签字即可)，如客户不能及时提供内容详细的托运单，则必须在装船前补齐，否则由此产生的费用由客户负责。

(3) 接受客户的委托后，揽货人员应详细填写业务联系单的有关内容(直接向市场部客户服务人员订舱的委托不用填写)。揽货人员在通知客户服务人员订舱的同时，把业务联系单和上述客户订舱资料交给客户服务人员。

(4) 对不符合本控制程序的订舱委托，客户服务人员可以拒绝接受订舱，有义务向部门经理汇报。

2) 操作过程

(1) 一旦接受客户订舱，应尽快安排向船公司订舱及安排拖车、报关事宜(客户自拖、自报除外)，并从拖车公司那里获取箱号、封条号。

(2) 尽快按委托书要求制单，并传真给客户确认。如有需要，还应将目的港代理打印在提单上，并在货物装船前完成单证校对工作。

(3) 认真填写操作过程记录，对需换单转船、电放的委托应有记录，并提供给相关部门。

(4) 客户服务人员将计费人员已经签字盖章的收费单交给客户，揽货人员有责任及时向客户催收运费或按照合同规定，定期向客户催收运费。

(5) 客户服务人员应及时通知报关行等分承包方，退回有关资料，如出口退税核销单、报关手册等，这些资料需退还给客户，揽货人员有责任对客户服务人员给予提醒。

(6) 当客户或揽货人员询问二程船信息时，客户服务人员应给予提供。

3) 提单签发

提单签发人员必须核实货物已装船离港，验证运费收取满足合同(协议)中运费支付条款后，才能签发此次委托所对应的提单。

4) 特殊货物

(1) 承接大型物资的运输，应有相关人员对运输线路进行实地考察，确保有能力承接的情况下，才可接受委托，并委派合格的专业承包方实施服务。

(2) 对冷藏货物的运输，应委派合格分承包方检验冷藏集装箱温度是否符合顾客要求，船上有无可供电源和插座等，拖集装箱时安排符合要求的拖车实施服务。

(3) 对危险品的运输，要求客户必须提供完整的危险品适运资料，包括发货人详细名称、地址、电话，目的港应急联络人，危险品货物安全适运申报单、适运证及装箱证明书，简明应急措施。应委派合格分承包方，用危险品专用拖车作陆路运输，在货物上贴危险品标志。

2. 进口货运代理业务流程

进口货运代理业务分为船舶到港前的准备工作和船舶到港后的准备工作，然后是审查提单等有关单证，签发提货单给收货人提货，最后，还要做好每一航次船的文件归档工作。进口货运代理业务程序如图 5－10 所示。

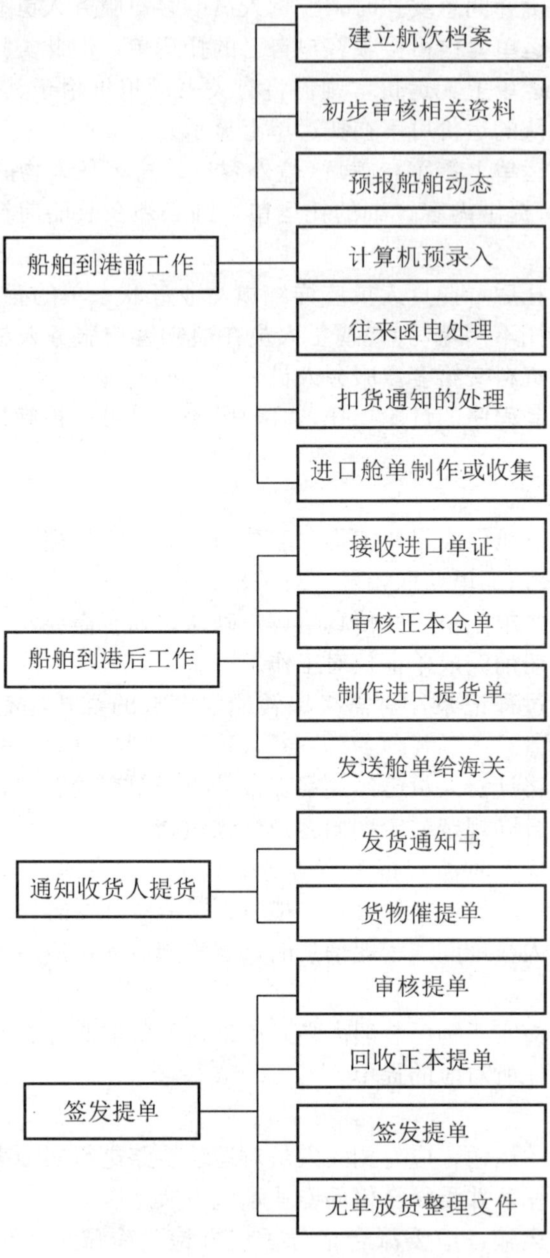

图 5－10 进口货运代理业务流程

(1) 船舶到港前的资料准备及计算机初步录入工作主要包括：建立航次档案、初步审核相关资料、预报船舶动态、计算机预录入、往来函电处理、扣货通知的处理、进口舱单制作或收集。

(2) 船舶到港后的资料核对及提货单准备工作主要包括：进口舱单、提单等资料的接收，审核正本舱单，制作进口提货单，进口电子舱单发送海关，分船名、航次打印进口登记台账，并按船公司分类归档，以方便客户办理进口提货手续。

（3）通知收货人办理提货手续主要包括：发到货通知、货物催提通知。

（4）审单及签发提货单主要包括：提单审核、正本提单的回收、签发提货单、无单放货、归档与船公司(或客户)沟通。

5.3.2 货运代理业务分析

国际货运代理(简称货代)业是指接受进出口货物收货人、发货人的委托，以委托人的名义或以自己的名义，为委托人办理国际货物运输及相关业务并收取服务报酬的行业。货代企业可以作为代理人从事货运代理业务，接受进出口货物收货人、发货人或其代理人的委托，以委托人名义或以自己的名义办理有关业务，收取代理费或佣金；也可以作为独立经营人从事国际货运代理业务，接受进出口货物收货人、发货人或其代理人的委托，签发运输单证、履行运输合同并收取运费及服务费。货代企业在合法的授权范围内接受货主的委托并代表货主办理订舱、仓储、报关、报检、报验、保险、转运，货物的交接、调拨，货物的监装、监卸，集装箱拼装拆箱，国际多式联运，除私人信函外的国际快递，缮制有关单证，交付运费，结算、交付杂费等业务。

货代企业遵循安全、迅速、准确、节省、方便的经营方针，为进出口货物的收货人、发货人或其代理人服务，其业务范围广泛，主要有以下几种表现形式。

1. 代表发货人(出口商)并为其提供服务

货代企业可代表发货人(出口商)并为其提供服务，主要内容包括以下几个方面。

（1）选择运输线路、运输方式和适当的承运人。

（2）向选定的承运人提供揽活、订舱。

（3）提供货物并签发有关单证。

（4）研究信用证条款和相关的政府规定。

（5）包装。

（6）储存。

（7）称重和量尺码。

（8）安排保险。

（9）办理报关及单证手续，并将货物交给承运人。

（10）外汇交易。

（11）支付运费及其他费用。

（12）抽取已签发的正本提单，并付发货人。

（13）安排货物转运。

（14）通知收货人货物动态。

（15）记录货物灭失、短少、损毁等情况。

（16）协助收货人向有关责任方进行索赔。

小知识

货运企业和货代企业

实际上，人们把航空公司、船运公司等从事货运业务的企业，称为运输业者，或叫做货运企业；将居于运输业者和货主之间，从事货运代理业务的企业，称为货代企业，也被称做中介企业。特别是在航空运输中，货运代理企业十分活跃，航空公司和货主基本不直接签订合同，由货代企业把多个货主的货物集中起来，汇总处理。

2. 代表收货人(进口商)并为其提供服务

货代企业还可以代表收货人(进口商)并为其提供服务，主要内容包括以下几个方面。

(1) 报告货物动态。

(2) 接受审核所有与运输有关的单据。

(3) 提货和付运费。

(4) 安排报关和支付税费及其他费用。

(5) 安排运输过程中的仓储。

(6) 向收货人交付已结关的货物。

(7) 协助收货人储存或分拨货物。

3. 作为多式联运经营人

货代企业还可以作为多式联运经营人，收取货物并签发多式联运提单，承担承运人的风险责任，对货主提供一揽子的服务。在发达国家，货代企业常常扮演运输组织者的角色，作用巨大，因此有不少货代企业主要从事国际多式联运业务。在发展中国家，由于交通基础设施较差，有关法律法规不健全及货代企业的素质普遍不高等原因，国际货代在作为多式联运的经营人方面发挥的作用有限。

4. 提供其他服务

货代企业还可以提供除以上服务形式之外的其他服务，如根据客户的特殊需要进行监装、监卸、货物混装和集装箱拼装拆箱、运输咨询服务等。

5. 提供特种服务

货代企业可以提供特种货物装卸、挂运输服务及海外有关运输服务。大多数货代公司都会向大客户提供集陆路运输、仓储、海运、空运、报关等一体化的服务。满足航空、铁路、公路、海运等全方位的代理货物托运、接取、送达、订舱、配载、联运服务等多项业务需求，向客户提供“门到门”、“一票到底”的服务。

一套优秀的货代管理系统不但可以出色地完成货代业务所有信息的管理和维护，提供对运输工具的调度管理，对货物进行实时跟踪，而且能够实现数据的一致性，使得各子系统高效的共享数据，提高工作效率，从而提高货代企业的经济效益。

5.3.3 货运代理业务信息系统的功能结构

下面首先介绍完整的货代管理系统所具备的各个模块及其功能，然后根据业务划分管理系统的功能结构，并对其组成进行详细说明。

货运代理业务管理系统的结构如图 5-11 所示。

1. 基础资料管理

此模块为确保系统运行提供最基本的资料管理和维护功能。该部分的资料不允许用户频繁改动。该模块主要包括以下一些功能。

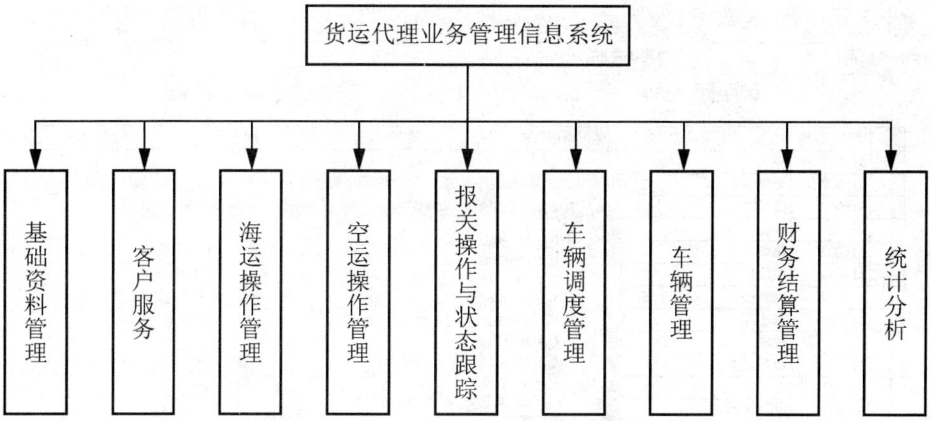

图 5-11 货运代理业务管理系统的结构

(1) 客户及合作企业(分承包方)资料的维护。

(2) 客户付款信用期和信用额度的定义。

(3) 港口、国家、区域、航线的维护(系统提供预设)。

(4) 成本运价率及销售价的维护。

(5) 应收应付费用的定义。

(6) 业务编号、操作单证自动编码,以及编码规则的自定义。

(7) 系统代码自定义。

(8) 提供 EDI 数据接口。

2. 客户服务

该模块主要包括以下一些功能,如图 5-12 所示。

(1) 客户资料和服务记录查询。

(2) 客户正发生业务的动态跟踪。

(3) 公司运价底价、销售价及客户历史报价查询。

(4) 客户分类条件(新客户、老客户、争取发展客户、潜在客户、已丢失客户)自定义,及客户分类的动态重整。

(5) 业务员访客记录及成功率分析。

(6) 报价制作平台及报价单及时发送。

(7) 客户投诉及处理反馈。

(8) 市场计划及实施情况跟踪。

3. 海运操作管理

海运操作管理是货运代理的主要业务之一,该模块应具备以下功能。

(1) 支持海运出口(整柜、拼箱)、海运进口(整柜、分拨)。

(2) 支持订舱、二程(这里指由中转港到目的港,从起运港到中转港叫一程)、装箱、提单制作、陆运委托、出入舱通知、报关(委托、预录入报关单)、三检等。

(3) 支持操作流程的自定义、状态自定义,以及跟踪提示。

(4) 支持多种单证(托单、HB/L、MB/L 报关单、装箱单、舱单等、出入境检验检疫单、账单、各种通知单、统计报表)的多种输出方式(打印、传真、电子邮件等)。

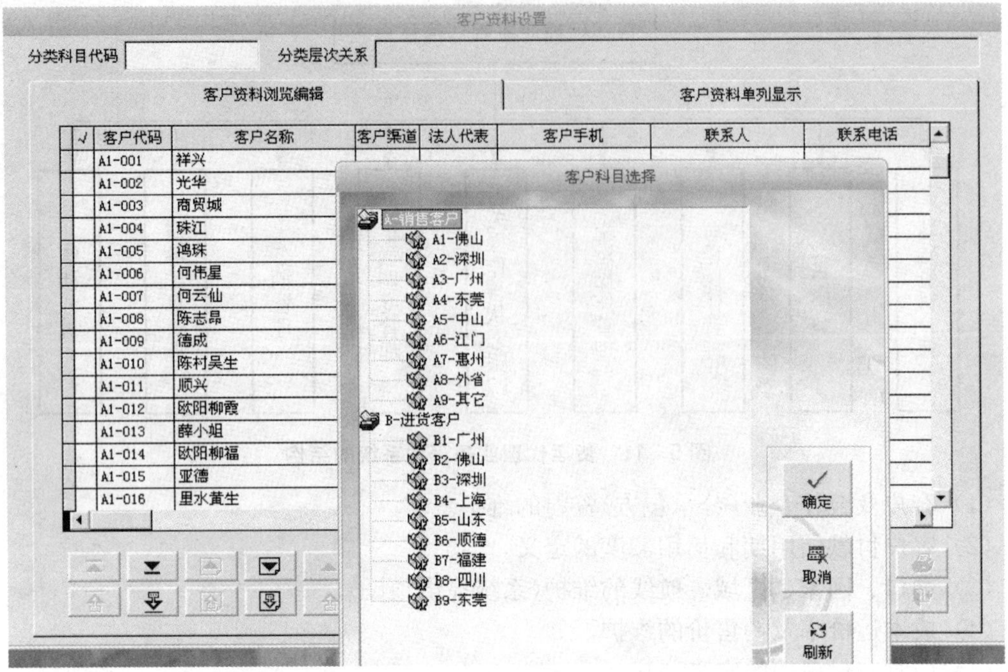

图 5－12　客户服务模块功能

（5）提供“所见即所得”单证制作平台，直接在屏幕上对单证进行编辑。

（6）单证制作平台中，继承处理特殊码头和超常码头品名。

（7）操作过程中，费用明细自动生成及维护。

（8）可制作我方、对方多种账单。

（9）支持普通账单、代理账单、拼柜利润分配的灵活处理。

（10）提供相关文件，如发票、核销单等的状态跟踪，支持对原件的即时扫描。

（11）支持操作界面自定义，可进行批量化的业务处理。

（12）即时显示工作号操作日志。

4. 空运操作管理

空运业务管理子模块具有以下功能。

（1）支持空运出口、空运进口操作。

（2）支持订舱、总分运单制作、接货运货委托、出入舱通知、报关(委托、预录入报关单)等功能。

（3）支持操作流程的自定义、状态自定义，以及跟踪提示。

（4）支持多种单证(托单、航空运单、报关单、装箱单、舱单、各种通知单、统计报表)的多种输出方式(打印、传真、电子邮件等)。

（5）提供“所见即所得”单证制作平台，直接在屏幕上对单证进行编辑。

（6）操作过程中，费用明细自动生成及维护。

（7）可制作我方、对方多种账单。

（8）支持操作界面自定义，可进行批量化的业务处理。

5. 报关操作与状态跟踪

进出口报关是货运代理的主要业务，报关操作及状态跟踪的业务具备以下需求。

(1) 支持海运进口、海运出口、空运进口、空运出口，适用于本口岸外口岸清关等各种报关业务。

(2) 可自定义业务流程，支持相应工作状态的自定义跟踪及预警。

(3) 自动提取客户手册(加工贸易手册)与免表(进出口货物免征税证明)的申报商品及数量，自动对手册、免表申请数量扣除，申报数量不足时及时提醒，提供保函的自动预警。

(4) 报关单输入时自动提取海关代码。

(5) 提供内陆运输、货物出入仓库的一体化管理。

(6) 对公司外部及内部流转的各种报关文件进行自动跟踪。

(7) 对各种单证(报关单证、每日通关信息查表、查验信息表等)提供多种输出方式(打印、传真、电子邮件等)。

(8) 提供“所见即所得”单证制作平台，直接在屏幕上对单证进行编辑。

(9) 操作过程中，费用明细自动生成及维护。

(10) 可实现“一票到底”及分岗位的流水化操作。

6. 车辆调度管理

受理客户委托，辅助完成全过程的业务操作，及时查询各个车辆的运行情况，为调度提供依据，实现车辆的日常调度和车辆运行情况跟踪。该模块主要包括以下功能。

(1) 运价(公司底价和销售底价)查询。

(2) 询价管理，包括客户基本资料新增、本次询价、询价历史、价格查询选择及询问价格输出。

(3) 由询价直接委托操作。

(4) 集装箱运输委托。

(5) 派车单制作。

(6) 车辆调度操作。

(7) 车辆动态查询。

(8) 国际货物基本信息与车辆管理委托信息以 XML 形式导入、导出。

小知识

4PL(第四方物流)

不拥有运输工具、物流网点等资产，以协调其他公司的设备、技术为主体的无资产型物流业者，他们重视信息系统的功能，接受综合性的物流业务委托。有时将这种情况称为 4PL。

7. 车辆管理

车辆管理模块主要包括以下一些功能。

(1) 车队、车辆、司机基本资料管理与维护。

（2）车辆配件更换登记及历史分析。
（3）车辆维修登记及历史分析。
（4）车辆违章事故登记及历史分析。
（5）车辆相关费用登记及历史分析。
（6）提供自定义汇总报表。

8. 财务结算管理

财务结算子模块功能具有以下说明。
（1）提供单票审核、单账管理、发票管理、费用核销、实际收付查询、文件跟踪等。
（2）实现客户(结算对象)应收应付账的统计与管理，费用更改及历史查询。
（3）自动提醒客户的结算信用期及超期客户和相应费用。
（4）自动生成发票，并对发票的领用进行管理和统计。
（5）支持相同结算对象不同账单抬头的对账单生成及措施。
（6）支持账单的销账，自动记录销账明细。
（7）汇差损益、汇兑损益、银行费用的自动计算。
（8）自定义界面显示的内容与格式，自定义报表输出的内容与格式。
（9）拼箱、拼板成本分担及利润的自动计算。
（10）支持多币种账单及多次、多币种核销。

9. 统计分析

（1）灵活的统计方案设计工具，可设计各种业务及财务统计报表。
（2）提供动态的统计项目选项及平台化的企业管理工具。
（3）支持表格形式和图形方式的统计结果显示。
（4）与 MS Office 实现数据交换，制作专业报表。
（5）自由定义报表显示和输出格式。

5.4 船舶代理信息系统

5.4.1 船舶代理业务流程

1. 概述

船舶代理是指船舶代理机构或代理人接受船舶所有人(船公司)、船舶经营人、承租人或货主的委托，在授权范围内代表委托人(被代理人)办理与在港船舶有关的业务、提供有关的服务或完成与在港船舶有关的其他经济法律行为的代理行为；而接受委托人的授权，代表委托人办理在港船舶有关业务和服务，并进行与在港船舶有关的其他经济法律行为的法人和公民，则是船舶代理人。

2. 船舶代理类型

船舶代理企业可以接受与船舶营运有关的任何人的委托，业务范围非常广泛，既可以接受船舶公司的委托，代办班轮船舶的营运业务和不定期船舶的营运业务也可以接受租船人的委托，代办其所委托的有关业务。由于船舶的营运方式不同，而且在不同营运方式下的营运业务中所涉及的当事人又各不相同，各个当事人所委托代办的业务也有所不同，因此，根据委托人和代理业务的不同，船舶代理可分为班轮代理和不定期船代理两大类。

小知识

运输船的种类

在承担内航海运的运输船中，主要包括以下几种。

(1) 集装箱船——专门运输集装箱的船，进行远距离的定期航运。

(2) 汽车轮渡——运送堆放货物的卡车。最近开发了卡车的司机不上轮渡的方法，对节省人工费和解决司机不足起到一定的作用。

(3) RORO船：RORO是Roll-On、Roll-Off的略称。将铲车等搬运设备直接装在船上，能够进行货物的装卸。船的结构基本上和渡船相同。

在班轮代理的实务中，代理人办理订舱、收取运费工作，为班轮船舶制作运输单据，代签提单，管理船务和集装箱工作，代理班轮公司就有关费率及班轮公司营运的事宜与政府主管部门和班轮公司进行合作。总之，凡班轮公司自行办理的业务都可通过授权，由船舶代理人代办。班轮公司为使自己所经营的班轮运输船舶能在载重和舱容上得到充分利用，力争做到满舱满载，除了在班轮船舶挂靠的港口设立分支机构或委托代理人外，还会有委托订舱代理人，以便广泛地争取货源。订舱代理人通常与货主和货运代理人有广泛和良好的业务联系，因而能为班轮公司创造良好的经营效益，同时能为班轮公司建立起一套有效的货运程序。相对于班轮代理商而言，另一种代理方式称为不定期船代理，其业务也很广泛，例如，代表不定期船东来安排货源、支付费用、进行船务管理，选择、指派再代理人并向再代理人发出有关指示等。

无论是班轮代理还是不定期船代理，其代理业务都是一项范围相当广泛的综合性业务。一般可归纳为以下两个方面。

1) 船舶进出港口服务

船舶进出港口服务主要工作包括：船舶进出港口和水域的申报手续；安排引水、泊位；办理有关海关、港监、边检对进出港船舶要求的手续；办理有关检疫的手续，主要包括卫生检疫、灭鼠消毒、预防接种、进出口动植物和商检检疫等手续；船舶动态跟踪等。

2) 组织货运、客运及相关服务

组织货运、客运及相关服务主要工作包括：代签提单、运输合同、代办接受订舱业务；办理货物的报关手续承揽货物、组织货载，办理货物、集装箱的托运和中转；联系安排装卸货物；装卸情况跟踪；办理申请理货及货物监装、监卸、衡量、检验；办理申请验舱、熏舱、洗舱、扫舱洽谈办理货物理赔代收运费，代收代付款项，办理船舶速遣费与滞期费的计算与结算；代售客票、办理乘客上下船舶的手续等。

广角镜

速遣费和滞期费

如果按约定的装卸时间和装卸率，提前完成装卸任务，使船方节省了船舶在港的费用开支，船方将其获取的利益的一部分给租船人作为奖励，叫速遣费。

如果在约定的允许装卸时间内未能将货物装卸完，致使船舶在港内停泊时间延长，给船方造成经济损失，则延迟期间的损失，应按约定每天若干金额补偿给船方，这项补偿金叫滞期费。按惯例，速遣费一般为滞期费的一半。速遣费和滞期费通常约定为每天若干金额，不足一天，按比例计算。

3. 集装箱管理服务

主要工作包括：集装箱的进出口申报手续；联系安排装卸、堆存、运输、拆箱、装箱、清洗、熏蒸、检疫；集装箱的建造、修理和检验；集装箱的租赁、买卖、交接、转运、收箱、发箱、盘存、签发集装箱交接单证等。

小贴士

集装箱

集装箱是用于运输的标准化容器的总称，它能使货物运输单元化。除一般的集装箱外，还有冷冻集装箱、敞顶集装箱和敞开式集装箱等。

1966年，美国的海运公司在大西洋航线开始进行集装箱运输。此后，集装箱运输开始逐渐普及。

4. 船舶及船员综合服务

船舶及船员综合服务主要工作包括：船舶检验、修理、烤铲、油漆、熏蒸、洗舱、扫舱，以及淡水、饮食、物料等供应船舶备件的转递；办理船员登岸及遣返手续等；洽购船用物资；代办船员护照、领事签证；联系申请海员证书，安排船员就医、调换、遣返、参观旅游、交通车、船接送；申请银行服务；港口运作情况、政府政策规定及当地市场信息等的咨询服务等。

5.4.2 船舶代理信息系统业务流程分析

船代公司在整个船代业务进行的过程中基本上是与托运人、船东、收货人，3种当事人往来，围绕各个不同的当事人，船代公司主要处理进出口代理及与进出口代理相关发生的各种业务。船舶代理的业务主要包括：船代进出口单证，箱量管理，船舶配载；管理船代理发生的各项业务费用，提供审核、结算、核销、制作凭证等功能，代理委托方到港船舶各项业务，办理单证；代理委托方到港船舶港使费结算统计，生成各相关的报表和资料；为集装箱主管理各港口、码头、堆场的在场资料及其动态，为集装箱经营人提供准确的资料，支持集装箱调度和配箱。

船舶代理业务的整个流程如图5-13所示。其中每个具体的业务都以船期为主线，共用基础数据，业务之间其他的方面联系较弱。因此，船舶代理管理信息系统可以根据其业务的不同，相应设计出不同业务的各个子系统。各子系统都有自己所要求的输入单据，然后生成自己需要输出的报表，从而完成整个船舶代理。

(1) 委托单：在该系统中是货主(代)委托船代运输货物的书面单据。

(2) 装箱单：是货物的装箱明细表。在该系统中是描述提单、集装箱，货物对应关系的单据。

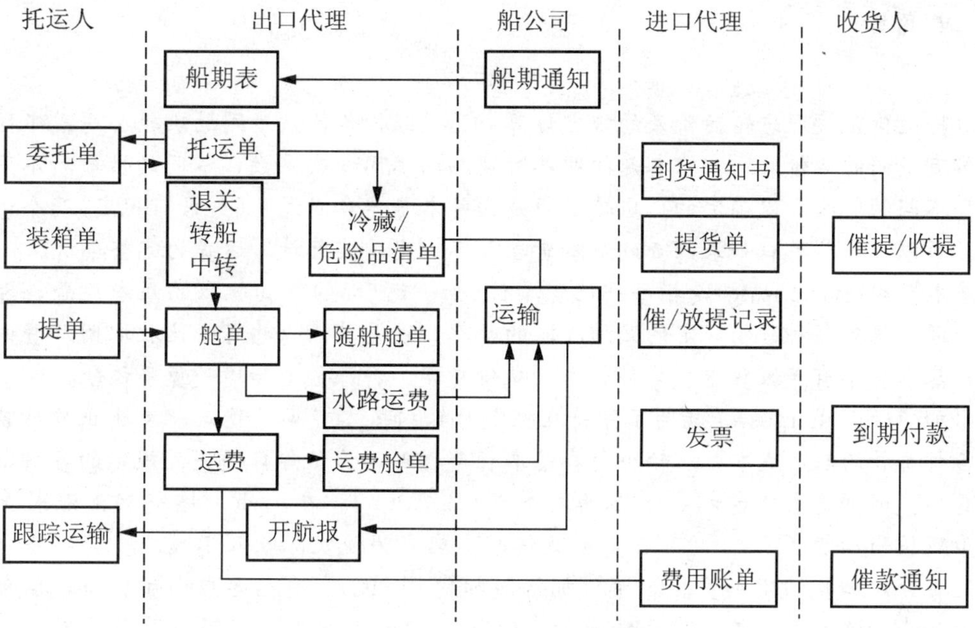

图 5－13 船舶代理业务流程

(3) 退关：已申报出口的货物经海关验查后，因故未能装入出境运输工具，出的单据。

(4) 转船：由于某种原因，在装运港到卸货港的海运过程中，将货物从一船卸下并再装上另一船的运输方式。

(5) 中转：货物当前所在的船不能把货物运到目的地，在中间某一港口转到另一条船上运到目的地。

(6) 提单：用以证明海上货物运输合同和货物已经由承运人接收或已装船，以及承运人保证据以交付货物的单证。提单中载明的向记名人交付货物，或者按照指示交付货物，或者向提单持有人交付货物的条款，构成承运人拒以交付货物的保证，提单在业务联系、费用结算、对外索赔等方面都有重要的作用。

(7) 承运人：接受委托，从事货运运输或者部分运输的人或是组织，在本系统中指船公司。

(8) 收货人：货物的接收者，有权提取货物的人。

(9) 托运人：将货物交给与海上货物运输有关的承运人。

(10) 到货通知书：通知收获人或被通知人货物已到达的书面单据。

(11) 申报单：船舶要停靠某一港口时，向港口所在的管理机关提出的书面申请材料，有进出口申请书、货物申报单、船用物品申报单、船只申报单、船舶检疫申报单、危险品申报单等。

(12) 催/放提：催提单和放提单。

(13) 电放行为：船东在得到托运人指示后，在收回其已签发的提单情况下，用电话或传真形式指令其在目的港代理人将货物放给提单中所标的收货人的行为。

广角镜

班轮运价

班轮运价是按照班轮运价表的规定计算，为垄断性价格。不同的班轮公司或不同的轮船公司有不同的运价表，但它都是按照各种商品的不同积载系数，不同的性质和不同的价值结合不同的航线加以确定的。班轮运费是由基本费率和附加费(如果有规定)两个部分构成的。所以，一些港口如果只查到基本费率，不一定是实际计算运费的完整单价。

基本费率(Basic Rate)是指每一记费单位(如一运费吨)货物收取的基本运费，即航线内基本港之间对每种货物规定的必须收取的费率，也是其他一些百分比收取附加费的计算基础。基本费率有等级费率、货种费率、从价费率、特殊费率和均一费率之分。

附加费(Surcharges)是指为了保持在一定时期内基本费率的稳定，又能正确反映出各港的各种货物的航运成本，班轮公司在基本费率之外，为了弥补损失又规定的各种额外加收的费用。附加费主要包括，①燃油附加费(B. A. F.)。在燃油价格突然上涨时加收。②货币贬值附加费(C. A. F.)。在货币贬值时，船方为使实际收入不致减少，按基本运价的一定百分比加收的附加费。③港口拥挤附加费(THC)。有些港口由于拥挤，船舶停泊时间增加而加收的附加费。④直航附加费(Direct Additional)。当运往非基本港的货物达到一定的货量时，船公司可安排直航该港而不转船时所加收的附加费。⑤超重附加费(Heavy Lift Additional)、超长附加费(Long Length Additional)和超大附加费(Surcharge of Bulky Cargo)。当一件货物的毛重、长度或体积超过或达到运价本规定的数值时加收的附加费。⑥港口附加费(Port Additional or Port Surcharge)。有些港口由于设备条件差或装卸效率低或其他原因，船公司加收的附加费。⑦转船附加费(Transhipment Surcharge)。凡运往非基本港的货物，需转船运往目的港时，船方收取的附加费，其中包括转船费和二程运费。⑧选港附加费(Optional Surcharge)。货方托运时尚不能确定具体卸港地，要求在预先提出的两个或两个以上港口中选择一港卸货，船方加收的附加费。⑨变更卸货港附加费(Alternational of Destination Charge)。货方改变货物原来规定的港，在有关当局(如海关)准许，船方又同意的情况下所加收的附加费。⑩绕航附加费(Deviation Surcharge)。由于正常航道受阻不能通行，船舶必须绕道才能将货物运至目的港时，船方所加收的附加费。

5.4.3 船舶代理信息系统功能

船舶代理管理信息系统主要包括6个业务子系统及必不可少的财务系统接口。其中6个业务子系统分别为船务信息管理系统、航次结算系统、出口单证系统、出口运费系统、进口单证系统、集装箱管理系统。其功能结构与组成如图5-14所示。

1. 船务信息管理系统

通常船务信息管理系统是对船舶的进出口申报、船舶委托方、船舶装卸货、船舶的各种动态、船舶基础资料及有关船舶的各种数据进行管理的综合信息管理系统，其主要功能模块见表5-5。根据不同的用户级别，可以访问不同层次的菜单项。用户可以查看、删除、修改或添加新记录；对各种不同的数据进行查询、统计；打印各种需要的报表；管理菜单为管理信息系统提供了快捷明了的方式。如果在使用过程中遇到问题，那么可以通过系统的“帮助”功能得到恰当的帮助或提示。

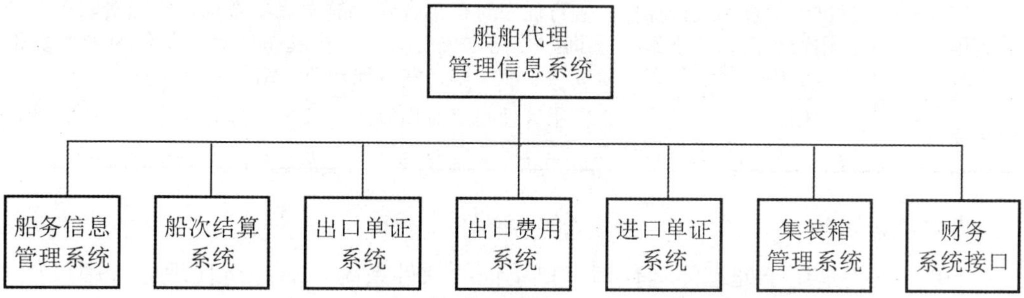

图5－14 船舶代理管理信息系统的功能结构与组成

表5－5 船舶代理管理信息系统的功能

功能模块	功能特点
文件模块	登录系统后，在文件菜单中通过鼠标进行选取、确认即可进行关闭窗口、打印设置、重新登录、退出等操作
业务处理模块	围绕船务信息管理的各项业务，实现制作委托确认单，委托方管理，登记船舶规范，登记航次/委托方/货物，制作抵港单，制作申报单，制作船舶通知单，制作进口计划报表，制作靠泊单，制作动态单，船舶计划调度，制作离港单等操作
报表模块	针对业务流程，生成各种报表，并进行操作管理，包括船舶动态表、装卸事实记录、装货准备就绪通知单、卸货准备就绪通知单等
查询统计模块	提供各种查询统计的方法，包括船舶基础台账、按委托方查询代理船舶，按时间查询代理船舶、按时间/货类统计代理货量及组合查询等
管理模块	提供用户管理、应用管理及组应用管理、权限管理及基础代码管理等

2. 航次结算系统

航次结算系统是船舶代理企业进行船舶往来费用分配、船舶费用输入、船舶代理费和杂费制作、船舶使用费结账及账单打印和相关查询的管理信息子系统，它主要完成航次结算的全部业务流程，其主要模块功能见表5－6。

表5－6 航次结算系统的主要模块功能

功能模块	功能特点
文件模块	登录系统后，在文件菜单中通过鼠标进行选取、确认即可进行关闭窗口、打印设置、重新登录、退出等操作
船期模块	将船务系统的有关船名、航次数据引入到本系统，并可以修改相关数据，这些数据是制作各种账单的主要依据
结算模块	针对航次结算的业务，进行各种录入费用、制作账单等操作，包括按船名、航次录费用，按收费方录费用，批费用汇总打印，制作凭证，制作代理账单，制作杂费账单，制作航次账单，航次账单管理，预售船舶备用金录入，港口使用费估算等

续表

功能模块	功能特点
查询模块	提供各种查询统计操作。进行往来对账单查询，航次账单查询，代理费账单，港口使用费查询，杂费账单查询，委托方欠费查询；代理费统计；制作船舶使费汇总表，费用支付统计表，航次结船准期率，催款通知单，结船未结船清单等操作
管理模块	提供用户管理、组管理、应用管理及组应用管理、权限管理并对基于代码、港口使用费项目代码进行管理等，还可以进行财务接口方案定义及格式定义

3. 出口单证系统

出口单证系统是用于处理海运代理出口单证的软件系统，对海运代理业务中可能发生的各种出口单证业务情况进行处理。其主要功能模块见表 5－7。

表 5－7　出口单证系统的主要模块功能

功能模块	功能特点
文件模块	登录系统后，在文件菜单中通过鼠标进行选取、确认即可进行关闭窗口、打印设置、重新登录、退出等操作
船期模块	用户可以对船期表各项内容进行数据录入、修改、删除、查询和打印等操作。该模块对船代码、离港时间等数据项进行校验，并支持多承运人的海运操作模式
单证模块	用户可以针对业务进行各种单证操作，包括对委托单的操作，浏览订舱数据，进行整箱或拼箱操作，按提单号录入海运费用，按船名、航次将某票提单退关或转储，将两个船名、航次间的提单互转重新配载，录入某船名、般次的中转信息，编辑、打印和管理电放提单信息，导入 EDI 报文，导入订舱报文，导入装箱报文，处理船图报文等
报表模块	对各种报表单据进行处理、打印等操作，包括打印场站数据，对某一航次的预配集装箱信息进行统计，制作开航报表，制作并打印各种单据，包括提单、托运单、水路运单、装箱单、集装箱清单、随船舱单、冷藏品清单、危险品清单、货代委托数据清单、转集装箱清单，通用报表等
查询模块	提供各种查询统计操作。进行组合条件查询、自定义查询。主要查询功能包括：单船箱号、箱量查询，单船分港箱量统计，单船货代、箱量统计，按航线、箱主、航次统计箱量，单船挂靠港查询，按提单号查询，按箱号查询，按时间段查询箱量，按港口查询，按货代查询，特价号执行情况
EDI 导入/输出	为减少录入工作量、避免录入错误、方便各分散系统间交换数据，系统可以采用 EDI 实现数据交换。涉及的格式有：COSCOEDI 3.1 报文、交通部报文、OOCI 报文、海关 EDI 报文，涉及的单证有：定舱数据、装箱数据、船图数据、报关数据、COSCO 约定报文、OOCI 约定报文
管理模块	提供用户管理、组管理、应用管理及组应用管理、权限管理及基础代码管理，还可以进行场站收据格式维护、提单格式维护、通用格式维护

另外，该系统提供了“无限制”提单格式报表，即用户可定义、修改、删除和维护提单格式；该系统还提供了强大的查询和统计报表功能，用户可按各种组合条件对所需数据进行处理。

4. 出口运费系统

出口运费系统是针对出口货物运费结算业务而编制的。系统可以实现与账务处理系统平滑接口，同时提供了多种操作方法，如菜单命令、导航工具条、快捷键等。

该系统包括输入船名航次、输入船舶费用、费用审核、发票制作、费用核收、应收账龄分析、生成财务接口数据、信息查询、发票打印等功能，见表5－8。

表5－8 出口运费系统的主要模块功能

功能模块	功能特点
文件模块	登录系统后，在文件菜单中通过鼠标进行选取、确认即可进行关闭窗口、打印设置、重新登录、退出等操作
船期模块	用户可以对船期表各项内容进行数据录入、修改、删除、查询和打印等操作。在船期表中可输入船期的基本信息，包括船名、航次、航线、预抵时间、抵港时间、离港时间等，在此可以输入此航次下的多委托方信息
费用模块	用户针对业务可以进行各种费用的录入、审核，并生成发票及进行发票管理和控制，还可进行发票费用核收、应收账龄分析，并根据发票信息生成财务接口数据，而且可以进行手工发票管理
报表模块	对各种报表单据进行处理、打印等操作，包括海运费结算表、应收费用明细表、应付费用明细表、费用分类统计表。箱量、货量及收入统计表，发票清单，应收账龄清单，手续费汇总表，月度揽货明细表，集装箱部运费明细表，国内代理出口运费结算清单，国内代理出口运费结算汇总清单，内贸线收运费清单
管理模块	包括权限管理、修改口令、应收账龄初始余额、财务接口方案定义、财务接口格式定义及基础代码管理等系统管理功能。基础代码管理包括货名代码、货类代码、承运人代码、客户代码、港口代码、运费代码、国家代码、船舶规范、装箱方式等

另外，该系统提供了“无限制”提单格式报表，即用户可定义、修改、删除和维护提单格式；该系统还提供了强大的查询和统计报表功能，用户可按各种组合条件对所需数据进行处理。

5. 进口单证系统

进口单证系统软件可完成提货单数据(包括托运信息、货物信息、装箱信息、运费信息等)的录入、修改，可记录催提、放提等情况，可打印到货通知书、提货单、提单、舱单等报表，并可按各种条件查询系统信息。该系统设有灵活的报表格式调整功能，无限级的权限设置。其主要模块功能见表5－9。

表5－9 进口运费系统的主要模块功能

功能模块	功能特点
文件模块	登录系统后，在文件菜单中通过鼠标进行选取、确认即可进行关闭窗口、打印设置、重新登录、退出等操作
船期模块	用户可以对船期表各项内容进行数据录入、修改、删除、查询和打印等操作。包括船名、航次、航线、预抵时间、抵港时间、离港时间、承运人等数据
单证模块	用户可以针对业务进行各种单证操作，包括对提货单的操作，对装箱情况、到付运费、催提情况、放提情况的操作，对进口船图电子船图管理，进行校验数据，生成理货船图等操作

续表

功能模块	功 能 特 点
报表模块	对各种发票、到货通知单、提单、舱单、进口货物清单，随船舱单，运费舱单，装箱清单，按提单号打印箱号，未放提清单，签单费发票，到付运费发票等各种报表单据进行处理、打印等操作
查询模块	提供各种查询统计的方法，进行按提单号查询，按箱号查询，按货名查询，按唛头查询，签单费查询，到付运费查询等
管理模块	提供用户管理、组管理、应用管理及组应用管理、权限管理及基础代码管理，还可进行站场收据格式维护、提单格式维护、通用格式维护

6. 集装箱管理系统

集装箱管理系统是一个对不同船公司、不同集装箱公司箱体动态进行跟踪的管理系统。从卸船动态开始，对拆空、转移堆场、重新装箱、装船，最后又到卸船，形成一个循环往复的过程。该系统主要对本地的业务管理进行强化处理，提供方便快捷的查询和数据丰富的报表。直接制作和打印设备交接单和滞期费，从进出口单证和堆场报文中直接导入数据，极大地减少用户输入的数据量，同时提高数据准确性，对不同用户实现权限管理，利于多用户分工操作。其主要模块功能见表 5－10。

表 5－10　集装箱管理系统的主要模块功能

功能模块	功 能 特 点
文件模块	登录系统后，在文件菜单中通过鼠标进行选取、确认即可进行关闭窗口、打印设置、重新登录、退出等操作
动态处理模块	在此菜单下，可进行船名航次登记，动态批量输入、动态单箱输入、多箱动态修改删除、当前历史动态转换等处理
EIR 管理模块	管理设备交接单(Equipment Interchange Receipt，EIR)。用户可对进口设备交接单、出口设备交接单进行修改、查询、打印等操作
费用模块	对滞期费计算以及对滞期费查询
查询报表模块	提供各种查询统计的方法，进行单箱动态查询，综合查询，动态逻辑校验，通用查询，月报，周报，盘存报，盘存校验，超期箱报
通信模块	进口单证数据转入、出口单证数据转入、堆场数据转入
管理模块	提供用户管理、组管理、应用管理及组应用管理、权限管理及基础代码管理，还可进行站场收据格式维护、提单格式维护、通用格式维护

7. 财务系统接口

财务系统接口是针对船舶代理业务系统与账务处理系统平滑接口而编制的。该接口包含在业务系统的出口运费系统和航次结算系统中，支持多种账务处理系统(例如用友和金蝶等)。财务接口包括接口方案定义、接口格式定义、制作凭证等功能。

财务接口的模块具有以下功能。

(1) 财务接口方案定义。在接口方案定义中，可进行财务接口方案的增加、删除和修改等操作。

(2) 财务接口格式定义。在接口格式定义中，可选择各种输出文件类型和定义输出文件首行记录的具体内容、定义文件各字段的类型和长度。

(3) 制作凭证。在业务系统中，可依据业务数据生成接口凭证数据，并按要求保存在指定的目录下。接口文件可以是文本文件或数据库表格文件。

本章小结

公路货运信息管理涉及货物跟踪管理、货运车辆运行管理和现代物流实时跟踪管理过程中要了解的货运信息，以及由于不同公路货运方式的业务流程有一定的差异，其货运信息的类别和量也有一定的差异。要根据企业业务需要开发适合企业运输的信息系统。

配送中心信息系统的应用与否，直接影响物流企业的竞争能力。通过案例了解到配送中心信息系统的基本功能和作用，了解配送中心作业流程和信息处理要求。

船舶代理信息管理涉及船务信息、航次结算信息、出口单证信息、出口运费信息、进口单证信息、集装箱信息等方面，这部分内容以泛华讯船舶代理管理系统系列软件为例，详细介绍了此类软件的功能及其在实际业务中的应用状况，有助于对船舶代理运营中的信息管理有一个清晰的认识。

思考与练习

一、填空题

1. (　　)主要是货物的追踪管理和车辆的运行管理。

2. 运输有(　　)、(　　)、(　　)、(　　)、(　　)五种方式。

3. 公路货物运输方式主要有：(　　)、(　　)、(　　)、(　　)。

4. (　　)运输一般为定线路发运。

5. 根据已经生成的任务表制作(　　)，并及时地将派车单交给当班的(　　)，实施运输计划。

二、判断题

1. 智能化交通车辆调度和综合信息服务的基本原理是，利用GSM的短消息功能和数传功能将目标的位置和其他信息传送至主控中心，在主控中心进行地图匹配后显示在GIS监视器上。 (　　)

2. 配货作业的准确率和效率与商品的保管方式、区域设置、作业指示方法、作业通道设计、配货数量等要素密切相关。 (　　)

3. 拣货预处理是操作员对照选货单，操作系统，生成包含货址、发送地等条形码信息的拣货标签，打印出来供操作员进行作业。 (　　)

4. 拣选正确的货物，直接进入分店装箱；拣货错误的货物，形成拣货错误通知单，流转到拣货差错处理模块。 (　　)

5. 装车是在接到订单后，将货物按特性进行分类，以分别采取不同的配送方式和运输工具。 (　　)

6. 车辆配载要解决的问题是安排什么类型、吨位的配送车辆进行最后的送货。 （ ）

7. 通知收货人办理提货手续主要包括：发到货通知、货物催提通知。 （ ）

8. 根据客户的配送顺序先后，将货物依“先送先装”的顺序进行货物的装车作业。 （ ）

9. 接受客户的委托前，揽货人员应详细填写业务联系单的有关内容（直接向市场部客户服务人员订舱的委托不用填写）。 （ ）

10. 审单及签发提货单主要包括：提单审核、正本提单的回收。 （ ）

三、单项选择题

1. （ ）、公路、铁路、航空 4 种运输方式，运输作业可分为集货承运、运送、送达交付 3 个环节，运输信息是指在运输业务 3 个环节所发生的信息，主要的基础信息是产生并证明运输活动发生、完成的各种单据。

A. 水路 B. 管道 C. 太空 D. 汽车

2. （ ）运输业务主要包括接受托运申请、提取空箱、装箱、箱货交接、办理交接手续等业务。

A. 水路 B. 集装箱 C. 零担运输 D. 整车运输

3. 运输车辆的信息主要包括车辆的一些基本属性，如载重大小、运行年限、随车人员的要求，以及是否（ ）等。

A. 监押车辆 B. 监控车辆 C. 监督车辆 D. 监管车辆

4. （ ）系统根据货物情况、货箱情况和车辆情况，自动计算生成配载方案。

A. 数量计算 B. 重量计算 C. 车辆数量 D. 配载计算

5. （ ）是由基本费率和附加费（如果有规定）两个部分构成的。所以，一些港口如果只查到基本费率，不一定是实际计算运费的完整单价。

A. 数量计算 B. 重量计算 C. 班轮运费 D. 配载计算

四、简答题

1. 什么是运输管理信息系统？
2. 简述公路货物运输方式。
3. 公路运输管理信息系统的主要功能模块有哪些？
4. 什么是货运代理管理信息系统？
5. 货运信息主要包括哪些内容？
6. 货运代理业务管理系统有哪些功能？
7. 配货子系统有哪些功能？
8. 配送中心配送作业有哪些基本信息？
9. 船舶代理管理信息系统的主要功能模块有哪些？
10. 简述集装箱管理系统。

五、案例分析

联想物流：信息化带来高效益

经过多年努力，联想企业信息化建设不断趋于完善，目前已用信息技术手段实现了全面企业管理。

1. 信息流带动下的物流系统

借助联想的ERP系统与高效率的供应链管理系统，利用自动化仓储设备、柔性自动化生产线等设施，联想在采购、生产、成品配送等环节实现了物流与信息流实时互动与无缝对接。

2. 快速反应与柔性生产

过去，企业先要做计划，再按计划生产，这是典型的推动型生产模式。现在，按订单生产的拉动型模式已为许多企业所采用。联想的所有代理商的订单都是通过网络传递到联想的。只有接到订单后，联想才会上线生产，在两三天内生产出产品，交给代理商。与其他企业不同的是，联想在向拉动型模式转化的过程中，并没有100%采用拉动型，而是对之加以改造，形成"快速反应库存模式"下的拉动型生产。

3. 协同工作，实现共赢

在供应链中，各个供应商就像安装在大链条上运作的每个小齿轮，只要其中一个齿轮脱节，就会影响整个供应链的工作效率。一条富于竞争力的供应链要求组成供应链的各个成员都具有较强的竞争力。基于此管理思想，联想致力于与供应商协同工作，达到双赢。

联想参照国际企业的做法对供应商提要求，并使之不断系统化、科学化。一般联想每周或每两周为供应商提供未来12～16周的滚动要货计划，协助供应商按此计划备货。

4. 联想采购物流的供货方式

目前，联想采购物流主要有以下3种供货方式。

(1) JIT方式：联想不设库存，要求供应商在联想生产厂附近(一般距离厂区20min车程)设立备货仓库(国外叫hub)，联想发订单，供应商当天就能送货上门。

(2) 联想自己负责进货：例如，原材料供货到联想设在香港的仓库，联想再负责报关、运送到生产厂，随着优惠政策的减少，这种方式所占比例越来越小。

(3) 通过第三方物流：供应商委托专业物流公司运货到联想。

今后，第(1)、(3)两种方式会越来越常见，物流外包已是大势所趋。

5. 追求客户满意度

现代企业已从追求销量转为追求客户满意度。只有最大限度地满足客户需求，企业才会获得长足发展。联想电脑的销售系统正是在这一指导思想下运作的。

销售一直是联想的强项，这与联想渠道建设的成功密不可分。随着业务在全国范围不断扩展，联想的销售网也越"织"越密。目前，联想除北京总部外，在国内设有深圳、上海、广东惠阳分部，在武汉、成都、西安、沈阳设有外埠平台，在国外设有欧洲、美洲、亚太等海外平台。分布在全国各地的3 000个销售点、500多个维修站，是联想业务发展的基础。

6. 新世纪的新联想

目前，新联想最具优势和战斗力的就是拥有一个被其他企业羡慕不已的管理平台。以下一组数据有力地证明了乔松的感观：ERP系统实施后，联想平均交货时间从11天降到5.7天，存货周转天数从35天降为19.2天，应收账从23天减为15天，订单人均处理量从13个增加到314个；此外，供货满意率、交货准确率等新的评价指标也得到优化。总之，联想的物流效率提高了，物流成本下降了，市场竞争力增强了，客户满意度有了明显提高。

2013财年联想的目标是，实现销售收入260亿元，电脑销量400万台，到2013财年，整个集团营业额达到600亿元。

新联想的未来是美好的。信息系统的实施，为联想的再次腾飞插上了翅膀。

资料来源：NOS供应链管理实训软件素材库．作者进行整理．

思考与讨论

1. 信息化技术给联想带来了什么好处？
2. 分析联想应用信息技术的效益。

第6章 客户管理信息系统

【教学要求】

本章介绍客户管理信息系统的有关概念和特征；客户管理信息系统业务流程；客户管理业务相关信息。通过学习读者懂得如何进行客户管理；掌握客户管理信息系统的功能；熟悉客户管理信息系统效益分析。

【关键知识点】

(1) 客户管理信息系统的有关概念、特征；
(2) 客户管理信息系统业务流程；
(3) 客户管理业务相关信息。

引导案例

新加坡航空公司保持优质的服务

新加坡航空公司(SIA)是一家获国际认可的，世界一流的航空公司。新加坡航空公司希望在任何时候、任何方面，公司都比竞争对手好一点点。

1. 提供优质的服务

新航女郎是公司的标志，公司为她们而感到骄傲，公司将一直提高她们的技能。然而，公司不只是集中在新航女郎上。航班的服务可以分为很多不同的部分。公司必须使任何一个部分都达到优质的标准，公司不仅仅只是在商务舱提供最好的座椅给乘客使用。公司希望提供最好的客舱服务，最好的食物，最好的地面服务，这些就和提供最好的座椅一样，而且价格不能太高。

2. 培训是提供优质服务的保障

新加坡航空深知，只有对员工进行全方位的培训，才能增强员工的满意度，只有这样才能使员工提供真正优质的服务给顾客。培训是必需的，每个人都要接受培训。公司对员工发展的投资不会受经济波动的影响。

新加坡航空公司最近一次优质服务创新叫做客户服务转型(TCS)，涉及了5个核心职能部门的员工，其中有机舱服务，工程，地面服务、飞行操作和销售支持。为了确保客户服务转型文化在全公司内发扬，公司还加入了管理培训的内容。管理发展中心把员工召集起来，进行了一次为期两天，题为"TCS职能部门的战略协同"的培训课程。这个课程是关于如何在关键职能部门的员工中建立一种团队的精神，这样可以让团队充分合作，使整个为乘客服务的过程令人愉快，而且尽量衔接紧密。

3. 帮助员工处理来自客户的压力

因为新加坡航空在优质服务方面享有盛誉，而且一直在努力不断地提高，其客户可能对新加坡航空有很高的期望而且要求很苛刻。这样就会给一线员工很大的压力。因此，公司要帮助他们处理因为给顾客提供服务，让他们不满意而带来的情绪上的波动。同时，公司也要确保公司的员工不会产生被人利用的感觉。新加坡航空公司的挑战是如何帮助员工处理一些艰难的情况和些贬责的话，这将是公司下一步培训的重点。

4. 沟通和激励

新加坡航空公司认为，要鼓励员工为乘客提供好的服务，就必须和员工有了良好的沟通。公司定期举行全公司的大会和简会，告诉员工公司最近的情况。公司内部的时事通信和公告也加强了信息的传递。在定期的员工会议上，鼓励经理和员工之间相互交流。假如公司在机场换票处新添了一项服务，公司会在事前、事中和事后都告诉大家。公司还会和大家讨论这项新服务的重要性和它的价值，以确保每一个人都知道公司在做什么，为什么这样做。这也使员工在做事的时候有自豪感。

公司还利用非物质奖励来鼓励优秀的服务人员。时事通信会和大家分享和表扬优秀的服务。公司设法去表扬那些做得很优秀的员工。

资料来源：天极网 . http://risolution. chinabyte. com/181i247618l. shtml.

思考

(1) 新加坡航空公司是如何使优质服务有形化的?

(2) 新加坡航空公司是如何实现内部员工满意度的?

(3) 如果你是该公司的营销经理，该如何设计服务过程?

(4) 客户关系管理有何意义?

6.1 客户管理信息系统概述

客户管理是一种旨在改善企业与客户之间关系的新型管理机制，它实施于企业的市场营销、销售、服务与技术支持等与客户有关的领域。

6.1.1 客户管理产生与内容

1. 客户管理产生

客户管理(Customer Relationship Management，CRM)是一种管理理念，CRM起源于西方的市场营销理论，产生和发展在美国。最早产生于20世纪80年代初，由于市场竞争的加剧和以开发新顾客为主的销售成本的不断提高，企业开始注意到长期客户关系对于企业的重要性，企业销售人员从单纯追求销售额转向追求发展客户关系。在此阶段，服务营销、关系营销等成为营销理论和实践的发展重心，并得到企业的广泛重视和推广。

进入20世纪90年代，美国及欧洲市场竞争更使众多大企业认识到了营销战略制定者最关心的应该是长期客户关系的管理。企业战略优势的获得，源自于互动关系方法的采用，即对客户关系生命周期的管理，而不是对产品生命周期的管理。从此，对客户关系管理的技术研究迅速展开。

市场营销作为一门独立的管理学科至今已有近百年的历史。近几十年来，市场营销的理论和方法极大地推动了西方国家工商业的发展，深刻地影响着企业的经营观念及人们的生活方式。尤其是信息技术的长足发展为市场营销管理理念的普及和应用开辟了广阔的空间。以客户为中心、视客户为资源，通过客户关怀实现客户满意度等是这些理念的核心所在。

2. 客户管理系统的概念

客户管理系统，就是将当今最新的信息技术，它们包括：Internet和电子商务、多媒体技术、数据仓库和数据挖掘、专家系统和人工智能、呼叫中心以及相应的硬件环境，同时还包括与CRM相关的专业咨询等集成管理的系统。作为一个应用软件系统，CRM凝聚了市场营销等管理科学的核心理念。市场营销、销售管理、客户关怀、服务和支持等构成了CRM系统模块基石。

小知识

CRM

CRM(Customer Relationship Management)就是客户关系管理。从字义上看，是指企业用CRM来管理与客户之间的关系。CRM是选择和管理有价值客户及其关系的一种商业策略，CRM要求以客户为中心的商业哲学和企业文化来支持有效的市场营销、销售与服务流程。如果企业拥有正确的领导、策略和企业文化，CRM应用将为企业实现有效的客户关系管理。

CRM是一个获取、保持和增加可获利客户的方法和过程。CRM既是一种崭新的、国际领先的、以客户为中心的企业管理理论、商业理念和商业运作模式，也是一种以信息技术为手段、有效提高企业收益、客户满意度、雇员生产力的具体软件和实现方法。

3. 客户关系管理的内容

目前客户关系管理的内容没有一个统一的范围，一般通过图 6－1 所示的客户关系管理示意图表示。

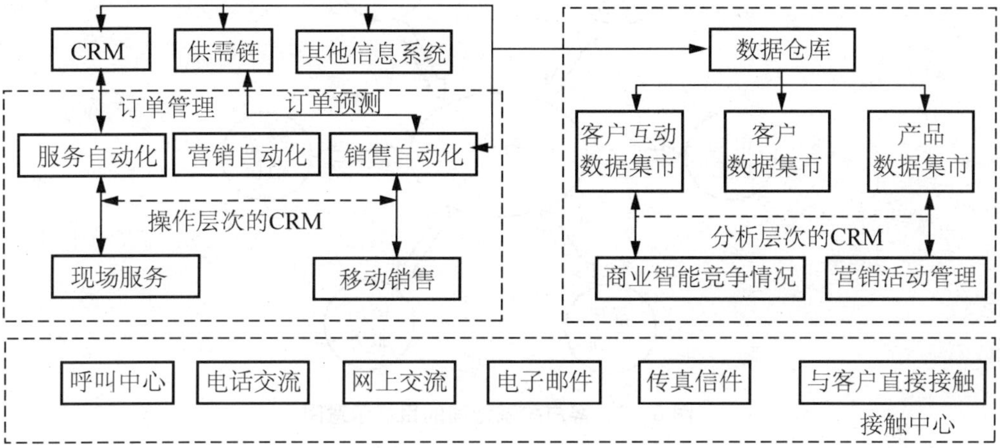

图 6－1　客户关系管理示意图

由图 6－1 可以看到，客户关系管理的内容主要包括以下 3 个方面。

(1) 以客户为中心，实现对与客户有关的销售、营销和客户服务 3 部分业务流程的信息化。

(2) 与客户进行沟通所需要手段的集成和自动化处理。这些沟通手段包括网络、电话、传真、E-mail、直接接触等。

(3) 对上面两部分功能所积累下来的信息进行加工、处理，产生客户智能，为企业战略决策提供支持。

当前物流领域中出现的 CRM 产品，均是图 6－1 所示客户关系管理内容的子集。

6.1.2　客户管理的目标与意义

1. 客户关系管理的目标

通过图 6－2 所示的客户关系管理目标示意图，可以将客户关系管理要解决的具体问题归纳如下。

(1) 管理客户资料。将零散、不集成的客户资料集中管理，可以及时、准确地了解老客户和新客户的准确信息。

(2) 提高销售额。利用 CRM 系统的跟踪、管理销售机会，确切了解客户的需求，增加销售的成功率，进而提高销售收入。同时，通过新的业务模式(电话网络)扩大企业经营活动范围，及时把握新的市场机会，占领更多的市场份额。

(3) 提高客户满意程度。CRM 系统提供给客户多种形式的沟通渠道，同时又确保各类沟通方式中数据的一致性与连贯性，利用这些数据，销售部门可以对客户要求做出迅速而正确的反应，让用户在对购买产品满意的同时也认可并愿意保持与企业的有效沟通关系。客户可以自己选择喜欢的方式，同企业进行交流，方便地获取信息，得到更好的服务。客户的满意度得到提高，可帮助企业保留更多的老客户，并更好地吸引新客户。

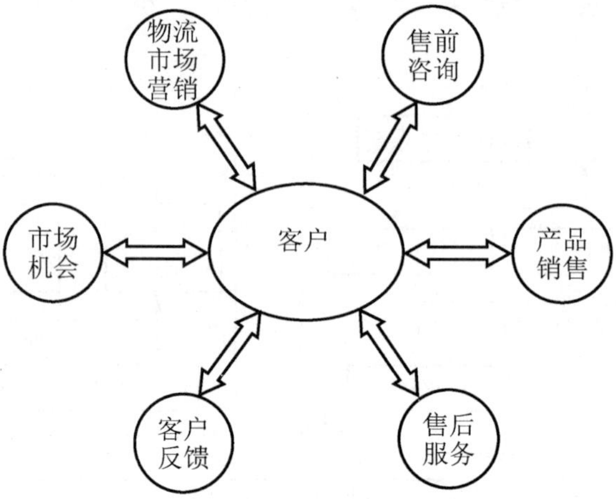

图 6－2　客户关系管理的目标示意图

小贴士

工商企业对现行物流服务满意度分析

不同性质的企业对 3PL 物流和自理物流的满意度，已形成明显差距。根据调查结果发现，生产企业对自理物流的满意度要比第三方物流的满意度更高。而商业企业对第三方物流的满意度比自理物流的满意度更高。综合来看，物流运作质量不高和物流信息落后成为企业对现行物流运作不满意的主要原因。

调查表明：在采用第三方物流的需求企业中，有 67％的生产企业和 54％的商业企业对第三方的物流服务感到满意，有 33％的生产企业和 46％的商业企业对第三方的物流服务不满意。在企业不满意的原因中，首先是因为作业速度慢和物流信息不及时准确；其次是作业差错率高、运作成本高。从中可看出生产企业和商业企业对第三方物流服务首先关心的是运作质量和包含物流信息在内的运作能力问题，其次才是成本。同时，运作质量低也成为企业自理物流的最大障碍。

(4) 降低市场销售成本。利用 CRM 的数据挖掘和分析功能可以分地区、类别等特征进行分析，从而辅助企业进行决策，使企业进行市场推广和选择销售策略时，避免了盲目性，节省时间和资金。

(5) 提高工作效率。通过采用信息技术，可以提高业务处理流程的自动化程度，提高企业员工的工作能力和效率，并有效减少培训需求，使企业内部能够更高效的运转。同时，利用 CRM 系统，可以了解员工每天的工作情况，及时得到员工的合理建议，修改公司的销售策略，使公司获得更多的利润。

(6) 资源共享。利用 CRM 系统可以实现资源共享，使得企业能在涉及跨部门的业务时，协调好各部门的运作。

广角镜

交货率

交货率是实际交货数占已订货数的比例。该指标一般是作为评价采购管理或者供货厂商的物流服务的精度和物流服务能力的指标而采用的。它是顾客衡量物流服务水准的指标之一。交货率低的主要因素有：由缺货、工作失误而造成商品的种类、数量的差错；配送途中的商品破损；发票制作时的错误等。

2. 实施客户关系管理的意义

(1) 应充分发挥物流网站的作用，而不仅仅将其作为一个简单的宣传窗口。客户能够通过网站获取足够的信息和服务，包括用户注册、填报运输计划、更改到站、完成运输合同、查询货物等。

(2) 客户关系管理是电子商务成功的关键环节。现在的客户，包括个人和团体企业都要求企业更多地尊重他们，在服务的及时性、质量等方面都提出了更高要求。在电子商务环境下的竞争优势，很大程度上将取决于对其客户的了解程度以及对客户需求的反应能力，企业应通过管理客户间的互动，改变管理方式和业务流程，减少销售环节，降低销售成本，争取客户、提高客户价值，实现最终经济效益的提高。

(3) 客户关系管理中，要充分发挥互联网的作用。企业有许多同客户沟通的方法，例如，面对面的接触、电话、普通邮件、Internet、通过合作伙伴进行的间接联系等。其中，发挥最重要作用的是现代互联网络。网络不仅改进了信息的提交方式、加快了信息的提交速度，而且还简化了企业客户服务过程，使企业向客户提交与处理客户服务的过程变得更加方便快捷。

(4) 通过客户关系管理提供个性化服务尤其重要。个性化的客户关系管理不仅可以使企业更好地挽留现存的客户，而且还可以使企业找回失去的客户，凭借客户关系管理的智能客户管理，为客户提供想要的个性化服务，从而提高客户满意度和忠诚度，为企业带来忠实而稳定的客户群。

6.1.3 物流客户信息收集与整理

物流客户信息的内容，是企业利用科学的统计方法收集的企业内部上流程和下流程、内部客户和外部客户，在企业现实环境下的合作程度、服务质量、适用客户层面、响应时间、场合、价格、方式、预计需求满足程度等信息。

1. 物流客户的基本信息

物流客户的基本信息包括客户访问信息、巡视员信息、客户档案信息、员工当日服务记录等。其中，客户基本信息收集包含的内容有：姓名、性别、年龄、职业、住址、电话、电子邮件等客户个人信息；企业经营战略、生产规模、产品品种、资信级别、经营状况、销售收入、发展瓶颈、物流费用、现有物流方式、竞争对手状况等企业基本信息；客户对产品在库管理、在途管理、运输要求、包装要求、信息反馈等方面的需求信息；客户对邮政物流服务不满的投诉信息。

2. 物流客户间的比较信息

市场占有率、市场覆盖率、投诉抱怨率、内部职能协调与响应流程及时间，企业对客户的响应时间、妥善处理各项问题所需时间、环境与产品、服务的协调性、价格适度性、员工服务态度和技能水平。

3. 物流客户信息分类整理

(1) 建立物流客户信息档案。客户信息档案包括客户基本信息、扩展信息、相关重要人士信息和竞争者信息四大类内容。客户基本信息包括客户名称、联系方式、所属区域、客户类型、客户来源、客户级别、信用等级、首次交易时间、最近交易时间、交易次数、累计交易金额、产品领域和客户关心的产品等信息。客户扩展信息包括注册资金、财务情况、经营计划、职工人数、发展潜力、优势劣势、资金及信用情况等。相关重要人士信息包括姓名、年龄、民族、婚姻、联系方式、家庭成员、教育背景、兴趣与忌讳、重要日子、与竞争对手的关系等。竞争者信息包括产品(服务)价格、大客户业务量、市场占有份额、营销手段、与大客户建立的个人联系等。

(2) 各级物流部门应不断丰富客户信息，尽可能地为全部客户都建立客户档案，使之能够更好地为客户营销工作服务。加强对物流客户信息档案的管理，实时对信息内容进行分析、更新。物流客户信息收集不仅能改善物流运作，设计出新的物流方案，而且还能增加物流企业的盈利能力。要实现物流信息的使用价值，仅单纯地收集信息是不够的，还需要对收集到的信息进行整理，制成客户基本情况表，使物流客户信息系统化，并融入企业各类信息系统之中，真正发挥其作用。

(3) 整理产品或服务的信息。比如产品特点、是否现货、存在的问题、产品的升级、安装调试、保修和合同条款。这些信息具备转发和跟踪复杂查询的能力，使每位客户都得到正确的答复。收集和记录同客户使用经历有关的信息，这些信息可以帮助其他部门制订更好的决策。

客户对产品或服务的有关信息整理的内容包括客户投诉和投诉信息两种。客户投诉有的是针对服务质量，有的是针对产品质量，也有针对相关部门的。对于这些投诉，需要用表格来整理分类。有关负责部门要根据投诉分类整理表格及时解决客户投诉的问题，以完善物流服务。客户投诉分类整理表格还可以作为企业物流客户服务质量的评价依据。客户投诉分类整理表格可采用“颜色管理”，在投诉点下配以相应的颜色和比例长度来给予提示，见表 6-1 和表 6-2。

表 6-1 投诉信息整理分类表

主要缺陷								
原因								
次数								

(4) 整理记录客户反馈信息。物流客户服务部门与顾客接触的时间通常不长，所以认真提问非常关键。利用能提出适当的问题并能收集和处理客户反馈的信息，企业才能有效地建立和维护与客户的忠诚度，完善企业在客户心目中的形象。物流企业各部门对客户

表 6-2 投诉信息整理分析表

本月投诉总量					
投诉分类	送货不及时	丢失货物	缺货	配送差错	投诉回复慢
件数					
比重					
环节责任					
警示	红色	黄色	蓝色		

注：红色表示问题已很严重，黄色表示相当严重，蓝色表示问题一般。

反馈信息的要求不同，为使客户反馈信息发挥到最大的作用，应按照客户的要求进行信息定制。

调查、收集和整理客户信息是系统开发的前提条件，信息足够且准确无误是系统建设的保证。

小贴士

顾客满意

顾客满意(Customer Satisfaction，CS)是一个营销的概念，是指企业通过商品和服务，给顾客带来满足，以促进销售和提升企业的形象。这种观念产生在美国，但在日本也很受关注。

在物流中，顾客满意度表现为：及时交货、准时送货、库存配备完全、收费低廉。为此，降低物流成本，提供周到的服务信息等就是关键。

4. 内部客户的信息整理分类方法

内部客户管理实际上就是企业内部各部门的协调与沟通，即微观物流管理。内部客户的信息整理分类，实质上是物流系统信息管理。内部客户信息整理分类的要点包括以下几方面内容。

(1) 运输方面：物品损坏率、正点运输率、时间利用率、运力利用率。

(2) 仓储方面：物品完好率、物品盈亏率、物品错发率、设备和时间利用率、库面积利用率。

(3) 供应物流：采购不良品率、仓储物品盈亏率、采购计划实现率、供应计划实现率。

(4) 生产物流：生产计划完成率、生产均衡率、劳动生产率。

(5) 销售物流：销售合同完成率、发货差错率。

(6) 回收物流：废料回收利用率。

把握好以上要点，可以总体上了解物流系统管理的现况，找出物流系统的薄弱环节，明确物流系统的改善方向，找出实际与计划的差距，提高物流系统的运作效率。

5. 外部客户的信息整理分类方法

(1) 外部客户信息可以利用“外部客户服务信息反馈卡”来进行分类整理。每完成一项物流运转就进行一次信息反馈卡分类整理。分类整理要尽量细化，然后将细化资料归集到某一部门或某一服务项目上，明确各部门职责。外部客户服务信息反馈卡是联系物流企业与外部客户的纽带，是融洽客户公共关系的关键，同时也是改善物流工作管理和服务质量的举措。

（2）物流客户信息采用计算机处理。将上述收集到的客户信息分类整理好输入到系统数据库存档。采用计算机的分类整理，实际上就是建立一个物流客户信息管理系统，是一种旨在改善企业与客户关系，提高客户忠诚度和满意度的新型管理机制。建立客户关系管理系统的目的就是通过先进的IT技术整合和发挥企业资源的优势，优化管理方法，对客户进行系统化的研究。通过对有价值的客户进行识别、挖掘、研究和培育等，来提高对客户的服务水平，提高客户的满意度、赢利性和忠诚度，并缩减销售周期和销售成本，寻找扩展业务所需的新市场和渠道，为企业带来更多的利润。

提醒您

谁是优良客户

注重“客户满意”，培养优良客户成为企业的重要任务。所谓优良的客户，是按照其利益贡献度来决定的，哪个客户对本公司利益贡献大，谁就是优良客户。但是，在原来的标准成本计算方式中，由于不能分别计算每个顾客的物流费用，因此就无法准确地判定顾客对本企业利益的贡献程度。例如采用“多频率小额配送”的客户和采用“定时定点大量配送”的客户的成本就大不相同。因此，使用物流ABC法对确定客户贡献度的大小非常有用，它可以有效地解决这个难题。

6.1.4 客户关系管理系统构成

客户关系管理软件可以通过网络、电话中心、移动设备等多种渠道跟踪和管理与客户交往的一切活动，它对电子商务的实现起了促进作用。因此客户关系管理软件是一个融合多种功能、使用了多种渠道的组合软件。客户关系管理软件的功能包括销售、营销、客户服务与支持3个部分。

1. 销售

销售部分主要是实现销售自动化，通过向销售人员提供计算机网络及各种通信工具，使销售人员了解日程安排、账户管理、定价、商机、交易建议、费用、信息传送渠道、客户的关键信息，它是面向销售人员的。而客户则可以通过电子商务的网上交易平台来购买物流的各种服务。

2. 营销

营销部分主要是实现营销自动化，它是销售自动化的补充。营销自动化是通过营销计划的编制、执行和结果分析，清单的产生和管理，预算和预测，资料管理，建立产品、定价和竞争等信息的知识库，提供营销的百科全书，进行客户跟踪、分销管理，以达到营销活动的设计目的。

3. 客户服务与支持

客户服务与支持是客户关系管理中的重要部分，它是通过呼叫中心互联网来实现的。

这样也就便于产生客户的纵向及横向销售业务。客户服务与支持为客户提供产品质量、业务研讨、现场服务、订单跟踪、客户关心、服务请求、服务合同、纠纷解决等功能。

对于现场服务及售后服务部门来说，如何提高服务质量，加快服务速度，保证客户满意是很重要的。要达到以上目的，必须要建立一套完整的服务/支持管理体系。这套管理体系能够进行货物的跟踪、服务合同报价、开出服务费及保险费用的价格单、求助电话的管理安排等。客户服务与支持的功能一般包括以下几方面内容。

（1）货物的跟踪。能够根据货运票据上的信息，自动列出货物从始发站到终点站沿途经过的大型编组站及货运站，在货物到达需要进行解编作业的车站，自动透过铁路内部网络到外部网络，进而向客户汇报货物的动态，更新有关的运输信息，以及对客户信息进行管理。

（2）服务合同管理。在客户服务与支持中，预设了各种服务合同的样本，规定了服务条件、服务方式(热线电话，门到门运输等)、服务人员、产品费用及有效范围等各项内容，协助缩短收账周期，并可以与销售管理的开发票作业相联系，开出发票。并将签订的物流服务合同信息保留在内部数据库中，进行综合的管理与传输。

（3）求助电话管理。求助电话是一种较为常见的服务方式。客户的求助电话，都应按照制订的优先权规则得到及时的处理，并且及时进行服务人员的分派，以确保客户能尽快地得到回音。

（4）理赔和投诉管理。如果发生货物损失问题需要理赔，或者因服务不周，令客户不满，一方面需要采取措施消除客户的不信任感和愤怒；另一方面需要从中分析原因，避免类似事件再次发生。

当前三方面的功能实现之后，将会产生大量的客户和潜在客户的各方面的信息。这些信息是宝贵的资源，利用这些信息可以进行各种分析，以便产生设计客户关系方面的商务智能方案，供决策者及时作出正确的决策。

客户关系管理软件允许客户自由选择面谈、电话、电子邮件和 Web 的方式与企业建立关系，这种多渠道的方式，使企业与客户的交流提高了效率，也加速了交流信息的传递速度，使客户满意度提高。

6.2　客户管理业务流程

6.2.1　客户关系管理业务主要数据

本书所附软件系统客户关系管理业务主要数据，见表 6-3。

表 6-3　客户关系管理业务主要数据

数据分类	主 要 数 据
基本信息	地址、电话、联系人、信用、行业等
交往信息	客户机会、分类、需求、交易信息
业务信息	联络历史数据、订单历史数据、报价历史数据、服务数据
价值信息	价值等级数据、潜在价值数据、客户满意度数据、价值变动数据

由于CRM系统是一个企业管理工程，企业需要与经验丰富的CRM咨询实施专家配合：首先明确优化业务流程梳理的目标；其次是将优化后的业务流程纳入到企业日常运营管理模式。由于优化后的流程必然会打破企业原有的业务模式，同时还牵涉到使用人员旧有的工作行为习惯，因此把CRM系统作为优化后的业务模式承载平台，结合员工对CRM认识统一将有助于巩固业务流程优化的成果，CRM系统是帮助运输、库存、服务部门建立持续流程优化的强有力工具。

资料

联邦快递的顾客关系管理体系

联邦快递的创始者佛莱德·史密斯有一句名言“想称霸市场，首先要让顾客的心跟着你走，然后让顾客的腰包跟着你走”。由于竞争者很容易采用降价策略参与竞争，联邦快递认为提高服务水平才是长久维持顾客关系的关键。

1. 全球运输服务电子商务的兴起

联邦快递的全球运送服务电子商务的兴起，为快递业者提供了良好的机遇。在联邦快递中，所有的顾客可借助其网站(http://www.fedx.com)同步追踪货物状况，还可以免费下载实用软件，进入联邦快递协助建立的亚太经济合作组织关税资料库，线上交易软件Business Link可协助顾客线上交易的所有环节，从订货到收款、开发票、库存管理一直到将货物交到收货人手中，另外，联邦快递特别强调要与顾客配合，针对顾客的特定需求，如公司的大小、生产线地点、业务办公地点、顾客群科技化程度、公司未来目标等，一起制定配送方案。

2. 联邦快递的顾客服务信息系统

联邦快递的顾客服务信息系统主要有两个：一是一系列的自动运送软件；二是顾客服务线上作业系统。顾客利用自动运送软件，可以方便地安排取货日程、追踪和确认运送线路、列印条码、建立并维护寄送清单、追踪寄送记录。而联邦快递则通过这套系统了解顾客打算寄送何物，预先得到的信息有助于运送流程的整合、货舱机位、航班的调派等。

联邦快递通过这些信息系统的运作，建立起全球的电子化服务网络。目前有三分之二的货物量是通过Power Ship、FedEx Ship和FedEx Internet Ship进行的，主要利用它们的订单处理、包裹追踪、信息储存和账单寄送等功能。

3. 员工理念在顾客关系中扮演的角色

良好的顾客关系绝对不是单靠技术就能实现的，员工的主观能动性的重要性怎么强调也不过分，在对员工进行管理以提供顾客满意度方面，联邦快递建立呼叫中心，倾听顾客的声音，收集顾客的信息。提高第一线员工的素质，对新员工的入门培训强调企业文化的灌输。运用奖励制度，联邦快递最主要的管理理念是，“只有善待员工，才能让员工热爱工作，不仅做好自己的工作，而且主动提高服务”。

由于CRM系统是以客户为中心的，基于完整客户生命周期的发生、发展过程，采用“一对一营销”和精细业务规则的模式量化管理物流运输、库存及服务业务过程，企业通过CRM系统提供的业务评估决策系统对市场活动、销售情况、服务等数据进行挖掘，“让数据来说话”可以客观展现出物流流程优化的效果和不足之处。比如，通过对比较流程改进前后的效益情况，统计不同的客户群对企业改进后服务的满意程度，还可以看到流程优化前后企业与竞争对手的竞争优势与劣势的数据分析。

6.2.2 客户关系管理模型

CRM 系统将业务流程环节中零散的信息进行收集整合，保证企业业务的处理能够有足够的信息和数据支持。同时 CRM 系统保持了客户信息之间的逻辑关联性，保证信息的可追溯性，通过 CRM 系统可以透视业务流程全过程。客户关系管理模型如图 6－3 所示。

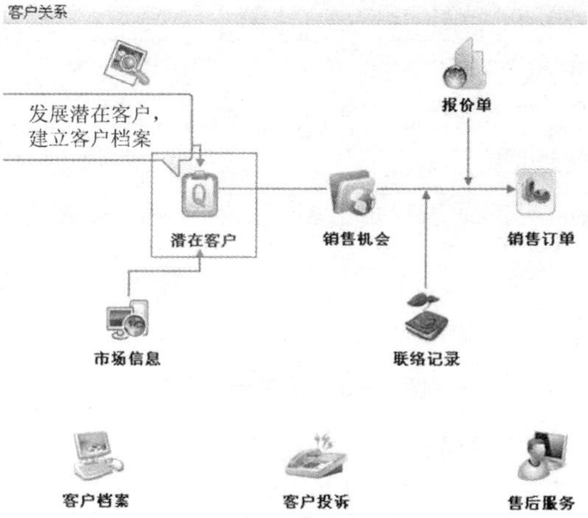

图 6－3　客户关系管理模型

6.2.3 客户管理信息系统业务流程

CRM 应用需要与销售管理、仓库管理、主需求计划、应收管理等模块无缝地集成在一起才能真正地发挥作用(即，提供一个闭合的客户交流环路)，集成必须包括低层数据的同步和商业流程的整合，只有这样才能在各系统之间保持物流的整体性，也只有这样，工作流程任务才能在各系统间传递。

客户管理信息系统业务流程如图 6－4 所示。

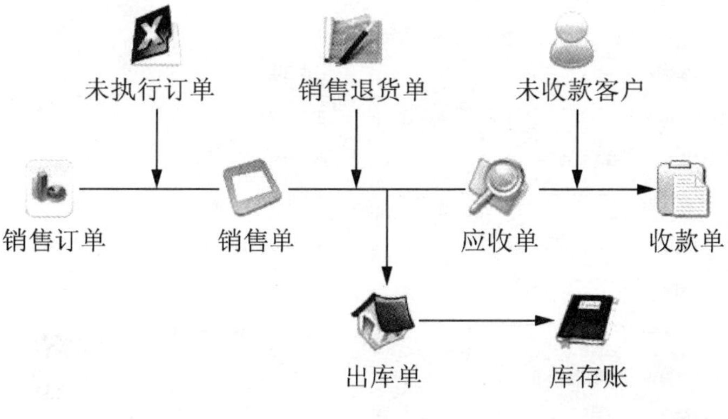

图 6－4　客户管理信息系统业务流程

(1) 挖掘潜意向客户，建立客户档案如图 6－5 所示。

图 6-5　客户档案管理

（2）跟踪意向客户，做好联络记录，如图 6-6 所示。

图 6-6　联络记录

（3）签订合同，填写销售订单如图 6-7 所示。

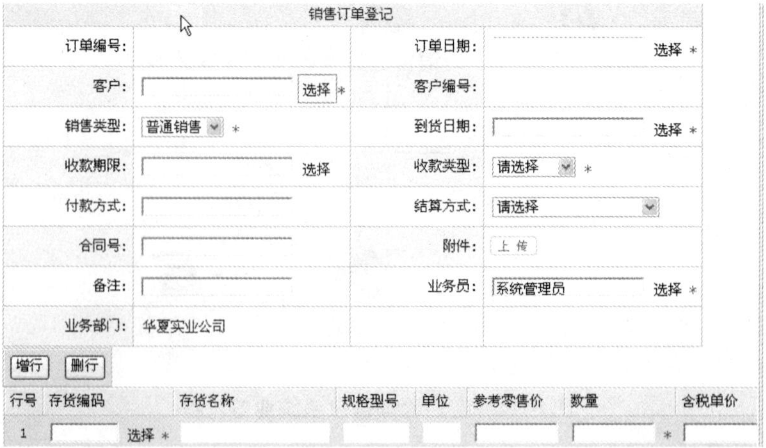

图 6-7　销售订单

(4) 售后服务，保持客户忠诚度如图 6－8 所示。

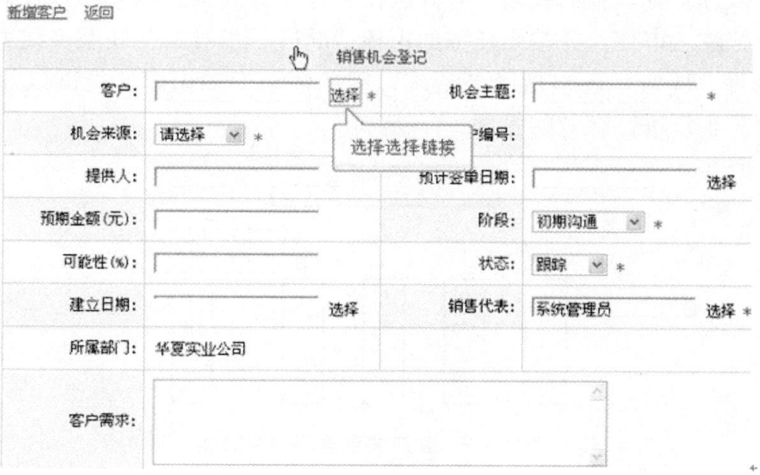

图 6－8 新增客户订单

小知识

顾客忠诚(Customer Faithfulness)是指顾客购买产品满意后所产生的对某一产品品牌或企业的信赖、维护和希望重购的心理倾向。一般地说，顾客忠诚可以分为 3 个层次。

认知忠诚。它直接基于产品和服务而形成，因为这种产品和服务正好满足了顾客个性化需求，这种忠诚居于基础层面，它可能会因为志趣、环境等的变化转移。

情感忠诚。在使用产品和服务之后获得的持久满意，它可能形成对特定产品和服务的偏好。

行为忠诚。只有在企业提供的产品和服务成为顾客不可或缺的需要和享受时，行为忠诚才会形成，其表现是长期关系的维持和重复购买，以及对企业和产品的重点关注，并且在这种关注中寻找巩固信任的信息或者求证不信任的信息以防受欺。

6.3 客户管理信息系统功能与应用

6.3.1 客户管理信息系统功能

物流服务营销机会产生于良好的客户服务，客户管理作为与顾客直接交流的平台，有着特殊而重要的作用。客户管理集中订单、配货、运输、仓储、流通加工等对客户信息或客户委托的疑问，与客户交流，确认后反馈回上述功能。如果客户对服务过程中有疑问或委托更改，也通过客户管理传递到服务。同时，客户管理功能也对客户档案进行维护。客户管理的功能如图 6－9 所示。

1. 实现服务自动化

客户关系管理系统所涉及的服务流程如图 6－10 所示，客户关系管理系统的一个重要功能就是实现服务流程的自动化。此功能模块主要用于处理和服务业务有关的服务线索、服务任务。可以分类查询服务线索，对其进行服务任务的预约与委派。针对服务任务，可以进行汇报、跟踪、审核，并按照任务的审核情况进一步对其关联服务线索进行再委派或者是核销的处理。同时，还包括服务请求、服务活动、知识库、投诉以及图表分析等功能，用于对服务工作进行有效的管理。

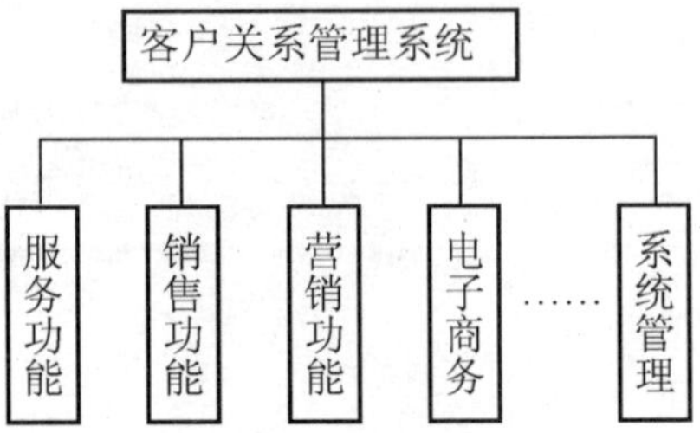

图 6－9　客户关系管理系统功能

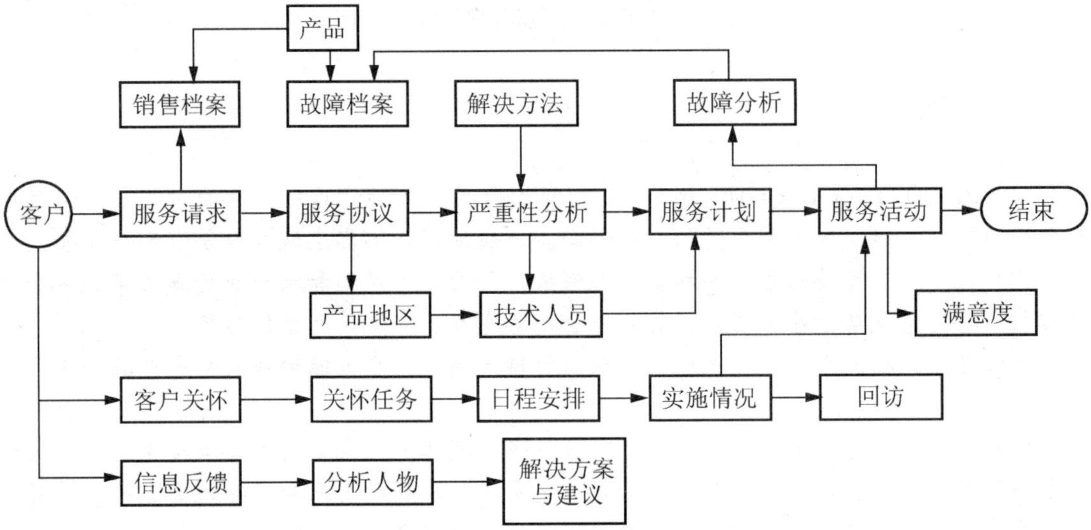

图 6－10　服务流程

2. 实现销售自动化

客户关系管理系统所涉及的销售流程如图 6－11 所示。销售自动化主要由客户档案管理、联系人管理、商机管理、商业活动管理、向导式的自动报价系统、合同生成和管理系统、订单处理系统、费用管理、员工绩效、统计分析系统等功能组成。

3. 实现营销自动化

客户关系管理系统的第三个重要功能就是实现营销流程的自动化。

此功能模块主要用于帮助企业完善目标客户基本信息，分离不完整客户信息记录并对其进行补充编辑。通过运用对客户分析的结果给企业提供销售机会，通过对各种销售信息进行分析，找出潜在客户，对潜在客户进行目标销售。市场部根据情况创建市场活动项目，并对项目反馈信息进行编辑，对项目的执行情况进行评价。

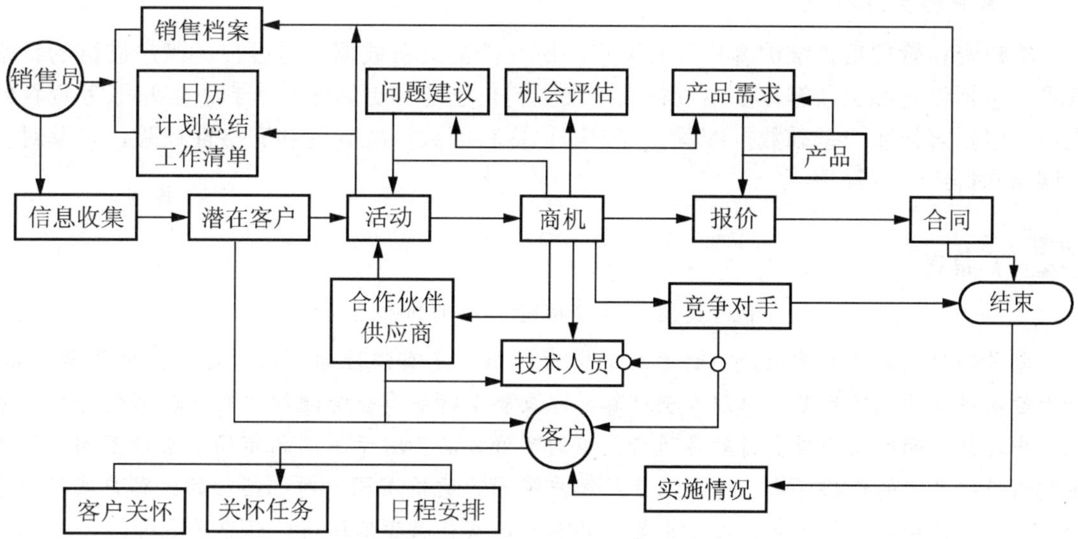

图6-11 营销流程示意图

4. 电子商务

随着互联网技术的发展，越来越多的CRM系统都将电子商务作为其必不可少的一项功能提供给用户。

该功能模块主要是帮助企业建立和维护网上商店，实现网上销售产品和提供服务。系统与CRM后台的产品档案资料集成，在后台的CRM系统中维护产品资料，系统自动将产品图文资料信息直接发布到网上。公司能根据客户会员等级向客户提供个性化的解决方案，同时，实现网上企业宣传、产品宣传和服务宣传。

系统通过前端与网站的接口，实现客户个性化需求在企业网站上的延伸，它提供了企业网站与客户信息库的接口，并且与后台产品档案信息库和服务资料库集成，通过网站发布常见产品故障解决方案，查询订单状况，解决疑难问题，实现最大限度的客户自助化服务，让客户真正满意。

5. 客户交流

客户交流主要功能有：转达业务问题、回答接收、回答整理、提问接收、问题处理、呼入呼出电话处理、互联网回呼、呼叫中心运行管理、软电话、电话转移、路由选择、报表统计分析、管理分析工具，通过传真、电话、电子邮件、打印机等自动进行资料发送，呼入呼出调度管理。

6. 合作伙伴关系管理

主要功能包括：对公司数据库信息设置存取权限，合作伙伴通过标准的Web浏览器以密码登录的方式对客户信息、公司数据库、与渠道活动相关的文档进行存取和更新。合作伙伴可以方便地存取与销售渠道有关的销售机会信息，合作伙伴通过浏览器使用销售管理工具和销售机会管理工具，如销售方法、销售流程等，并使用预定义的和自定义的报告以及产品和价格配置器。

7. 客户档案维护

客户资料管理负责维护客户及其账户的所有档案资料数据，对客户、账户进行的日常管理，包括创建和更新客户基本资料、扩展资料，创建和更新账户资料。客户账务资料的维护，包括客户账户基础数据配置，客户账户资料的数据准确性和完整性校验，以及对客户网络和群组进行管理。

广角镜

中远集团集装箱运输公司的价格策略

集装箱运输产品的需求是一种派生的需求，而且是有弹性的。由于目前市场竞争激烈，加上运输成本构成项目多，难以准确计算，以及整个行业有公会组织、战略联盟的合作的基础，中远集装箱运输公司实行的是随行就市的定价方法。对于不同的市场，实行不同的运价定位，采取不同的价格策略。一般而言，客户不同，运价不同，对已签约的大客户实行优惠运价；季节不同，运价不同，对于未签约的客户，实行淡季低运价，旺季高运价。

6.3.2 客户管理信息系统功能应用案例

任何一个企业要实现利润最大化，必定要在提高客户满意度，提高市场占有率和提高销售额方面采取合理的措施，这一切必将涉及客户信息的收集与分析，物流企业也是如此。而要实现对客户信息的准确、有效的管理与分析，建立一套实用、完善的客户关系管理系统不失为一条有效的途径。

以某企业开发的软件为例，说明客户管理系统的作用和意义，系统是针对中小型企业而开发的进销存业务管理的系统，客户管理是系统中一个子模块，系统客户管理子模块的功能结构如图 6-12 所示。

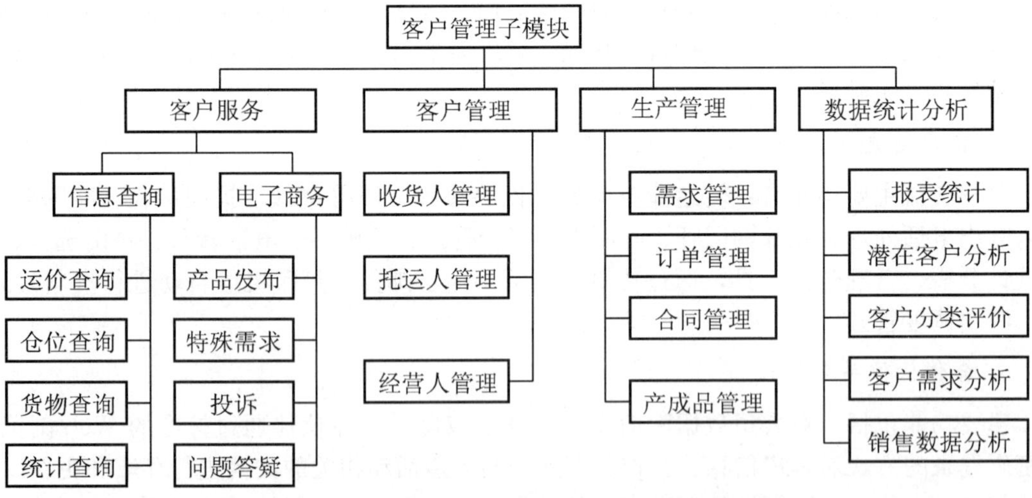

图 6-12 某企业开发的软件客户管理子模块功能

由于系统结构较复杂，这里仅介绍模块中客户代码管理、客户合同管理、统计分析。

1. 客户代码管理

电脑系统对客户进行管理，首先必须给客户一个编码以供系统使用。编码的好坏直接影响到系统的使用，因此客户编码应遵守一定的原则。

1）编码的唯一性

即一个客户在系统内只能有唯一的代码，如图 6-13 所示，不同客户，在系统内必须有不同的代码。同一客户在系统内有两个或更多的代码，或不同客户编成相同的代码，都将造成系统的混乱，带来严重的后果。

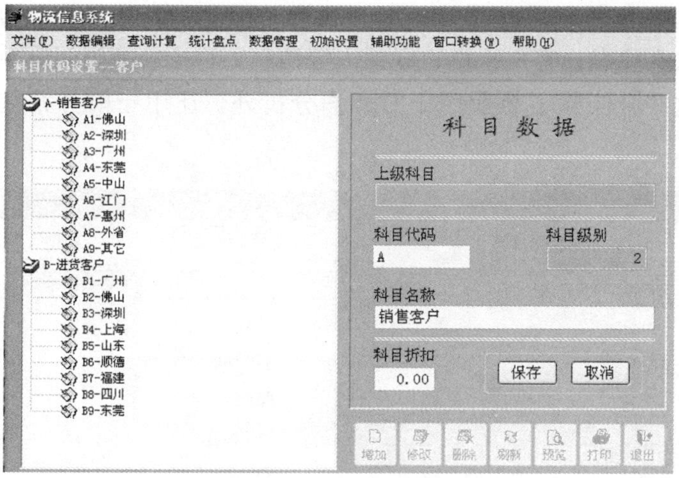

图 6-13 客户编码

2）符合管理的要求

在系统中，必然要对客户做许多管理上的统计分析，这就要求有一定的方式，反映客户的统计特性。一种常见的做法是客户代码中的某些特定位数，即含有专门的统计特性，这是一种有统计含义的代码。如果采用无含义代码(即代码本身仅仅是一种流水号或其他编号，与统计归类无关)，则必须另外再设置统计码以满足管理上的需要，如图 6-14 所示。

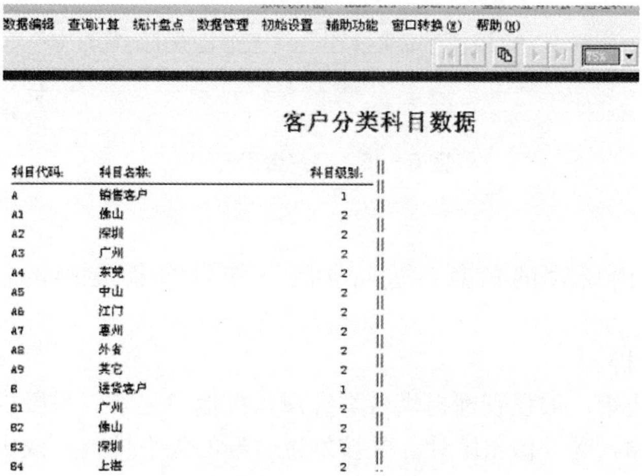

图 6-14 客户分类管理

3）方便使用

一个好的编码，应使用户感到使用方便，即便于记忆，便于输入等。尽可能减少输入的击键数。在具体运行时，当一个新客户进入系统，首先应对他进行编码，储存在系统里。

2. 客户合同管理

客户的合同代表客户与企业所发生的业务情况及责权利的划分因此客户合同管理的好坏，将影响到企业的整个业务运作。

客户的合同内容包括所需商品的品名、规格、数量、结款方式、结款时间、客户名称、客户渠道、法人代表、客户手机、联系人等信息。物流企业通过合同的管理，就可知道其业务状况，这些合同除了企业用于对客户分析外，还用于财务系统的资金结算，如图 6－15 所示。

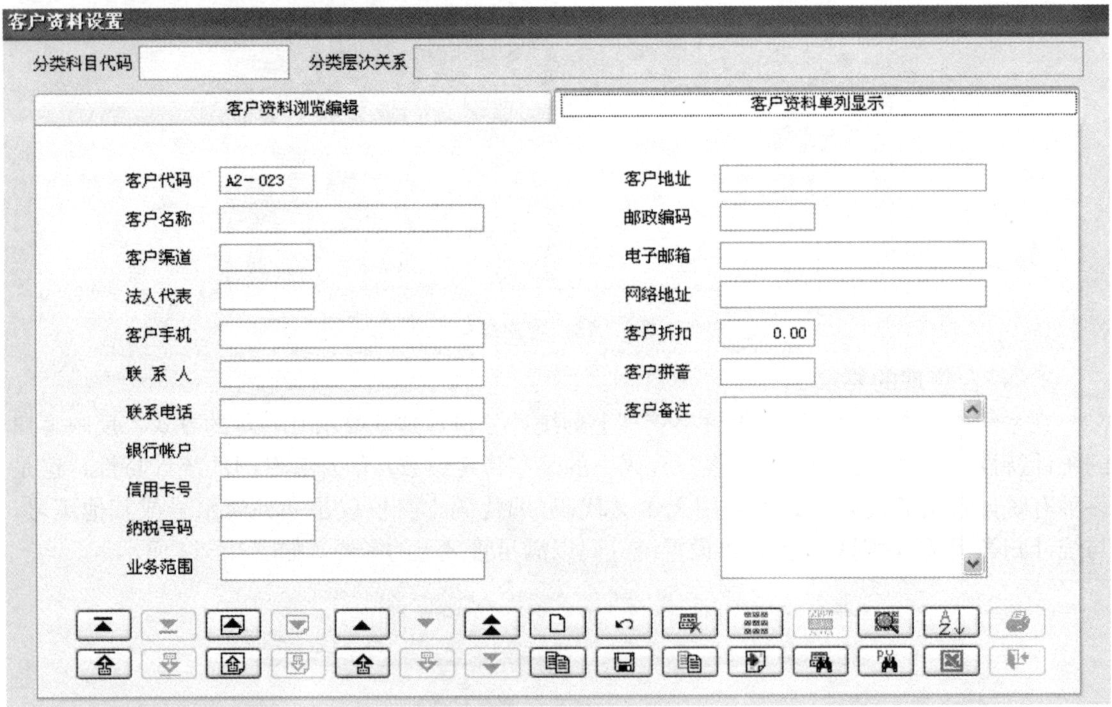

图 6－15 客户合同管理

3. 统计分析

充分利用系统内所含的信息，进行加工、统计分析有用的信息，产生较好的效益。

1）重点客户分析

可为企业经营决策，加强管理提供各类客户，按他们在某一时段内(一般为一个月)与企业发生业务的金额，逐一做出统计，并按发生金额的大小排列，找出发生金额较大的若干名，作为企业的重点客户，搞好这些重点客户的管理，保持与稳定地发展与他们的业务关系，对企业的生存发展有十分重要的意义。

2）客户业务量趋势分析

对每个重要客户，可按时间及其与企业发生的业务量大小，进行趋势分析。当业务量随时间上升时，要设法巩固与发展业务；当业务量下降时，则要分析原因，对症下药，采取措施，及时扭转下降趋势。在对每个重点客户作趋势分析时，同时还可分析该客户的业务量的百分比及占整个客户的地位，以充分掌握该客户的情况。

通过该分析，在抓住重点客户的同时，还要挖掘潜力客户，采取有力措施，提高潜力客户的业务量。

小知识

中远集团的顾客让渡价值观念

增加顾客让渡价值，就要增加顾客购买的总价值降低顾客购买的总成本。要紧贴市场，完善服务功能，增加服务项目，扩大服务内涵，设身处地为顾客着想，在研究分析顾客需求(Customer)、顾客成本(Cost)、便利性(Convenient)和沟通(Communication)的基础上，考虑企业如何满足顾客需求、如何为顾客节约成本、如何使顾客更加便利、如何促进与顾客的沟通等问题。就航运业而言，不仅要满足顾客对货运量的一般要求，还要帮助货主解决运输过程中产生的相关问题，提供能使货主产品增值的服务。中远强调一站化服务和无缝服务，就是为顾客提供尽可能的便利和周到热忱的服务。接到客户订单后，我们把顾客的一切需要全部安排好，让顾客满意，让顾客放心。只有正确地尊重了顾客，和顾客取得利益一致，才能实现企业和顾客的双赢，加强企业的竞争地位。

6.4 客户管理信息系统效益分析

6.4.1 系统实施前后效益指标对比

系统实施前后的比较表，见表6-4。

表6-4 CRM系统实施前后比较表

CRM实施系统前	CRM实施系统后
客户投诉、退货反应迟钝	客户投诉响应快，处理及时，提高了客户满意度
仓库的管理水平很差，劳动量大，错误率较高	提升仓库管理的科技水平，减轻劳动量，减少错误率
客户无法通过网络对货物进行库存查询	实现在线客户对货物库存的查询
客户数据管理混乱	客户数据管理准确清晰，提供一对一服务
业务操作流程不规范	规范化的业务操作流程
对客户提供高质量服务水平的能力较低	提高对客户的服务水平，增强了企业竞争力

6.4.2 系统应用给企业带来的好处

1. 优化服务、增强合作

通过建立客户关系管理系统，物流企业可以收集到客户通过多种途径反馈的售后服务信息，从而优化对客户的服务，提高客户满意度。同时，由于提供实时的客户查询功能，可实现物流信息的“客户共享”，向客户提供各类统计报表的查询，可以帮助客户制订生产计划，增强物流企业和客户间的合作伙伴关系。

2. 提高市场占有率、增加销售额

通过对各种客户信息的分析，找出潜在的客户群，针对潜在的客户群制定相应的销售策略进行营销，目的在于将潜在客户变为最终客户，提高市场占有率，进而增加销售额。

3. 降低销售成本

通过对收集到的客户信息的分析，对客户进行评价和分类，通过细分客户群，有针对性地对优质客户提供一些优惠政策，使物流企业在进行市场推广和销售策略时避免盲目性，节省时间和资金。

4. 市场预测、分析

通过对客户关系管理系统中的各种销售数据以及客户需求的分析，对未来市场的发展方向进行预测，使得物流企业能够根据市场的变化及时调整销售和服务策略。

5. 提高工作效率

通过客户关系管理系统能够给物流企业的各环节提供信息与数据共享，可以提高业务处理流程的自动化程度，提高企业员工的工作能力和效率，也使企业内部能够更高效地运转使得物流企业能够及时掌握运营状况，有效地管理各业务环节，同时提高对非正常业务的处理能力。

广角镜

马士基的物流营销理念

马士基(MAERSK)是班轮运输业最成功的承运人之一，也是全球最大的综合物流服务商。1997 年在大多数班轮公司亏损严重的情况下，它却盈利丰厚。它成功的秘诀之一就是严格执行安全规则。马士基对于船舶载运危险品规定了最大容许量。有一次，有一批危险品货物要由马士基负责装运，但是货物没装完就达到了最大容量，这批货是一位重要的客户托运的。这位激怒的货主找到马士基理事托马斯·安德森(Thomas Anderson)，要求将这批货全部装船，并警告说如果不同意发出就后果自负。安德森回答说，他非常遗憾，基于“安全第一”的思想，这些未装船的集装箱必须搬走，不得装船。听到此话后，这位货主的态度立即改变了，他同意安德森不得装船的决定。并说，假如马士基破坏了自己定下的安全规则，那他就犯了错误；如果安德森屈服于他的压力而将货物和船舶置于危险之中，将会受到所有人的谴责。马士基因严格执行安全规则而赢得了顾客的信任，使它获得了意外的利益。

事实上，为更好地为客户服务，马士基实现了物流服务的计算机系统化，通过建立信息服务平台，使各级别的客户都可以跟踪其业务过程，让客户实时监控物品状况。另外，马士基还给供货商提供了一个网站，让供货商能输入班轮信息，自动发到系统上而不必硬复制或发传真。马士基一直关注新技术的发展，希望公司与客户一起发展，跟上时代前进的步伐。客户和商家都对马士基提供的更广泛业务范围很感兴趣。与客户良好的合作关系使公司有更好的商业发展前景，这种稳定的关系受到客户的称赞。马士基物流的综合服务吸引了很多新客户。只要客户需要，马士基就会提供相应的服务，这正是他们成功的关键。

本章小结

在物流管理中，将CRM系统应用于各企业的物流、运输、库存及服务业务，帮助企业实现长久增值和竞争力。CRM系统的创造性、领先性管理理念和手段——聚焦客户关系管理，不仅能有效推动企业前端市场，销售与服务部门的日常运作，而且能为物流管理提供定量的、客观的依据。CRM系统的最终目标是帮助企业逐步建立以客户为中心的物流运营管理模式，使企业达到降低运营成本、提高企业销售收入、客户满意度和员工生产力的目的。

思考与练习

一、填空题

1. (　　)起源于西方的市场营销理论，产生和发展在美国。

2. (　　)、(　　)、(　　)、(　　)和支持等构成了CRM系统模块基石。

3. 将零散、不集成的客户资料集中管理，可以(　　)、(　　)了解老客户和新客户的准确信息。

4. 通过采用(　　)，可以提高业务处理流程的自动化程度，提高企业员工的工作能力和效率，并有效减少(　　)，使企业内部能够更高效的运转。

5. (　　)与支持是客户关系管理中的重要部分，它是通过(　　)互联网来实现的。

二、判断题

1. CRM最早产生于20世纪90年代初。 (　　)

2. 利用CRM系统的跟踪、管理销售机会，确切了解客户的需求，增加销售的成功率，进而提高销售收入。 (　　)

3. CRM系统不可以实现资源共享。 (　　)

4. 同一客户在系统内可以有两个或更多的代码，或不同客户编成相同的代码。 (　　)

5. 在系统中，必然要对客户做许多管理上的统计分析，这就要求有一定的方式，反映客户的统计特性。 (　　)

6. 一个好的编码，应使用户感到使用方便，即便于记忆，便于输入等。 (　　)

7. 求助电话是一种较为常见的服务方式。 (　　)

8. 客户的合同代表客户与企业所发生的业务情况及责权利的划分因此客户合同管理的好坏，将影响到企业的整个业务运作。（　　）

9. 对每个客户，可按时间及其与企业发生的业务量大小，进行趋势分析。（　　）

10. 通过对客户关系管理系统中的各种销售数据以及客户需求的分析，对未来市场的发展方向进行预测，使得物流企业能够根据市场的变化及时调整销售和服务策略。（　　）

三、单项选择题

1. 客户(　　)包括客户基本信息、扩展信息、相关重要人士信息和竞争者信息四大类内容。

A. 资料　　B. 信息档案　　C. 订单　　D. 关系管理

2. 物流(　　)的基本信息包括客户访问信息、巡视员信息、客户档案信息、员工当日服务记录等。

A. 资料　　B. 信息档案　　C. 订单　　D. 客户

3. 客户对产品或服务的有关信息整理的内容包括客户(　　)和投诉信息两种。

A. 投诉　　B. 抱怨　　C. 订单　　D. 意见

4. 客户关系管理系统的(　　)重要功能就是实现营销流程的自动化。

A. 第一个　　B. 第二个　　C. 第三个　　D. 第四个

5. 编码的(　　)即一个客户在系统内只能有唯一的代码。

A. 不唯一性　　B. 原则　　C. 方法　　D. 唯一性

四、简答题

1. 什么是客户管理?
2. 客户关系管理的内容有哪些?
3. 什么是客户管理信息系统?
4. 客户关系管理信息系统主要包括哪些功能?
5. 简述物流客户信息收集与整理。
6. 简述内部客户的信息整理分类方法。
7. 简述客户关系管理系统构成。
8. 简述客户服务与支持的功能。
9. 简述客户关系管理流程。
10. 客户关系管理系统应用给企业带来的好处有哪些?

五、案例分析

物流信息化平台

在西方发达国家，物流的信息化程度，为企业获取高额利润创造了条件。在我国，一些大的物流企业也正在实践并享受着先进信息化带来的快意。国务院物流振兴规划指出，“十二五”期间国家将重点扶持物流公共信息平台的建设和发展。物流信息化的进程势不可挡，中国物通网，一个致力于中国最大、最专业的物流信息化的平台，涵盖了物流行业的各个领域及行业动态，拥有海量的物流信息，指引物流行业的方向，帮助物流相关人员最大化利用物流资源，共享和交换物流信息，从而加速物流行业的快速发展。

信息网络平台的搭建是实现物流现代化的有效手段，通过综合运用现代化科学管理方法和现代信息技术手段，合理有效地组织、指挥、调度、监督物资的入库、出库、储存、装卸、搬运、计量、保管、财务、安全保卫等各项活动，达到作业的高质量、高效率，取得较好的经济效益。

思考与讨论

1. 物流信息化给现代物流企业带来哪些变化?

2. 企业如何利用信息技术获取竞争优势?

第7章 物流成本管理信息系统

【教学要求】

本章介绍了物流成本构成和分类，物流成本的计算；成本管理的有关数据；物流成本计算要求和计算对象的确定；物流成本计算科目及账户的设置；物流成本主表信息；物流成本支付形态管理。通过本章的学习，熟悉物流成本管理信息系统功能和作用。

【关键知识点】

(1) 物流成本构成和分类；
(2) 物流成本的计算；
(3) 成本管理的有关数据；
(4) 物流成本计算要求和计算对象的确定；
(5) 物流成本计算科目及账户的设置；
(6) 物流成本主表信息；
(7) 物流成本支付形态管理。

引导案例

戴尔库存成本控制战略

"IT企业应是物流管理效率最高的整体。但迄今，戴尔以外的IT企业客户，除了在我们这里存放有托管原料外，还要在自己的工厂中存放2～4天的安全库存。"作为戴尔原料的提供商，柏灵顿公司的孙炳坤经理说："唯有戴尔，在工厂中没有安全库存，完全是真正的零库存概念，这是近30年来在全球123个国家遇到的第一个真正的零库存的企业。"

如果计算从工厂生产和发货到客户桌面之前的时间，戴尔的平均库存周期是4天，传统企业的库存周期维持在30～60天是很正常，4天的库存周期已经等于零库存的底限。

当产品最终投放市场时，物流配送优势(物流效率)就可转变成2%～3%的产品优势，竞争力的强弱不言而喻。

戴尔产品90%的零部件是通过网络采购的。在最近的几年里，生产流程中的工艺已经削减了一半，以信息代替存货，即要求供应商提供准确、充分、迅速的信息，从而努力减少存货，降低成本。

思考

1. 简述戴尔的库存成本控制战略。
2. 戴尔如何实现零库存?

7.1 物流成本概述

一般认为物流成本管理不仅仅是管理物流成本，而是通过成本去管理物流，可以说是以成本为手段的物流管理方法，通过对物流活动的管理，从而在既定的服务水平下达到降低物流成本的目的。

7.1.1 物流成本构成与分类

1. 物流成本概念

(1) 物流(Logistics)：现代物流泛指原材料、产成品从起点直至终点及相关有效的全过程。它将运输、仓储、装卸、加工、配送、信息等方面有机结合，形成完整的供应链管理。

(2) 成本(Cost)：是企业为了生产商品或提供劳务等所耗费的物化劳动、活劳动中必要劳动价值的货币表现。

(3) 物流成本(Logistics Costs)：是指在物流过程中，为了提供有关服务，要占用和耗费一定的活劳动和物化劳动。这些活劳动和物化劳动的货币表现，即为物流成本，也称物流费用。它包括了物流各项活动的成本，是特殊的成本体系，如图7-1所示。

2. 物流成本的构成

本章在探讨企业物流成本构成内容时，抽象企业类型的差异，以国家标准GB/T 20523—2011《企业物流成本构成与计算》中物流成本项目构成为主线展开，兼顾物流范围和物流成本支付形态的内容。从这个角度而言，物流成本涵盖了生产、流通、消费全过程的物品实体与价值变化而发生的全部费用。包括了物品从生产源点的采购开始到最终顾客手中的仓储、搬运、装卸、包装、运输以及在消费领域发生的验收、分类、保管、配送、废品回收等过程发生的所有成本。具体由以下几部分构成。

(1) 物流活动中的人力成本，包括职工工资、奖金、津贴及福利等。

(2) 运输成本，包括：人工费用、运营费用、其他费用。

(3) 流通加工成本，包括：设备费用、加工材料费用、流通加工劳务费用、其他费用。

(4) 配送成本，配送中心进行分拨、配货、送货过程中所发生的各项费用。

(5) 包装成本，包括：包装材料费用、包装机械费用、包装技术费用、包装辅助费用、包装人工费用。

(6) 装卸与搬运成本，包括：人工费用、运营费用、装卸搬运合理损耗费用、其他费用。

(7) 仓储成本，包括：仓储持有成本、订货或生产准备成本、缺货成本、在途库存持有成本。

(8) 用于保证物流系统运作的资金成本。

(9) 研究设计、重组与优化物流过程的费用。

(10) 其他费用。

在企业的各类财务表中，所表现出来的物流费用主要是流通费用。一般管理费用中的保管费、运输费等“对外支付的物流费”，这些费用并没有涵盖物流成本的全部费用。一般情况下，大多数企业发生的全部物流费用往往是表现出来的两倍或更多。这些隐藏的部分被称为“第三利润源”，或物流“冰山”沉在水面以下的部分。

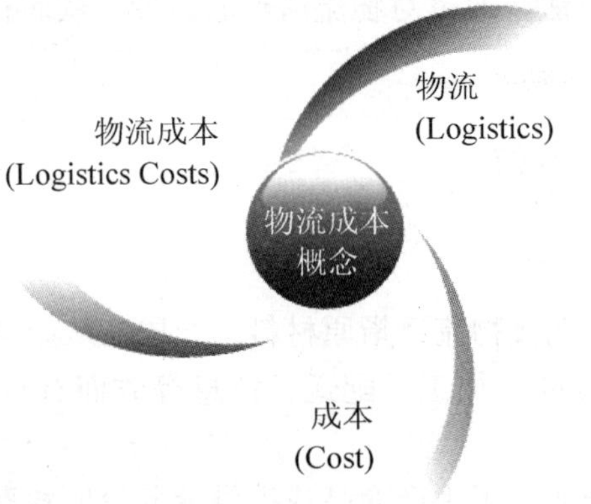

图 7－1　物流成本概念

小贴士

在纺织批发商聚集的东京日本桥批发街地区，商品入货、出货的货车错综来往，交通堵塞非常严重。运输业者的货车等待时间要比装卸时间长，4t 的货车装货要花 2 个半小时，物流业务的非效率性和运费上升越来越严重。东京日本桥的 37 家纺织批发商以建设共同物流中心为目的，结成了“联合团体——东京湾市场”。该团体很快就在东京湾建立了一个服装大市场，大大降低了成本。

3. 物流成本的分类

1）狭义的物流成本分类

狭义的物流成本如图 7－2 所示。

- 物流成本
  - 流通企业物流成本
    - 按成本的经济性质不同划分
      - 生产性流通成本
      - 纯粹性流通成本
    - 按成本与商品流转额的不同划分
      - 可变成本
      - 固定成本
    - 按成本与发生的流转环节不同节划分
      - 进货成本
      - 商品存储升本
      - 销售成本
  - 生产企业物流成本
    - 按物流成本支出的形式不同划分
      - 本企业支付的物流成本
      - 其他企业支付的物流成本
    - 按物流活动构成不同划分
      - 物流环节费
      - 信息流通费
      - 物流管理费
    - 按物流过程不同划分
      - 供应物流费
      - 生产物流费
      - 销售物流费
      - 退货物流费
      - 废品物流费

图 7－2 狭义物流分类

(1) 生产性流通成本，又称追加成本，是生产性成本在流通领域的继续，是为了使物品最终完成生产过程，便于消费而发生的成本。生产性流通成本要追加到产品的价值中去，是必要劳动的追加成本。

(2) 纯粹性流通成本，也称销售成本，是流通企业在经营管理过程中，因组织产品交换而发生的成本。纯粹性流通成本同商品的交换行为有关，虽然不创造新的价值，但也是一种必要劳动，是物品价值实现过程所必不可少的。

(3) 可变成本，或称直接成本，指物流成本中随商品流转额变动而变动的那一部分成本。这种成本开支的多少与商品流转额变化直接相关，即流转额增加，成本支出也随之增加，反之则减少，如搬运费、仓储管理费等。

(4) 相对不变成本，称间接成本，指物流成本中不随商品流转额的变动而变动的那一部分成本。这种成本与商品的流转额没有直接关系，在一般情况下，商品流转额变动，它不一定发生变动；即使发生变动，也不与商品的流转额成比例变动。它受商品流转额增减变动的影响较小，开支的绝对金额是相对固定的，如员工工资、福利费、折旧费等。

(5) 进货成本是指商品由供货单位到流通企业仓库所发生的运输费、装卸费、损耗费、包装费、入库验收费和中转单位收取的费用。

(6) 商品储存成本是指物流企业在商品保管过程中所开支的转库搬运、检验、挑选、整理、维护、保养、管理、包装等方面的成本及商品的损耗费。

(7) 销售成本是指流通企业从商品出库到销售过程中所发生的包装费、手续费、管理费等。

(8) 本企业支付的物流成本是指企业在供应、销售、退货等阶段，因运输、包装、搬运、整理等发生的由企业支付的物流成本。它又可进一步分为自己支付和委托支付两种物流成本。自己支付的物流成本包括材料费、人工费、燃料动力费、管理费、折旧费、利息支出、维护保养费等；委托支付的物流成本包括运输费、手续费、保管费和包装费等。

(9) 其他企业支付的物流成本是指由于企业采购材料、销售产品等业务发生的由有关供应者和购买者支付的各种包装、发运、运输、验收等物流成本。

(10) 物流环节费是指产品实体在空间位置转移所流经环节而发生的成本，包括包装费、运输费、保管费、装卸费及流通加工费等。

(11) 信息流通费是指为实现产品价值变换，处理各种物流信息而发生的成本，包括与库存管理、订货处理、为客户服务等有关的成本。

(12) 物流管理费是指为了组织、计划、控制、调配物资活动而发生的各种管理费，包括现场物流管理费和机构物流管理费。

(13) 供应物流费是指企业为生产产品而购买各种原材料、燃料、外购件等所发生的运输、装卸、搬运等方面的成本。

(14) 生产物流费是指企业在生产产品时，由于材料、半成品、成品的位置转移而发生的搬运、配送、发料、收料等方面的成本。

(15) 销售物流费是指企业为实现商品价值，在产品销售过程中所发生的储存运输、包装及服务成本。

(16) 退货物流费是指产品销售后因退货、换货所引起的物流成本。

(17) 废品物流费是指因废品、不合格产品的物流所形成的物流成本。

2) 广义的物流成本分类

以上的狭义物流成本分类方法，在一定程度上满足了企业统计计算物流成本的需要。但是值得注意的是：客户服务成本是企业在进行物流成本管理时必须要考虑的成本要素。各类物流成本之间具有此消彼长的关系，试图减少单个活动的成本也许会导致总成本增加，管理层必须考虑所有物流成本的总和，才能实现有效的管理和真正的成本节约。由于现有的物流成本分类方法不但忽略了客户服务成本，而且不能清楚地反映各类物流成本之间的背反关系，因此，为了提升企业物流成本的管理效率，必须将物流成本管理的视角扩展到广义物流成本的范畴，广义物流成本包括以下分类。

(1) 客户服务水平。与不同客户服务水平相关的关键的成本权衡因素，是丧失销售的成本。丧失销售的成本不仅包括失去的现有销售所带来的贡献，还包括未来的潜在销售。企业可能由于以前顾客的反面的口头宣传而丧失未来的销售机会。某一项评估表明，每个不满意的顾客会将他或她对于产品或服务的不满向其他平均九个人诉说。由此可见，要衡量客户服务的真实成本是很困难的。

广角镜

交货率

实际交货数占已订货数的比例。这一指标一般是作为评价采购管理或者供货厂商的物流服务的精度和物流服务能力的指标而采用的。它是顾客衡量物流服务水准的指标之一。交货率低的主要因素有：由缺货、工作失误而造成商品的种类、数量的差错，配送途中的商品破损，发票制作时的错误等。

因此，最好的办法是根据客户需要决定希望达到的客户服务水平，并考虑哪些需求将会如何受营销组合其他方面的开支的影响。正如前面所说的，其思想是在给定客户服务目标的前提下，使总成本最小化。因为其他5个主要的物流成本因素共同作用来支持客户服务，物流经理需要得到有关每个成本类别的开支的正确数据。

（2）运输成本。根据分析个体的不同，可以用多种不同的方法来考察支持运输的支出。运输成本可以按客户、生产线、渠道类型、运输商、方向(进货对发货)等分类。根据发运量、运输的重量、距离以及出发地和目的地不同，成本相应地变化很大。成本和服务还会随着所选择的运输方式的不同而发生大幅度的变动。

（3）仓储成本。仓储成本由仓储和储存活动以及工厂和仓库的选址过程所造成，包括由于仓库数量和位置的变化而引起的所有成本。

（4）订单处理和信息系统成本。订单处理和信息系统的成本与诸如处理客户订单、配送信息和需求预测等活动相关。

（5）批量成本。主要的物流批量成本是由于生产和采购活动所引起的。批量成本是和生产或采购相关的成本，随着生产批量、订单的大小或频率的改变而变化。

（6）库存持有成本。可能影响库存持有成本的物流活动包括库存控制、包装以及废品回收和废物处理。库存持有成本由许多因素组成，除销售的丧失成本之外，库存持有成本是最难确定的。

（7）包装成本。包装作为物流企业的构成要素之一，与运输、保管、搬运、流通加工均有十分密切的关系。包装是生产的终点，同时又是物流的起点，因而包装在物流中有非常重要的作用。

以上对广义物流成本的分类，将物流看成是一个完整的系统，并以给定企业的客户服务目标为前提。这种分类方法从各种物流活动和成本的关系出发，分析成本产生的原因，将总成本最小化，实现有效的物流管理和真正的成本节约。

7.1.2 物流成本管理及其信息系统

1. 物流成本管理的内容

物流成本管理的内容主要包括物流成本预测、物流成本决策、物流成本计划、物流成本控制、物流成本核算、物流成本分析和考核等。物流成本管理需要一个能协调计划、监控和管理物流各种各样物流成本发生的全面集成化系统。从而协助物流企业的各项活动都面向市场来进行运转。

成本管理可以分为以下 3 个阶段。

(1) 事前计划：在成本发生前，预先通过对历史资料的分析研究和依据技术方法测算，制订出未来某个时期内各种生产条件处于正常状态下的标准成本，作为员工努力的目标以及衡量实际成本节约或超支的尺度，从而起着成本的事前控制作用。

(2) 事中控制：在生产过程中将成本的实际消耗与标准消耗进行对比，及时地揭示和分析实际成本脱离成本标准的差异，并迅速采取措施加以改进，以加强成本的事中控制。

(3) 事后分析：在每月或季度结束后，计算出实际成本与标准成本之间的差异，分析差异的原因，查明责任归属，评估业绩，从而制定有效措施，以避免不合理的支出和损失的再次发生，为未来的成本管理工作和降低成本的途径指出努力方向，实现成本的事后控制。

2. 物流成本管理信息系统的组成

所谓系统，是一组相关而有共同目标的集合，也可以说是达到共同目标的要素群。物流成本管理信息系统，是利用计算机技术实现的物流成本各功能要素的集合，它包括物流成本计算、物流支付形态管理、物流成本性态分析、物流责任成本管理、物流成本效益分析。物流成本管理系统如图 7－3 所示。

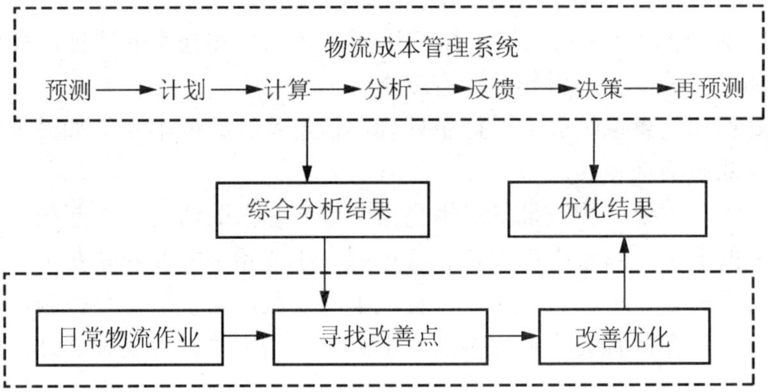

图 7－3 物流成本管理系统

7.1.3 物流作业成本的费用信息

要建立成本管理信息系统，首先要收集物流作业过程中的费用信息，分析成本管理业务需求。各成本项目的构成包括以下内容。

1. 运输成本

运输成本是指一定时期内，企业为完成货物运输业务而发生的全部费用，包括支付外部运输费和自有车辆运输费。具体包括以下 3 部分内容。

(1) 人工费。主要指从事运输业务的人员的费用。具体包括运输业务人员工资、福利、奖金、津贴、补贴、住房公积金、职工劳动保护费、人员保险费、按规定提取的福利费、职工教育培训费和其他一切用于运输业务人员的费用等。

(2) 维护费。主要是指与运输工具及其运营有关的费用。具体包括车辆(包括其他运输工具)的燃料费、折旧费、维修保养费、保险费、租赁费、养路费、过路过桥费、年检费等。

（3）一般经费。在企业运输业务的过程中，除了人工费和维护费之外的其他与运输工具或运输业务有关的费用，如事故损失费等。

就物流范围而言，运输成本存在于企业供应物流、企业内物流、销售物流、回收物流和废弃物物流全过程。

2. 仓储成本

仓储管理的主要任务是用最低的费用在适当的时间和适当的地点取得适当数量的存货。

仓储成本是指一定时期内，企业为完成货物储存业务而发生的全部费用，包括支付外部仓储费和使用自有仓库仓储费。具体包括以下3部分内容。

（1）人工费。主要指从事仓储业务人员费用。具体包括仓储业务人员工资、福利、奖金、津贴、补贴、住房公积金、职工劳动保护费、人员保险费、按规定提取的福利费、职工教育培训费和其他一切用于仓储业务人员的费用等。

（2）维护费。主要是指与仓库及保管货物有关的费用。具体包括仓储设施的折旧费、设施设备维修保养费、水电费、燃料与动力消耗费等。

（3）一般经费。在企业仓储业务的过程中，除了人工费和维护费之外的其他与仓库或仓储业务有关的费用，如仓库业务人员办公费、差旅费等。

目前，许多教材中，仓储成本的含义较为广泛，通常包括仓储持有成本、订货或生产准备成本、缺货成本和在途库存持有成本等，其中资金占用成本、存货风险成本和存货保险成本等均包括在上述内容中。本书中的仓储成本是指狭义的仓储成本，仅指为完成货物储存业务而发生的全部费用。因此，就物流范围而言，仓储成本通常发生于企业内物流阶段。

3. 包装成本

包装成本是指一定时期内，企业为完成货物包装业务而发生的全部费用，包括运输包装费和集装、分装包装费。具体包括材料费、人工费、维护费和一般经费4部分内容。

（1）材料费。主要指包装业务所耗用的材料费。企业的包装材料除少数自制外，大部分是通过采购取得的。根据财政部《企业会计准则》和《工业企业会计制度》的规定，外购材料成本包括买价和购买材料的运杂费、运输途中的合理损耗、入库前的挑选整理费用以及购入材料负担的不能抵扣的税收等。

（2）人工费。主要指从事包装业务的人员的费用。具体包括包装业务人员工资、福利、奖金、津贴、补贴、住房公积金、职工劳动保护费、人员保险费、按规定提取的福利费、职工教育培训费和其他一切用于包装业务人员的费用等。

（3）维护费。主要指与包装机械有关的费用。包装过程中使用包装机械，可以极大地提高包装水平和劳动效率。包装机械有关费用主要包括设备折旧费、维修费、能源消耗费和低值易耗品摊销等。

（4）一般经费。在包装过程中，除了人工费、材料费和与包装机械有关的费用外，还发生了一些诸如包装技术费用和辅助费用等的其他杂费，这部分费用通常列入一般经费。例如为了发挥包装的功能，达到最佳的包装效果，需要实施缓冲、防潮、防霉技术所发生的设计和实施费用，以及包装标记标志的设计费、印刷费、辅助材料费等。

传统上，实施包装作业的单位一般为生产制造企业，但随着物流活动过程中“流通加工”这一物流功能存在的客观性和必要性得到越来越多的认可，包装作业的实施单位也由生产制造企业扩展到包括流通企业和物流企业在内的所有类型企业和流通企业。无论何种包装，都需要耗用一定的人力、物力、财力，对于大多数商品，只有经过包装，才能进入流通，也有部分商品，是进入流通后，实施初次或再次界定：“物品在从生产地到使用地的过程中，根据需要施加包装、分割、计量、分拣、刷标志、拴标签、组装等作业的总称。”

4. 装卸搬运成本

装卸搬运成本指一定时期内，企业为完成货物装卸搬运业务而发生的全部费用。具体包括人工费、维护费和一般经费 3 部分内容。

（1）人工费。主要指从事装卸搬运业务的人员的费用。具体包括装卸搬运业务人员的工资、福利、奖金、津贴、补贴、住房公积金、职工劳动保护费、人员保险费、按规定提取的福利费、职工教育培训费和其他一切用于装卸搬运业务人员的费用等。

（2）维护费。在装卸搬运过程中需要使用一些起重搬运设备和输送设备等，维护费是指这些装卸搬运设备的折旧费、维修费以及能源消耗费等。

（3）一般经费。指在物品装卸搬运过程中，除了上述人工费和设备维护费外，发生的其他与装卸搬运业务有关的费用，如分拣费、整理费等。

就装卸搬运业务发生的场所而言，包括车间装卸搬运、站台装卸搬运和仓库装卸搬运等，因此，装卸搬运成本存在于供应物流、企业内物流、销售物流、回收物流和废弃物物流整个物流活动的全程。

5. 流通加工成本

流通加工成本是指一定时期内，企业为完成货物流通加工业务而发生的全部费用，包括支付外部流通加工费和自有设备流通加工费。具体包括人工费、材料费、维护费和一般经费 4 部分内容。

（1）人工费。主要指从事流通加工业务的人员的费用。具体包括流通加工业务人员的工资、福利、奖金、津贴、补贴、住房公积金、职工劳动保护费、人员保险费、按规定提取的福利费、职工教育培训费和其他一切用于流通加工业务人员的费用等。

（2）材料费。主要指流通加工过程中所耗用的辅助材料、包装材料等材料费。材料成本的计算方式同包装作业中材料成本的计算。

（3）维护费。流通加工过程中需要使用一定的设备，例如电锯、剪板机等，维护费指与这些流通加工设备有关的折旧费、摊销费、维修保养费以及电力、燃料、油料等能源消耗费。

（4）一般经费。一般经费指在流通加工过程中，除了上述人工费、材料费和维护费之外，所发生的与流通加工有关的其他费用支出，例如流通加工作业应分摊的车间经费以及其他管理费用支出。

流通加工的对象是进入流通领域的商品，具有商品的属性。从这一意义上说，流通加工成本仅存在于销售物流阶段。

6. 配送成本

配送是物流系统中一种特殊的、综合的活动形式。从物流角度来说，配送几乎包含了所有的物流功能要素，是物流的一个缩影或在较小范围内物流全部活动的体现。一般的配送集运输、仓储、包装和装卸搬运于一身，特殊的配送还包括流通加工。

正因为配送是一个“小物流”的概念，集若干物流功能于一身，所以配送成本包括在配送物流范围内的运输、仓储、包装、装卸搬运和流通加工成本中，具体的费用支付形态包括人工费、材料费、维护费和一般经费，就物流范围而言，配送成本存在于供应、企业内物流和销售物流阶段。

本书中，配送成本不作为物流功能成本的构成内容，而将与配送成本有关的费用支出在其他物流功能成本中进行分配。

7. 物流管理成本

物流管理成本指一定时期内，企业为完成物流管理活动所发生的全部费用，包括物流管理部门及物流作业现场所发生的管理费用，具体包括人工费、维护费和一般经费 3 部分内容。

(1) 人工费。主要指从事物流管理工作的人员的费用。具体包括物流管理人员的工资、福利、奖金、津贴、补贴、住房公积金、职工劳动保护费、人员保险费、按规定提取的福利费、职工教育培训费和其他一切用于物流管理人员的费用等。

(2) 维护费。指物流管理人员在物流管理过程中，会使用有关软件系统和硬件设施进行管理，这些软硬件系统及设施的折旧费、摊销费、修理费等，即为物流管理成本的维护费。

(3) 一般经费。指物流管理活动中，除了人工费、维护费外的其他费用支出。如物流管理部门、物流作业现场及专门的物流管理人员应分摊的办公费、会议费、水电费、差旅费等，还包括国际贸易中发生的报关费、检验费、理货费等。

物流管理活动贯穿于企业物流活动全程，因此，就物流范围而言，物流管理成本存在于供应物流、企业内物流、销售物流、回收物流和废弃物物流全程。

8. 物流信息成本

畅通信息渠道，及时充分地获取各类信息，是物流系统高效运行的保证。随着物流业的发展，信息在物流管理中的地位越来越重要，物流信息管理已经成为物流管理的重要手段之一。目前，企业物流管理活动信息流既包括企业内部信息流，如企业内原材料、半成品、产成品物流以及生产过程物流和与之相关的物流成本核算所产生的信息流动，也包括企业间的信息流，如企业间订货、收货、发货、中转、代理以及结算等活动所产生的物流信息。无论何种形式的信息流，都主要以物流及信息技术作为载体，通过与物流活动的高度融合，最终推动和促进物流管理水平的提升。

物流信息成本指一定时期内，企业为完成物流信息的采集、传输、处理等活动所发生的全部费用，具体包括人员费、维护费和一般经费 3 部分内容。

(1) 人员费。主要指从事物流信息管理工作的人员费用。具体包括物流信息人员的工资、福利、奖金、津贴、补贴、住房公积金、职工劳动保护费、人员保险费、按规定提取的福利费、职工教育培训费和其他一切用于物流信息管理人员的费用等。

(2) 维护费。在物流信息管理过程中，开发物流信息软件系统，投入信息硬件设施，已经成为物流信息管理的重要手段和必备条件。物流信息成本的维护费主要是指与物流信息软、硬件系统及设备有关的费用，物流信息系统开发摊销费、信息设施折旧费以及物流信息软硬件系统维护费等。

（3）一般经费。在物流信息活动过程中，除了人工费和与物流信息软硬件系统有关的维护费外，所发生的其他与物流信息有关的费用，例如在采购、生产、销售过程中发生的通信费、咨询费等。

无论哪种类型的企业，物流信息活动都贯穿于物流活动全程，在企业运营过程中，有物流就有相关的信息客观存在，因此，就物流范围而言，物流信息成本存在于供应物流、企业内物流、销售物流、回收物流和废弃物物流全程。将物流信息与其他信息区别开来，将物流信息费用从其他费用中分离出来都是极其困难的，但同时也是极为必要和重要的。

7.2　物流成本计算数据和计算对象的确定

7.2.1　物流成本计算的要求

为了使成本管理信息系统能正确计算物流成本，要区分哪些属于成本计算对象。要分清有关费用的界限。

小知识

物流费冰山说

只能把握委托物流那种容易算清成本的部分，而不能正确地把握隐藏在水面下的自家物流的全部成本。为此，人们把物流成本比喻为冰山。在核算不清的费用中，有自家公司的物流成本，也有不列入费用的向其他公司所支付的物流费。若不把这些费用计算清楚，就不能实现物流整体的合理化。

1. 正确划分应计入物流成本和不应计入物流成本的费用界限

企业的全部经济活动可分为生产经营活动、投资活动和筹资活动。

首先，投资活动的耗费不能计入物流成本。只有生产经营活动和与流动资金有关的筹资活动的成本才可能计入物流成本。筹资活动和投资活动不属于生产经营活动，在会计上，它们的耗费不能计入产品成本，属于筹资成本和投资成本。物流活动贯穿于企业经营活动，因此投资以及与流动资金筹资无关的筹资活动所发生的耗费不能计入物流成本，这部分耗费包括：对外投资的支出、耗费和损失；对内长期资产投资的支出、耗费和损失，包括有价证券的销售损失、固定资产出售损失和报废损失等；捐赠支出；各种筹资费用，包括流动资金之外的应计利息、贴现费用、证券发行费用等。

其次，生产经营活动的成本包括正常的成本和非正常的成本。在会计上，只有正常的生产经营活动成本才可能计入产品成本，非正常的经营活动成本不计入产品成本而应计入营业外支出。非正常的经营活动成本包括灾害损失、盗窃损失等非常损失；滞纳金、违约金、罚款、损害赔偿等赔偿支出；短期投资跌价损失、坏账损失、存货跌价损失、长期投资跌价损失、固定资产减值损失等不能预期的原因引起的资产减值损失；债务重组损失等等。

另外，企业正常的生产经营活动成本又分为产品成本和期间费用。这两部分成本费用支出正是物流成本的主要构成内容。所以，计算物流成本首先应从产品成本和期间费用有关的会计科目出发，按物流成本的内涵，逐一归集和计算物流成本。

2. 正确划分不同会计期物流成本的数据界限

物流成本的计算期可为月度、季度和年度。一般要求每月计算一次。因此，应计入物流成本的费用数据，还应在各月之间进行划分，以便分月计算物流成本。因物流成本计算与会计核算同步或以会计核算资料为依据于期末进行，因此，为了正确划分各会计期的物流成本费用数据界限，在会计核算上，要求企业不能提前结账，将本月费用作为下月费用处理，也不能延后结账，将下月数据作为本月费用处理；同时，还要求企业严格贯彻权责发生制原则，正确核算待摊费用和预提费用，本月已经支付但应由以后各月负担的费用，应作为待摊费用处理，本月尚未支付但应由本月负担的费用，应作为预提费用处理。若企业在会计核算上未遵循上述规则，在计算物流成本时，应对有关费用数据进行调整，以正确反映各会计期物流成本。

3. 正确划分不同物流成本对象的费用界限

对于应计入本会计期物流成本的费用还应在各成本对象之间进行划分：凡是能分清应由某个成本对象负担的直接成本，应直接计入该成本对象；各个成本对象共同发生、不易分清应由哪个成本对象负担的间接费用，应采用合理的方法分配计入有关的成本对象，并保持一贯性。

7.2.2 企业物流成本计算对象

物流成本如何归集与计算，取决于成本计算对象的选取，成本计算对象的选取方法不同，得出的物流成本的结果也就不同。因此，计算物流成本，明确物流成本计算对象是前提。

一般来说，物流成本计算对象的选取，主要取决于物流范围、物流成本项目、物流成本支付形态以及企业物流成本控制的重点。其中前三项是计算物流成本的基础，是最基本的物流成本计算对象，各企业计算物流成本时一般应以物流范围、物流成本项目、物流成本支付形态这三维作为物流成本计算对象，也可根据不同企业物流成本管理和控制的重点不同，来选取物流成本计算对象，但仍以最基本的三维物流成本计算对象作为基础。

1. 基本物流成本计算对象

1）以物流成本项目作为成本计算对象

以物流成本项目作为物流成本计算对象，是将物流成本首先按是否属于功能性成本分为物流功能成本和存货相关成本。其中，物流功能成本指在运输、仓储、包装、装卸搬运、流通加工、物流信息和物流管理过程中所发生的物流成本。存货相关成本指企业在物流活动过程中所发生的与存货有关的流动资金占用成本、风险成本和保险成本。这种物流成本计算对象的选取不仅对于加强每个物流功能环节的管理，提高每个功能环节的作业水平具有重要意义，而且可以直观地了解与存货有关的物流成本支出数额，对于加速存货资金周转速度，减少资金风险损失具有重要意义。同时还可以了解，在整个物流成本构成中，物流功能成本以及功能成本之外的成本支出各自所占的份额，对于物流成本控制和成本管理工作具有重要意义。物流成本项目是最基本的物流成本计算对象。

2）以物流范围作为成本计算对象

以物流活动的范围作为物流成本计算对象，是对物流的起点与终点以及起点与终点间的物流活动过程的选取，也就是对物流活动过程空间的截取，具体包括供应物流、企业内物流、销售物流、回收物流和废弃物物流等不同阶段所发生的成本支出。它的主要任务是从材料采购和管理费用等科目中分离出供应物流成本，如材料采购账户中的外地运输费、装卸搬运费等，管理费用中的市内运杂费等以及列入有关费用科目中的采购环节所发生的企业自行运输的人工费、燃料费、运输工具的折旧费、维修费等；从生产成本、制造费用、管理费用等账户中分离出企业内物流成本，例如与仓储有关的人工费、仓库的折旧费、维修费，企业内的运输成本，企业内的包装成本以及仓储存货的资金占用成本、风险损失等；从销售费用中分离出销售物流成本，如销售过程中发生的运输、装卸搬运、流通加工等费用；若企业还发生退货、物品返修、包装容器的周转使用以及废弃物处理等业务，还应从销售费用、管理费用以及其他业务成本等账户中分离出回收物流成本和废弃物物流成本。通过上述的数据分离和计算，就可以得出不同范围的物流成本以及物流成本的总额，可使企业管理者一目了然地了解各范围物流成本的全貌，并据此进行比较分析。

3）以物流成本支付形态作为成本计算对象

以物流成本的支付形态作为物流成本计算对象是把一定时期的物流成本，从财务会计数据中予以分离，按照成本支付形态进行分类计算，它首先将企业的物流成本分为企业自营物流成本和委托物流成本。其中，企业自营物流成本指企业在物流活动过程中发生的人工费、材料费、办公费、差旅费、折旧费、维修费、租赁费、利息费、保险费等。以支付形态表现的物流成本是企业物流成本发生的最原始的状态，本书中将上述形式多样的支付形态按其性质归为五类：材料费、人工费、维护费、一般经费和特别经费。其中，材料费和人工费意义较为明确，维护费指物流设施设备的折旧费、维修费、燃料动力消耗费等维护性支出；一般经费指物流功能成本中除人工费、材料费和维护费之外的其他费用支出；特别经费仅用于计量与存货有关的费用支出。委托物流成本指企业委托外单位组织物流活动所支付的运输费、保管费、装卸搬运费等支出。以支付形态作为物流成本计算对象，可以得到不同形态的物流成本支出数据，了解企业本身的物流成本支出和对外支付的物流成本支出，尤其是可以获得较为详尽的内部支付形态信息，为企业制定标准物流成本和编制物流成本预算提供资料依据。

2. 其他物流成本计算对象

除了以物流成本项目、物流范围和物流成本支付形态三维作为基本物流成本计算对象外，物流成本计算对象的选取还取决于企业物流成本管理的要求和物流成本控制的重点。对于这一点，不同企业会有所不同。基于这样的思想，企业为加强物流成本管理，在基本的物流成本计算对象之外，还可以选取其他对象作为物流成本计算对象。

1）以客户作为成本计算对象

以客户作为物流成本计算对象主要是针对物流服务企业而言的。在物流服务业竞争日益激烈的今天，以客户作为成本计算对象，可以了解为不同客户服务所发生的成本支出，这对于加强客户服务管理，制定有竞争力的收费价格以及为不同客户提供差别性的物流服务具有重要意义。

2）以产品作为成本计算对象

以产品作为物流成本计算对象主要指生产流通企业在物流成本计算时，以每种产品作为成本计算对象，计算为组织该产品的购、产、销所花费的物流成本，据此可进一步了解各产品的物流成本开支情况，以便明确管理的重点。同时，通过不同产品物流成本支出的比较和分析，明确产品物流成本改进的取向。不过，以产品作为物流成本计算对象，在不同产品物流成本的分配方面可能会更复杂一些，尤其还涉及完工产品和在产品物流成本的分配，这需要借鉴产品成本分配的一些思路和规则。

3）以部门作为成本计算对象

以部门作为物流成本计算对象获取物流成本信息对于内部划分了运输队、保管、装配等部门的企业而言，意义尤为重大。这种计算方式便于明确物流成本责任中心，有利于开展物流责任成本管理。通过不同责任部门物流成本的趋势分析，了解各责任中心物流成本的升降趋势，可以进一步明确责任，为部门绩效考核提供依据。

4）以营业网点作为成本计算对象

计算各营业网点组织物流活动所花费的物流成本，进而了解企业物流总成本以及各网点物流成本构成，是企业进行物流成本日常控制、对各网点实施绩效考核和物流系统优化决策的重要依据。

总之，企业可根据自身的管理情况，任意选择成本计算对象进行成本管理。从理论上说，企业可以以全部经营活动的任何一个管理对象作为物流成本计算对象，物流成本计算对象可以是一维、两维、三维、四维或更多维的，维数越多，物流成本信息也就越详尽，但对物流成本计算来说，其难度和工作量也就越大。

7.3　物流成本管理信息系统业务需求分析

7.3.1　企业物流成本主要数据

企业物流成本主要数据，见表7－1。

表7－1　企业物流成本主要数据

成本项目		代码	范围及支付形态																	
			供应物流成本			企业内物流成本			销售物流成本			回收物流成本			废弃物物流成本			物流总成本		
			自营	委托	小计	自营	委托	小计	自营	委托	小计	自营	委托	小计	自营	委托	小计	自营	委托	小计
甲		乙	01	02	03	04	05	06	07	08	09	10	11	12	13	14	15	16	17	18
物流功能成本	运输成本	01																		
	仓储成本	02																		
	包装成本	03																		
	装卸搬运成本	04																		
	流通加工成本	05																		
	物流信息成本	06																		
	物流管理成本	07																		
	合计	08																		

续表

成本项目		代码	范围及支付形态																	
			供应物流成本			企业内物流成本			销售物流成本			回收物流成本			废弃物物流成本			物流总成本		
			自营	委托	小计	自营	委托	小计	自营	委托	小计	自营	委托	小计	自营	委托	小计	自营	委托	小计
物流功能成本	流动资金占用成本	09																		
	存货风险成本	10																		
	存货保险成本	11																		
	合计	12																		
其他成本		13																		
物流总成本		14																		

表 7－1 列出了企业物流成本业务需求的主要数据，这些数据是按成本项目、物流范围和成本支付形态三维形式反映企业一定期间各项物流成本的信息。主要是根据物流成本的三维构成，按一定的标准和顺序，把企业一定期间的项目物流成本、范围物流成本和支付形态物流成本在日常工作中形成的大量成本费用数据进行整理而成的。

将表 7－1 的数据转为计算机管理，操作界面如图 7－4 所示。

图 7－4　物流成本主表界面

物流成本信息系统对主表中的数据进行了整合，物流成本信息使用者可从系统中了解到详尽的企业物流成本信息，既可以了解不同物流功能成本及存货相关成本的发生额，也可以了解不同物流范围的成本发生额；既可以了解单项物流成本项目在不同物流范围的成本明细额，也可以了解单一物流范围所发生的不同的成本项目明细额；既可以了解内部自营物流成本及其具体的成本项目和物流范围成本发生额，又可以了解委托物流成本及其支出明细。

7.3.2 物流成本计算科目及账户设置

企业物流成本计算包括显性成本和隐性成本。隐性物流成本计算是在会计核算体系之外，通过统计存货的相关资料，按一定的公式计算得出，计算方法相对简单，不涉及会计科目的选取和物流成本账户的设置问题。这里所涉及的会计科目选取和物流成本账户的设置问题，主要是针对显性物流成本的计算而言。

1. 显性物流成本计算需选取的会计科目

一般说来，在会计核算中，生产制造企业的成本费用类会计科目主要包括管理费用、销售费用、财务费用、生产成本、制造费用、其他业务成本、营业外支出等科目，同时由于我国会计核算中对于采购环节存货成本的确认通常包括运输费、装卸费等与物流成本有关的内容，而这部分内容连同存货本身的采购价格一并计入“材料采购”科目。所以，计算企业物流成本时，除了从上述成本费用类会计科目入手计算外，还应考虑材料采购科目中所包含的物流成本信息。

2. 显性物流成本计算账户的设置数据

计算物流成本往往需要设置物流成本辅助账户，具体需要设置哪些物流成本账户，取决于物流成本计算对象的选取和物流成本管理的要求。基本的物流成本计算对象主要包括三维，即以物流成本项目、物流范围和物流成本支付形态作为成本计算对象，根据这 3 个维度，以“物流成本”作为一级账户，以物流成本项目所包括的具体成本作为二级账户，以各物流范围成本作为三级账户，以各支付形态物流成本作为四级账户，按照以上思路，需要设置 100 多个物流成本明细账户。例如物流成本中自营运输成本的计算需设置 15 个明细账户。

(1) 物流成本——运输成本——供应物流成本——人工费。
(2) 物流成本——运输成本——供应物流成本——维护费。
(3) 物流成本——运输成本——供应物流成本——一般经费。
(4) 物流成本——运输成本——企业内物流成本——人工费。
(5) 物流成本——运输成本——企业内物流成本——维护费。
(6) 物流成本——运输成本——企业内物流成本——一般经费。
(7) 物流成本——运输成本——销售物流成本——人工费。
(8) 物流成本——运输成本——销售物流成本——维护费。
(9) 物流成本——运输成本——销售物流成本——一般经费。
(10) 物流成本——运输成本——回收物流成本——人工费。
(11) 物流成本——运输成本——回收物流成本——维护费。
(12) 物流成本——运输成本——回收物流成本——一般经费。
(13) 物流成本——运输成本——废弃物物流成本——人工费。
(14) 物流成本——运输成本——废弃物物流成本——维护费。
(15) 物流成本——运输成本——废弃物物流成本——一般经费。

实践中，可根据本企业情况，通过分析有关会计资料，仅对企业本会计期间发生的成本设置相应的明细账户，不需要一一设置，实际计算物流成本时，需设置的明细账户远远少于上面列举的物流成本账户设置；设置物流成本明细账户的一、二、三、四级次序，可根据本企业实际情况选择，不必拘泥于上述设置次序的安排。

3. 物流成本计算步骤

计算物流成本需要分别计算显性成本和隐性成本，然后将两大类成本汇总为物流成本总额。下面分别说明显性成本和隐性成本的计算步骤。

1）显性物流成本计算步骤

对于显性成本也即现行成本核算体系中已经反映但分散于各会计科目中的物流成本，按以下步骤计算。

(1) 设置物流成本辅助账户，按物流成本项目设置运输成本、仓储成本、包装成本、装卸搬运成本、流通加工成本、物流信息成本、物流管理成本、流动资金占用成本、存货风险成本、存货保险成本等二级账户，按物流范围设置供应物流、企业内物流、销售物流、回收物流和废弃物物流等三级账户，按支付形态设置自营和委托物流成本四级账户，对于自营物流成本，还应按费用支付形态设置材料费、人工费、维护费、一般经费、特别经费费用专栏。上述物流成本二级、三级、四级账户及费用专栏设置次序，企业可根据实际情况选择。其中物流企业不需按物流范围设置各账户，直接按物流成本项目和物流成本支付形态设置账户或费用专栏即可。

(2) 对企业会计核算的有关成本费用科目包括管理费用、销售费用、财务费用、生产成本、制造费用、其他业务成本、营业外支出以及材料采购等科目及明细项目逐一进行分析，确认物流成本的内容。

(3) 对于应计入物流成本的内容，企业可根据本企业实际情况，选择在期中与会计核算同步登记物流成本辅助账户及相应的二级、三级、四级账户和费用专栏，或在期末(月末、季末、年末)集中归集物流成本，分别反映出按物流成本项目、物流范围和物流成本支付形态作为归集动因的物流成本数额。

(4) 期末(月末、季末、年末)，汇总计算物流成本辅助账户及相应的二级、三级、四级账户和费用专栏成本数额。

2）隐性物流成本计算步骤

对于隐性物流成本即现行成本核算体系中没有反映但应计入物流成本的费用(本书中主要指存货占用自有资金所发生的机会成本)，按以下步骤计算。

(1) 期末(月末、季末、年末)对存货按采购在途、在库和销售在途 3 种形态分别统计出账面余额。无论按在途或在库哪种状态统计，均以存货正在占用自有资金为统计标准，对于存货已购在途或在库但企业尚未支付货款以及企业已收到销售货款但存货仍在库或在途的，不计入统计范围。

(2) 按照公式：存货资金占用成本＝存货账面余额(存货占用自有资金)×行业基准收益率，计算出存货占用自有资金所产生的机会成本。

7.3.3 企业间接物流成本分配

物流成本按其计入成本对象的方式分为直接物流成本和间接物流成本。直接成本和间接成本最主要的区别在于能否直接计入成本计算对象。对于直接物流成本，只要掌握一定的成本计算方法和步骤，可以直接计算出结果；但对于间接物流成本，则需要对归集的成本采取一定的分配原则和方法进行分配。

物流间接成本的分配通常要使用某种参数作为成本分配基础。成本分配基础是指能联系成本对象和成本的参数。为了合理地选择分配基础，正确分配物流间接成本，在分配过程中一般应遵循因果、受益和公平等原则。实践中，鉴于不同类型企业以及不同企业之间实际运作的差异性，间接物流成本的分配基础也各不相同，企业可根据本企业实际情况，在考虑成本收益原则的前提下，选择适合本企业特点和有利于成本管理决策的分配方法。

1. 作业成本法概述

作业成本法(Activity Based Costing，ABC)是将间接成本更准确地分配到作业、产品、顾客、服务以及其他成本计算对象的一种成本计算方法，体现的是一种精细化和多元化的成本计算和管理的思想。

作业成本法在企业的应用有3个层次：成本核算层、成本管理层和作业优化层。企业在应用中，首先要做的是实施作业成本核算，在正确核算企业各作业以及产品作业成本的基础上，运用管理会计的方法，把作业成本的信息运用到企业各项决策和管理中去。最高的层次是借助作业成本的信息，开展作业管理，消除不增值作业，提高作业效率。

2. 作业成本法的基本原理

作业成本法的基本原理可概括为：产品消耗作业，作业消耗资源并导致成本的发生。作业成本法把成本核算深入到作业层次，它以作业为单位收集成本，并把“作业”或“作业成本池”(同一成本动因下的多个作业组成的成本中心)的成本按作业动因分配到作业层次。

具体说来，作业成本计算首先将企业所消耗的资源通过资源动因分配到作业或作业成本池中，形成作业或作业成本池的成本，然后再将作业或作业成本池的成本通过成本动因分配到成本对象上，形成成本对象的成本，如图7-5所示。通过这一过程，作业成本计算改进了传统的成本分配方法采用单一成本分配基础的弱点，力图找到资源消耗与成本对象之间的因果关系，从而得到更加精确的成本。

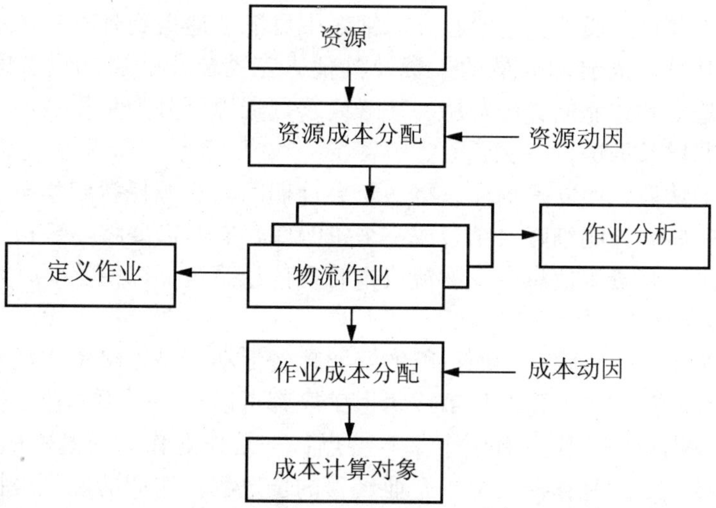

图7-5 作业成本分配流程

3. 作业成本法的计算流程

作业成本计算一般需要经过以下几个阶段：分析和确定资源，建立资源库；分析和确定作业，建立作业成本库；确定资源动因，分配资源耗费至作业成本库；确定成本动因，分配作业成本至成本计算对象。作业成本法的计算流程如图 7-6 所示。

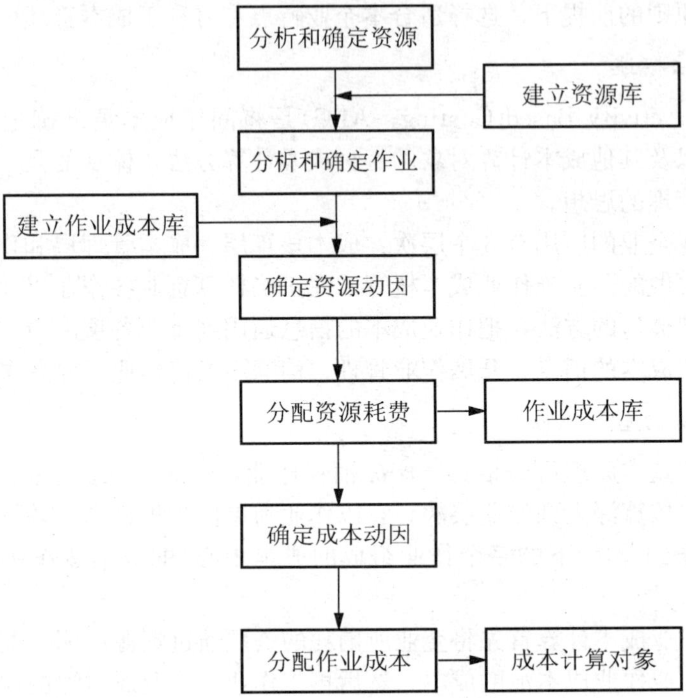

图 7-6　作业成本计算流程

1）分析和确定资源

资源指支持作业的成本、费用来源，它是一定期间内为了生产产品或提供服务而发生的各类成本、费用项目。通常在企业会计明细账中可清楚地得到各种资源项目，例如对于装卸作业而言，其发生的装卸人员的工资及其他人工费支出、装卸设备的折旧费、维修费、动力费等都是装卸作业的资源费用。一般说来，资源可分为货币资源、材料资源、人力资源、动力资源以及厂房设备资源等。

各项资源被确认后，设立资源库，将一定会计期间的资源耗费归集至资源库。设置资源库时，需要将一些会计明细账目结合成一个资源库，有时需要将一些被不同作业消耗的明细账目分解开来，将资源信息存入物流成本管理信息系统，以便需要时调用。

2）分析和确定作业

作业是企业为了某一特定目的而进行的资源耗费活动，是连接资源耗费和成本计算对象的桥梁。企业经营过程中的每个环节或每道工序都可以视为一项作业，企业的经营过程就是由若干项作业构成的。作业有两个基本特点：一是作业作为最基本的成本计算对象，必须具有量化的特点；二是作业贯穿于企业经营的全过程，作业的定义根据管理需要可粗可细，但必须囊括全部经营活动。

广角镜

如何利用ABC法测算出的数据

有以下几种方法供选择。

改进业务——能否汇总作业？能否省略某道环节？根据这些观点，追求处理次数的高速化、少量化。由于产生了不同活动的单价，所以能进行活动效果的测算。

重新认识物流服务——把握不同客户的成本及其依据(高成本时，有怎样的原因)，就能改进供货条件。

制成费用表——根据活动单价制成费用表，在制定新规定时就能把它作为依据。

不同类型的企业，因其规模、工艺和组织形式的不同，作业的划分和定义也不同，企业可根据实际情况，选择一定的作业划分和确定方式。一般说来，有两种方式：一是依照部门来确定作业分类，这是最合乎大多数人的一种选择，对部门内的作业按照工作内容自上而下层层分解；二是依照业务程序来确定作业分类，按照作业的流程依次确定作业。

作业确定后，要为每一项作业设立一个作业成本库，然后将资源耗费分配至作业成本库，建立起作业和资源之间的对应关系。正如资源耗费按其计入成本计算对象的方式分为直接耗费和间接耗费一样，作业按其是否具有专属性分为专属作业和共同消耗作业。

专属作业是指为某种特定产品或劳务提供专门服务的作业。专属作业资源耗费价值应直接由该特定的产品或劳务负担，不需再按成本动因分配至成本计算对象，正如直接耗费直接计入成本计算对象一样。

共同消耗作业是指同时为多种产品或劳务提供服务的作业，需要按不同的成本动因分配至成本计算对象。共同消耗作业按不同的成本动因可分为数量动因作业、批别动因作业、工时动因作业以及价值管理作业等。

数量动因作业指使每种产品或劳务的每个单位都均衡受益的作业。如包装作业，产品完工后，需要包装所有的产品且每件耗费的资源相同，使每件产品都得到了均衡受益。这类作业通常选择数量作为成本动因来分配作业成本。

批别动因作业指服务于每批产品或劳务并使每批产品或劳务都均衡受益的作业，如分批获取订单的订单作业，分批运送原材料或产品的搬运作业等。这类作业通常选择批别作为成本动因来分配作业成本。

工时动因作业指资源耗费与工时成比例变动的作业，如机械加工作业等。这类作业通常选择批别作为成本动因来分配作业成本。

价值管理作业指那些负责综合管理工作的部门作业，例如物流管理部门作为一项作业就是价值管理作业。

小知识

项目分类管理的效果

在商业上有“快卖胜于高价”的观点。所谓项目分类管理就是要削减销售慢的商品库存。实施后的效果如下。

提高库存管理的精度——若项目数多，库存管理就变得繁杂，容易粗枝大叶。由于减少了管理项目，就能进行细致的管理。

降低成本——由于积压库存变为零，就减少了保管成本，扩大了作业场地；由于项目数变少，就提高了配送中心等处的作业效率。

3）确定资源动因，分配资源耗费至作业成本库

（1）资源动因及其确认。资源动因是指资源被各项作业消耗的方式和原因，它反映了作业对资源的消耗情况，是把资源库价值分配到各作业成本库的依据。

在作业成本法下，如果某一项资源耗费能直观地确定为某一特定产品或劳务即最终成本计算对象所耗费，则直接计入最终成本计算对象，这时不需要确认资源动因和成本动因，这项资源耗费对最终成本计算对象而言，通常是直接成本，例如材料费支出。

在作业成本法下，如果某项资源耗费从发生领域看，可确定为某项作业所耗费，则可以直接计入该作业成本库，这时不需要确认资源动因，这项资源耗费对该项作业而言，通常是直接成本，例如各作业中心发生的办公费。

在作业成本法下，如果某项资源耗费从最初消耗上即呈混合耗费形态，则需要选择合适的量化依据将资源分解并分配至各项作业，这时需要选择资源动因，而这个量化依据即为资源动因。例如，对于资源职工医疗保险、动力、房屋租金和折旧而言，其资源动因可分别选择职工人数、耗电数、房屋面积、设备价值等。

（2）根据资源动因分配资源耗费。在将各项资源按资源动因分配至作业成本时，应首先确定资源动因分配率，然后确定各项作业所耗费的资源，具体计算公式为

资源动因分配率＝某项资源耗费/该项资源耗费的动因量

某项作业应分配的资源耗费＝该项作业所耗费的资源动因量×资源动因分配率

某项资源耗费＝耗费该项资源的作业成本之和

4）确定成本动因，分配作业成本至成本计算对象

（1）成本动因及其确定。成本动因是指作业被各种产品或劳务即最终成本计算对象消耗的方式和原因，它是作业成本库成本分配到成本计算对象中去的标准。确定成本动因，即选择驱动成本发生的因素。

（2）根据成本动因分配作业成本。在将作业成本分配到各成本计算对象时，应首先计算成本动因分配率，然后计算各成本计算对象应分配的作业成本，具体计算公式为

成本动因分配率＝某作业中心所发生的作业成本/该作业中心可提供的成本动因量

$$\text{某成本计算对象应分配的某项作业成本}=\frac{\text{该成本计算对象耗用的}}{\text{该项作业的成本动因数}}\times\text{成本动因分配率}$$

某作业中心的作业成本＝各有关成本计算对象分配的各项作业成本之和

7.3.4 运用作业成本法分配间接物流成本

作业成本法的核心是在资源和成本计算对象之间插入了作业，通过对间接物流成本使用多元分配标准，从而使其分配更为准确。

作业成本法中的核心要素有5个，具体包括资源、资源动因、作业、作业动因、成本计算对象，而在一般企业的运营中，这5个核心要素又都是多元的，多元的资源动因和作业动因作为分配标准，使多元的资源、作业和成本计算对象产生关联，将多元的资源分配至多元的作业中，再将多元的作业成本分配至多元的成本计算对象中去。它们之间的关系

如图 7－7 所示。

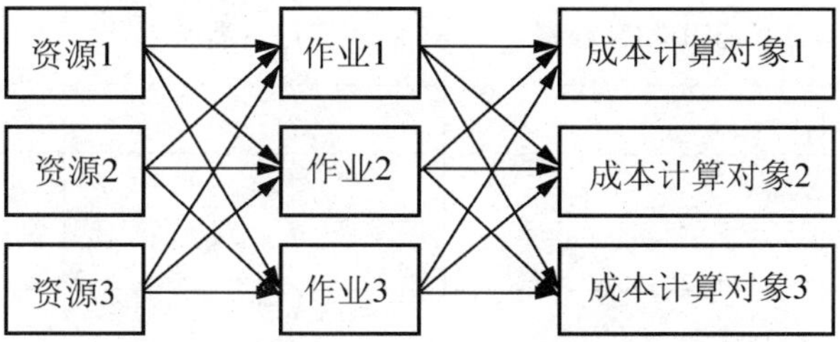

图 7－7 资源、作业和成本计算对象关系图

根据作业成本法的核心思想以及关键要素之间的串联关系，应用作业成本法分配和计算企业间接物流成本时，应首先明确资源、作业和成本计算对象，然后根据资源和作业以及作业和成本计算对象之间的关系选择资源动因和作业动因，来完成间接物流成本的分配和计算。同时，企业物流成本计算的过程，也是从会计成本费用明细账中分离物流成本的过程，所以在确定资源耗费时，应首先根据其与物流成本的相关性，来明确哪些是物流作业的资源耗费，将非物流作业资源耗费分离出去，然后将物流作业资源耗费依次分配至各物流作业和最终的成本计算对象中。

1．计算物流成本时资源的选取

资源是价值耗费。无论是生产、流通还是物流企业，不管企业采用的是传统成本计算制度还是作业成本制度，资源都是明确的，是客观发生的耗费。因此，计算物流成本选取资源时，仍旧要从成本费用类科目入手，包括管理费用、销售费用、财务费用、生产成本、制造费用、其他业务成本、营业外支出以及材料采购等科目入手，找出最原始的费用支付形态，例如人工费、材料费、折旧费、维修费、办公费、通信费等，这些最原始的费用支付就是资源及其耗费。

2．计算物流成本时作业的确定

作业是资源耗费的活动。对不同类型企业以及同一类型的不同企业而言，作业可以有不同的定义。作业的确定可粗可细，企业应根据实际情况和管理需求，在考虑成本收益原则的前提下加以确定。为了计算方便，同时也为了与前面所阐述的物流成本计算对象中物流功能成本中的构成内容相符，在这里，首先把企业所有的作业活动划分为物流作业和非物流作业，然后将物流作业进一步细分为运输作业、仓储作业、包装作业、装卸搬运作业、流通加工作业、物流信息作业、物流管理作业。这样，企业的所有作业活动可划分为运输、仓储、包装、装卸搬运、流通加工、物流信息、物流管理和非物流作业。当然，作业的确定也可采用其他方式，同时在上述定义的作业中还可以进一步定义更细化的作业。

3．确定资源动因，将资源耗费分配至作业

如前所述，对于可直接计入成本计算对象以及可直接计入作业的资源耗费，相对于作业而言，不属于直接成本，无须确定资源动因进行分配，只有那些相对于作业而言，资源耗费呈现混合状态，由若干项作业同时耗费的间接成本，才需确定资源动因进行分配。资源动因在各作业中进行分配的数据见表 7－2。

表 7-2 资源动因在各作业中进行分配表

资源耗费 / 作业	职工教育经费	电费	合计
运输			
仓储			
包装			
装卸搬运			
流通加工			
物流信息			
物流管理			
物流作业合计			
非物流作业			
总计			

4. 确定成本动因，将物流作业成本分配至成本计算对象

如前所述，确定成本动因，应考虑其与成本计算对象之间的相关性、可计量性并考虑成本收益原则，在此前提下，选择适合企业实际运作情况的成本动因，将各作业成本分配至最终成本计算对象。由于分配和计算的最终目的是要获取物流成本的相关信息，因此在将作业成本分配至成本计算对象这一过程中，只需计算分配各物流作业，非物流作业不再做进一步的分配。

在实践中，成本计算对象的选择可以有很多种，既可以是不同产品，也可以是不同客户，还可以是不同物流范围，等等。成本动因在各作业中进行分配的数据见表 7-3。

表 7-3 各项作业及其成本动因

作业	作业成本动因	作业	作业成本动因
运输	作业小时	物流信息	作业时机
装卸搬运	作业时机	物流管理	作业小时

7.4 物流成本管理信息系统功能与应用

7.4.1 物流成本信息系统功能

通过 7.3 节的物流成本管理业务分析，将物流管理过程中产生成本信息集成为计算机管理，系统主界面如图 7-8 所示。

该系统具备的功能有：初始数据设置、物流费用归集、物流成本分析、物流成本支付管理、物流分配计算，如图 7-9 所示。

图 7-8 物流成本信息系统主界面

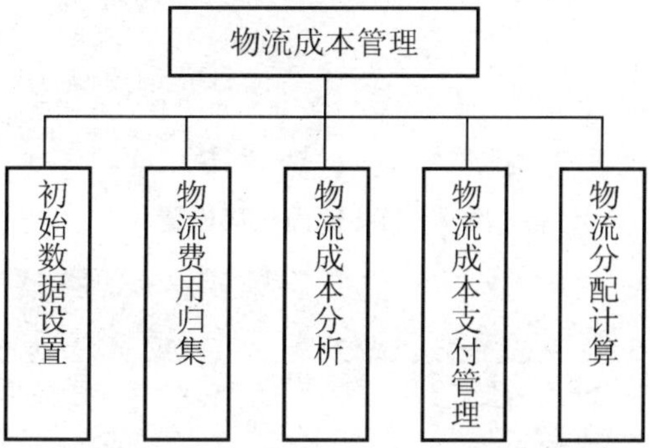

图 7-9 物流成本管理信息系统功能

1. 初始数据设置

系统使用时先进行初始数据设置，需要进行初始设置的包括以下数据。

(1) 部门参数设置。一般中小企业部门设置级数为 3 级就可以了，设太多会占用空间，如图 7-10 所示。

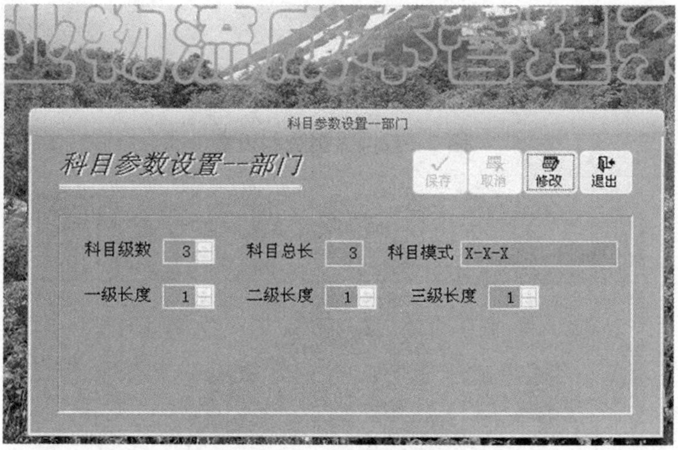

图 7-10 部门参数设置

(2) 部门代码设置。代码设置简单易记为好，如图 7-11 所示。

(3) 人员资料设置。将工作人员资料输入，以便管理，如图 7-12 所示。

(4) 物流成本级数设置，如图 7-13 所示。

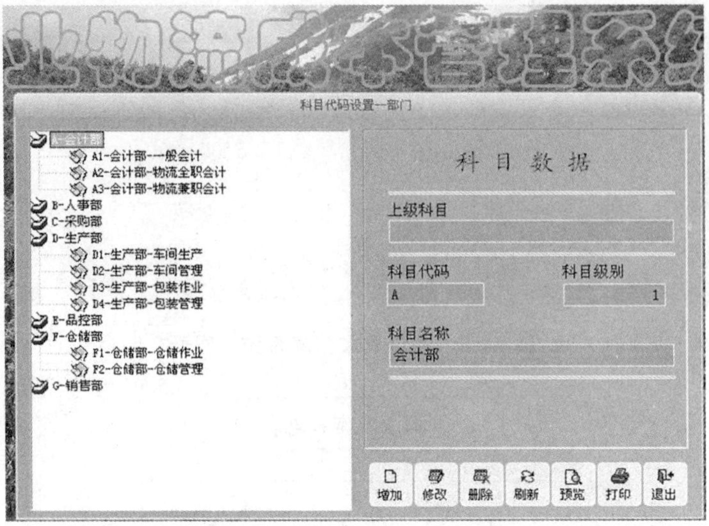

图 7－11　部门代码设置

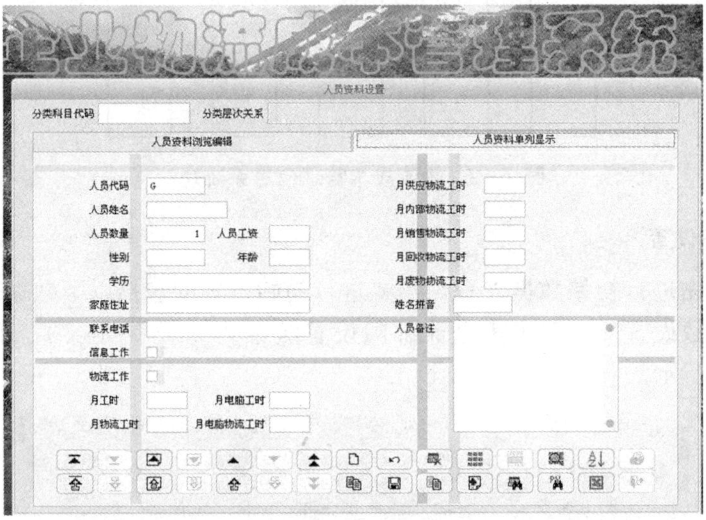

图 7－12　人员资料设置

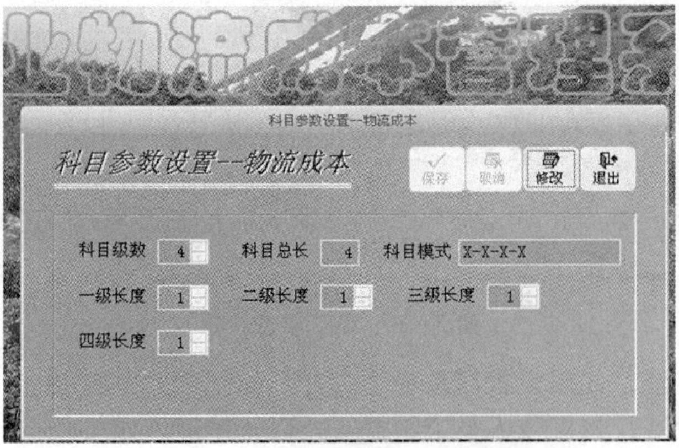

图 7－13　物流成本级数设置

(5) 成本分类设置，如图 7－14 所示。

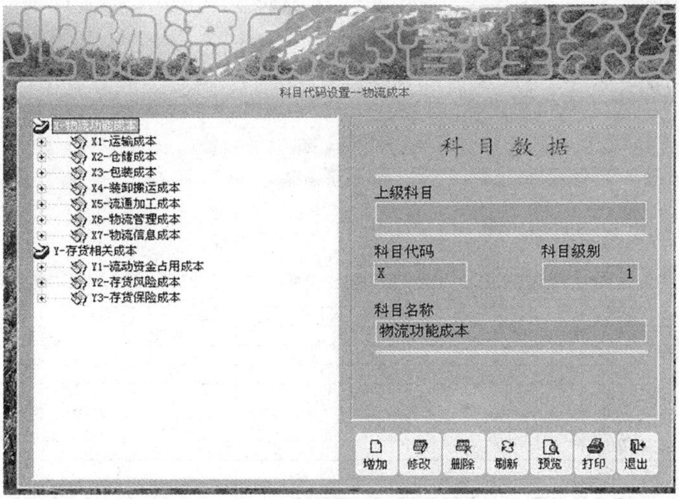

图 7－14　物流成本分类设置

(6) 企业设置。初始数据设置好后，可以进行业务处理了，如图 7－15 所示。

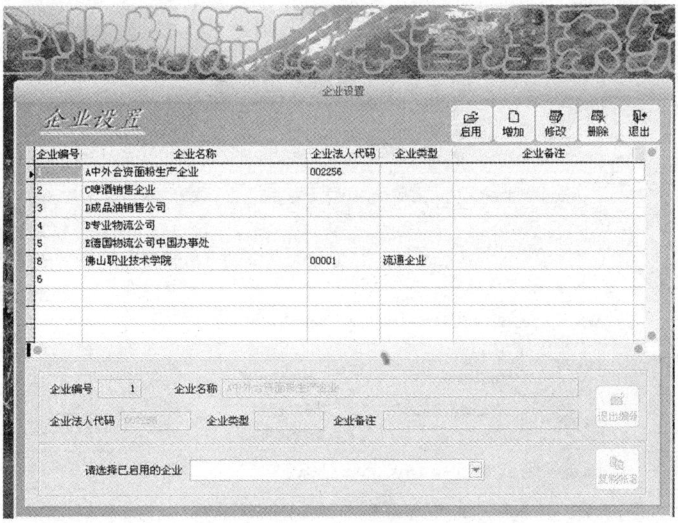

图 7－15　企业设置

2. 物流费用管理

主要是对日常会计核算中的成本费用数据加以管理。例如，对于生产制造和流通企业而言，委托运输成本和委托装卸搬运成本，可根据会计明细账中的“销售费用——运费”、“销售费用——装卸费”分别汇总录入管理；对于物流企业而言，委托运输成本和委托装卸搬运成本，可根据会计明细账中的“主营业务成本——运费”、“主营业务成本——装卸费”进行管理，如图 7－16 所示。

3. 物流费用分析

此功能是根据会计明细账发生额分析。例如，对于生产制造企业来说，可根据会计明细账“制造费用——折旧费”来具体分析其中有哪几项、多少数额是用于包装设备折旧费的，根据会计明细账“制造费用——保险费”来具体分析其中有哪几项、多少数额是用于包装设备保险费的，从而获取和计算包装成本的有关信息，最后将与包装成本有关的信息汇总，如图 7-17 所示。

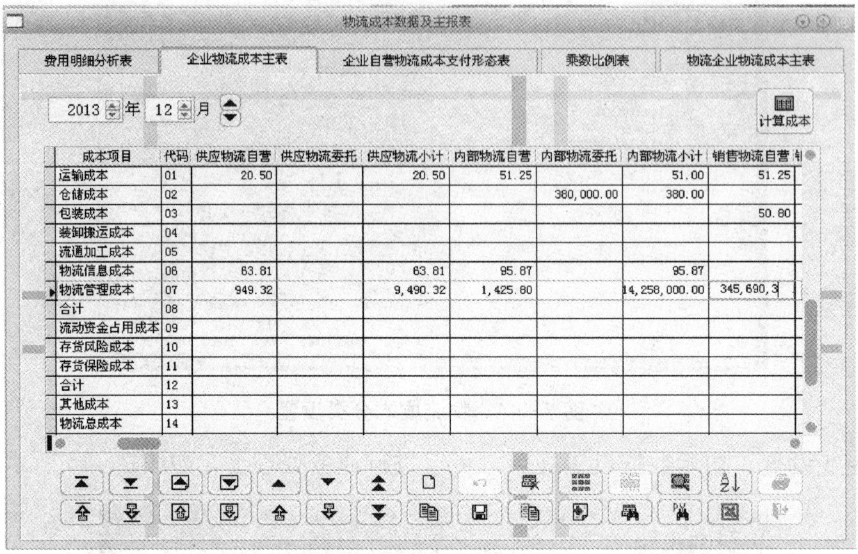

图 7-16　物流费用管理

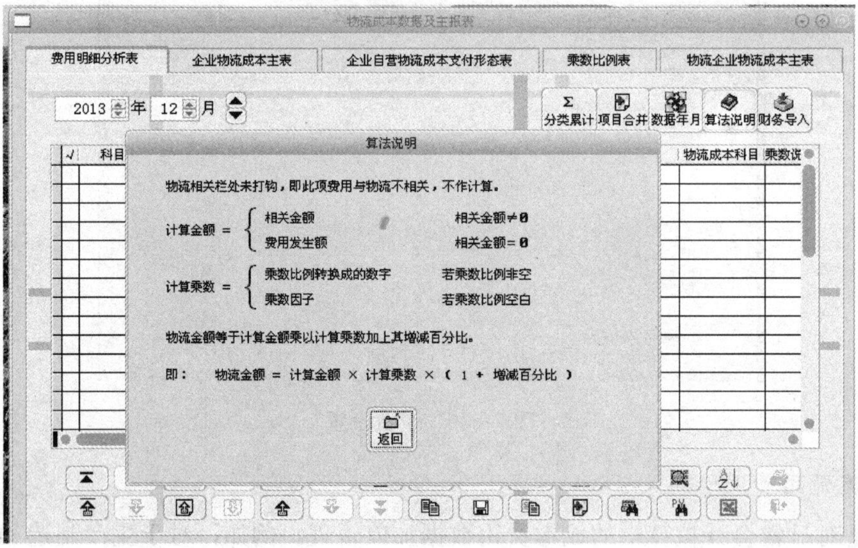

图 7-17　物流费用分析

4. 物流成本支付形态管理

物流成本支付形态管理是按成本项目和自营物流成本支付形态两维形式反映企业一定期间自营物流成本信息管理。它是根据物流成本项目和自营物流成本支付形态之间的相互关系，按一定的标准和顺序，把企业一定期间的项目物流成本及其对应的自营支付形态物流成本予以适当排列，并对日常工作中形成的大量成本费用数据进行集成管理。

企业自营物流成本支付形态中的成本项目一维构成内容与企业物流成本主表的构成内容完全一致，其支付形态一维主要包括材料费、人工费、维护费、一般经费和特别经费内容，基本格式见表 7-4。

表 7-4　物流成本支付形态管理信息

成本项目		代码	内部支付形态					
			材料费	人工费	维护费	一般经费	特别经费	合计
甲		乙	1	2	3	4	5	6
物流功能成本	运输成本	01						
	仓储成本	02						
	包装成本	03						
	装卸搬运成本	04						
	流通加工成本	05						
	物流信息成本	06						
	物流管理成本	07						
	合计	08						
存货相关成本	流动资金占用成本	09						
	存货风险成本	10						
	存货保险成本	11						
	合计	12						
其他成本		13						
物流成本合计		14						

系统集成管理效果如图 7-18 所示。

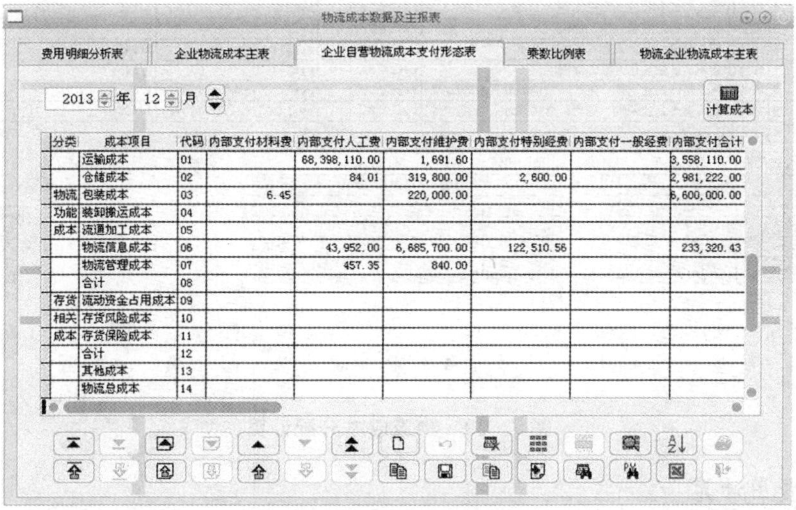

图 7-18　系统集成管理效果

5. 成本分配计算

在物流成本分配计算的过程中，有时需要从其他部门获取的相关信息，要设计内部物流成本信息需求表，列明需要其他部门提供的相关信息，由其他协作部门提供。唯有如此，物流成本计算流程才能理顺，得出的物流成本信息才能适度准确。

例如，某厂“管理费用——折旧费”36 049.57 元，其中微机等信息设施的折旧费为 6 008.26 元。在计算物流信息成本时，需按物流信息工作量占全部信息工作量的比例进行分配。这时，计算物流信息成本就不是会计部门可以单独完成的。在这种情况下，会计人员需积极取得科技信息部门的支持，可以通过设计以下表格交由科技信息处完成，见表 7－5。

表 7－5　物流成本计算信息需求表

填写部门(章)：　　　　　　　　　　　　　　　　　　　　　　年　月　日

项　　目	信息内容
科技信息处在岗人数	
专职从事物流信息工作人数	
兼职从事物流信息工作人数	
兼职人员平均每人每日物流信息工作小时数	
物流信息工作在供应、企业内和销售物流阶段等各阶段的工作时数	

把上述例子数据输入系统计算，即可得到分配结果，效果如图 7－19 所示。

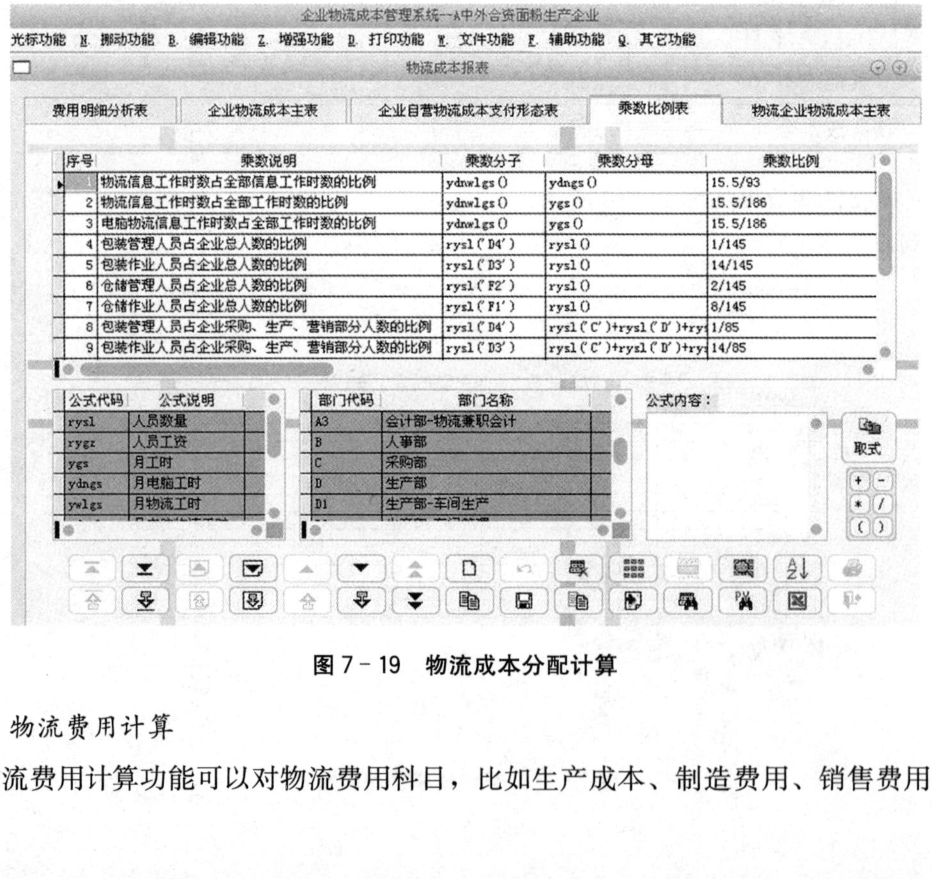

图 7－19　物流成本分配计算

6. 物流费用计算

物流费用计算功能可以对物流费用科目，比如生产成本、制造费用、销售费用、管理费用、财务费用、营业外支出和其他业务成本进行计算，根据表 7－1 的成本主表计算各项目成本如图 7－20 所示。

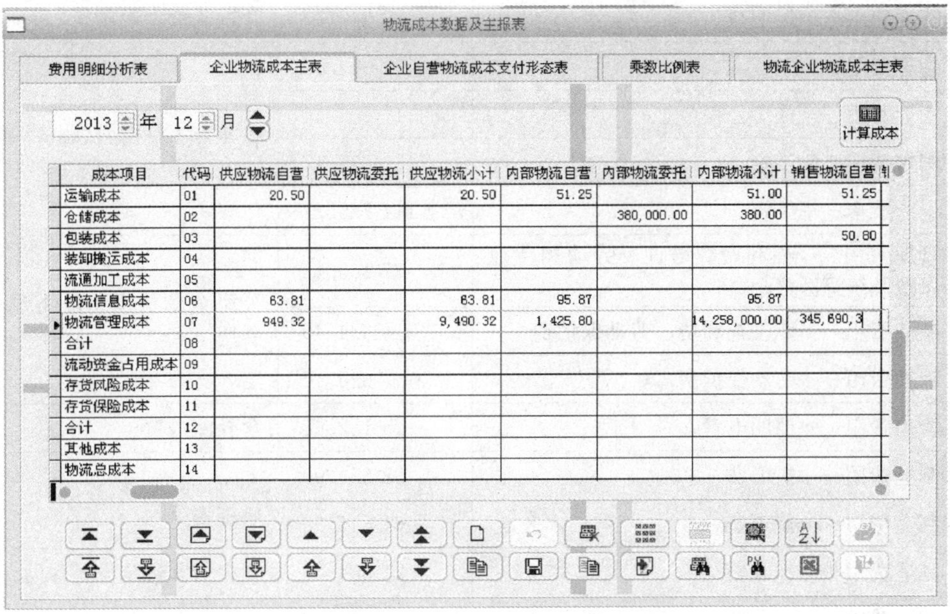

成本项目	代码	供应物流自营	供应物流委托	供应物流小计	内部物流自营	内部物流委托	内部物流小计	销售物流自营
运输成本	01	20.50		20.50	51.25		51.00	51.25
仓储成本	02					380,000.00	380.00	
包装成本	03							50.80
装卸搬运成本	04							
流通加工成本	05							
物流信息成本	06	63.81		63.81	95.87		95.87	
物流管理成本	07	949.32		9,490.32	1,425.80		14,258,000.00	345,690,3
合计	08							
流动资金占用成本	09							
存货风险成本	10							
存货保险成本	11							
合计	12							
其他成本	13							
物流总成本	14							

图 7－20　物流费用计算

7.4.2　物流成本信息系统应用案例

在这里，以 A 公司为例，通过了解企业概况，获取有关会计核算资料及其他相关信息，介绍物流成本管理信息系统在生产制造企业物流成本管理的应用。

1. 企业概况

A 公司是一个中外合资面粉生产企业。截至 2013 年年底，该公司资产总额 6.186 万元，2008 年实现销售收入 1.23 亿元，实现利润总额 6.562 万元。内部设有会计部(兼做信息工作)、人事部、采购部、生产部、品控部、仓储部和销售部 7 个部门，共有员工 145 人，其中采购人员 5 人，生产人员 60 人，营销人员 20 人，其余为管理人员。该公司有一个总面积约 10 000m^3 的仓库，用于储存小麦、面粉等存货，而运输业务和装卸搬运业务均由外部人员承包，公司支付运费和装卸搬运费。

2. 物流成本计算

本案例中以 A 公司 2013 年 12 月有关成本费用资料为依据，计算 2013 年 12 月的物流成本。该企业的成本费用科目有生产成本、制造费用、销售费用、管理费用、财务费用、营业外支出和其他业务成本，其中营业外支出 2013 年 12 月无发生额。具体计算包括以下几个步骤。

(1) 获取 A 公司 2013 年 12 月相关成本费用发生额及明细资料并逐项分析哪些与物流成本相关。

(2) 对物流成本有关的费用内容进行汇总具体见表 7－6。

表 7-6　物流成本相关费用明细汇总表

序号	项　目	发生额	备　注
1	管理费用——折旧费	36 049.57	含物流信息设施折旧
2	管理费用——工资	94 044.09	含业务人员(包括物流)费用
	管理费用——住房公积金	17 203.40	
	销售费用——工资	61 473.17	
	生产成本——工资	114 726.27	
3	管理费用——福利费、培训、劳动和待业保险及统筹医疗金	77 465.48	公司全体人员(含物流人员)费用
	制造费用——职工福利费、劳动保护费	4 384.45	
	销售费用——劳动保护费	626.17	
4	管理费用——照明电费	25 182.68	含仓库电费
5	制造费用——折旧费	58 654.90	含车间包装设备折旧费、修理费
	制造费用——修理费	61 841.90	
6	制造费用——保险费	21 684.00	含存货和包装设备保险费用
7	制造费用——办公费	447.38	含包装业务费用
8	销售费用——运输费	300 925.56	对外支付运费
	销售费用——装卸费	31 154.60	对外支付装卸费
9	销售费用——保险费	3 010.00	铁路运输保险费
10	销售费用——汽车	6 646.32	含零星物流运输费
11	销售费用——办公费	2 372.43	业务部门(含物流业务)人员费用
12	销售费用——低值易耗品摊销	3 910.75	主要为包装材料及周转用仓库篷布费用
13	销售费用——折旧费	13 805.27	主要为仓库及业务办公用房折旧费
14	销售费用——邮电费	3 300.00	含物流信息费
15	销售费用——其他	17 952.30	货物出口报关报税及港杂费
16	生产成本——辅助材料	309 402.24	含包装材料
	生产成本——燃料及动力	172 565.47	含包装设施耗用电费
17	财务费用——利息支出	7 975.00	主要为购买原材料所发生的贷款和利息支出
	合计	1 446 803.40	

(3) 物流成本资料分析及物流成本计算。根据会计明细账、记账凭证、原始凭证及其他相关资料，对表 7-6 中与物流成本有关的费用逐项进行分析，并设物流成本辅助账户，按 3 个维度计算物流成本。

① 对于管理费用——折旧费 36 049.57 元，经系统自动计算，其中微机等信息设施的

折旧费为 6 008.26 元。该项费用按微机工作时数进行分配。会计部提供的物流成本计算信息需求表见表 7－7。

表 7－7 物流成本计算信息需求表

填写部门(章)：会计部　　　　　　　　　　　　2013 年 12 月 31 日

项　目	信　息
会计部在岗人数	15 人
专职从事物流信息工作人数	0 人
兼职从事物流信息工作人数	1 人
兼职物流信息人员 12 月份工作总时数	186 小时
兼职物流信息人员 12 月份使用微机从事信息工作时数	93 小时
兼职物流信息人员 12 月份使用微机从事企业内物流信息工作时数	15.5 小时

系统自动分配成本如图 7－21 所示。

分类	成本项目	代码	供应物流自营	供应物流委托	供应物流小计	内部物流自营	内部物流委托	内部物流小计	销售物流自
	运输成本	01	1,476.96	100,308.52	101,785.48				738.48
	仓储成本	02				34,100.07		34,100.07	
物流	包装成本	03				261,723.80		261,723.80	
功能	装卸搬运成本	04		8,901.31	8,901.31		4,450.66	4,450.66	
成本	流通加工成本	05							
	物流信息成本	06	1,056.00		1,056.00	1,263.88		1,263.88	1,584.00
	物流管理成本	07				9,942.17		9,942.17	2,652.30
	合计	08	2,532.96	109,209.83	111,742.79	307,029.92	4,450.66	311,480.58	4,974.78
存货	流动资金占用成本	09	7,975.00		7,975.00	137,235.46		137,235.46	
相关	存货风险成本	10							
成本	存货保险成本	11	7,922.00		7,922.00				1,960.00
	合计	12	15,897.00		15,897.00	137,235.46		137,235.46	1,960.00
	其他成本	13							
	物流总成本	14	18,429.96	109,209.83	127,639.79	444,265.38	4,450.66	448,716.04	6,934.78

图 7－21 业务人员费用计算

根据上述有关资料及表 7－7 所提供的信息，物流信息成本计算如下。

物流信息工作时数占全部信息工作时数的比例为 15.5÷93＝1/6

物流信息作业维护费＝6 008.26×(1/6)＝1 001.38

将上述计算结果计入有关物流成本辅助账户。

物流成本——物流信息成本——企业内物流成本——维护费……1 001.38，系统计算效果，如图 7－22 所示，与手工计算一致。

② 对于人工费支出，如图 7－23 所示。

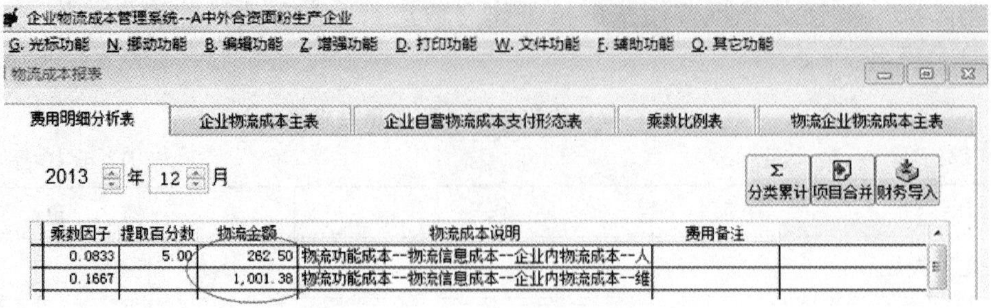

图 7-22 物流信息成本

物流功能成本——物流信息成本——企业内物流成本——人工费……

——仓储成本——企业内物流成本——人工费……13 650

——包装成本——企业内物流成本——人工费……18 375

——物流管理成本——企业内物流成本——人工费……7 875

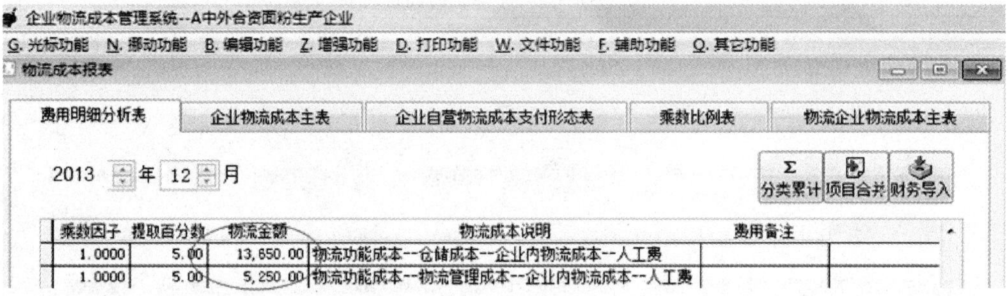

图 7-23 人工费用成本

3. 物流成本主表分析

物流成本表汇集了物流成本信息，按披露物流成本信息内容的不同，企业物流成本表可分为企业物流成本主表和企业自营物流成本支付形态表。

企业物流成本主表是按成本项目、物流范围和成本支付形态三维形式反映企业一定期间各项物流成本信息的报表。它是根据物流成本的三维构成，按一定的标准和顺序，把企业一定期间的项目物流成本、范围物流成本和支付形态物流成本予以适当的排列，并对在日常工作中形成的大量成本费用数据进行整理计算后编制而成的。物流成本信息系统主表界面如图 7-24 所示。

企业物流成本主表对企业物流成本计算对象的 3 个维度进行了整合，物流成本信息使用者可从该表中了解到详尽的企业物流成本信息，既可以了解不同物流功能成本及存货相关成本的发生额，也可以了解不同物流范围的成本发生额；既可以了解单项物流成本项目在不同物流范围的成本明细额，也可以了解单一物流范围所发生的不同的成本项目明细额；既可以了解内部自营物流成本及其具体的成本项目和物流范围成本发生额，又可以了解委托物流成本及其支出明细。同时，企业物流成本主表还能够提供进行物流成本评价的基本资料，它是企业物流成本评价的基础。

4. A 公司物流成本支付形态

A 公司的物流成本支付形态如图 7-25 所示。

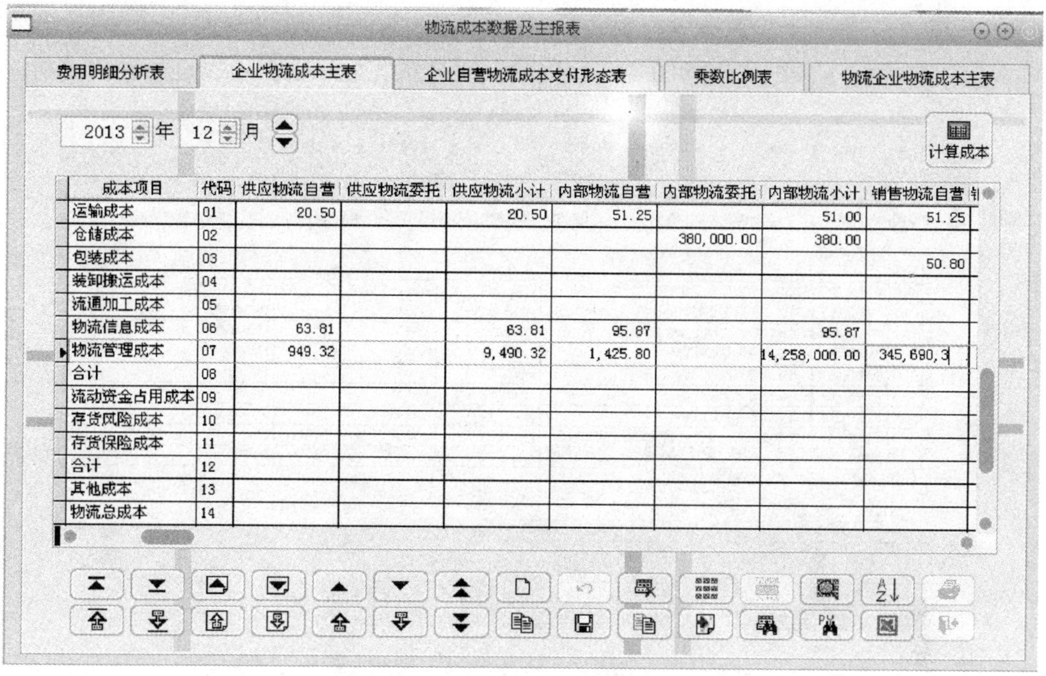

成本项目	代码	供应物流自营	供应物流委托	供应物流小计	内部物流自营	内部物流委托	内部物流小计	销售物流自营
运输成本	01	20.50		20.50	51.25		51.00	51.25
仓储成本	02					380,000.00	380.00	
包装成本	03							50.80
装卸搬运成本	04							
流通加工成本	05							
物流信息成本	06	63.81		63.81	95.87		95.87	
物流管理成本	07	949.32		9,490.32	1,425.80		14,258,000.00	345,690,3
合计	08							
流动资金占用成本	09							
存货风险成本	10							
存货保险成本	11							
合计	12							
其他成本	13							
物流总成本	14							

图 7-24 物流成本信息系统主表界面

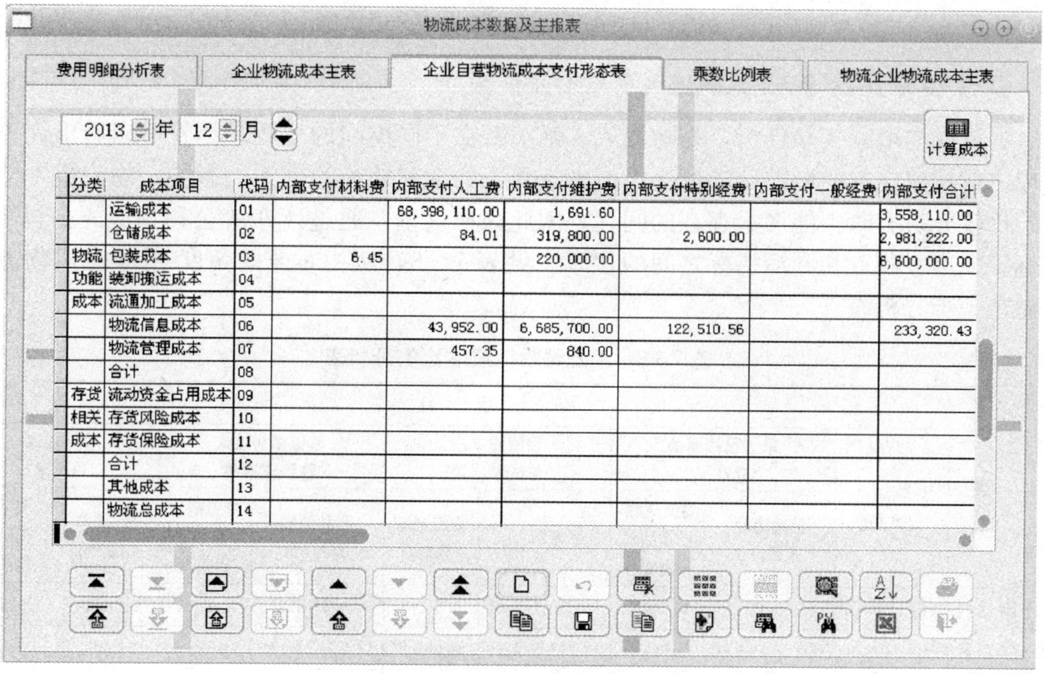

分类	成本项目	代码	内部支付材料费	内部支付人工费	内部支付维护费	内部支付特别经费	内部支付一般经费	内部支付合计
	运输成本	01		68,398,110.00	1,691.60			3,558,110.00
	仓储成本	02		84.01	319,800.00	2,600.00		2,981,222.00
物流	包装成本	03	6.45		220,000.00			6,600,000.00
功能	装卸搬运成本	04						
成本	流通加工成本	05						
	物流信息成本	06		43,952.00	6,685,700.00	122,510.56		233,320.43
	物流管理成本	07		457.35	840.00			
	合计	08						
存货	流动资金占用成本	09						
相关	存货风险成本	10						
成本	存货保险成本	11						
	合计	12						
	其他成本	13						
	物流总成本	14						

图 7-25 A 公司的物流成本支付形态

5. A公司物流成本分配比例

A公司物流成本分配比例如图7－26所示。通过系统显示数据可以进行评价分析。

图7－26 A公司的物流成本分配比例

6. A公司2013年12月物流成本比率分析

物流成本增减变动分析，是物流成本绝对额在不同期间的比较，尽管可以看出评价期间较之前物流成本的增减变动情况，但由于受不同期间规模等因素的影响，物流成本绝对额的比较分析有时不能揭示存在的问题。因此，在这里，通过计算A公司物流成本与数量指标、成本、收入和利润指标之间的比率，见表7－8，从相对数的角度对A公司物流成本做进一步分析。

表7－8 A公司物流成本比例分析表

年度	项目								
	物流成本/元	单位已销商品成本率		物流成本占总成本比重		单位销售收入物流成本率		物流成本利润率	
		已销商品重量/kg	物流成本/已销商品重量	总成本/元	物流成本/总成本	产品销售收入/元	物流成本/产品销售收入	利润总额/元	利润总额/物流成本
2012年12月	708 290.47	16 245 378.00	0.043 6	10 833 178.16	0.065 4	10 953 137.76	0.064 7	146 959.6	0.207 5
2013年12月	803 710.28	18 177 432.00	0.044 2	12 241 557.16	0.065 7	12 255 789.46	0.065 6	184 467.76	0.229 5
2012年12月比2013年12月增长	13.48%	11.90%	13.00%	1.38%	0.46%	11.90%	1.40%	25.53%	10.61%

从表中看出2013年12月比2012年12月增长10.61个百分点，说明A公司2013年12月单位物流成本获取利润的水平有了较大幅度增长。

本章小结

本章介绍了物流成本的概念、构成和特点及成本管理系统。所谓物流成本就是在物流过程中，为了提供有关服务，要占用和耗费一定的活劳动和物化劳动。这些活劳动和物化劳动的货币表现，即为物流成本，也称物流费用。

物流成本管理：以物流成本信息的产生和利用为基础，按照物流成本最优化的要求有组织地进行预测、决策、计划、控制、分析和考核等一系列的科学管理的活动。

物流成本信息系统，是利用计算机、数据库等技术实现的物流成本各功能要素的集合，它包括物流成本费用计算、物流成本支付形态管理、物流成本性态分析、物流责任成本管理、物流成本效益分析和信息管理。要实现物流成本的削减，就要从物流系统的角度来考虑，掌握好物流成本各项目之间的关系，按总成本最低的要求，使整个物流成本管理系统化，强调各要素之间的矛盾统一，把它们有机结合起来，使物流总成本最小。

思考与练习

一、填空题

1. (　　)是企业为了生产商品或提供劳务等所耗费的物化劳动、活劳动中必要劳动价值的货币表现。

2. 物流活动中的人力成本，包括(　　)、(　　)、(　　)及福利等。

3. 流通加工成本，包括(　　)、(　　)、(　　)及其他费用。

4. (　　)指物流成本中随商品流转额变动而变动的那一部分成本。

5. 一般来说，物流成本计算对象的选取，主要取决于(　　)、(　　)、(　　)以及企业物流成本控制的重点。

二、判断题

1. 物流管理费。是指企业为生产产品而购买各种原材料、燃料、外购件等所发生的运输、装卸、搬运等方面的成本。(　　)

2. 供应物流费。是指企业为实现商品价值，在产品销售过程中所发生的储存运输、包装及服务成本。(　　)

3. 退货物流费。是指因废品、不合格产品的物流所形成的物流成本。(　　)

4. 成本管理可以分为五个阶段。(　　)

5. 以物流成本项目作为物流成本计算对象，是将物流成本首先按是否属于功能性成本分为物流功能成本和存货相关成本。(　　)

6. 以物流成本的范围作为物流成本计算对象是把一定时期的物流成本，从财务会计数据中予以分离，按照成本支付形态进行分类计算，它首先将企业的物流成本分为企业自营物流成本和委托物流成本。(　　)

7. 以客户作为物流成本计算对象主要是针对物流服务企业而言的。(　　)

8. 企业物流成本计算包括显性成本和隐性成本。(　　)

9. 显性物流成本计算是在会计核算体系之外，通过统计存货的相关资料，按一定的公式计算得出，计算方法相对简单，不涉及会计科目的选取和物流成本账户的设置问题。（　　）

10. 作业成本法在企业的应用有三个层次：成本核算层、成本管理层和作业优化层。（　　）

三、单项选择题

1.（　　）涵盖了生产、流通、消费全过程的物品实体与价值变化而发生的全部费用。

A. 运输成本　　B. 储存成本　　C. 配送成本　　D. 物流成本

2.（　　）是生产性成本在流通领域的继续，是为了使物品最终完成生产过程，便于消费而发生的成本。

A. 追加成本　　B. 流通成本　　C. 配送成本　　D. 物流成本

3.（　　）是流通企业在经营管理过程中，因组织产品交换而发生的成本。

A. 追加成本　　B. 流通成本　　C. 配送成本　　D. 销售成本

4.（　　）指物流成本中随商品流转额变动而变动的那一部分成本。这种成本开支的多少与商品流转额变化直接相关，即流转额增加，成本支出也随之增加，反之则减少，如搬运费、仓储管理费等。

A. 追加成本　　B. 流通成本　　C. 直接成本　　D. 销售成本

5.（　　）是指流通企业从商品出库到销售过程中所发生的包装费、手续费、管理费等。

A. 追加成本　　B. 流通成本　　C. 直接成本　　D. 销售成本

四、简答题

1. 什么是物流成本？
2. 物流成本的构成内容有哪些？物流成本如何分类？
3. 什么是物流成本管理？
4. 物流成本信息系统的意义和作用是什么？
5. 简述运输成本、仓储成本的构成。
6. 什么是批量成本？库存持有成本？
7. 简述物流成本计算的要求。
8. 简述物流成本计算科目及账户设置。
9. 简述作业成本法的计算流程。
10. 简述作业成本法的基本原理。

五、案例分析

安科公司的库存成本控制

安科公司是一家专门经营进口医疗用品的贸易公司，因为进口产品交货期较长，库存占用资金大，因此，库存成本控制显得尤为重要。

安科公司按销售额的大小，将其经营的26个产品排序，划分为ABC三类。排序在前3位的产品占到总销售额的97%，因此归为A类产品；第4～7种产品每种产品的销售额为0.1%～0.5%，归为B类；其余的21种产品（共占总销售额的1%），将其归为C类。

对于A类的3种产品，安科公司实行了连续性检查策略，每天检查库存情况，随时掌握准确的库存信息，进行严格的控制，在满足客户需要的前提下维持尽可能低的经常量和安全库存量，通过与国外供应商协商，并且对运输时间做认真分析，算出了该类产品的订货前置期为两个月（也就是从下订单到货物从安科公司的仓库发运出去，需要两个月的时间）。由于该公司产品的月销售量不稳定，因此，每次订货的数量就不同，要按照实际的预测数量进行订货。为了预防预测的不准确和工厂交货的不准确，还要保持一定的安全库存，安全库存是下一个月预测销售数量的1/3。如果实际的存货数量加上在途的产品数量等于下两个月的销售预测数量加上安全库存，就下订单订货，订货数量为第三个月的预测数量。因其实际的销售量可能大于或小于预测值，所以每次订货的间隔时间也不相同。这样进行管理后，这三种A类产品库存的状况基本达到了预期的效果。

对于B类产品的库存管理，该公司采用周期性检查策略。每个月检查库存并订货一次，目标是每月检查时应有以后两个月的销售数量在库里（其中一个月的用量视为安全库存），另外在途中还有一个月的预测量。每月订货时，根据当时剩余的实际库存数量决定需订货的数量。这样就会使B类产品的库存周转率低于A类。

对于C类产品，该公司采用了定量订货的方式。根据历史销售数据，得到产品的半年销售量为该产品的最大库存量，并将其两个月的销售量作为最小库存量。一旦库存达到最低就订货，将其补充到最大库存量，这种方法比前两种更省时间，但库存周转率更低。

该公司实行了产品库存的ABC管理以后，虽然A类产品占用了最多的时间、精力，但得到了满意的库存周转率。而B和C类产品，虽然库存的周转率较低，但相对于其很低的资金占用和很少的人力支出来说，这种管理也是个好方法。

资料来源：http://www.doc88.com/p-042804545674.html.

思考与讨论

1. 安科公司将产品分为哪几类进行管理？
2. 安科公司怎样对A、B、C三类产品进行库存控制？

第8章 物流行业其他系统

【教学要求】

通过本章的学习，了解码头系统、水路运输系统、进出口报关系统、报关行系统、堆场系统的业务特点、基本功能；掌握码头系统、水路运输系统、报关系统、堆场系统核心环节的计算机实现。

【关键知识点】

（1）码头系统；
（2）水路运输系统；
（3）进出口报关系统；
（4）报关行系统；
（5）堆场系统。

引导案例

现代仓储管理中条形码技术的运用

随着某钢公司的快速发展，自动化部一站式物资供应中心应运而生。但是，传统的记账方式、入出库管理、盘点等严重影响自动化部的发展。在条形码技术日益成熟的条件下，使用条形码对仓库进行管理，来提高仓储管理的效率。对仓库的到货检验、入库、出库、调拨、移库移位、库存盘点、出库消耗等各个作业环节的数据使用数据采集器进行自动化的数据采集，保证仓库管理各个作业环节数据输入的效率和准确性，确保企业及时、准确地掌握库存的真实数据，合理保持和控制企业库存。通过科学的编码，还可方便地对物资的批次、使用状况等进行管理。

根据不同的管理目标(例如要追踪单品，还是实现保质期/批次管理)对库存品进行科学编码，在科学编码的基础上，入库前用条码打印机打印出物资条码标签，粘贴在物资上，以便以后数据的自动化采集。

使用手持数据终端可以办理物资验收、入库、盘库、物资消耗等，同步将采集的数据上传到物资管理系统中，自动更新系统中的数据，也可以将系统中更新以后的数据下载到手持终端中，以便在现场进行查询和调用。

思考

1. WMS 有哪些功能?
2. 开发 WMS 有什么好处?

8.1 集装箱码头系统

8.1.1 集装箱码头系统介绍

1. 有关概念

港口码头泛指拥有良好基础设施(码头、仓库、堆场、后续用地等)，与外部衔接的集疏运通道，以及从事货物装卸、堆存、保管和多式联运的服务场所。它是物流供应链中的重要环节，是运输的枢纽。

集装箱码头(Container Terminal)，是指专供停靠集装箱船舶，装卸集装箱用的港口作业场所，是在集装箱运输过程中，水路和陆路运输的连接点，也是集装箱多式联运(Multimodal Transport)的枢纽。集装箱码头一般设有泊位(Berth)、集装箱堆场(Container Yard，CY)、控制室(Control Tower)、检查口(Gate House)、仓库(Container Freight Station，CFS)、集装箱专用机械和其他专用设施等。

小贴士

集装箱(GB/T 17271—1998 中 3.2.4.2)又称“货柜”或“货箱”。它是一种运输设备。整箱货：一个集装箱装满一个托运人同时也是一个收货人的货物。

2. 集装箱码头系统建设思想

船舶大型化的发展对港口的水深提出越来越高的要求。水深条件是港口发展的决定性因素之一，它制约了港口的水运能力和集疏运能力。港口只有拥有适应新一代集装箱船的水深条件，才能在港口的竞争中占据主动。因此，航道和泊位深水化是港口发展的趋势之一，15m将是港口深水泊位的最低标准。

面对日益激烈的竞争，各港口纷纷采取措施以扩大港口规模来降低成本，提高经济效益，港口规模大型化已成为港口发展的又一趋势。

除了经营范围的扩大．港口的机械设备也日趋大型化。随着集装箱船舶逐步突破6 000TEU、8 000TEU，甚至10 000TEU，港口的桥吊、堆场面积也不断扩大。按目前的标准，国际港口必须拥有能处理巨型集装箱船的大量货载的大堆场，具备一流的集疏运条件与堆存能力，桥吊外伸距50m以上。

特别提示

目前为了便于计算集装箱数量，可以以20英尺的集装箱作为换算标准箱(简称TEU)，并以此作为集装箱船载箱量、港口集装箱吞吐量、集装箱保有量等计算单位。其相互关系为：40ft集装箱＝2TEU换算箱(TEU：标准箱＝Twenty-feet Equivalent Unit)。

船舶大型化与班轮运输经营方式的改变对港口的效率提出了越来越高的要求，港口运作高效化已成为港口发展的另一趋势。随着电子商务的发展，为满足船公司急欲缩短船舶在港时间、提高港口劳动效率的要求，以及货主急欲缩短交货时间的要求，港口的运行效率将不断提高。

国际港所中转的货物具有批量多、要求高、时间短等特点，需要处理大量信息，包括一些单证和文件。港口不仅是一个资本密集型产业，同时也是一个信息密集型领域。电子数据交换系统(EDI)、国际互联网和港口内部互联网(又称Portnet、Intranet)等的建立和应用，不仅使得电子单证和相关信息得以迅速而准确地在承运人、港口、货主、代理、海关、保险等有关方之间传递，大大提高了服务效率，而且能为用户提供所需的市场与决策信息。因此港口信息化无疑将是作为综合运输系统“神经中枢”的港口的发展趋势之一，而现代科技的发展则为港口的信息化提供了保障。

现代化的国际港口既是货物海陆联运的枢纽，又是国际商品储存、集散的分拨中心，同时还是贸易、加工业发展的聚集地：未来的港口不止是一个传统的货物装卸、中转地，它将日益成为能提供增值产业和服务的综合物流中心。以港口为基地，借助自动化的管理系统，顺畅地使货物从始发地运到目的地，同时又可以将货物储存在此，待价而沽，选择最佳时机投入市场。因此，港口将成为物流重要的缓冲地，是货物储存的战略中心。国际港还必须集现代化的商务中心、国际化的信息与通信服务中心、人员服务中心为一体，进一步完善贸易谈判条件，为用户提供所需的信息，提供人才供应和海员服务等设施。总之，国际港将本着简化贸易和物流过程，不断向多功能化方向发展，并日益提高在全球综合运输物流链中的地位。

3. 系统设计的目标

(1) 码头作业流程的标准化、统一化。

(2) 码头作业信息的透明化。

(3) 码头作业的高效、低成本。

(4) 提高码头物流效率。

4. 系统设计的原则

系统设计的原则如图 8-1 所示。

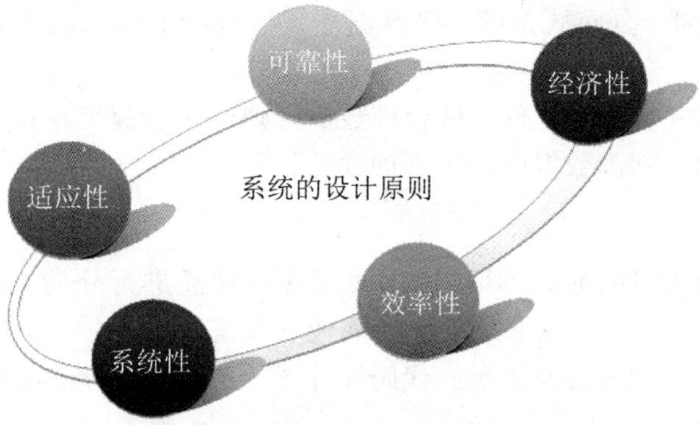

图 8-1　系统设计的原则

(1) 系统性。在码头系统设计中，要从系统的整体出发进行考虑，系统的代码要统一，设计规范要标准，设计语言要尽量一致，对系统的数据采集要做到数出一处、全局共享，并使一次输入得到多次利用。

(2) 适应性。开发的码头系统应具有很强的环境适应性，才能保持长久的生命力。因此，系统应具有较好的开放性和结构的可变性。在系统设计中，应尽量采用模块化结构，提高各模块的独立性，尽可能减少模块间的数据依赖。这样既便于模块的修改，又易于增加新的内容，提高系统适应环境变化的能力。

(3) 可靠性。可靠性是指系统抵御外界干扰的能力及受外界干扰时的恢复能力。一个成功的物流信息系统应具有较高的可靠性，如安全保密性、检错及纠错能力等。

(4) 经济性。经济性指的是在满足系统需求的前提下，尽可能经济。一方面，在硬件投资上应以满足系统需要为前提；另一方面，系统设计中应尽量避免不必要的复杂化，各模块应尽量简洁，以缩短处理流程、减少处理费用。

(5) 效率性。系统的总体效率要高。

5. 集装箱码头信息系统的物理配置方案设计

在集装箱码头信息系统的设计过程中，其硬、软件环境配置需要考虑以下因素。

(1) 处理能力。系统的吞吐量越大，系统的处理能力就越强。系统的吞吐量即每秒钟执行的作业数，它与系统硬、软件的选择有直接的关系，为获得较大的吞吐量，就应当选择具有较高性能的计算机和网络系统。

(2) 可靠性。系统的可靠性用连续工作时间来表示。若系统每天需要 24 小时连续工作，则宜采用双机双工系统结构方式。所谓双机双工工作就是两台主机同时为一套业务应用提供服务，每套主机互为备份。在系统正常情况下，两台主机同时工作，相互监控。当其中一套主机出现异常，不能支持信息系统运营时，另一套主动接管所有的工作，继续支持系统的运营，从而保证信息系统能够不间断地运行，提高了可靠性。

(3) 响应速度。从用户向系统发出一个作业请求开始，经系统处理后，给出应答结果的时间称为系统的响应时间。响应时间愈短，则响应速度愈快。如果要求系统快速响应，就应当选择运算速度较快的计算机及具有较高传递速率的通信线路。

（4）系统结构。考虑采用集中式还是分布式，若系统的处理方式是集中式的，则信息系统既可以是单机系统，也可以是网络系统；若系统的处理方式是分布式的，则采用网络将更能有效地发挥系统的性能。

（5）区域范围。对于分布式系统，要根据系统覆盖的范围来决定是采用广域网还是局域网。

（6）数据管理方式。若用文件系统管理数据，则操作系统应具备文件管理功能；若用数据库方式管理数据，则需数据库系统管理软件。

6. 代码设计

系统运行会产生大量的数据，只有把这些数据或信息进行分类、归并，才能充分发挥计算机的处理效率。代码是代表事物名称、属性、状态等的符号，为便于计算机处理，一般用数字、字母或它们的组合来表示。代码设计便于数据的存储和检索，能提高计算机处理的效率和精度。

系统代码设计是按照国家公布 GB 1988—1980 信息处理交换的七位编码字符集的国家标准编码，符合物流信息分类编码标准体系要求。

特别提示

集装箱国籍代号：由三个拉丁字母代表，用以说明集装箱的登记国，例如“RCX”表示登记国为中华人民共和国。中远自有箱箱主代号：“COS”。中海自有箱箱主代号：“CCL”。顺序号又称箱号，由 6 位阿拉伯数字组成，例如 COSU2581347，CCLU6900001，GQTU1234567 等。核对数字是箱主代号和顺序号在传输和记录时验证其准确性的手段。如 GLDU5168425 校对数是 5。

1）系统代码设计的原则

（1）实用性。设计的代码在逻辑上应能满足用户的需要，在结构上应当与处理的方法相一致。

（2）唯一性。一个代码应能唯一地标志它所代表的事物或属性。

（3）可扩充性。代码设计时，要预留足够的位置，以适应不断变化的需要，扩充编码。

（4）系统化。代码的编制标准化，遵照国家标准、行业标准，做到编码统一。

（5）规范化。使代码结构对事物的表示具有实际意义，以便于理解及交流。

（6）避免出错。尽量采用不易出错的代码结构。如字母—字母—数字的结构比字母—数字—字母的结构发生错误的机会要少一些。

（7）适当分段。当代码长于 4 个字母或 5 个数字字符时，分成小段。这样不易出错，也易于记忆，方便记录。

（8）代码总数。本系统根据业务需要，设置了商品代码、客户代码，总长度均为 10。

2）编码方法

（1）顺序码。顺序码又称系列码，是一种用连续数字代表编码对象的码，如码头企业职工编码可以使用 4 位顺序码，编为：0001，0002，…。

顺序码的优点是简短而简单，记录的定位方法简单，易于管理，但它本身不能说明任何信息的特征。另外，新增加的代码只能附在最后，删除则造成空码。通常，顺序码作为其他码的一种补充手段。

（2）区间码。区间码把数据项分成若干组，每一区间代表一个组，码中数字的值及其位置都代表一定意义。

区间码的优点是信息处理比较可靠，易于进行排序、分类、检索等操作，但它的长度与分类属性的数量有关，有可能产生很长的码，造成维护困难。

（3）助忆码。助忆码用文字、数字或文字＋数字结合起来编码，其特点是可以通过联想帮助记忆。例如，集装箱码头系统集装箱编码中，用“J”代表。托盘用“P”代表，便于记忆。

8.1.2 集装箱码头系统开发

1. 面向对象法

根据集装箱码头实际情况选择面向对象方法进行系统开发。选择该法是基于这样的观点：客观世界中的任何事物都可以在一定前提下被理解为具有不同属性和操作的对象。如该企业中的对象有职工、集装箱、仓库、堆场、码头等。在面向对象方法建立的系统中，对象是其基本组成单位，对象由一组数据和施加于这些数据上的一组操作构成，数据用于描述对象的状态或特征、属性、操作，完成对数据的处理和对象内数据与外界的交互，侧重于描述对象的行为。例如，定义集装箱进入堆场为一个对象，其属性由集装箱名称、规格型号、单位、数量等值组成。其行为之一是打印入场单的内容，相应的操作是打印入场单。传统的结构化系统开发方法的基本特点是把功能作为系统的基本组成单位，在设计过程中强调对系统功能的模拟。而面向对象方法的基本组成单位是对象，在设计过程中注重的是：通过对对象及其关系的模拟，最终实现系统的功能。

2. 集装箱码头系统开发过程

（1）系统调查和需求分析阶段。调查公司对系统开发的具体需求，即先弄清系统要干什么的问题。

（2）面向对象的分析(Object-Oriented Analysis，OOA)阶段。在繁杂的问题域中抽象地识别出对象及其行为、结构、属性、方法等，以分析问题的性质和求解问题。

（3）面向对象的设计(Object-Oriented Design，OOD)阶段。对分析的结果作进一步的抽象、归类、整理，并最终以范式的形式将它们确定下来。OOD阶段主要完成系统总体结构设计、用户界面设计、任务管理设计，以及数据管理设计等。

（4）面向对象的程序(Object-Oriented Programming，OOP)设计阶段。用面向对象的程序设计语言进行编程。

（5）由模型系统转为目标系统的阶段。首先识别公司需求的对象及行为，分别设计出各个对象的实体。分析对象之间的联系和相互所传递的信息，由此构成该公司的信息系统模型。由信息系统模型转换成软件系统的模型，再对各个对象进行归并和整理，并确定它们之间的联系，继而由软件系统模型转换成目标系统。

3. 集装箱码头系统软件开发的特点

（1）封装性。在开发中，程序和数据是封装在一起的，对象作为一个实体，其操作隐藏在方法中，其状态由对象的“属性”来描述，通过对象中的“方法”来改变。封装性构成了面向对象开发方法的基础。

(2) 抽象性。面向对象开发方法中，把从具有共同特性的实体中抽象出来的事物本质特征，称为“类”，对象是类的一个实例。比如，在系统初始参数设计中，商品参数设置和客户参数设置，可以按“类”中封装了对象共同的属性和方法，通过一个类创建的对象，自动具有类中描述的属性和方法。

(3) 继承性。类可以派生出子类，子类自动继承父类的属性与方法。这样，在定义子类时，只需说明它不同于父类的特性，从而大大提高了软件的可重用性。

(4) 多态性。对象间的联系是通过对象间的消息传递动态建立的，发送到不同的对象可引发不同的操作。

8.1.3 集装箱码头系统模型

集装箱码头信息管理系统依照国际码头实际操作规范来完成，系统引进了一些世界先进的集装箱管理理念，如船舶、堆场计划、泊位预排、岸桥顺序、场桥预约、时段分配、箱位调整、作业情况监视和查询等，在系统结构上采用了 DCE(Data Circuit-terminating Equipment)概念，使业务运作和操作功能实现了模块化和结构化，使系统更容易操作和维护。业务模型如图 8-2 所示。

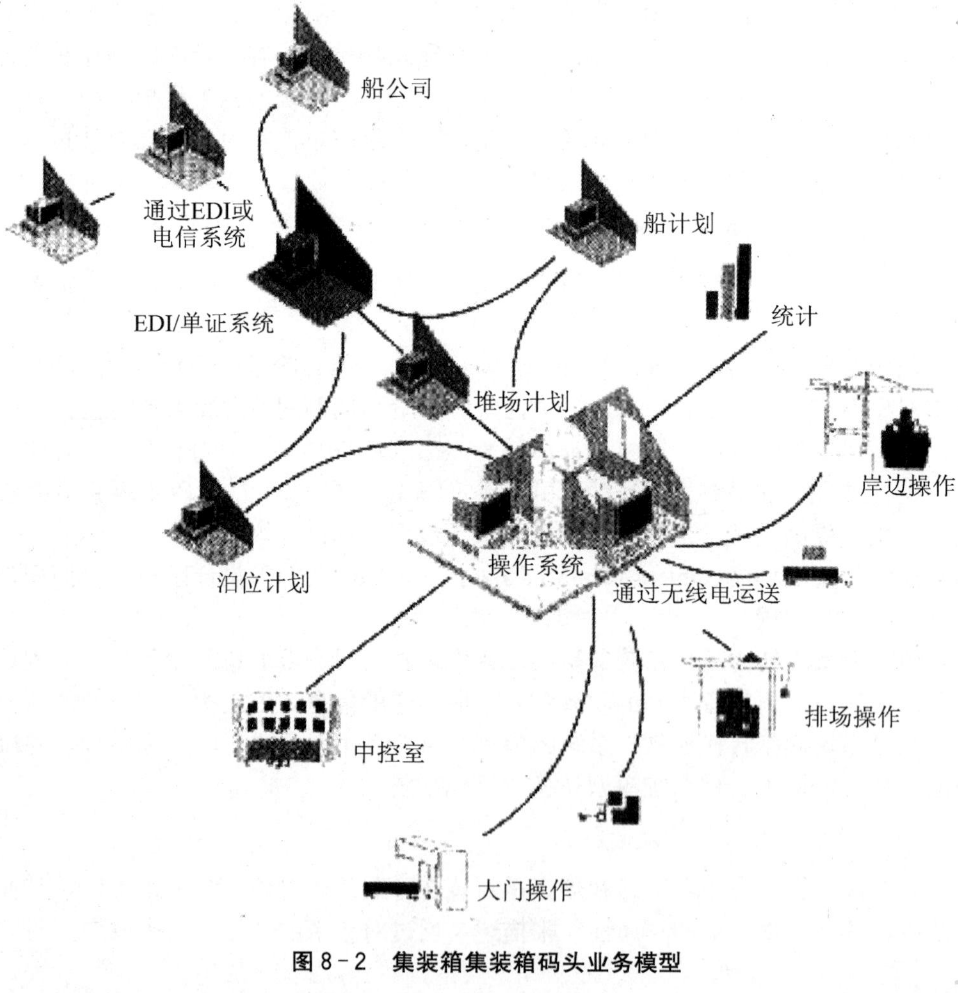

图 8-2 集装箱集装箱码头业务模型

8.1.4 集装箱码头系统的主要功能

集装箱码头系统功能模块，如图 8 - 3 所示。

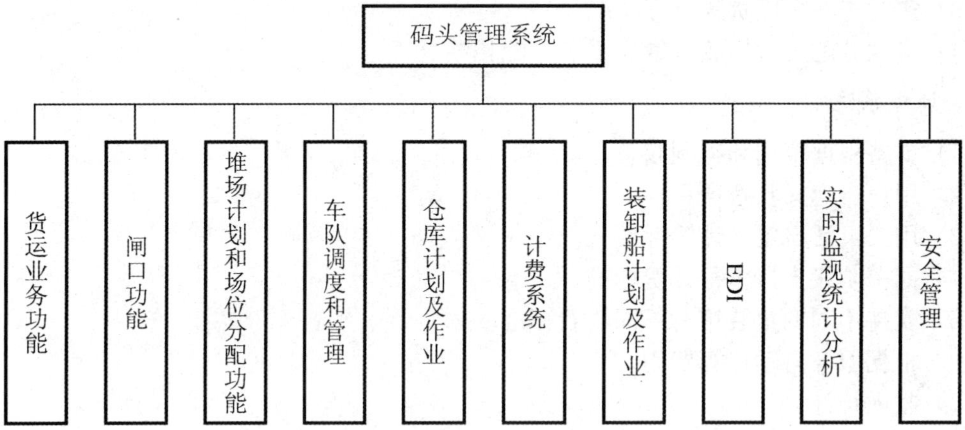

图 8 - 3　集装箱码头系统功能模块图

1. 货运业务功能

(1) 业务单证数据流程化。
(2) 管理跟踪业务单操作状态。
(3) 进出口业务分开作业流程处理，理清业务关系，提高工作效率。

2. 闸口功能

(1) 监控等待时间过长的拖车，控制拖车等待时间。
(2) 控制码头内部交通流量。
(3) 计算机系统自动挑选符合客户要求的空箱。
(4) 自动分配堆场位置和手工分配相结合。

3. 堆场计划和场位分配功能

(1) 图形化堆场计划。
(2) 灵活多样的堆场计划，有序安排所有箱。
(3) 自动平衡吊车工作量分配。
(4) 定义工作区以简化设备跟踪管理。
(5) 灵活定义工作区的大小及区域数量。
(6) 外围堆场工作区定义及管理。
(7) 提供优化的放箱位置，以取得最短的装船时间。

4. 车队调度和管理

(1) 计划管理自有车与外来车。
(2) 司机、拖卡、拖头的实时监控与调度。
(3) 及时统计拖头收入及司机拖运费用结算。
(4) 自动分配与平衡司机拖车情况。

5. 堆场仓库计划及作业

(1) 图形化仓库计划。
(2) 定义堆放区方便货物分拣。
(3) 实时查看仓库货物堆存状况。
(4) 自动分配货物堆放位置和手工分配相结合。

6. 计费系统

(1) 支持根据范围和类别收费。
(2) 用户自定义收费项目。
(3) 用户灵活自定义计费标准。
(4) 同一阶段支持多种计费标准。
(5) 支持不同的集装箱有不同收费标准。
(6) 根据服务自动计算费用。
(7) 收入统计。

特别提示

船公司的费用确认

对客户的费用确认工作应该是由业务员完成包括客户退佣金，对船公司的费用确认工作应该是由操作员完成包括船方退佣金，对内部报告费用确认总体情况应该是由财务人员完成并缮制费用报表，并且统计出此票货物的利润及其他有关费用方面的注意事项，总经理负责对三个关系人工作的审核。

7. EDI

(1) 提交箱预约的 EDI 交换。
(2) 集装箱动态信息 EDI 交换。
(3) 船图 EDI 交换。
(4) 自动处理。
(5) 舱单 EDI 交换。
(6) 预留多种与海关 EDI 版本。

8. 装卸船计划及作业

(1) 图形化的装卸船计划用户界面。
(2) 实时查看船舶和积载情况。
(3) 图形化的桥吊作业线安排。
(4) 实时控制设备工作。

9. 实时监视统计分析

(1) 监视整个码头运作情况。
(2) 通过定义各种不同的筛选条件查看堆场、船舶信息。
(3) 图形化查询功能。
(4) 实时、形象显示集装箱分布及堆放情况。

(5) 实时监视设备操作状态。

(6) 监视将可能发生影响工作效率的操作。

(7) 实时监视船舶工作情况。

(8) 图形化泊位分配。

10. 安全管理

(1) 用部门和级别来管理用户。

(2) 记录用户对敏感数据的更新。

(3) 可自动或人工锁定集装箱。

(4) 集装箱的解锁有安全保护。

(5) 预定义静态数据，在用户输入时自动校验以减少输入错误。

(6) 全面校验以确保操作及盘存数据的合理性和一致性。

(7) 对集装箱号码进行校验。

特别提示

集装箱码头堆场，专供停靠集装箱船、装卸集装箱用的码头。集装箱装卸区根据接受待装的货箱情况，制订出装船计划，登船靠泊后即行装船。

(1) 集装箱漏短装。装船时按原计划装船，但实际却没有装船的货物。

(2) 集装箱溢装。装船时按原计划不装船，但实际却装到船上的货物。

(3) 集装箱重箱。是指装载了货物的集装箱。

8.2 集装箱堆场管理系统

8.2.1 集装箱堆场管理系统介绍

1. 概述

集装箱堆场(Container Yard，CY)，管理信息系统的开发使用，是针对集装箱堆场所涉及的各个环节，分别建立子系统进行信息的采集、输入、整理、加工、输出，以实现堆场业务流程作业、运输环节管理控制和为管理决策提供依据等功能。各个子系统不仅可以自成体系单独运行，而且还可以拥有相应的支持子系统。这样的 MIS 不仅可以满足大型的综合性集装箱堆场的要求，同时也可用于业务较单一的企业。

一个比较完整的集装箱堆场管理信息系统至少应包括箱务管理、查询管理、集装箱修理管理、运输管理、单证管理等若干子系统。

2. 集装箱堆场业务

1) 集装箱堆场主要业务

集装箱堆场主要业务见表 8-1。

2) 过程的简单说明

(1) 计划控制过程。

① 堆场布局规划：根据业务流程及集装箱流量，确定堆场布置。

② 进口空箱计划：对进口空箱进入堆场进行接收并核实。

表 8－1 集装箱堆场主要业务

计划控制	调度作业	支持资源
堆场布局规划	装船作业	进出口舱单
进口空箱计划	卸船作业	集装箱信息
提空箱计划	集卡进场登记	客户信息
回空箱计划	道口确认	设备信息
进场计划	进场选位	中控信息
出场计划	落箱确认	道口信息
设备管理计划	提箱确认	箱位动态信息
集装箱管理计划	设备调度	气候信息
财务管理计划	集装箱维修	人员绩效评估
查验计划	集装箱查验	
	堆场安全监督	

③ 提空箱计划：根据货主提出的提货申请，制订集装箱空箱的提取计划。
④ 回空箱计划：出借的空箱回收至堆场的计划。
⑤ 进场计划：进口集装箱堆放在堆场的场地规划。
⑥ 出场计划：出口集装箱堆放在堆场的场地规划。
⑦ 设备管理计划：对堆场中设备的使用、保养和维修等进行管理。
⑧ 集装箱管理计划：根据集装箱类型，对其进行日常维护、检验和修理。

特别提示

在订舱后，船方会应货运代理人提出使用集装箱的申请，给予安排并发放 EIR(设备交接单)，在整箱货运输时，通常是由货运代理人安排集装箱卡车到集装箱空箱堆场领取空箱。

⑨ 财务管理计划：统筹企业资金。
(2) 调度作业过程。
① 装船作业：根据出口舱单，对集装箱进行装船。
② 卸船作业：根据进口舱单，对集装箱进行卸船。
③ 集卡进场登记：登记进入堆场的集卡信息。
④ 道口确认：在堆场道口，确认集卡信息。
⑤ 进场选位：根据集装箱类型、出场时间及堆场场地安排确定其堆场位置。
⑥ 落箱确认：确认集装箱放置于正确位置，并将信息反馈于信息中心。
⑦ 提箱确认：确认集装箱已被正确提出堆场，并将信息反馈于信息中心。
⑧ 设备调度：根据堆场业务，合理调度设备。
⑨ 集装箱维修：根据国家标准及集装箱现状，对其进行保养及维修。
⑩ 集装箱查验：查验集装箱及其箱内货物。

特别提示

在领取空箱时，不使用损坏或变形的集装箱装载货物，避免因集装箱的缺陷造成货损。如因集装箱短缺需使用有微小缺陷的集装箱时，应事先告知客户供其选择是否使用，或者异地换提箱。

集装箱在装载货物之前，都必须经过严格检查。一只有缺陷的集装箱，轻则导致货损，重则在运输、装卸过程中造成箱毁人亡事故。关系人在相互交接时，应对集装箱外部、内部、箱门、清洁状况、附属件及设备等各方面做详细的检查。

⑪堆场安全监督：对堆场进行全方位安全监督检查。

(3) 支持资源过程。

① 进出口舱单：记录某航次所载全部集装箱的货物信息。

② 集装箱信息：记录集装箱信息，包括集装箱类型、尺寸、进出场日期等。

③ 客户信息：将客户资料存储于信息中心。

④ 设备信息：记录设备信息，包括设备类型、编号等属性。

⑤ 中控信息：集中控制各个堆场的信息。

⑥ 道口信息：集成在道口收集的集卡信息。

⑦ 箱位动态信息：实时跟踪箱位使用情况并反馈。

⑧ 气候信息：收集堆场的气候状况数据，便于特殊集装箱保管。

⑨ 人员绩效评估：评定和测量员工在职务上的工作行为和工作效果。

⑩ 查验计划：对查验集装箱及箱内货物进行计划。

3. 集装箱堆场管理系统业务流程

以国内集装箱堆场开发的CY(Container Yard)业务应用软件为例说明。系统根据堆场业务需求定向开发，其目的是实现整个业务流程中信息管理的自动化和可视化，能动态反映集装箱进出场、内修箱等操作情况。该系统能对进出场集装箱进行自动结算各类费用，大幅度减轻工作人员的劳动强度。整个系统主要包括：箱体进出场管理、新箱报关管理、修箱管理、费用管理、箱体查询、统计报表等部分，并可通过EDI接口与船公司、拖车公司、码头等进行数据交换。集装箱堆场业务流程，如图8-4所示。

1) 新柜入场

新柜入场按批次输入新箱入场信息(如柜号、船公司、船名航次、进场提单号、尺寸、类型、材料、柜况、进场时间、造柜公司、批次、箱场、拖车公司、车牌号、存放位置、是否预进场)。业务流程如图8-5所示。

2) 普通柜

普通柜入场输入普通柜入场信息(如柜号、船公司、船名航次、进场提单号、尺寸、类型、材料、柜况、进场时间、码头、拖车公司、车牌号、存放位置。

(1) 输入货柜出场信息(如柜号、船公司、船名航次、出场时间、拖车公司、车牌号、尺寸、类型、状态、货柜材料、重空柜、出场提单号、定舱号、卸货港、目的地等)。

注意： 重柜出场同入场，操作部、市场部输入内容分开。

(2) 吊柜产生吊柜费。

(3) 生成所需报表，如货柜出场报表、出场吊柜费报表、新柜出场报海关表等。

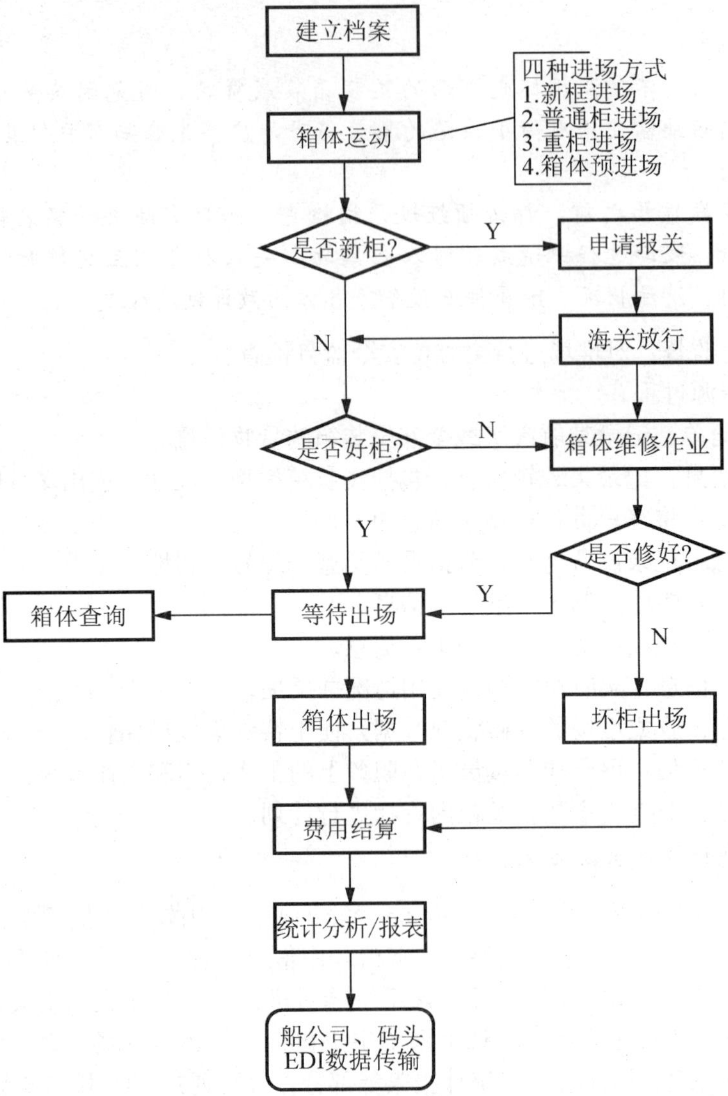

图 8-4　集装箱堆场业务流程

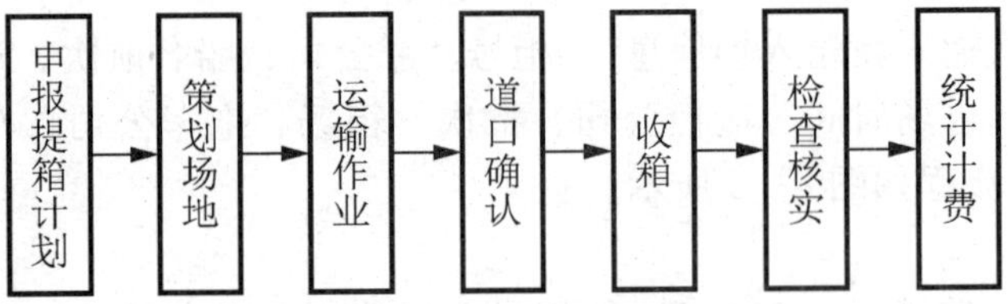

图 8-5　新柜入场流程

3）提空箱作业流程

提空箱作业流程如图 8-6 所示。

4）回空箱作业流程

回空箱作业流程如图 8-7 所示。

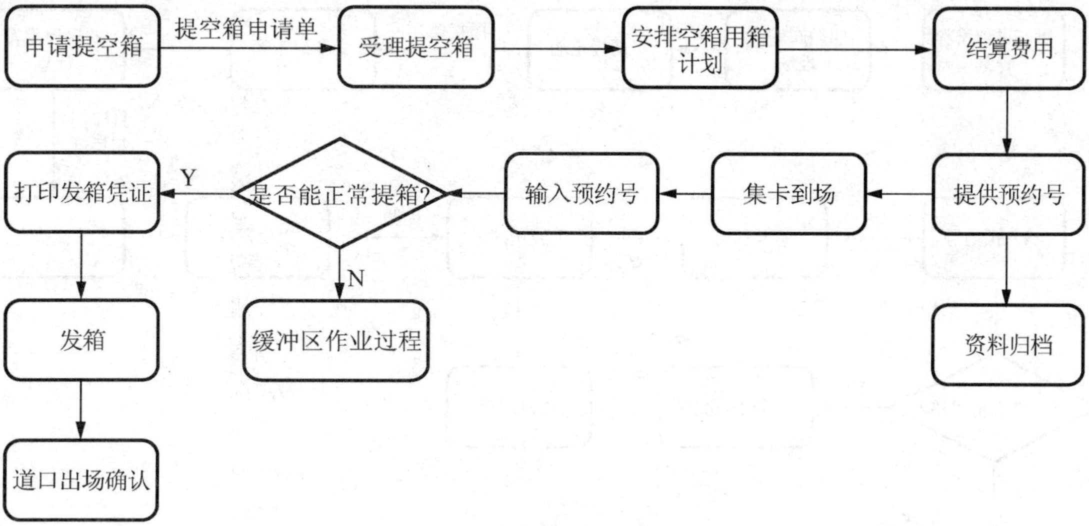

图 8-6　提空箱作业流程

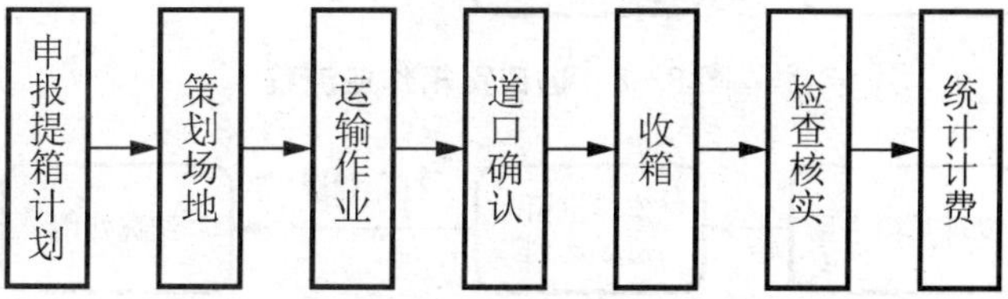

图 8-7　回空箱作业流程

特别提示

在订舱后，船方会应货运代理人提出使用集装箱的申请，给予安排并发放 EIR(设备交接单)，在整箱货运输时，通常是由货运代理人安排集装箱卡车到集装箱空箱堆场领取空箱。

5）进口重箱作业流程

进口重箱作业流程如图 8-8 所示。

6）出口重箱作业流程

出口重箱作业流程如图 8-9 所示。

4. 识别数据类

1）集装箱堆场业务数据

(1) 进出口舱单：该类信息包括船舶代码、船舶航次、船舶靠泊方向、进出航次的集装箱箱量。

(2) 集装箱信息：该类信息包括箱号、尺寸、类型、空重、箱位、进出场时间、所属公司。

(3) 客户信息：该类信息包括公司编号、公司名称、联系方式、合作记录。

(4) 堆场信息：该类信息包括堆场编号、位置坐标、倍数、排数、层数、堆存类型、实时状态。

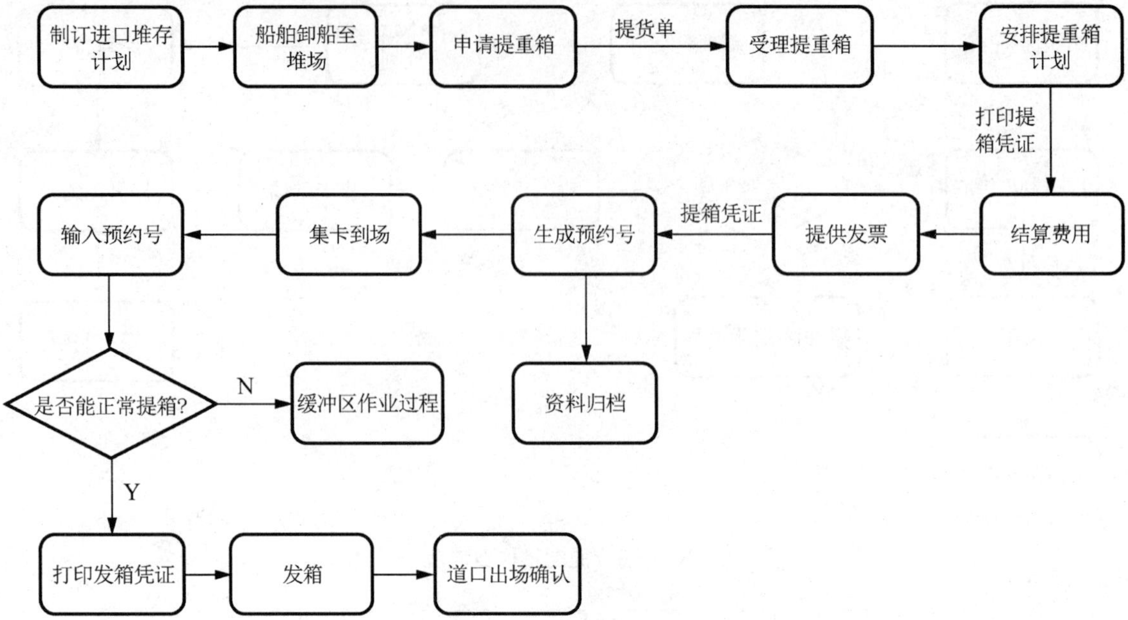

图 8－8　进口重箱作业流程

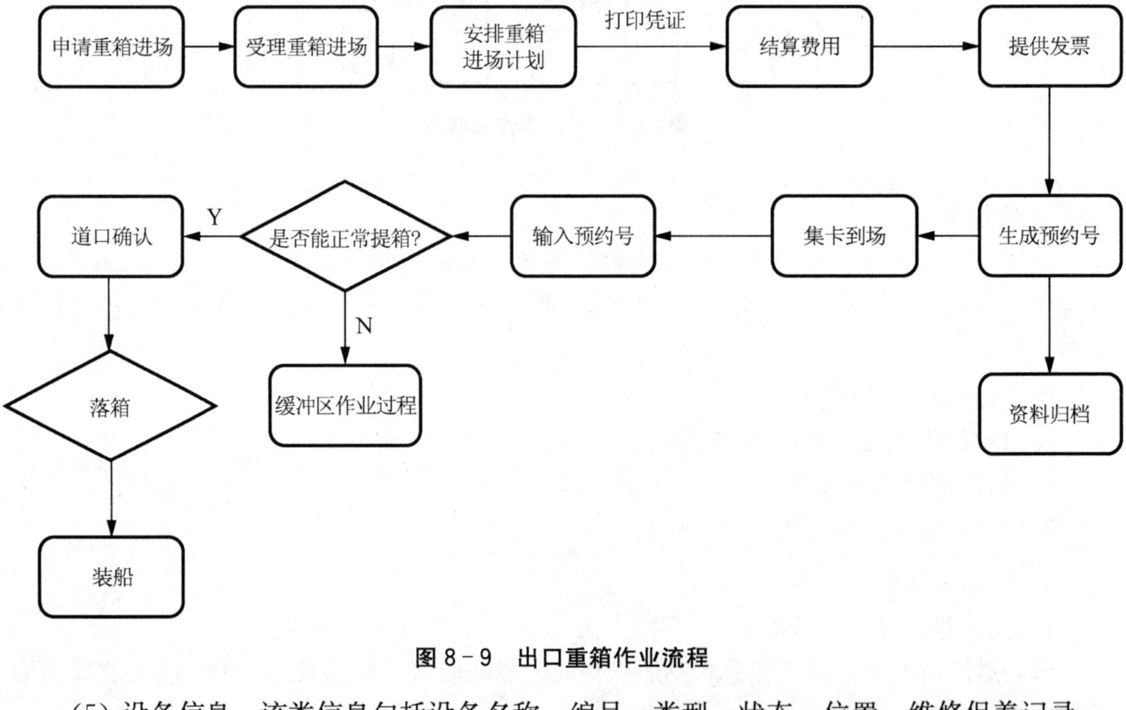

图 8－9　出口重箱作业流程

（5）设备信息：该类信息包括设备名称、编号、类型、状态、位置、维修保养记录。

（6）中控信息：根据堆场动态信息，对各个堆场的业务进行集中控制。该类信息包括任务编号、任务名称、任务内容、产生时间、调度人员、设备使用情况、场地堆放情况等。

（7）道口信息：该类信息包括各个道口收集到的集卡信息。

（8）计划信息：该类信息包括计划编号、名称、内容、产生时间。

（9）人事：该类信息包括职工、工资、技能、人员计划、绩效。

2）堆场作业数据图

堆场作业数据如图 8－10 所示。

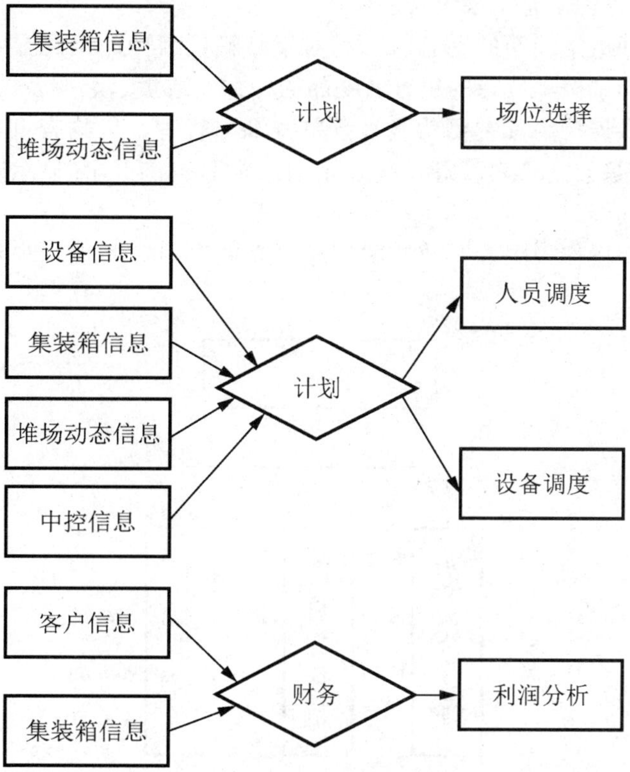

图 8－10　堆场作业数据图

8.2.2　堆场管理信息系统功能

1. 功能模块图

堆场管理系统功能模块，如图 8－11 所示。

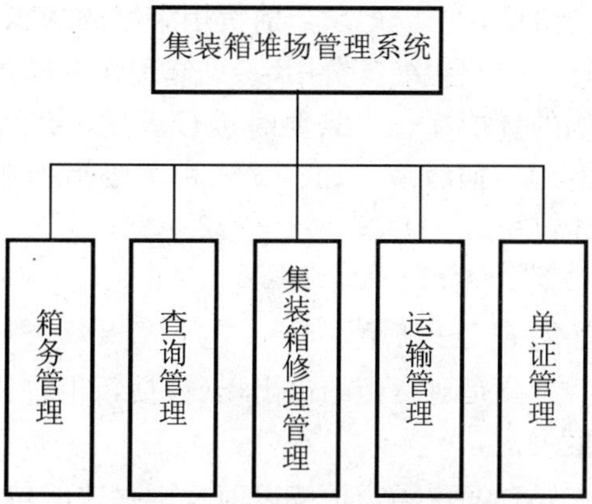

图 8－11　堆场管理功能模块图

堆场管理系统主要是针对中小型集装箱管理业务所涉及的信息资料的管理、财务的核算、报表的生成和查询，以及对业务的统计分析等方面，全面提高工作绩效及管理水平的作业性管理软件系统。

1）集装箱箱务管理信息子系统功能概述

该模块主要实现对集装箱的动态跟踪和对集装箱(货物)的信息显示，使用户能及时、准确、全面地了解和掌握集装箱的位置、物品的种类、数量、起始及终到地域、时间等信息，为用户决策提供支持。其主要功能为订单查询与管理、货物查询与跟踪(GIS 显示查询)、集装箱动态跟踪数据录入管理、集装箱动态跟踪查询(GIS 显示查询)、场站集装箱管理、空箱调配等功能。

根据用户的系统操作权限，开放或关闭相应功能项目，实现用户对系统的使用操作，如图 8－12 所示。

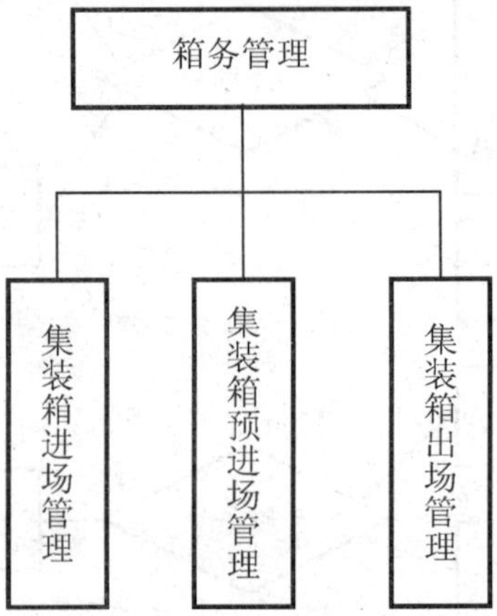

图 8－12　箱体进出场功能模块图

(1) 集装箱进场(包括新柜进场、普通柜进场、重柜进场)：货柜直接进入堆场，输入与该柜相关的资料。货柜进场时，因为吊柜而产生吊柜费(也可以在堆费资料中定义该费用如何收取，如定义新柜不收吊柜费等)。

(2) 集装箱预进场：货柜当时并没进入堆场，但可以先输入将要进场货柜的资料，等待货柜直接进场。当进场货柜是已损坏的，则需要记载该柜状态，并进入修理程序进行维修，并且随着在维修的不同阶段，可以记录当前货柜维修的状态，直到其状态转变到可使用柜。同时因为维修的进行，会产生维修费用(参见修理作业模块)。

(3) 集装箱出场：在场的货柜在客户需要时进行出场，并因为吊柜而产生吊柜费(也可以在堆费资料中定义该费用如何收取，如定义新柜不收吊柜费等)，另外重柜、新柜出场必须经过海关放行确认才可出场。

2）货柜查询

货柜查询功能模块，如图 8－13 所示。

(1) 货柜进出场查询，主要是对货柜的进出场(包括新柜、普通柜、重柜)进行综合查询，并根据需要生成报关报表。

(2) 存放位置查询，主要查询现场货柜或以前货柜存放的位置，并根据存放位置生成平面图。

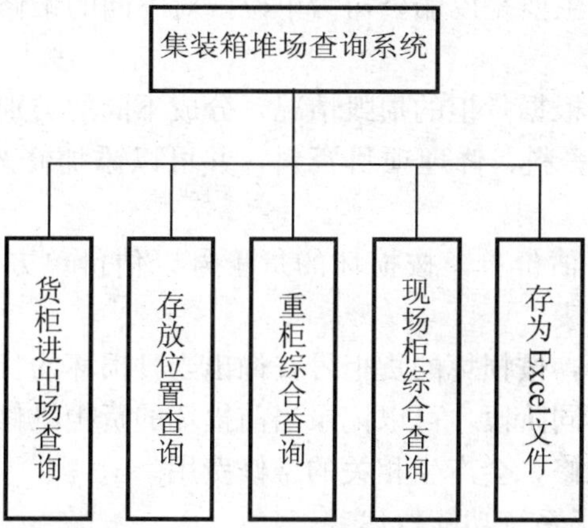

图 8-13　货柜查询功能模块图

(3) 重柜综合查询，主要查询重柜进场、在场、出场，并根据需要生成海关所需要的报表。

(4) 现场柜综合查询，主要针对在场的各类货柜进行查询。

(5) 存为 Excel 文件，以船公司、时间段查询出进场、在场、出场的货柜数量，并统计存为 Excel 报表，查询按海关要求的统计报表数据。

3) 修理作业

修理作业功能模块如图 8-14 所示，修理作业关系如图 8-15 所示。

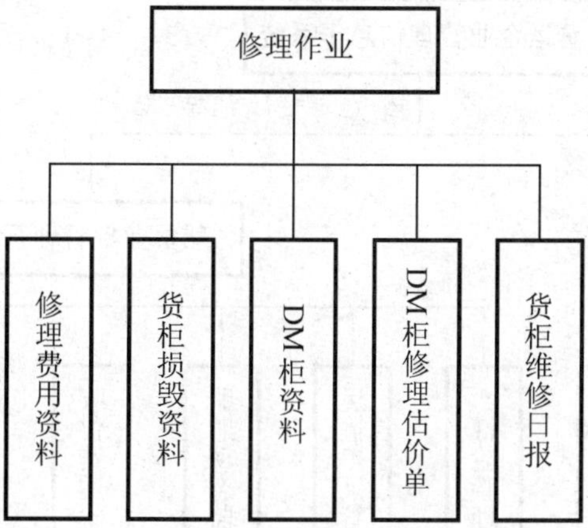

图 8-14　修理作业功能模块图

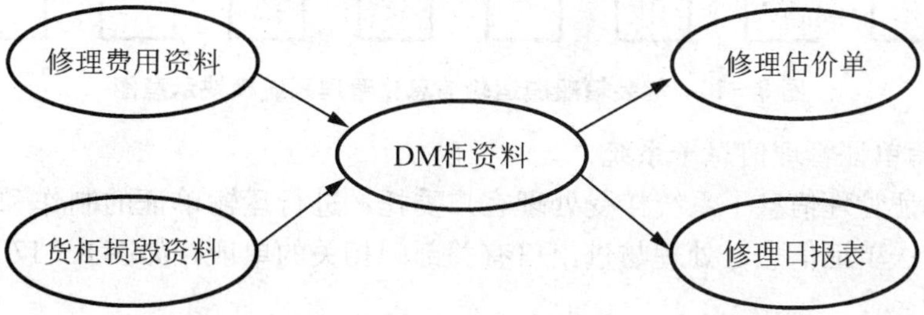

图 8-15　修理作业关系图

（1）修理费用资料，主要是以船公司为单位，对不同的维修生成维修项目，同时估算出相对应的费用。

（2）货柜损毁资料，根据货柜的损毁情况，分成不同的类别。

（3）损坏的货柜状态资料、修理项目资料，并可以添加修改状态资料、修项目资料，同时生成估价单。

（4）损坏的货柜修理估价单，按损坏的货柜号以估价单方式来统计出该柜的维修项目、费用等资料并生成报表。

（5）货柜修理日报表，按损坏的货柜号查询出当日损坏的货柜维修的情况资料并生成日报表。随着在维修的不同阶段，可以记录当前损坏的货柜维修的状态，直到其状态转变到可使用柜。同时因为维修，会产生相关的维修费用。

4）集装箱航运管理子系统功能概述

航运管理子系统是航运企业主要的业务管理信息系统，它是以船舶、港口生产组织和调度指挥为中心展开的，通过对系统内各子系统具体功能的实现和协调，可以为全面提高航运管理的质量、提高企业的经济效益和生产效率服务。

航运业务管理子系统是航运企业经营管理的主要计算机系统，根据功能不同，又可划分为揽货订舱管理子系统、运输单证管理子系统、船舶动态监控（调度）管理子系统、运费管理子系统、业务统计和分析子系统、质量标准管理子系统等。航运业务管理各子系统同样具有数据输入、查询、修改、传输等功能，各子系统相互配合，共同完成航运业务管理工作，如图 8－16 所示。

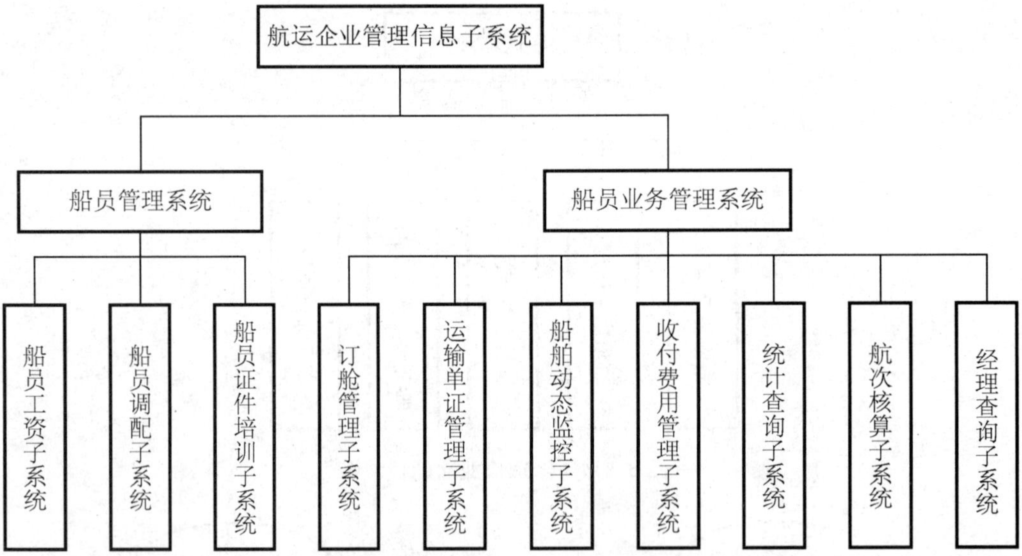

图 8－16　集装箱船舶运输信息化管理系统模块示意图

5）集装箱单证管理信息子系统

集装箱单证管理信息子系统接受处理客户委托，进行运输单证的制作和处理，通过数据通信网络传送单证信息；处理与进出口有关部门相关的单证，如图 8－17 所示。

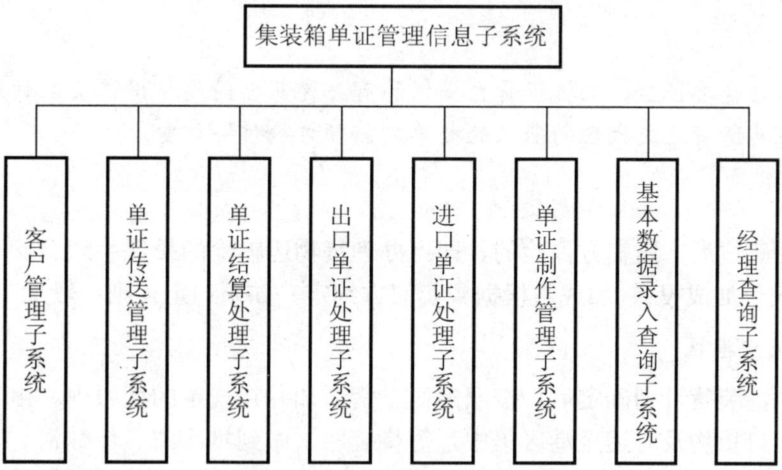

图 8－17 集装箱单证管理

8.3 水路运输系统

8.3.1 堆场管理信息系统功能

海运出口运输工作，在以 CIF 或 CFR 条件成交的情况下，由卖方安排以下运输业务流程。

1. 审核信用证中的装运条款

为使出运工作顺利进行，在收到信用证后，必须审核证中有关的装运条款，如装运期、结汇期、装运港、目的港，是否能转运或分批装运及是否指定船公司、船名、船籍和船级等，有的要求提供各种证明，如航线证明书、船籍证等。

2. 备货报验

备货报验就是根据出口成交合同及信用证中有关货物的品种、规格、数量、包装等的规定，按时、按质、按量地准备好应交的出口货物，并做好申请报验和领证工作。冷藏货要做好降温工作，以保证装船时符合规定温度要求。在我国，凡列入商检机构规定的“种类表”中的商品及根据信用证、贸易合同规定由商检机构出具证书的商品，均需在出口报关前，填写“出口检验申请书”申请商检。有的出口商品需鉴定重量，有的需进行动植物检疫或卫生、安全检验的，都要事先办妥，取得合格的检验证书。做好出运前的准备工作，货证都已齐全，即可办理托运工作。

3. 托运订舱

编制出口托运单，即可向货运代理办理委托订舱手续。货运代理根据货主的具体要求按航线分类整理后，及时向船公司或其代理订舱。货主也可直接向船公司或其代理订舱。当船公司或其代理签出装货单，定舱工作即告完成，就意味着托运人和承运人之间的运输合同已经缔结。

小看板

货运代理接受委托后，应根据货主提供的有关贸易合同或信用证条款的规定，向船公司或其代理在其所营运或代理的船只的截单期前预订舱位即订舱。

4. 保险

货物订妥舱位后，属卖方保险的，即可办理货物运输险的投保手续。保险金额通常是以发票的 CIF 价加成投保(加成数根据买卖双方约定，如未约定，则一般加 10%投保)。

5. 货物集中港区

当船舶到港装货计划确定后，按照港区进货通知并在规定的期限内，由托运人办妥集运手续，将出口货物及时运至港区集中，等待装船，做到批次清、件数清、标志清。要特别注意与港区、船公司，以及有关的运输公司或铁路等单位保持密切联系，按时完成进货，防止工作脱节而影响装船进度。

6. 报关工作

货物集中港区后，把编制好的出口货物报关单连同装货单、发票、装箱单、商检证、外销合同、外汇核销单等有关单证向海关申报出口，经海关关员查验合格放行，后方可装船。

7. 装船工作

在装船前，理货员代表船方，收集经海关放行的货物装货单和收货单，经过整理后，按照积载图和舱单，分批接货装船。装船过程中，托运人委托的货运代理应有人在现场监装，随时掌握装船进度并处理临时发生的问题。装货完毕，理货组长要与船方大副共同签署收货单，交与托运人。理货员如发现有缺陷或包装不良的货物，即在收货单上批注，并由大副签署，以确定船货双方的责任。但作为托运人，应尽量争取不在收货单上批注以取得清洁提单。

特别提示

集装箱装箱完毕应该运到船边等待装船，集装箱交付码头堆场验收后，应取得经签署的场站收据，凭据经签署的场站收据安排装船事宜。

拖车交运须装船的箱在码头时，船公司文件上须注明付运的船名、航次、卸货港、目的港等，如文件注明的该船情况与该船将挂靠本码头的情况一致，则码头收箱，否则不收箱。拖车拖箱到装卸桥下，外轮理货员及桥下理货员核对箱号和封条号，并做装船登记。

8. 装船完毕

托运人除向收货人发出装船通知外，即可凭收货单向船公司或其代理换取已装船提单，这时运输工作即告一段落。

9. 制单结汇

将合同或信用证规定的结汇单证备齐后，在合同或信用证规定的议付有效期限内，向银行交单，办理结汇手续。

8.3.2 水运系统主要功能模块

水运系统的功能模块，如图 8－18 所示。

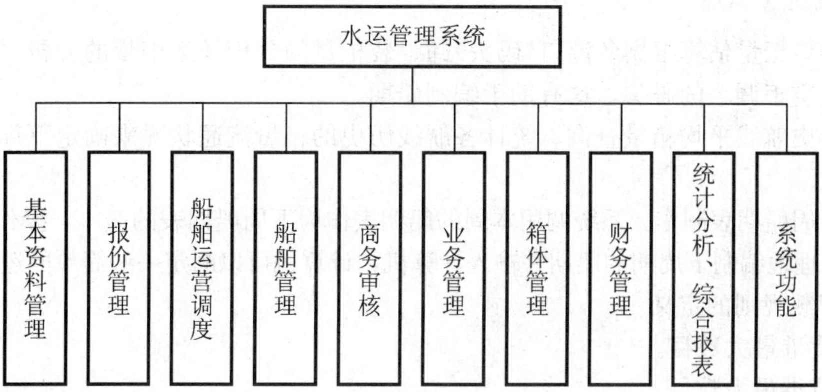

图 8－18 水运系统功能模块图

1. 基本资料管理

因基本资料类项目太多，为便于管理又将其分为 7 小类。

(1) 基本代码类区域、船公司区域、国家、省份、港口、码头、计量单位、泊位。

(2) 人事资料类部门、员工、职务、船员信息。

(3) 业务类报关方式、运输方式、运输条款、提单类型、保险条款。

(4) 合作公司类公司性质、合作公司基本资料、合作公司的资信、协议类型、协议(合同)。

(5) 财务类结算方式、付款方式、货币(汇率)、计费单位、费用项目。

(6) 船务类船舶类型、航线、租船方式、船舶规范、船东资料。

(7) 箱体类箱体类型、箱体尺码、箱体性质。

2. 报价管理

(1) 底价管理港口费用、船租费用、拖车费用、油费、海运费、代理费、航线底价。

(2) 报价管理代理报价、市场报价(指以后成立市场部的对外报价)。具体包括以下说明。

① 港口费用：针对不同的港口有不同的费用项目和不同的费用金额。主要因素有：港口、船舶、柜型、费用项目、费用金额。

② 船租费用：不同的船东、不同的船舶及不同的租用方式有不同的报价，建立此底价资料库有利于寻求市场的最优报价。

③ 拖车费用：运输地、拖车公司、柜型是主要考虑的因素。

④ 油费：不同时期、不同型号及不同的公司有不同的油价。

⑤ 海运费：公共支线的单趟海运费。

⑥ 代理费：各港口操作员的代理费用有不同的提成方法，也是底价管理的一个重要因素。

⑦ 航线底价：也就是这条航线单航次的成本底价，有了这个底价(估算值)就可大致估算出持箱量，并可进一步决定航线的箱量投入和单箱成本。

说明：代理报价是指代理客户的运费收入，市场报价是指定货的运费报价。

3. 船舶运营调度

(1) 港口柜量估算根据各港口(码头)卸、装柜量的分析及运柜量的分析，可以大致判定有可能有空柜调至的码头，这有助于编制船期。

(2) 历史航线平均箱量查询、统计各航线历史的箱量流通状况来确定下周船期该航线的箱量。

(3) 下周船期表制作。系统调用本周的船期表作为下周船期表的蓝本，操作人员根据自身的经验合理地编制下周期的船期并输入计算机，计算机可以断定一些简单的逻辑错误。

(4) 配载规则的定义。

① 装货港最大数目。

② 卸货港最大数目。

③ 中转港最大数目。

④ 中转港停靠码头最远距离。

⑤ 中转港停靠码头最近距离。

⑥ 最低的装货箱量。

⑦ 最低的卸货箱量。

⑧ 最低的装卸箱量。

⑨ 是否可变更船期表。

⑩ 是否可用街外船(公共支线)。

⑪ 全部箱量最迟应完成的时间。

⑫ 是否可以拆票。

⑬ 是否可变更已配载好的计划。

另外加上一些固定的逻辑，如船的吨位，同一时间段不能有同一艘船跑两条航线，上一航次的目的港应与下一航次的起运港一致。

(5) 配载根据各操作点提供的预配载列表，结合船期表及单航次成本及码头的现时状况等多方面因素，调取存盘。

(6) 配载的调整在实际操作中因各种原因无法按原定配载计划配载，这时最需要对配载计划进行调整，但调整以不违背实际情况为准，系统可以判断一些简单的逻辑错误。

(7) 船期表的调整驳船相对灵活，因各种因素调整船期表的情况也比较多，但船期表在调整时又往往是交织互联的，所以本系统提供两种方法修改船期表。

① 取消原船期表重新生成一份船期表(根据配载计划)，这种方法适合大面积变更。

② 在原来的船期表中更改，这时系统将检索整个船期表和配载计划是否有冲突，如有冲突提示用户，如是致命错误则不允许修改。

(8) 配载计划的核销操作部实际装船后完成装卸事实记录，根据该记录列表与原来的配载计划计算机实现自动核销，人工审核确认后产生滞留货物清单，对滞留货物的处理有两种方法：一种是合并到下班航次(调整下班航次配载计划重新配载)；另一种方法是配上公共支线船。其中滞留货物包括进口大船按期到达的箱体，部分箱体可能因特殊原因取消

(如海关不放行，大船发生事故)，此部分箱体的处理就是取消，因不用做统计，也不再配载。

(9) 应收/应付款的录入各项操作分别产生不同的应收/应付，计算机可以根据费率的计算公式计算出一个预估数，人工可以在此基础上进行修改，确认后(可增加费用项目)交于商务部审核(此应收/应付为预结费用)。

4. 船舶管理

(1) 船舶起租、退租记录主要记录起租、退租的合同内容，包括起租时间(退租时间)、租船期、租船方式、租船船名(船名编号)、租船租金等内容。

(2) 船舶动态船舶在租用期间里航行事实记录，包括每个航次的详细航行、等候、停滞、装货、卸货时间的记录，还包括停航、事故、维修的记录。

(3) 船舶供给记录主要指燃油的供给，也可能有其他项目的补给，只要公司需要管理的补给(如水、清洁)项目，与公司财务支付相关的补给款项均在此记录。

(4) 船舶出租登记包括船的程租、期租和部分舱位的期租、程租并对应的应收/应付记录，需要注意的是在此记录已出租的舱位或航舶或航次，在配载计划中将不再参与配载，特别是部分舱位的出租后，配载计划就不能再对此舱位再次配载。

(5) 船舶的即时分布图，随时掌握公司所有自营船的动态，这是一个查询功能，数据从船舶动态表中提取。

(6) 船舶的证件管理营运批文等证件规定了船舶可以航行的范围，在此明细到公司已开辟各航线所覆盖的各个码头，每艘船能够停靠的码头都是有具体规定(主要在于配载的不会出错，确保船舶的安全营运)。登记各种证书的有效期及年审日期，及时办理(或监督船东办理)好各种证件和批文。

5. 商务审核(财务审核)

(1) 应收/应付的账目审核主要针对调度、操作、市场(待建)输入的应收/应付费用明细进行审核确认，由此可以预结各条航线，甚至每个航次的运营成本和利润，有利于及时纠正可能导致公司亏损的营运错误。

(2) 合作公司账单的审核包括应收对象的发票(操作部开)审核，应付对象的账单的审核，审核确认后就不可再次更改，直接移交财务进行实收、实付。

(3) 实收、实付的审核(核销)。当财务将实收、实付的凭证录入后，商务部针对此凭证进行应收/应付账的核销(销账)。

(4) 成本的核算将租金、油费、港口驶费(包括在港口发生的杂费)等综合成本核算到每只船、每个航线甚至具体到每个航次中(航次的成本可以不精确)。

6. 业务管理

(1) 放舱。将大客户的订舱信息输入计算机，并根据客户要求放舱给客户，调度根据该汇总信息进行调度。

(2) 订舱。向外发送订舱信息，当公司经营的船舶无法完成承运任务时，再向外订舱由其他船公司承运部分或全部航程。

(3) 派车。对门到门的服务则有委托派车业务，发送派车信息到车队，由车队完成拖车业务。

（4）报关。如有委托报关时就有发送报关信息的需要。

（5）提单打印。如是自揽货需要打印提单，则可以定义本公司自己的提单格式并打印。

（6）舱单打印。这里的舱单可能是滞后的，因为许多情况是在装船后才能得到实际的舱单，数据从提单、装卸事实和订舱信息中提取。

（7）装卸事实记录。记录实际装船的箱量信息。

7. 箱体管理、财务管理

这两部分基本上是通用模式，没有特殊要求，发票格式以驳船运输公司的发票格式为准。

（1）箱体管理。箱体管理主要是指SOC箱的管理(包括非返箱点和自揽货的箱体)。箱体管理的主要目的就是对箱体的跟踪，箱体跟踪有两层意义：相对柜的拥有人来说柜的跟踪，主要是指公司代理船东的箱体需要对船东有一个明确的箱体跟踪报告，来说明箱体是于何时、何地、何种方式交于公司管理，又于何时、何地、何种方式交返给船东的这份清单是一份收/付费的主要凭证。

相对码头来说柜的跟踪，该跟踪不但是为了更好地掌握箱体的即时状况，更多地是为了方便与码头之间的费用结算，一个箱体的任何一个变动都可能发生费用，而箱体的任何作业又必须由公司开出码头作业单通知码头协助完成。

另外一个重要的跟踪就是超期使用费的管理，超期使用费有船东的免费期、码头的堆期、客户的免费期超出期限均会产生相应的超期使用费，前两项是应付，后一项是应收。根据这些目的，可以将箱体的管理分为：进出场的管理、码头堆场的管理、船东柜的跟踪、柜的动态跟踪(码头、船东两方的结合，对柜的全面掌握)、箱体堆存报告(包括可用空柜报告，待出口重柜报告，待拆柜报告、待返箱体报告)、箱体超期报告(包括超期未提箱体报告，超期未返箱体报告)。

（2）财务管理。根据财务管理的通用模式，该系统的财务管理分：凭证录入、凭证核销、发票打印(包括国家正式发票的套打，公司DEBET NOTE、CREDITNOTE，发票格式也可以自定义发票格式)、对账单(可按对时间段、业务类型、应收/应付和对象等条件来选择打印对账单)、冲账(冲账的功能就是计算机自动对同个核算对象的应收和应付进行对冲)。

以上所列功能均包括多币种的处理，其原则可以根据不同公司定义不同的模式，最大限度地满足客户实际财务的需要。

8. 统计分析、综合报表

该部分具体格式项目及各项目的计算方式留待下一步确认，包括已提供的报表，需要新增的报表均在此列，报表的格式及增加新的报表在开发期的前30天内均可以修改(新增报表的数据项目需是数据库有的，或者是可以计算出的项目)。

9. 系统功能

（1）编码规则。各种各样的表单均需要有一个唯一的标识，这个编码规则定义了不同的表单计算机自动产生流水号的规则，用户不能删除及新增编码规则，只能修改规则内容项目。

(2) 日志管理。日志管理包括以下两种信息。

① 根据某件事情(如增加了一个订舱信息)查询事件的操作者(录入订舱信息的人)。

② 统计某个操作者在某一段时间内全部的操作事件。

(3) 工作计划表。以记事本的形式,把一些工作计划记录在此,即时系统将提示用户。

(4) 内部信息发送及选择。主要用于建立公司内部的计算机办公系统。

(5) 数据导入、导出数据。导入、导出可以是当前窗口的数据(或文件)的导入、导出,也可以是整个数据库的导入、导出,与数据备份恢复有本质的区别,数据备份恢复是指覆盖性质的,而导入、导出是合并式的性质(或叫分布式的数据库系统)。

(6) EDI 转换。由驳船运输公司提供 EDI 报文格式,按此格式进行数据的转换。

8.4 进出口企业报关系统

8.4.1 进出口企业报关业务介绍

通关的基本程序:申报—查验—征税—放行。

特别提示

报关、通关、清关是国际贸易的一个整体,主要的媒介是单据,而单据是要和货物在某一个点上交合的,报关行是专业的报关企业,主要经营代理客户报关等工作。

1. 申报

(1) 出口货物的发货人根据出口合同的规定,按时、按质、按量备齐出口货物后,即应当向运输公司办理租船订舱手续,准备向海关办理报关手续,或委托专业(代理)报关公司办理报关手续。

(2) 需要委托专业或代理报关企业向海关办理申报手续的企业,在货物出口之前,应在出口口岸就近向专业报关企业或代理报关企业办理委托报关手续。接受委托的专业报关企业或代理报关企业要向委托单位收取正式的报关委托书,报关委托书以海关要求的格式为准。

(3) 准备好报关用的单证是保证出口货物顺利通关的基础。一般情况下,报关应备单证除出口货物报关单外,主要包括:托运单、发票、贸易合同、出口收汇核销单及海关监管条件所涉及的各类证件。

报关时限是申报应注意的问题。报关时限是指货物运到口岸后,法律规定发货人或其代理人向海关报关的时间限制。出口货物的报关时限为装货的 24 小时以前。不需要征税费、查验的货物,自接受申报起 1 日内办结通关手续。

2. 查验

查验是指海关在接受报关单位的申报并以经审核的申报单位为依据,通过对出口货物进行实际的核查,以确定其报关单证申报的内容是否与实际进出口的货物相符的一种监管方式。

（1）通过核对实际货物与报关单证来验证申报环节所申报的内容与查证的单、货是否一致，通过实际的查验发现申报审单环节所不能发现的瞒报、伪报和申报不实等问题。

（2）通过查验可以验证申报审单环节提出的疑点，为征税、统计和后续管理提供可靠的监管依据。海关查验货物后，均要填写一份验货记录。验货记录一般包括查验时间、地点、进出口货物的收发货人或其代理人名称、申报的货物情况，查验货物的运输包装情况（如运输工具名称、集装箱号、尺码和封号）、货物的名称、规格型号等。需要查验的货物自接受申报起1日内开出查验通知单，自具备海关查验条件起1日内完成查验，除需缴税外，自查验完毕4小时内办结通关手续。

3. 征税

根据《海关法》的有关规定，进出口的货物除国家另有规定外，均应征收关税，关税由海关依照海关进出口税则征收。需要征税费的货物，自接受申报1日内开出税单，并于缴核税单两小时内办结通关手续。

4. 放行

（1）对于一般出口货物，在发货人或其代理人如实向海关申报，并如数缴纳应缴税款和有关费用后，海关在出口装货单上盖“海关放行章”，出口货物的发货人凭此装船起运出境。

（2）出口货物的退关：申请退关货物发货人应当在退关之日起3天内向海关申报退关，经海关核准后方能将货物运出海关监管场所。

（3）签发出口退税报关单：海关放行后，在浅黄色的出口退税专用报关单上加盖“验讫章”和已向税务机关备案的海关审核出口退税负责人的签章，退还报关单位。报关单的有关内容必须与船公司传送给海关的舱单内容一致，才能顺利地核销退税。对海关接受申报并放行后，由于运输工具配载等原因，部分货物未能装载上原申报的运输工具的，出口货物发货人应及时向海关递交《出口货物报关单更改申请单》及更正后的箱单发票、提单副本进行更正，这样报关单上内容才能与舱单上内容一致。企业进出口报关流程，如图8-19所示。

小看板

（1）虽然很多进出口企业也有自己的报关员（自理报关员），很多货运代理人也可以成为报关员（代理报关员），在我国只有具有报关员证的人才可以从事报关工作，并且只有具备报关员证的人才允许进入海关办公大厅。

（2）报关资格：海关在接受申报时，首先要审核报关员的报关资格由否合法有效。报关员的报关资格是报关单位指定，并经海关培训考核认可的。

（3）海关查验是办理海关手续的重要环节，报关员必须积极予以配合协作，以保证顺利通关。在海关查验时，报关员应注意做好以下工作。

① 报关员在向海关申报前，应对即将申报的进出口货物有一定的了解，对各种单证进行初步的审查，有不清楚或不符合规定的地方应及时向被委托人了解或指出。

② 海关查验进出口货物时，报关员必须在场，并按照海关的要求负责搬移货物，开拆和重封货物的包装等。

③ 在海关查验时，随时答复海关查验人员提出的问题或提供海关需要的相关单证，配合海关的查验监管活动。

④ 海关在查验中发现的走私违规行为，报关员应积极配合海关进行调查。

⑤ 对要求海关派员到监管区域以外办理海关手续的，要事先向海关办理申请手续。

⑥ 对海关在查验进出口货物造成损坏的，报关员应向负责查验的海关提出予以赔偿的要求，并办理海关手续。

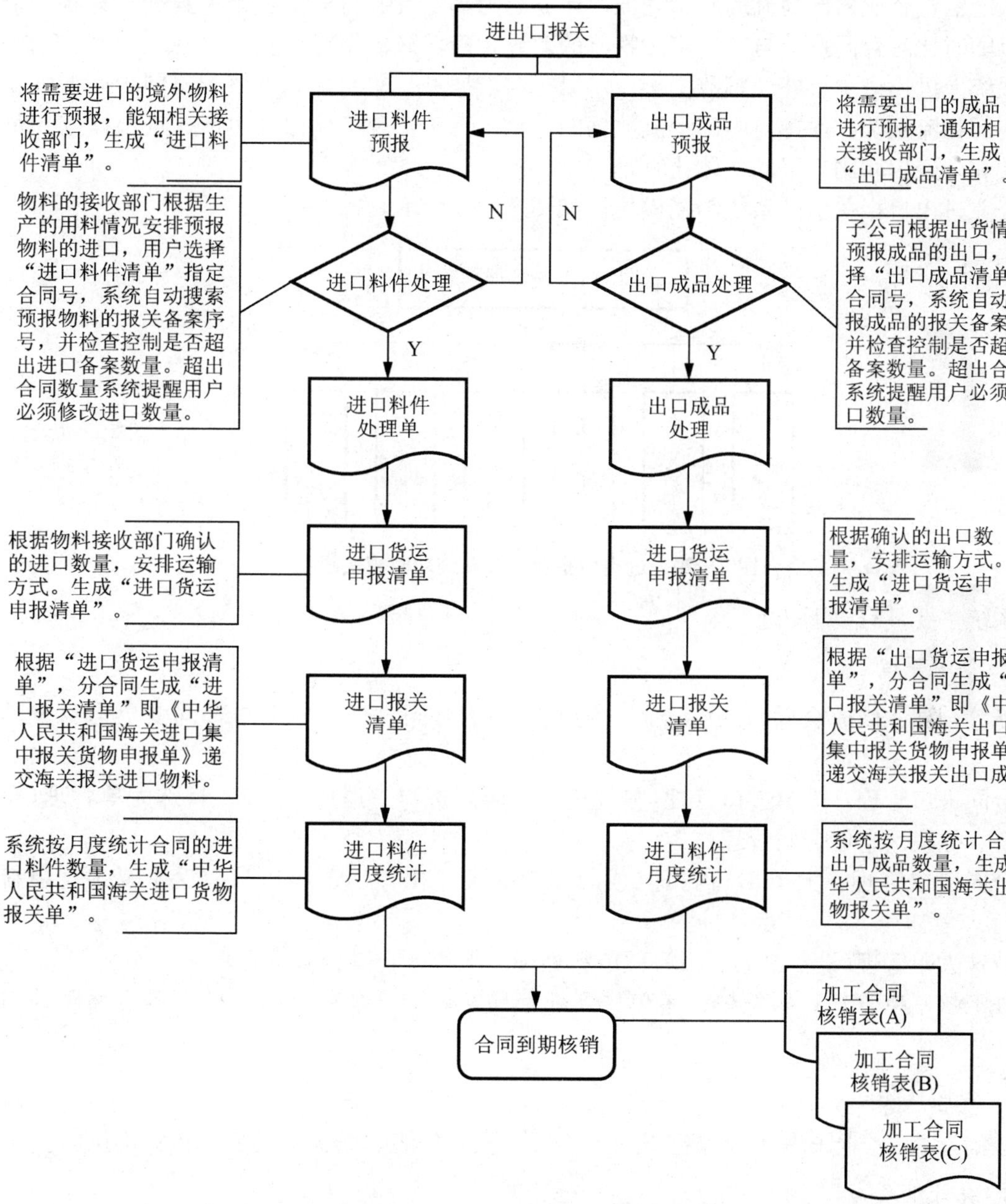

图8-19 企业进出口报关流程

8.4.2 企业进出口报关管理信息系统介绍

进出口报关系统是针对加工贸易企业进出口业务及海关监管要求而设计的一套完整的、系列化的企业端进出口报关解决方案。

系统以企业内部进出口业务管理为核心，实现从合同备案、进出口报关到合同核销的全流程管理，为企业的报关行为、业务管理和决策分析提供科学的依据。

系统依据企业内部物流的原始凭证，建立起内部物流账与进出口报关数据的关联，企业可以随时比对合同执行与工厂实际物流的差异，确保账物相符。

系统上可连海关、外经贸数据平台，保持与数据平台的参数和审核逻辑同步；下可接企业内部物流系统，保持与内部物流数据的一致，真正实现工厂内部生产、进出口业务及与海关和外经贸联网申报的一体化管理。

企业进出口报关信息系统功能模块，如图 8－20 所示。

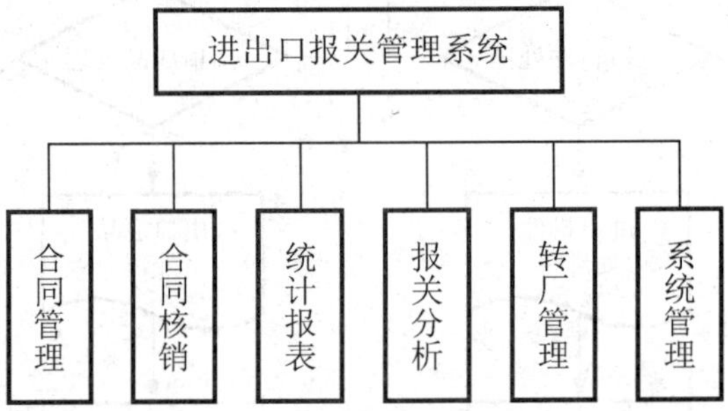

图 8－20 进出口企业报关系统功能模块图

系统主要具有以下功能。

1. 合同管理

新签合同、修改合同、删除合同、转抄、显示合同、合同备案与合同变更运算及其管理。

合同进口管理：大单进口管理(料件进口、转厂进口、退厂返工)、特殊大单管理(设备进口、保税区仓储合同管理)。

合同出口管理：大单出口管理(成品出口、转厂出口、退料出口、返工复出、余料结转)。

特殊大单管理(设备退港、报海关废料处理、保税区仓储合同管理)。

外汇核销单管理：从领单、用单、到外管局交单、日结单、银行结汇等全面跟踪与管理。

2. 合同核销

核销计算、合同核销基本情况统计、企业自用核销表、海关核销表、核销确认。

3. 统计报表

进口料件、出口成品情况统计表、进口料件、出口成品报关登记表、料件、成品执行进度总表、明细表等。

4. 报关分析

可随时查询一本或多本合同，当前或某一时间段料件进口、成品出口运作情况，也可以自定义查询条件，查询工厂管理所需的各种资料。

5. 转厂管理

客户交往商品维护管理、收货单、送货单管理、订单管理、送货、收货数与海关转厂数差额统计管理等。

6. 系统管理

海关报关凭证设定、客户公司名称设定、用户基本情况与权限设定、海关其他基本资料设定(系统自带)等。

本章小结

本章简单介绍码头系统、堆场系统、水路运输系统、报关系统和国际船代系统的主要功能模块与各功能模块的主要功能。使学生在该章节的学习过程中，能够了解港口、航运作为现代物流大系统的一个节点，所承担的各项业务情况，及在物流信息化建设过程中所处的重要地位。

思考与练习

一、填空题

1.(　　)泛指拥有良好基础设施(码头、仓库、堆场、后续用地等)，与外部(　　)，以及从事货物装卸、堆存、保管和多式联运的服务场所。

2. 集装箱码头一般设有(　　)、(　　)、(　　)、检查口(Gate House)、仓库(Container Freight Station/CFS)、集装箱专用机械和其他专用设施等。

3. 系统设计的原则有(　　)、(　　)、(　　)、(　　)、(　　)。

4.(　　)。专供停靠集装箱船、装卸集装箱用的码头。

5. 集装箱堆场系统主要包括：箱体进出场管理、新箱报关管理、(　　)、(　　)、(　　)、统计报表等部分，并可通过 EDI 接口与船公司、拖车公司、码头等进行数据交换。

二、判断题

1. 国际港口必须拥有能处理巨型集装箱船的大量货载的大堆场，具备一流的集疏运条件与堆存能力，桥吊外伸距 30m 以上。(　　)

2. 区间码的优点是简短而简单，记录的定位方法简单，易于管理，但它本身不能说明任何信息的特征。(　　)

3. 区间码把数据项分成若干组，每一区间代表一个组，码中数字的值及其位置都代表一定意义。(　　)

4. 进出口舱单：该类信息包括船舶代码、船舶航次、船舶靠泊方向、进出航次的集装箱箱量。（　　）

5. 堆场信息：该类信息包括堆场编号、位置坐标、倍数、排数、层数、堆存类型、实时状态。（　　）

6. 中控信息：该类信息包括各个道口收集到的集卡信息。（　　）

7. 存放位置查询，主要是对货柜的进出场(包括新柜、普通柜、重柜)进行综合查询，并根据需要生成报关报表。（　　）

8. 货柜进出场查询，主要查询现场货柜或以前货柜存放的位置，并根据存放位置生成平面图。（　　）

9. 现场柜综合查询，主要针对在场的各类货柜进行查询。（　　）

10. 通关的基本程序：申报—查验—报关—放行。（　　）

三、单项选择题

1. 对于(　　)系统，要根据系统覆盖的范围来决定是采用广域网还是局域网。

A. 分布式　　B. 区间式　　C. 结构式　　D. 数据式

2. 面向对象的分析，简称(　　)阶段。

A. 助忆码　　B. OOA　　C. OOB　　D. OOP

3. (　　)开发方法中，把从具有共同特性的实体中抽象出来的事物本质特征，称为“类”，对象是类的一个实例。

A. 瀑布法　　B. 系统结构　　C. 面向对象　　D. 计算机法

4. (　　)在开发中，程序和数据是封装在一起的，对象作为一个实体，其操作隐藏在方法中，其状态由对象的“属性”来描述，通过对象中的“方法”来改变。封装性构成了面向对象开发方法的基础。

A. 抽象性　　B. 继承性　　C. 抽象性　　D. 封装性

5. (　　)对象间的联系是通过对象间的消息传递动态建立的，发送到不同的对象可引发不同的操作。

A. 抽象性　　B. 继承性　　C. 多态性　　D. 封装性

四、简答题

1. 什么是集装箱码头?
2. 集装箱码头信息系统应该具备哪些功能?
3. 什么是集装箱堆场管理信息系统? 它包含哪些子系统?
4. 集装箱堆场主要业务有哪些?
5. 集装箱堆场管理信息系统有哪些功能?
6. 集装箱堆场业务数据有哪些?
7. 水路运输信息系统应该具备哪些功能?
8. 简述进出口企业报关程序。
9. 进出口企业报关信息系统应该具备哪些功能?
10. 简述企业信息化的意义。

五、案例分析

信息技术在长春烟草物流中心的应用

为了解决卷烟分拣作业中存在的问题、更好地服务于广大卷烟零售商户，长春烟草物流中心决定对现有分拣作业流程进行调整。引进了叠层自动套膜封口热收缩包装机和高速标签打印机，分别用于自动分拣后的卷烟包装与外包装加贴标签，新的分拣、配送作业流程如下：经A型架自动分拣、打标后的香烟经过点数机(按客户需求隔离)后，进入叠层自动套膜封口热收缩包装机进行包装。包装好的香烟由分拣员与计算机显示的分拣信息核对，准确无误后粘贴同步打印、输出的外包装标签(包含零售商户信息及其所需香烟信息)，并装入周转箱。在此次流程优化过程中，基于现场应用特点，长春烟草物流中心对标签打印机的选择标准主要为：设备的质量与耐用性、设备的打印操作便捷性、设备的品牌与知名度、设备的性价比及可升级性、设备的环境要求。最终，长春烟草物流中心选择了在市场上有良好口碑的斑马ZM400工业及商用条形码打印机。该打印机的处理速度为254mm/s，输出标签快速、高效，可以在变量信息应用等高要求的工作任务中增加产出，减少等待时间。采用新的工作流程后，各方反映良好。首先，物流作业效率大幅提高、配送差错率大幅降低。系统分拣能力由原来的每条分拣线每小时分拣3 000条卷烟提高到现在的5 000条卷烟，工人每班的工作时间减少了1.5～2小时，加班现象被杜绝了。其次，卷烟配送流程管理更加规范高效。由于贴标规范，信息反馈及时，系统实时更新，方便物流中心在配送的各个环节实施监控。更重要的是，客户满意度直线上升。同时，由于热收缩薄膜包装技术含量较高，非法烟贩不易模仿，对于卷烟商户辨别假冒卷烟能够起到积极作用。此外，外包装膜上标注的客户名称、编号、地址等信息清楚、明确，送货员送错客户的现象明显减少，提高了零售商户的日常经营效率。

资料来源：http://www.e-gov.org.cn/chenggonganli/qiyexinxihua/200704/57066.html.

思考与讨论

1. 长春烟草物流中心采取哪些措施对现有分拣作业流程进行调整？
2. 调整之后长春烟草物流中心取得了哪些效益？

第9章 物流管理信息系统应用

【教学要求】

通过本章的学习，要求掌握物流管理信息系统的功能作用、业务流程；了解物流管理信息系统分析、物流管理信息系统设计及软件的使用；熟悉物流信息系统设计方法、原则和开发过程；熟悉物流信息系统代码设计。

【关键知识点】

(1) 物流管理信息系统的功能作用和业务流程；
(2) 系统设计及软件的使用；
(3) 物流信息系统代码设计。

引导案例

UPS公司利用物流管理信息系统进行全球竞争

UPS(United Parcel Service，联合邮递物流公司)是世界上最大的航空和陆地邮件运输公司。它成立于1907年，当时的办公室设在一间狭小的地下室中。两个来自西雅图的年轻人——Jim Casey和Claude Ryan用两辆自行车和一部电话成立了这家公司，他们的承诺是“收取最低的费用，提供最佳的服务”。UPS已成功地运用这一原则经营了一百年。

现在UPS仍然依靠这一承诺，每年他们将近30亿件邮件和信函发往美国各地及世界上至少185个国家和地区。这家公司不仅在传统的邮递业务中处于领先地位，而且他们正同联邦快递公司在业界快递业务方面展开竞争。这家公司成功的关键是采用了先进的信息技术，建立了一套科学的管理信息系统。1992—1996年，UPS预计在管理信息系统建设方面投入18亿美元，以保持其在世界上的领先地位。管理信息系统的建立使得UPS提高了客户服务质量，同时保持低成本并使整个服务成为一个整体。

UPS的仓储配送业务始于1991年，它可以将客户的产品存在仓库中，一旦客户需要则可以在一夜之间将货物送到客户要求的任何地方。使用这种服务，客户可以在凌晨1：00通过电子设备将运输指令传给UPS公司，并要求当天上午10：30将货送到。

1988年，UPS大力开拓海外市场并建立了自己的全球通信网——UPS网，以处理世界各地业务的信息。UPS网可以为开账单和交货确认提供信息，也可以跟踪国际运输，并加速清关，从而扩大了其开展国际业务的能力。使用自己的网络，UPS可以在货物抵达之前就将每一个单据文件以电子的方式直接传送到海关官员那里，之后海关官员决定准予清关或作标记以备检验。

UPS目前正在加强其物流管理信息系统的能力，以使其能够保证某一邮件或一组邮件将会在特定的时间抵达目的地。如果客户需要的话，UPS将能在货物抵达目的地前截住它们，并将其运回或转运其他的地方。最终，UPS甚至可以使它的系统实现客户彼此之间可以直接传递电子信件。

思考

(1) 物流管理信息系统在现代物流企业管理中有什么样的地位和作用？

(2) 物流企业管理者应如何参与信息管理系统开发？

(3) 根据本章提供的案例，试分析企业生产管理系统与企业物流信息管理系统两者是否可以替换？为什么？

9.1 企业物流管理信息系统应用分析

9.1.1 某企业物流管理信息系统应用分析

1. 系统可行性分析

1) 经济可行性分析

某企业由于扩展公司的业务，人工管理已经不能满足公司业务需求，利用计算机信息技术解决销售数据的处理已是迫在眉睫。利用信息技术的优势，结合公司的实际业务处理，可以改善公司的业务、提高服务水平及管理水平等。该公司的该系统的费用涉及设备的购买与安装维护，软件的开发与实施维护，员工的培训等费用。从目前的市场来看，该系统所花的费用对公司来说不是问题。拟开发该系统具有以下好处。

（1）系统实行后可以为公司的业务带来很大的经济效益或价值。比如，一体化管理，对企业内部各经营环节进行一体化管理，系统地优化组合，实现企业的内部物流系统，不仅仅可以降低企业的存货水平，降低成本，更重要的是通过对快速而有效的工作效率的保障，使企业能以整体的经营能力来压缩管理成本，增加利润。

（2）物流及时化，企业内部的采购、销售、库存等系统形成了同步运作，根据市场的实际需求，有效的组织生产和销售，整个经营过程既无延迟也无积压，消除了浪费，加速资金周转，降低了经营风险，有效降低了成本。实时监控各经营环节的信息，能及时发现经营过程中的问题并快速地查找原因。

（3）物流信息化，以信息为基础的内部物流活动，使企业内部各经营环节得以沟通，相互协调，打破了各部门之间的壁垒，消除了误解；使可用信息充足，消除了模棱两可、导致错误的经营决策；使企业能根据总体目标，适当的调度内部资源；使经营活动有规律，有效率地进行。

（4）有效管理了客户及供应商之间的结算，把客户和供应商结算与货品的数量两者紧密地结合起来，结算时可以快速地查询货品的经营历程，使结算更科学、准确，账目清楚，尽量减少结算时产生的差错和混乱。

2）社会可行性分析

实施信息化管理可以提高员工业务的处理效率，服务质量，从而赢得客户的满意，提高企业的形象与声誉，在同行中保持竞争力。公司的员工教育水平都在高中学历以上，所以对该系统的使用不存在大问题，只要稍做培训，就可以掌握该系统的使用，从日常烦琐的单据填写、数据统计、报表的填写中解脱出来，员工会乐意接受系统的使用。对上级领导来说，他们再也不用等员工统计完数据后才能了解市场及销售情况，他们可以通过该系统随时查看相关的信息，打印他们所需要的报表，从而更有利于他们做决策分析，更好指导业务的进行，所以作为领导也会支持该系统。

2. 公司物流业务流程调查

某企业物流管理信息系统所涉及的业务主要是塑胶成品的入库、成品仓库的库存管理和成品的销售，是一个综合性进销存管理系统。开发系统主要分为进货管理、盘存管理和销售管理3大部分。各个部分的业务主要包括以下流程。

（1）进货管理。接受生产部交来的进货单，同时进行相关的审核，如果出错则退回给生产部，不接受商品；无错则与已到货物核对单据数据，如果与所送来的商品不符则退回给生产部，相符则把货物入库，登记入库单，在库存台账各相关账页中登记进货栏并修改库存栏。

（2）盘存管理。接受仓务部门交来的盘存通知，进行相关的审核，出错则退回给仓务部，无错则依库存台账盘点商品，填写盘存明细表，按处理意见，登记库存台账相应货物页，对现存少于最小存量者，登记进货单，交给仓务部进行处理。

（3）销售管理。接受客户交来的订货单(配货单)，业务员进行相关的审核，出错则退回给客户修改，无错则填写提货单，交给库管员进行提货。库管员将其与库存台账进行核对，缺货项填写缺货单交给业务员，并登记采购单交给仓务部要求进货；有货项则填写发货单，交经办人送货，并登记库存台账相应货物的出库栏，修改其库存栏。当现存量少于最小库存量时，登记进货单要求仓务部进货。

该系统的核心业务是销售业务，所涉及的单据主要有，出货单、采购单、生产退货单、入库单、出库单、领货单、发货单、收款收据、补货单、销售退货单、盘存单、转仓单、库存台账等。该公司的销售管理模块要求具备功能如图 9-1 所示。

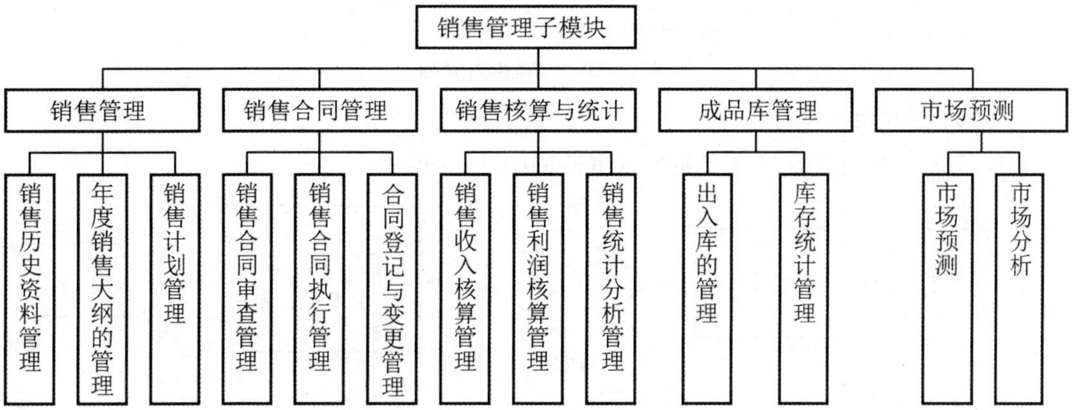

图 9-1 销售管理模块要求具备功能

3. 公司物流各作业环节

物流作业包括以下流程。

1）入库作业流程

货品入库管理是物流管理的首要环节。在正式入库作业之前，企业仓储需按生产要求，为企业进行原材料的采购或运输，采购任务确认之后将驱动运输配送作业及入库作业的发生。入库作业采购开始，包括验证、合同确认、系统分配、打印单据、资源匹配、储位确认、装卸货品到库房、信息反馈等环节。查询入库单，选择入库记录，单击“审核”按钮，进行审核入库，同时产生应付凭证记录，可在账务管理模块中查询到。

入库作业流程如图 9-2 所示。

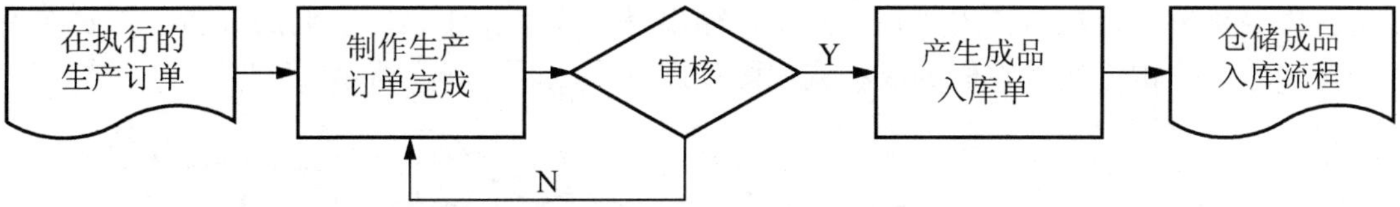

图 9-2 入库业务流程

2）销售作业流程

企业生产出成品进入销售环节，系统在定义销售流程时考虑从最终用户开始，终端客户→发送订货单→零售商接收订货单→检查零售商库存→如果零售商库存满足，则零售商直接向终端客户发货→终端客户签收，如果库存不满足→进入生产流程。

3）出库作业流程

出库作业包括凭证录入、资源匹配、打印单据、拣货、装车、攒货、配货、运输等业务环节，流程如图 9-3 所示。

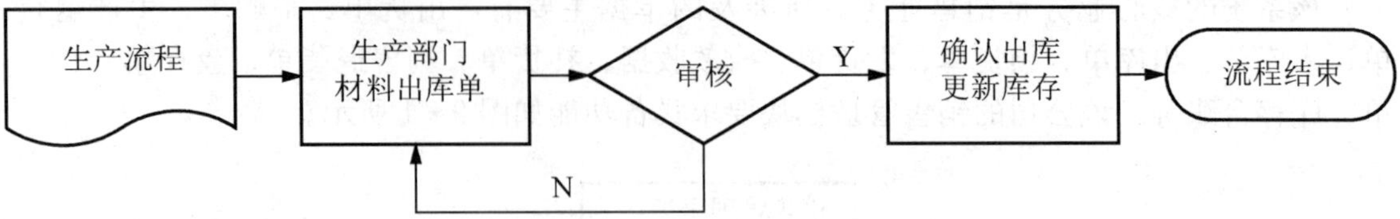

图 9－3　出库业务流程

4）成品盘点作业流程

仓库管理→产品盘点单→产品盘点审核如图 9－4 所示。

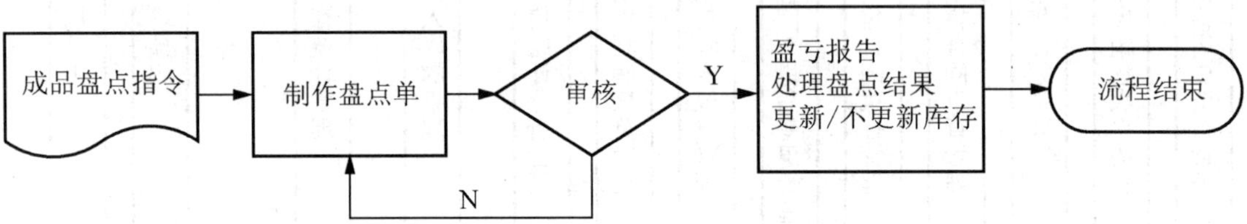

图 9－4　成品盘点流程

9.1.2　模块处理功能设计

模块结构图的设计追求与数据图的对应性，模块间的独立性，即高内聚、低耦合，基本模块的大小适中，模块的扇入、扇出适度，模块只有单一的入口等。

系统模块结构图(MSD)也称控制结构图，是用来表示系统的模块划分与层次分解关系，表示模块的调用关系、模块间数据流与控制流的传递关系以及外界或数据存储信息接口的规范化图形，它是结构化系统设计的一种重要的图表描述工具。在该系统中，表现为线状数据流的主要是退货处理与进货处理，它们可分为输入、处理和输出 3 个部分，处理功能是系统的变换中心。退货处理的输入是客户的销售退货单，处理是员工对此退货单的相关处理与操作，输出主要是采购退货单或是入库单。进货处理的输入是供应商的出货表或是销售退货单，处理是员工的相关操作，输出是入库单。于是，它们的分析方法适合利用变换中心的分析方法。它们的线状流程图如图 9－5 和图 9－6 所示。

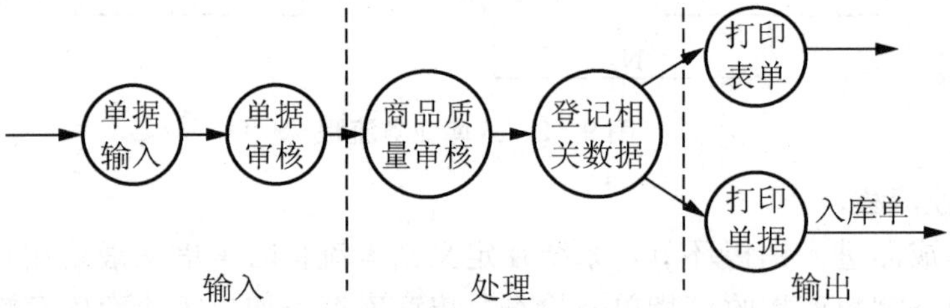

图 9－5　进货处理的变换型数据流程图

商品销售的事务处理包括销售处理、出库处理，可能还有补货处理，在此需为每个处理模块设计相应的处理功能。通过分析设计商品销售的模块结构图如图 9－7 所示。

对模块图的修改应考虑将一些公共的功能独立出来，提高模块的扇入，同时也可以减少模块的扇出。本系统采用面向对象法开发，在面向对象设计中，可以将它设计为一个公用类，那么其他需要此功能时，只需调用此类的方法，而不用为每个模块设计一个功能。

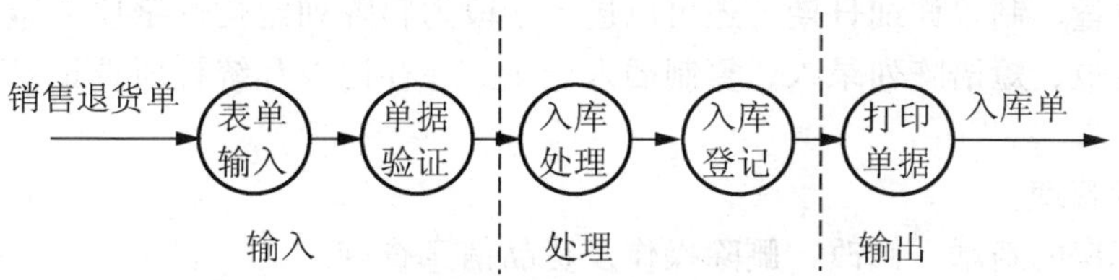

图 9-6 退货处理的变换型数据流程图

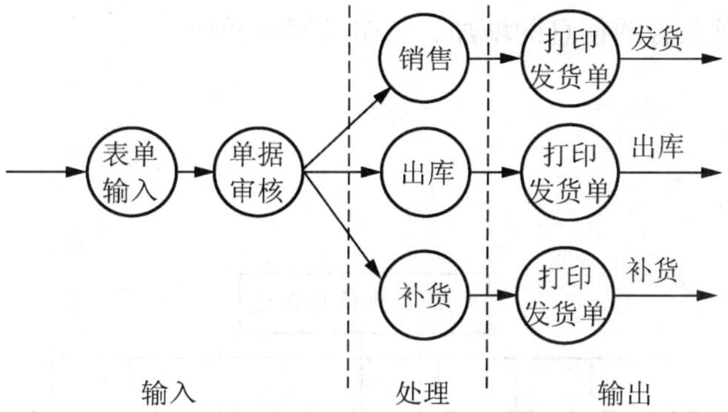

图 9-7 商品销售数据流程图

系统中可能存在很多独立的小功能块，那样可以将这些小功能集中起来，减少扇出，提高系统的运行效率。

在该系统中，有许多的报表需要打印，如果为每个报表单独设计一个功能表单，那样就会使系统的设计复杂度增加，同时会降低效率，所以应该为打印功能设计一个类，各个打印功能调用此类中的方法。对记录的基本操作是添加、删除、修改和保存，浏览记录的基本是第一条、下一条、上一条和最后一条，所以可以为这些过程设计一个类，需要时调用此类的方法，完成各项操作。

9.2 物流管理信息系统具备的功能

9.2.1 公司物流管理信息系统的功能

根据该公司的实际业务需求，量身定做该公司物流管理信息系统。本系统主界面的功能菜单与众不同，主要是根据开发系统的特点安排的。

这里的物流管理信息系统功能有：入库管理、销售管理、存货管理、综合管理、预留管理、统计盘点、客户管理、装车管理、结算管理、基本信息维护、系统管理、系统维护等。设计有“进仓管理”、“统计盘点”、“封装打包”、“数据管理”、“初始设置”、“辅助功能”、“窗口转换”和“帮助”等主要模块。

本系统主要包含以下子系统，如图 9-8 所示。

1. 入库管理

将每天生产出来的产品信息录入系统，由系统进行管理、查询，在模块里可以浏览到入库日期、入库具体时间、入库序号、入库单号、仓库地点、车间、班次、机台、分录数、总入库数量、制单详细日期，还可以进行字段内容阵列定位、字段内容查找定位、拼音声母查找定位、短语阵列录入、复制插入记录、保存记录和统计所选记录等。本模块包含以下功能。

（1）进货管理。

（2）对库房的新增、修改、删除操作及货品信息查询。

（3）储位划分及编辑操作。

（4）对人员信息的增加、编辑及删除操作。

（5）对客户信息及合约信息的增加、编辑及删除操作。

（6）销售管理。

（7）预留管理。

（8）综合管理。

（9）生产管理。

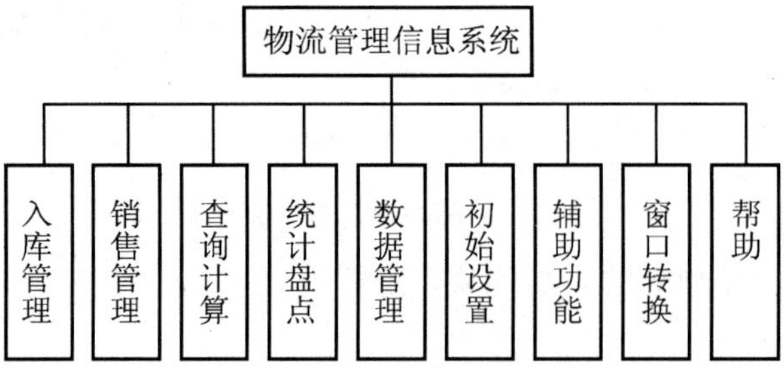

图9-8　佛山某企业物流管理信息系统结构图

2. 查询计算

（1）查询商品销售定价。根据商品代码、名称、商品产地、包装数量、商品单位、外尺寸、商品规格、商品商标、商品厂址、商品类型、最低库存、最高库存等进行查询。

（2）商品库存查询。

（3）计算商品销售额。系统可以根据销售数量自动计算销售额。

3. 统计盘点

（1）每日统计。商品资料浏览编辑、计算参数、报表打印。

（2）每月统计。商品资料浏览编辑、计算参数、报表打印。

（3）库内作业。即对盘点、移库、调整等库内作业进行管理，包括盘点单的生成、反馈及盘点报表操作，对需移库货品的移库作业操作等。

4. 封装打包

（1）人工调度。即对库工、叉车、叉车司机等资源的调用进行管理，包括生成派工单调整、反馈/显示、新作业等操作。

（2）车辆调度。即对运输车辆及运输货品进行管理货凭证、合并派车单等操作。

（3）预警及账表管理内容如下。

预警管理。即对货品保质期、仓库使用率、任务执行状态、合约到期、应收应付逾期等的报警。

账表管理。即对物资类账表、管理类指标报表、财务类台账账表等报表的统计查询与管理。

5. 数据管理

功能：清理数据、修复数据、数据更新。

6. 初始设置

（1）商品级数分类设置：科目级数分 6 类，科目总长为 10，科目模式×-×-××-××-×× _ ××，一级长度为 1，二级长度为 1，三级长度为 2，四级长度为 2，五级长度为 2，六级长度为 2。

（2）商品分类科目设置。

（3）商品科目预览。

（4）商品资料设置。

（5）检查商品资料。

（6）客户分类科目设置。

（7）客户资料设置。

7. 辅助设置功能

（1）系统配置。包括修改口令、审核人员配置和系统参数配置等。

（2）日志管理。包括操作日志查询、删除和口令的更改等。

（3）新增用户。

（4）权限管理设置。

8. 窗口转换

在需要时可以将当前窗口切换到所要的窗口，完成转换功能。

9. 帮助功能模块

（1）计算器。系统设置了计算器，需要时可以调用。

（2）日历。系统设置了日历，可根据需要使用。

9.2.2 操作系统特点

（1）本系统具有高度的功能完备性。在系统设计之初，全面考虑了各种仓储作业流程，进行了严格定义，并且以能在不同产业的仓储环境/物流环境下运作作为最初设计的目的。

（2）具有灵活的可扩充性。系统具备良好的开放性，它可以进行端到端的执行管理，也可以进行传统的店铺补货管理。应用系统后的操作管理效率可提高 30%。

（3）系统功能的前瞻性。系统不仅具有物流管理能力，而且针对供应链一体化的发展延伸到生产计划和配送管理，实现更加复杂的供应链一体化供应。

（4）支持物流信息采集设备及自动化设备。系统与先进物流技术，如条码、RF 等均设有接口，能够与电子标签、自动化物流设备系统相连接。系统通过应用先进的图形技术，能够实现“可视化”管理。

（5）支持离散仓储作业管理。系统采用先进的体系结构，利用最新的网络技术，能够支持处于离散状态的仓储/物流作业，同时确保系统的安全。

(6) 实现了物流业务的核心环节的计算机管理，符合职业技能鉴定的实用性要求和共性要求。

(7) 系统结构清晰，操作简单，易于学习。

(8) 融合了现代物流管理的一些新的管理理念，体现了部分现代物流管理新方法。

9.2.3 使用效果

通过使用本系统，达到以下效果。

(1) 实现仓储基本信息的管理。包括货物信息、仓库信息、货位信息、计量单位、供货商信息、人员信息的新增、修改、删除等维护管理及查询。

(2) 实现入库操作及信息管理，包括以下 4 个流程的管理。

① 入库单的新增、修改、删除等维护管理。

② 货物验收及收货管理。

③ 入库货物分配管理。

④ 入库单的新增、修改、删除等维护管理。

(3) 实现出库操作及信息管理，包括以下 3 个流程的管理。

① 出库通知单的新增、修改、删除维护管理。

② 出库备货管理。

③ 出库单录入、修改维护管理。

(4) 实现了库内操作及信息管理，具体包括以下几方面内容。

① 盘点操作管理：盘点单的生成、删除维护及录入、审核、转结。

② 转储作业操作管理：转储单的新增、删除维护。

③ 转仓作业操作管理：转仓单新增、修改、删除维护及审核、转结管理。

④ 报废管理：报废单的新增、修改、删除、审核、转结、查询。

⑤ 退货单的新增、修改、删除、转结、查询、打印。

(5) 实现了物流信息的查询和统计。具体包括以下方面内容。

① 入库通知单、入库单、出库通知单、出库单、盘点单、转储单、转仓单、报废单、退货单的查询和打印。

② 入库日报、入库月报、出库日报、出库月报的统计及打印。

③ 库存报警查询。

(6) 实现了信息集成的系统管理的操作，具体包括参数设置、权限设置、口令的更改。

9.3 软件模块操作指导

9.3.1 系统运行平台及安装

1. 环境要求

当在单机上使用物流信息系统时，需要以下硬件设备：IBM PC 机及其兼容机。

Windows操作系统：中文 Windows 98/Windows 2000/Windows XP。

2. 安装和启动

将软件光盘(若需此光盘，可以联系本书主编)插入计算机的光驱，系统将自动开始安装界面。如不能自动安装，可在光驱盘符(如 F:)中，双击 qywlsetup 文件，如图 9－9 所示。

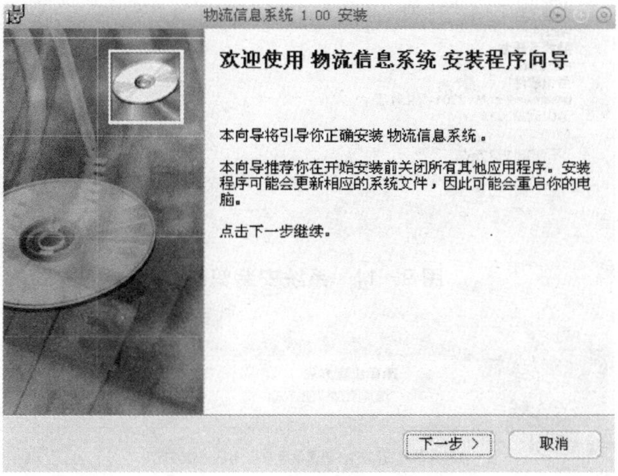

图 9－9　系统安装第一步

根据系统提示单击“下一步”按钮，弹出如图 9－10 所示的“选择安装位置”对话框。

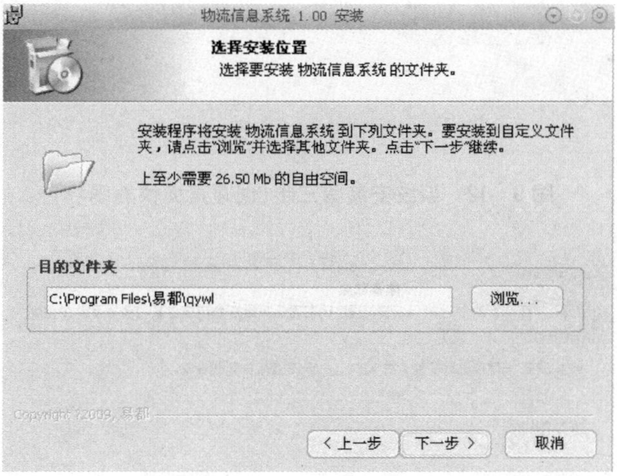

图 9－10　系统安装第二步

单击“下一步”按钮，如图 9－11 所示。

单击“下一步”按钮，如图 9－12 所示，然后选择创建桌面快捷方式，在“创建桌面图标”处，勾选，即可。

在图中继续单击“下一步”按钮，界面如图 9－13 所示。

在图 9－13 处单击“安装”按钮，如图 9－14 所示。单击“完成”按钮，即安装完成。

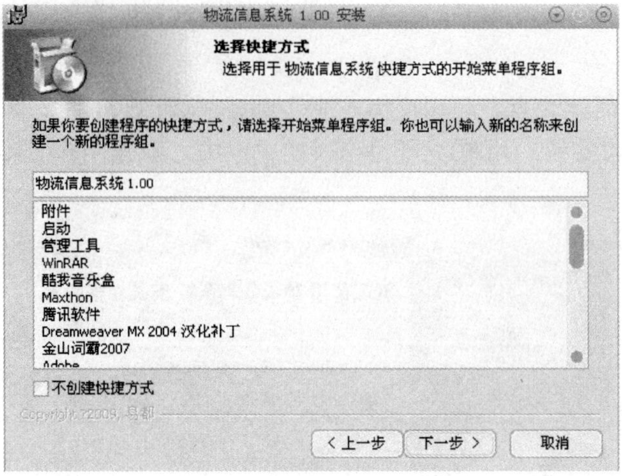

图 9－11　系统安装第三步

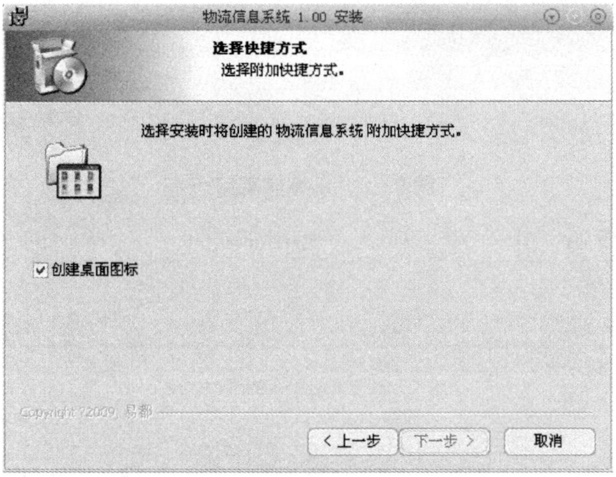

图 9－12　系统安装第三步(创建桌面快捷图标)

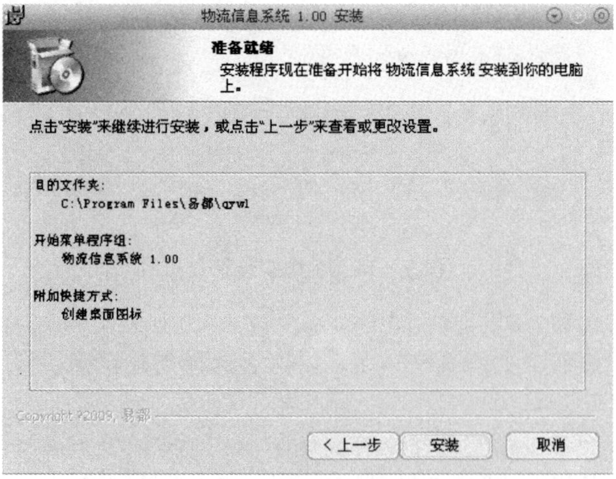

图 9－13　系统安装第四步

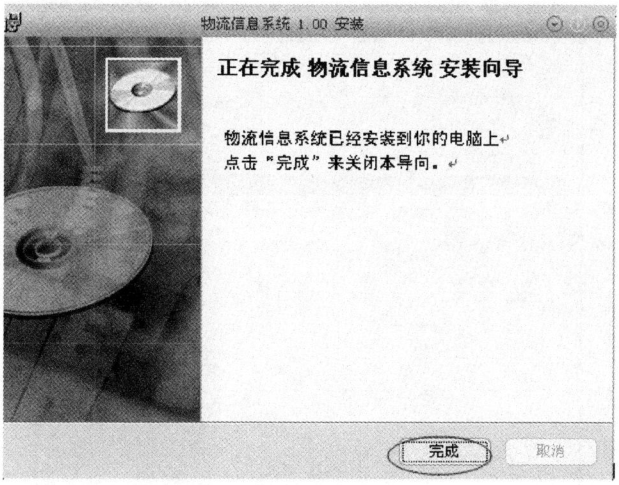

图 9-14 系统安装第五步

9.3.2 用户登录和系统工具

1. 系统登记

双击相应的物流信息系统快捷图标，进入系统如图 9-15 所示。

图 9-15 先设定数据目录

单击“确定”按钮，如图 9-16 所示。选择 qywl 选项，进入登录界面。

在图中圆圈处单击“选择”按钮，进入系统登录界面，如图 9-17 所示。在输入框中输入操作员的登录名和密码后登录到物流管理信息系统。用户第一次运行系统时可用系统管理员代码“001”的身份登录，即：在系统登录框中输入“001”，然后在图 9-17 中圈内，输入密码“88888”后按回车键或单击 按钮，进入物流管理信息系统主界面。若要退出则单击退出按钮 即可。

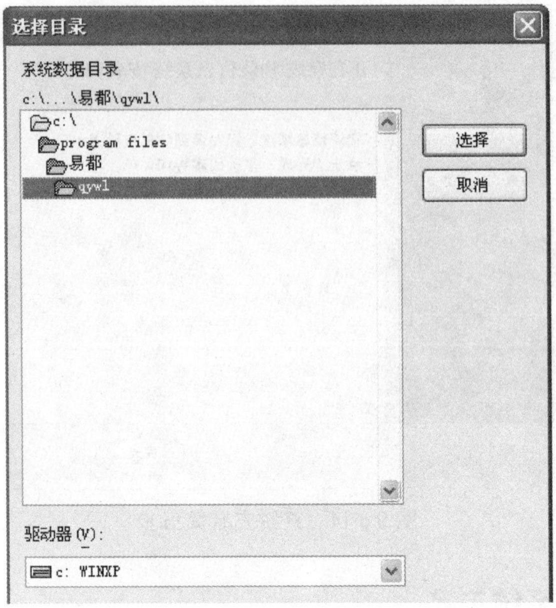

图 9－16　选择 qywl 选项

注：软件安装视读者方便选择驱动器 C、D、F 或 E 盘。

图 9－17　进销存信息系统

2．系统工具栏使用说明

在信息管理窗口的下部是快捷图标，如图 9－18 所示。不同状态的图标表示不同的操作状态，其操作的技巧有典型的共性，工具栏提供了使用系统的最基本的操作。

图 9－18 系统工具栏

(1) 表示第一个记录。

(2) 挪动到最顶头。

(3) 最后一个记录。

(4) 移动至最末尾。

(5) 向前挪动一屏。

(6) 可向上翻动一页。

(7) 向后翻动一屏。

(8) 往后挪动一屏。

(9) 前一个记录。

(10) 往前挪动一行。

(11) 后一个记录。

(12) 往后挪动一行。

(13) 快速向前移动。

(14) 快速向后移动。

(15) 新增记录。

(16) 复制插入记录。

(17) 编辑数据记录。

(18) 还原所有记录。

(19) 保存所有记录。

(20) 删除当前记录。

(21) 重现删除记录。

(22) 短语阵列录入。

(23) 统计所选记录和数量。

(24) 字段内容查找定位。

(25) 字段内容阵列定位。

(26) 拼音声母查找定位。

(27) 选定字段对数据排列。

(28) 打印报表。

(29) 退出。

(30) 返回。此图标在信息管理页面出现。

(31) 此图标在系统登录和信息管理页面出现。

3. 系统约定

界面具有以下约定。

(1) 字段底色为“灰色”表示该字段不可录入，其数值由系统自动产生。

(2) 字段底色为“白色”表示该字段可以录入也可暂时不录入。

(3) 数据录入时，应首先单击新增按钮。

4. 通用操作

本系统的操作可分为键盘操作和鼠标操作，在大部分情况下二者完成完全相同的功能，常用的操作都有快捷键，可参见菜单上的快捷键，一般采用Ctrl加某键的形式，下面列出本系统的快捷键。

打开编辑开关：

刷新：Ctrl+F

存盘：Ctrl+S

插入：Ctrl+I

增加：Ctrl+A

删除：Ctrl+D

重取：Ctrl+R

查询：Ctrl+Q

打印：Ctrl+P

查询：Ctrl+E

记录首：Ctrl+Home

上一条记录：UpArrow

下一条记录：DownArrow

记录尾：Ctrl+End

返回：Ctrl+F4

切换窗口：Ctrl+F6

退出系统：Alt+X

打开下拉窗口：F4

关闭当前窗口：Ctrl+F4

关闭程序：Alt+F4

移动焦点：Tab

反向移动焦点：Shift+Tab

复制：Ctrl+C

粘贴：Ctrl+V

9.3.3 系统操作流程

1. 数据编辑操作流程

数据编辑操作流程，如图9-19所示。

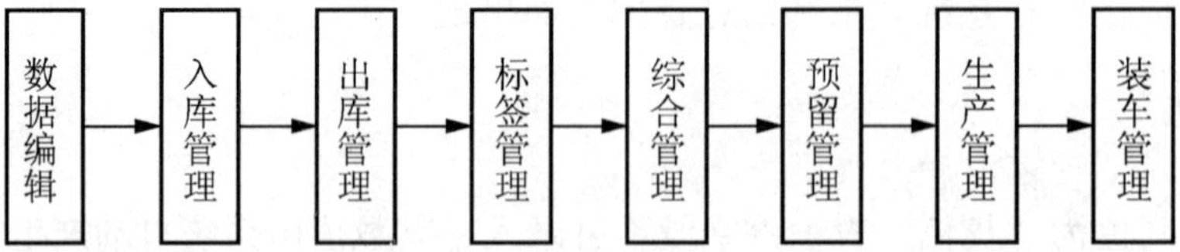

图9-19 数据编辑操作流程

2. 查询计算操作流程

查询计算操作流程，如图 9 - 20 所示。

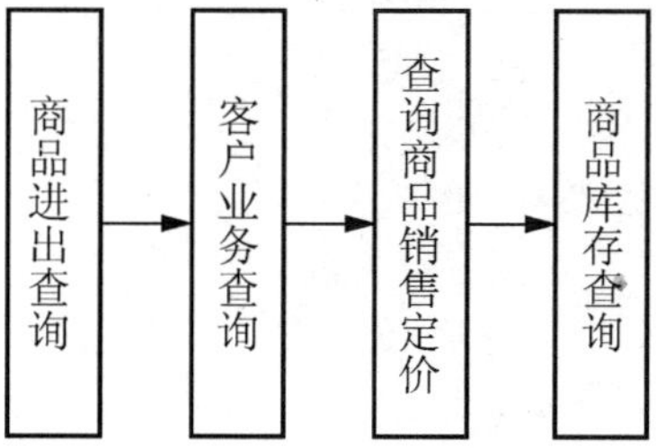

图 9 - 20　查询计算流程

3. 盘点统计操作流程

盘点统计操作流程，如图 9 - 21 所示。

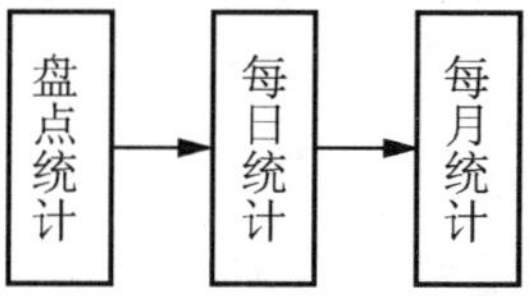

图 9 - 21　盘点统计操作流程

4. 数据管理操作流程

数据管理操作流程，如图 9 - 22 所示。

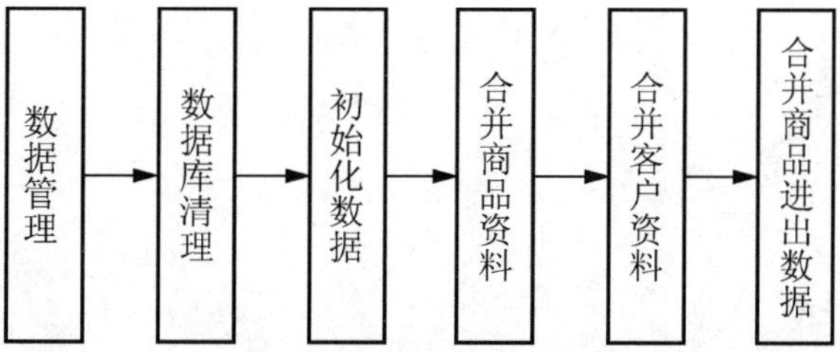

图 9 - 22　数据管理操作流程

5. 初始设置操作流程

初始设置操作流程，如图 9 - 23 所示。

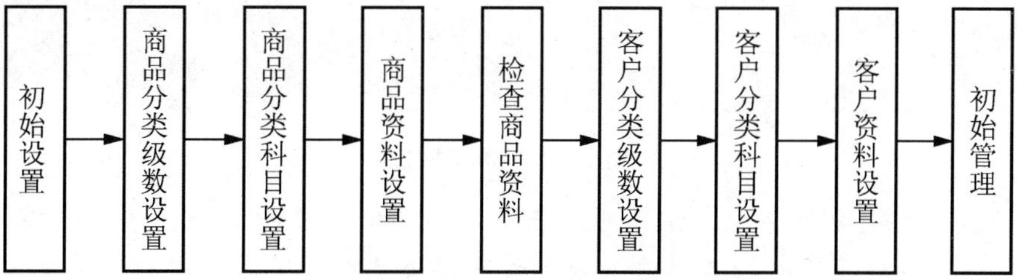

图 9 - 23　初始设置操作流程

6. 辅助功能操作流程

辅助功能操作流程，如图 9－24 所示。

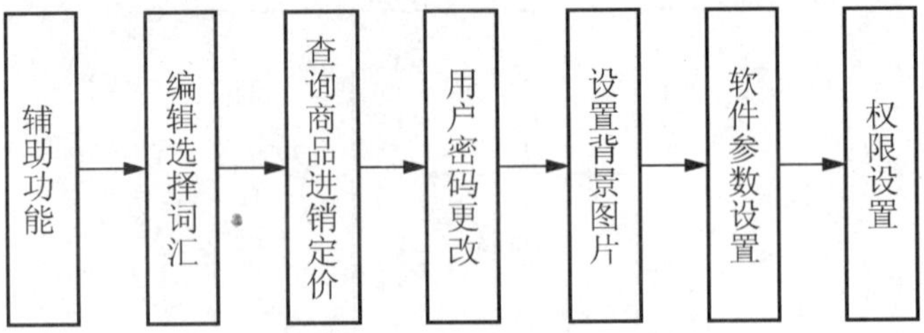

图 9－24　辅助功能操作流程

9.4　软件功能模块应用指导

9.4.1　数据管理

1. 清空数据

在初始参数设置前先清空数据。登录系统，如图 9－25 所示，单击“数据管理”下拉菜单，然后单击“清理”按钮，如图 9－26 所示。

图 9－25　清空数据

注意：为了方便读者使用，编者为系统设置了模拟练习的商品、客户分类分级数据、计量数据单位等，使用者可以直接进入业务管理模块操作，若需要更新，就调用数据管理模块“数据清理”功能清理数据，然后新增即可。

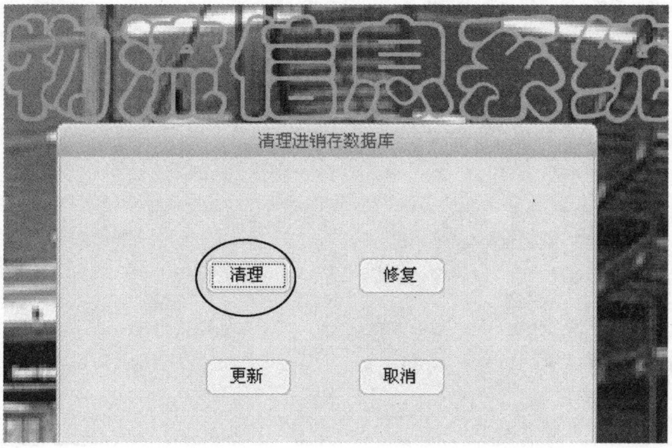

图 9-26 清空数据

2. 初始化数据

单击“数据管理”下拉菜单选择“初始化数据”命令，打开界面，单击下边的“初始”按钮，弹出界面，如图 9-27 所示。可进行数据初始化设置。

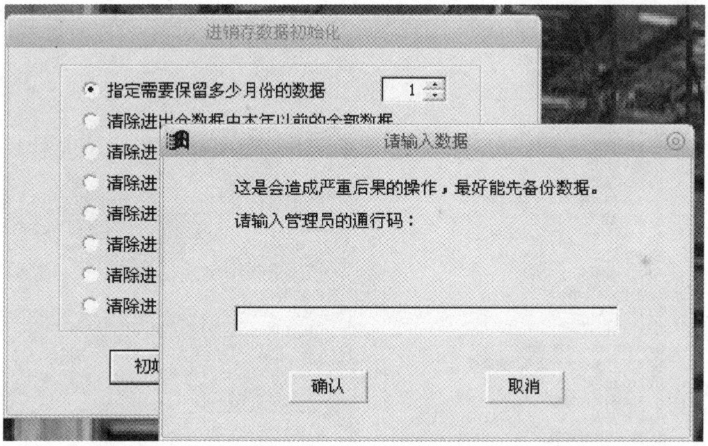

图 9-27 初始化数据

注意：此操作要先备份数据，否则会造成数据丢失。

9.4.2 商品参数设置操作

1. 登录系统

单击“初始设置”下拉菜单选择“商品分类级数设置”命令，打开界面，如图 9-28 所示，进行以下设置操作。

(1) 科目级数设置为 6；科目总长为 10。

(2) 科目模式：×-×-××-××-××-××。一级长度为 1，二级长度为 1，三级长度为 2，四级长度为 2，五级长度为 2，六级长度为 2。

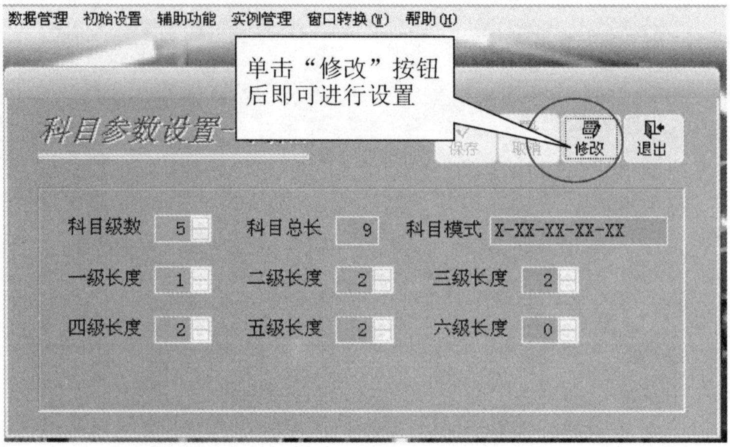

图 9－28 商品分类级数设置

2. 商品分类科目参数设置操作

单击“初始设置”下拉菜单选择“商品分类科目设置”命令，打开界面，如图 9－29 所示，按产品颜色、品种、规格、材料等进行分类。

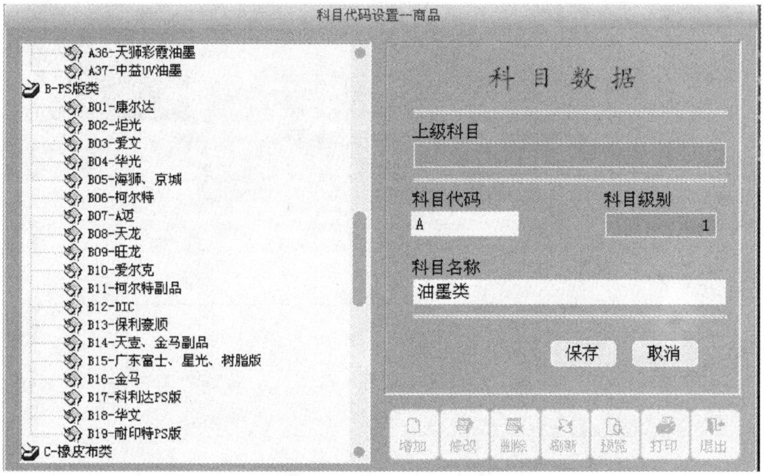

图 9－29 商品分类科目参数设置

9.4.3 客户参数设置操作

1. 客户分类级数设置操作

单击“初始设置”下拉菜单选择“客户分类级别设置”命令，打开界面如图 9－30 所示。进入客户操作区内，单击界面右上方的“修改”按钮，进行对客户参数新增和修改。客户科目模式×-×-×-×-×-× ，一级长度为 1，二级长度为 1，三级长度为 1，四级长度为 1，五级长度为 1，六级长度为 1，可视需要进行客户分级。选择页面相应选项对客户信息进行新增、修改、删除、剪切、复制、保存操作。操作完后单击“保存”按钮，如图 9－31 所示。

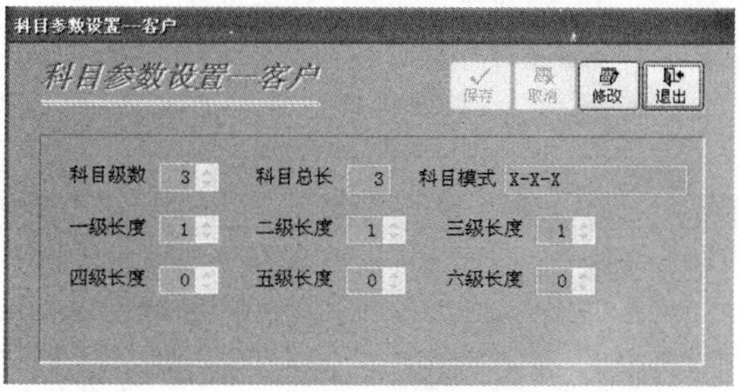

图 9－30　客户分类级别设置

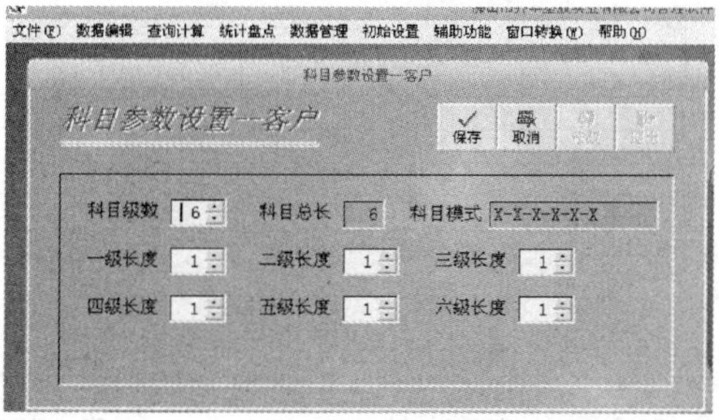

图 9－31　保存客户分类级别设置

2. 客户分类科目设置操作

单击“初始设置”菜单选择“客户分类科目设置”命令，打开界面如图 9－32 所示，按销售客户和进货客户分级设置。界面右边科目数据下面，可以选择增加、修改、删除图标进行相应需要操作。

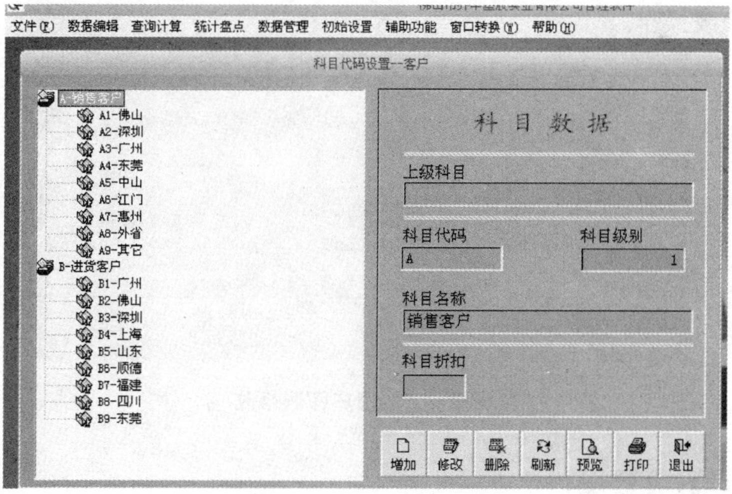

图 9－32　客户分类科目设置

9.4.4　选择词汇编辑操作

单击“辅助功能”下拉菜单选择“编辑选择词汇库”命令，打开界面如图 9－33 所示。进行选择录入时调用的计量单位数据库操作。

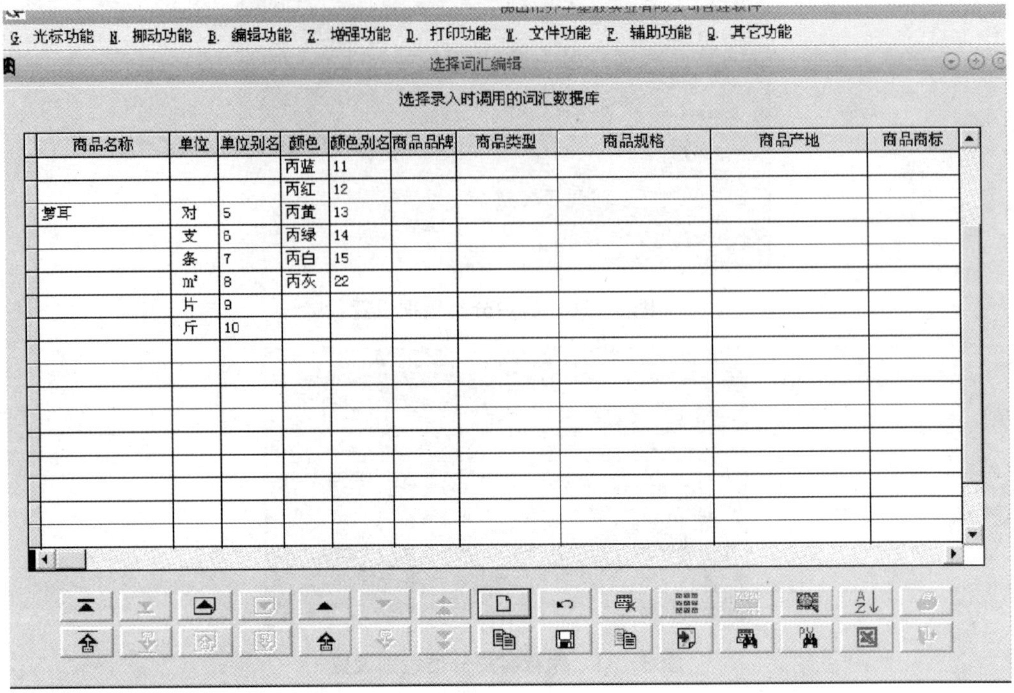

图 9-33　选择词汇编辑

9.4.5　用户密码修改

单击“辅助功能”下拉菜单选择“用户密码更改”命令，打开操作界面如图 9-34 所示，进行密码修改操作。

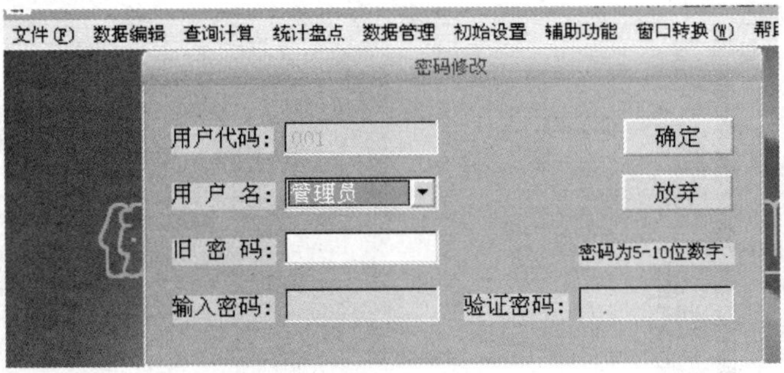

图 9-34　用户密码修改

9.4.6　软件参数设置操作

单击“辅助功能”下拉菜单选择“软件参数设置”命令，打开操作界面如图 9-35 所示，进行参数选择设置。

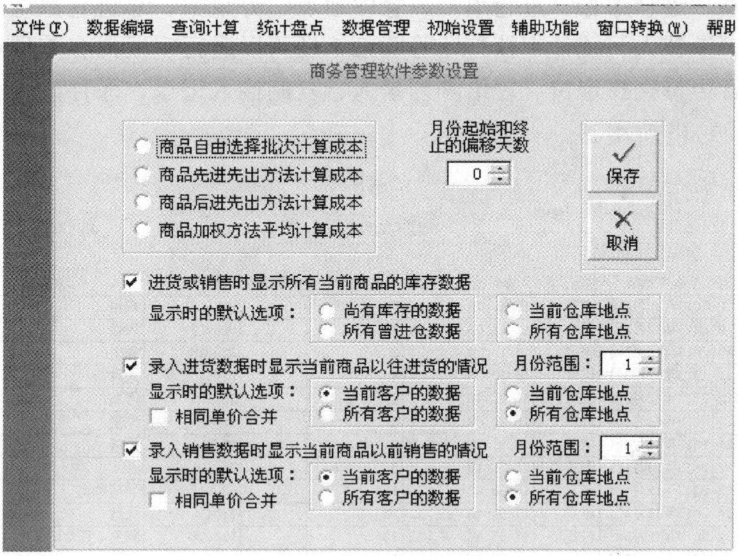

图 9-35 软件参数设置

9.4.7 进仓管理

1. 登录界面

单击“数据编辑”下拉菜单选择“进仓管理”命令，打开操作界面，如图 9-36 所示。单击编辑按钮，要新增信息单击新增按钮可以进行数据新增，如图 9-37 所示。将每天生产出来的产品信息录入系统，由系统进行管理、查询，在模块里可以浏览到进仓

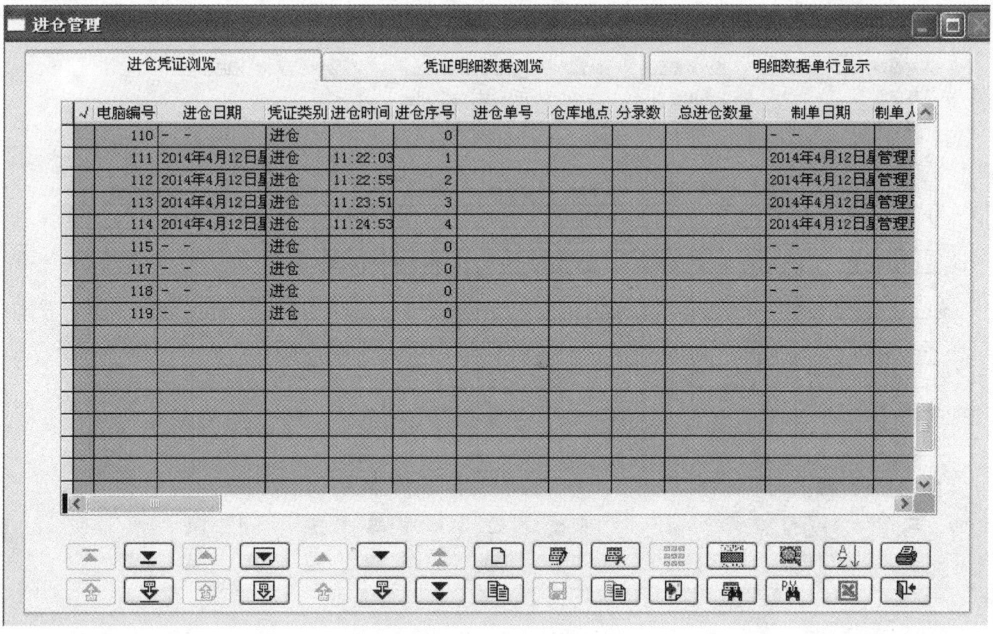

图 9-36 进仓管理界面

日期、凭证类别、进仓序号、进仓单号、仓库地点、分录数、总进仓数量、制单日期、制单人、签收人、审核人、统计审核打印等明细，还可以进行字段内容阵列定位、字段内容查找定位、拼音声母查找定位、短语阵列录入、复制插入记录、保存记录和统计所选记录等操作，如图 9－38 所示。

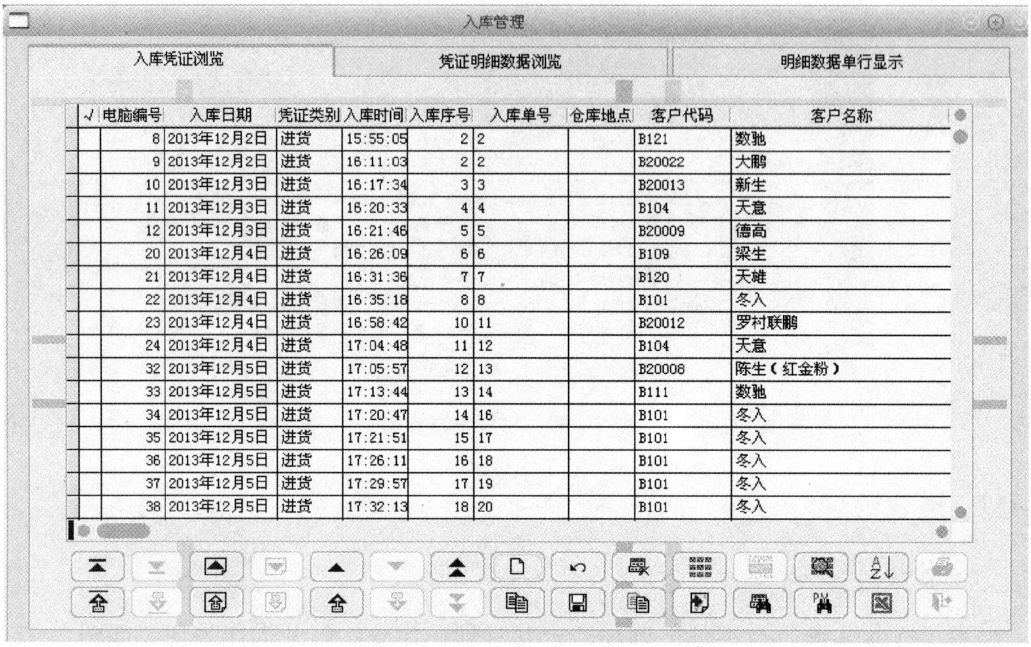

图 9－37　产品信息录入

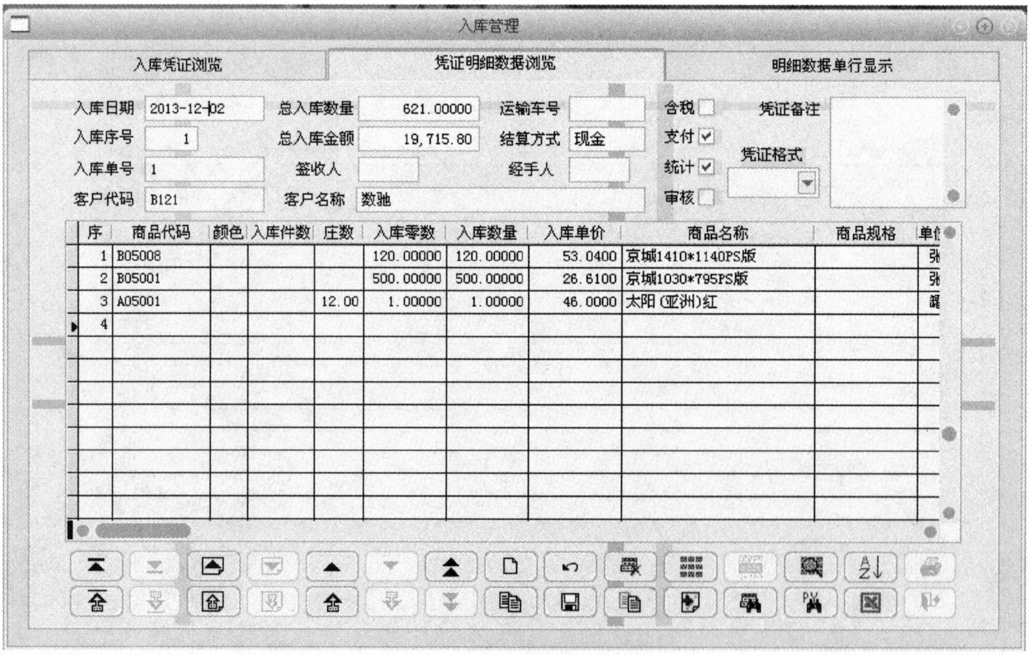

图 9－38　商品数据保存

说明：如果界面出现图 9－36 那样的灰黑色，则是已经“保存”的数据，只能浏览，不能改动，需要改动，在界面下边单击编辑按钮，打开操作界面才能进行数据新增、删除、剪切、修改、复制、保存操作。

当入库商品录入完毕，单击按钮保存。然后单击按钮，退出回到系统主界面。

2. 仓位管理

分仓、区管理是仓库管理的基本形式，即依据专业化的原则对库房的用途和功能进行确定，如按照货品种类不同将仓库划分成品仓、半成品仓等，或按作业形式不同将仓库划分为保管区、验货区、包装区等。对“仓、区”的操作包括对仓、区基本信息的增加、编辑、删除和仓库货品信息查询等操作。

单击“数据编辑”菜单选择“进仓管理”命令，打开操作界面，直接输入仓库信息即可，然后，单击界面右上方的“明细数据单行显示”按钮，如图 9－39 所示，进行仓位信息查看。（注意：已审核的数据就不能新增只能查看，如图 9－40 所示。）

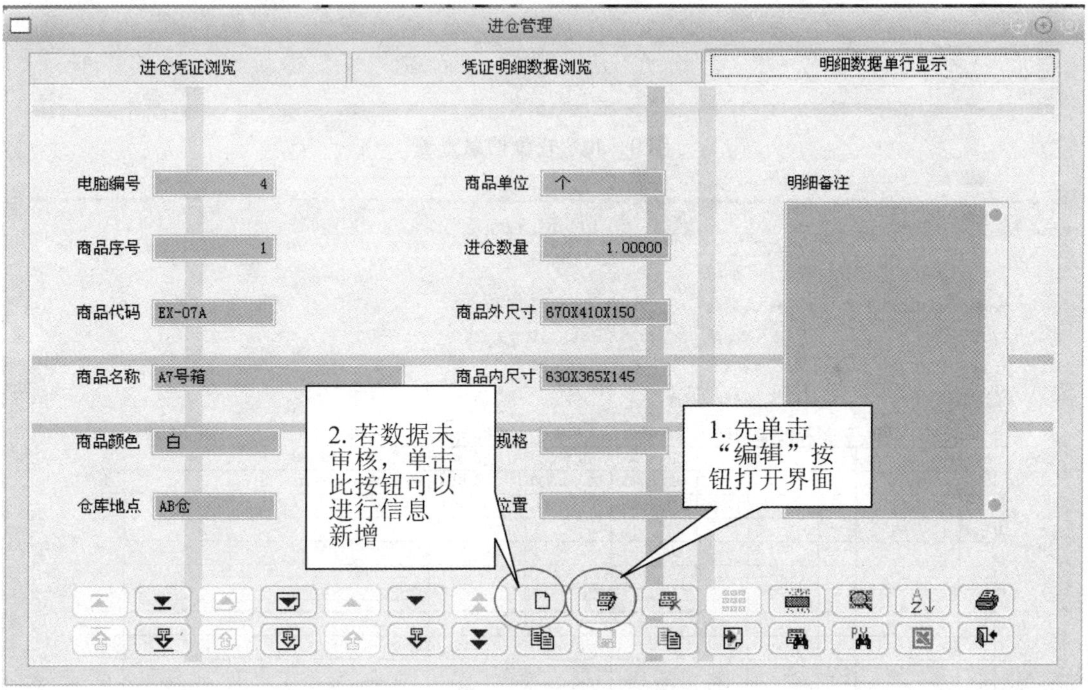

图 9－39　仓位管理界面

3. 商品凭证明细数据浏览

商品凭证明细数据浏览基本操作为：在入库管理主界面中，单击“凭证明细数据浏览”按钮，弹出界面后单击编辑按钮，如图 9－41 所示，进行商品信息查询，查询完毕单击按钮返回。

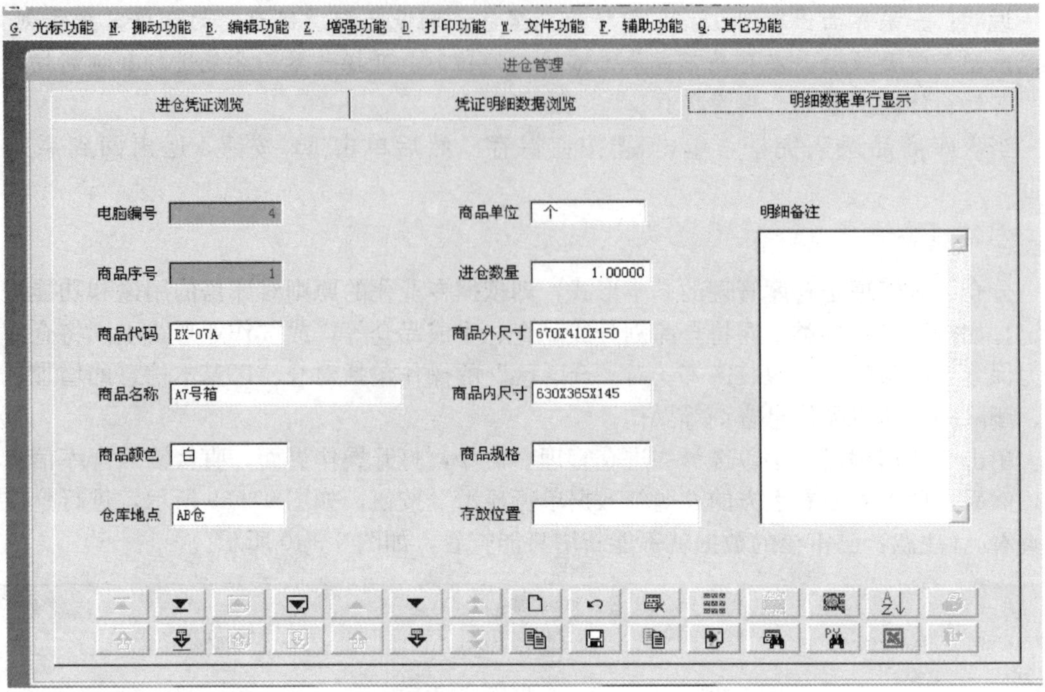

图 9－40　仓位信息查看

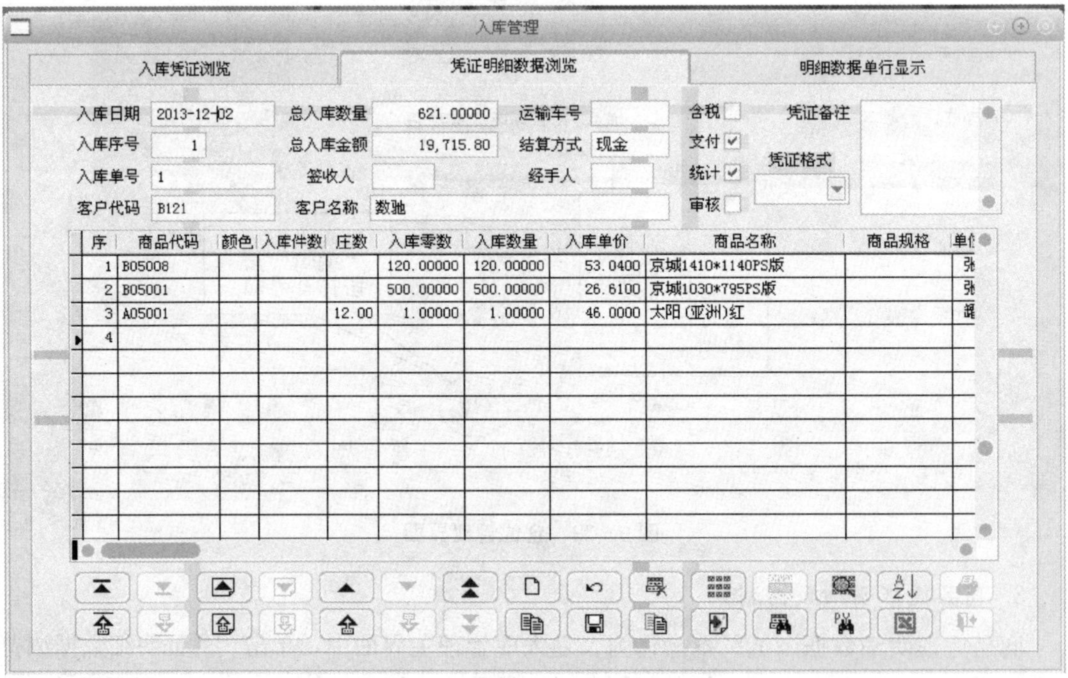

图 9－41　商品定价信息查询

9.4.8 销售管理操作

1. 销售凭证录入

仓管部接到订单之后，进行商品销售出库管理。操作流程：单击“数据编辑”下拉菜单选择“销售管理”命令，弹出的界面如图 9－42 所示，单击“编辑”按钮，打开操作界面，如图 9－43 所示，本模块包括出入库、退货处理两个子模块。进入界面，进行销售出库相关数据编辑，即：销售日期、凭证类别、销售时间、销售序号、销售单号、仓库地点、客户代码和客户名称，在界面下面两行有选择查找数据的工具，还可以进行字段内容阵列定位、字段内容查找定位、拼音声母查找定位、短语阵列录入、复制插入记录、保存记录和统计所选记录等功能。录入完毕单击 按钮保存。

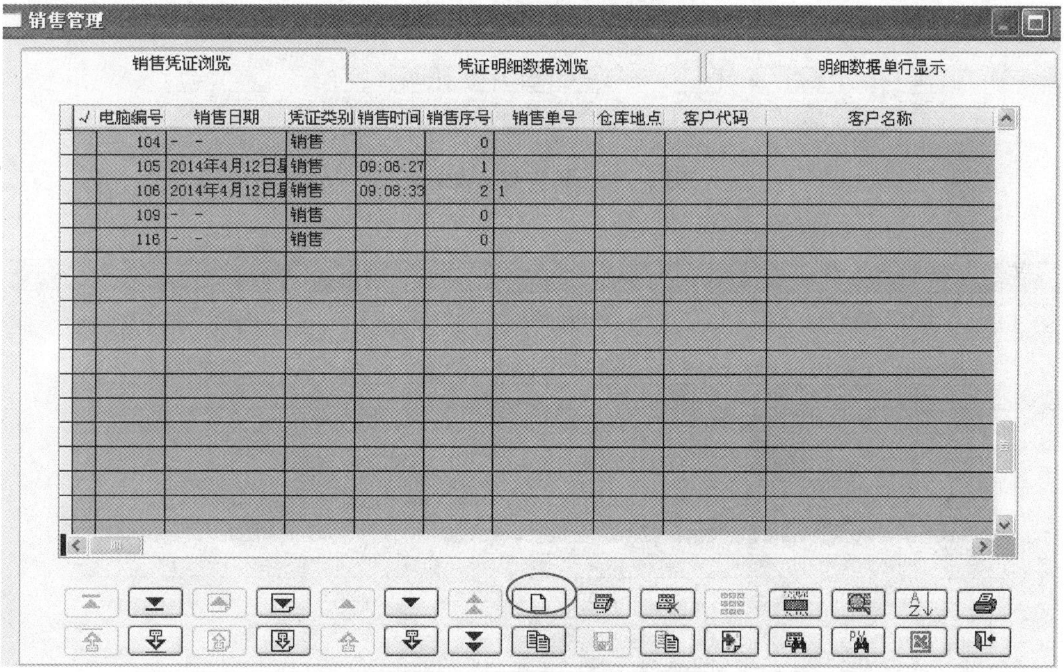

图 9－42 销售商品数据录入

2. 新增销售卡片

在销售管理界面上如图 9－44 所示，单击编辑 按钮，打开界面如图 9－45 所示，单击销售管理操作界面上方“辅助功能”下拉菜单的“增加商品凭证”按钮，弹出操作界面如图 9－46 所示，在弹出的窗口单击“增加”按钮进行新增销售商品数据，新增完成后，单击“确定”按钮将新增结果保存至系统。

返回单击“辅助功能”下拉菜单选择“查询商品凭证”命令，打开界面，在弹出的窗口单击“查询”按钮可以查询商品凭证，如图 9－47 所示。

注意： *在查询时，输入查询时间，如果在输入的时间段有数据就可以查到，如输入的时间段没有录入数据就无法查到。*

在销售卡片中选择客户订单所要的商品，进行该商品的价格等信息查询，如图 9－48 所示。

图 9－43　销售商品数据录入

图 9－44　销售管理界面

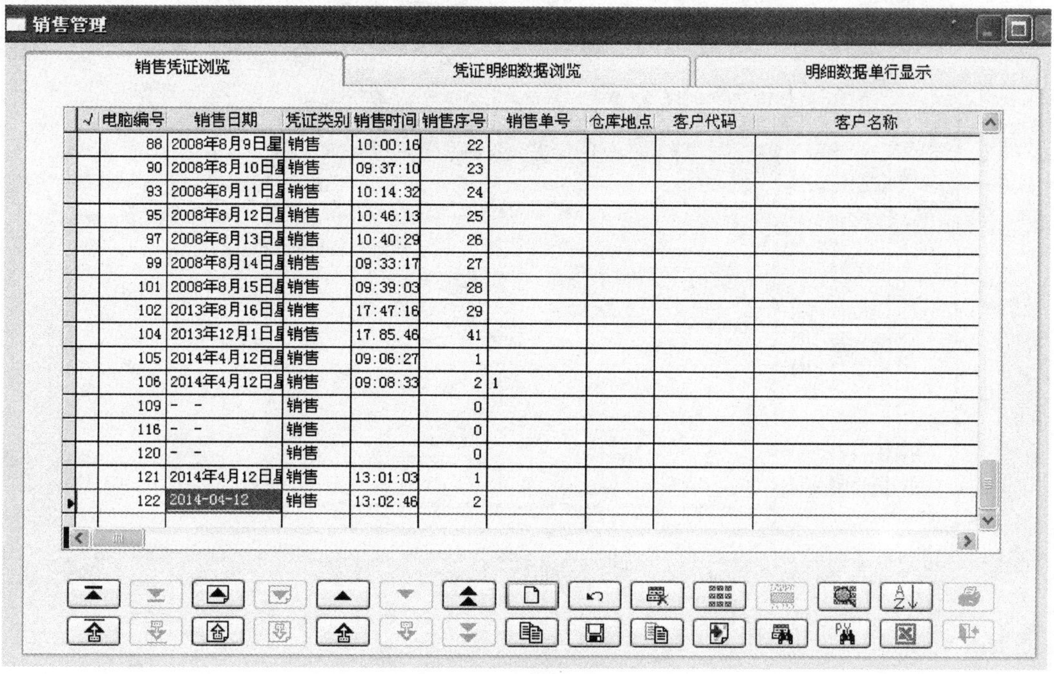

图 9－45　销售管理编辑界面

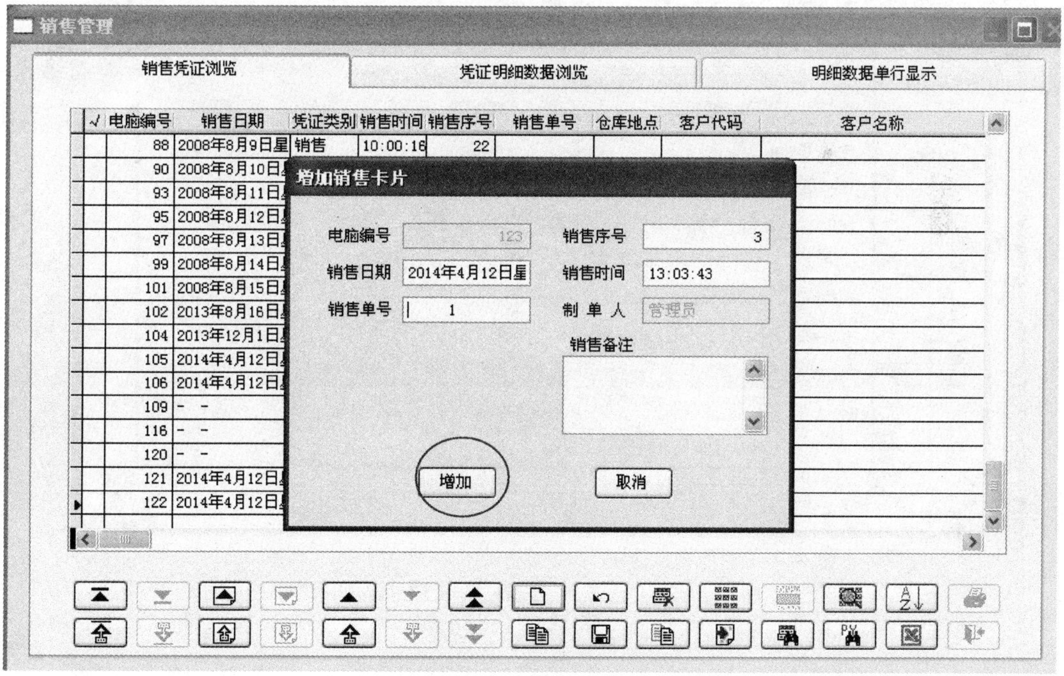

图 9－46　增加商品凭证

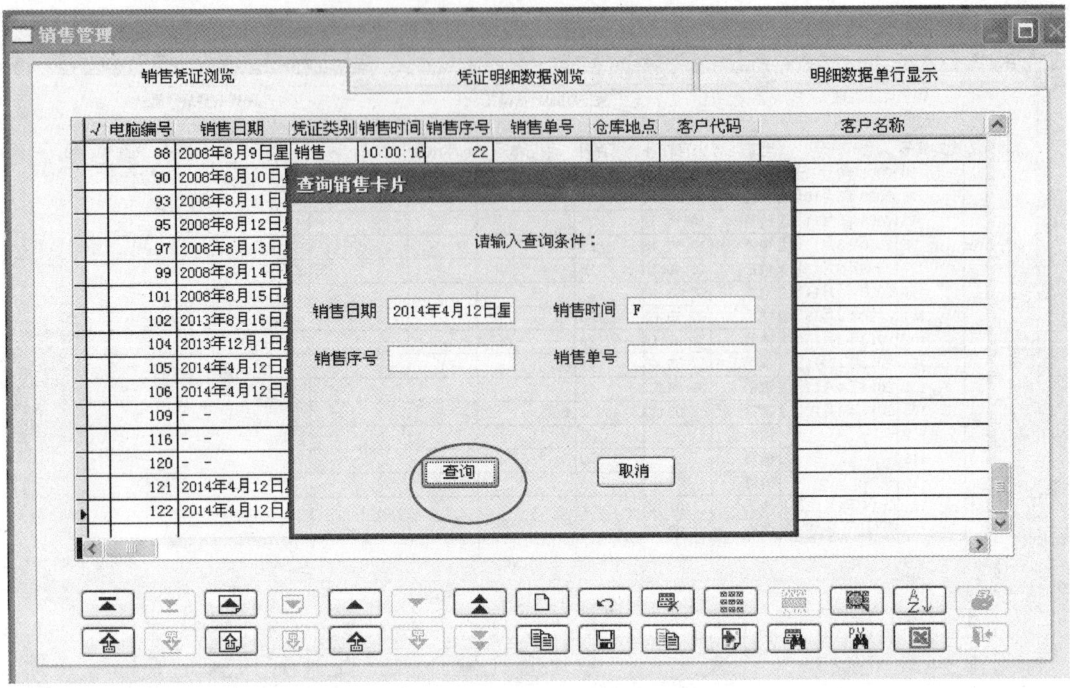

图 9－47　查询商品凭证

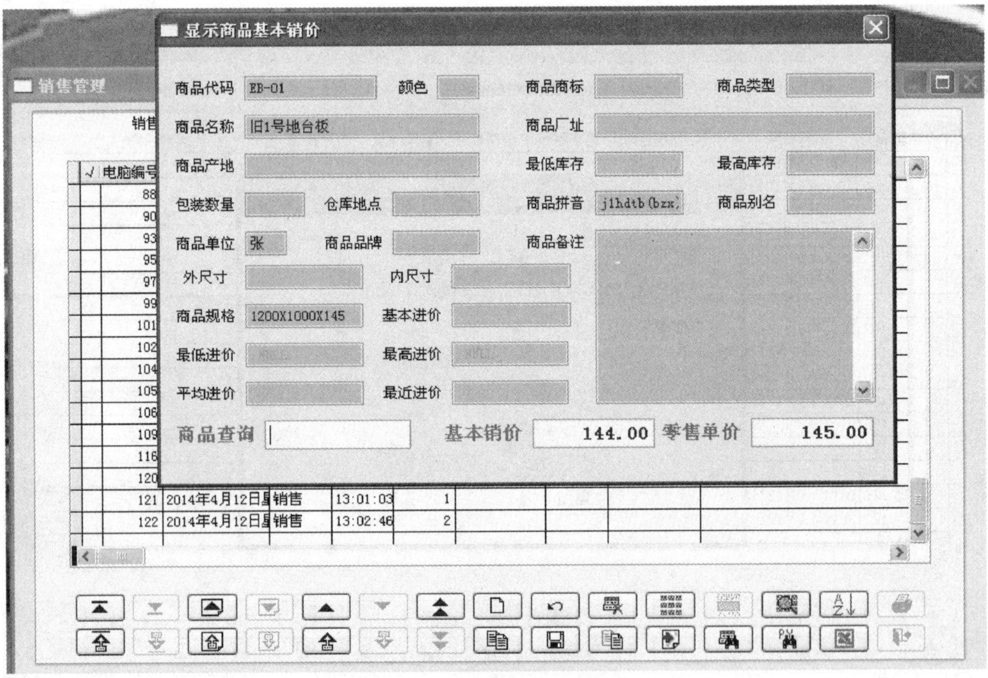

图 9－48　查询商品基本价格

具体操作：单击“辅助功能”下拉菜单选择“查询商品基本价格”命令打开界面，在弹出的窗口单击“查询”按钮可以查询商品基本价格，如图 9－48 所示。返回，同上方法选择查询当前商品退货情况。

3. 退货管理

在销售出库时，顾客退回的商品需要再进仓，这时要进行退货商品信息编辑，如图 9－49 所示。

图 9－49 退货商品查询

具体操作：返回到销售管理界面，单击“凭证明细数量浏览”按钮，然后单击“辅助功能”下拉菜单选择“当前商品退货”命令打开界面，选中要查的商品双击即可，系统自动统计退货商品数量，如图 9－50 所示。返回，同上方法选择查询当前商品退货情况。

图 9－50 退货商品浏览

9.4.9 预留管理

1. 登录界面

企业根据客户订单预留产品，预留数据管理操作：单击“数据编辑”菜单选择“预留管理”命令，打开界面后，单击下方的编辑按钮，打开编辑界面如图 9－51，进行预留数据编辑，即：录入预留日期、凭证类别、预留时间、预留序号、预留单号、仓库地点、客户代码、客户名称等信息录入和管理。

2. 预留产品

预留产品指顾客已经预定的、不定期取走的产品，因为属于已经销售产品，但是还在库存，为了区别未售出产品，在产品上烫金做标记，称烫金产品。

单击“数据编辑”菜单选择“预留管理”命令，打开操作界面，如图 9－52 所示，输入预留产品信息。单击右边的“明细数据单行显示”按钮，弹出预留产品库位安排操作界面，进行库位安排及相关信息录入操作，如图 9－53 所示。

3. 生成入库单

储位分配完成后，系统自动生成本次入库的入库单据。

说明： 系统默认只对状态是“未执行”的客户凭证进行修改，如果客户凭证状态已经不是“未执行”，那么进入客户凭证界面只能对该入库凭证的信息进行查看。

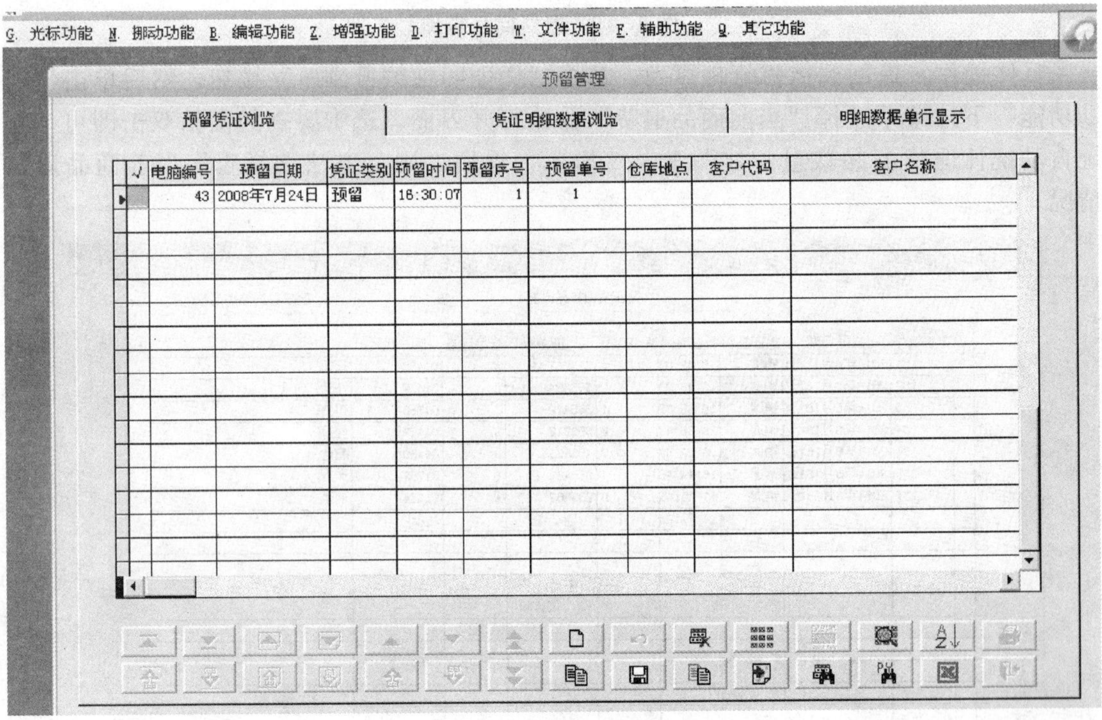

图 9－51 预留数据编辑

图 9－52 预留产品信息录入

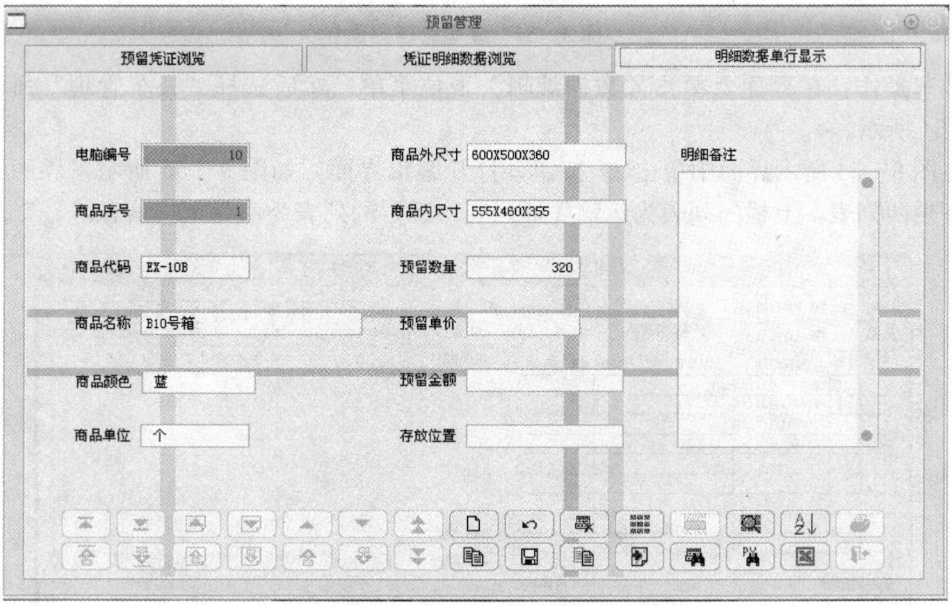

图 9－53 预留产品库位划分

9.4.10 装车管理

1. 装车管理操作

装车管理子模块的功能是对运输车辆、司机及货品进行管理。

单击“数据编辑”菜单选择“装车管理”命令，打开界面如图 9－54 所示。进行装车数据编辑。即：装车日期、运输车号、装车总数量、装车司机信息、装车费用(自动计算)、客户信息、商品汇总信息、选择客户、费用计算、装车汇总、续存模块、调出模块、装车报表打印、商品销售信息、装车信息等数据录入。

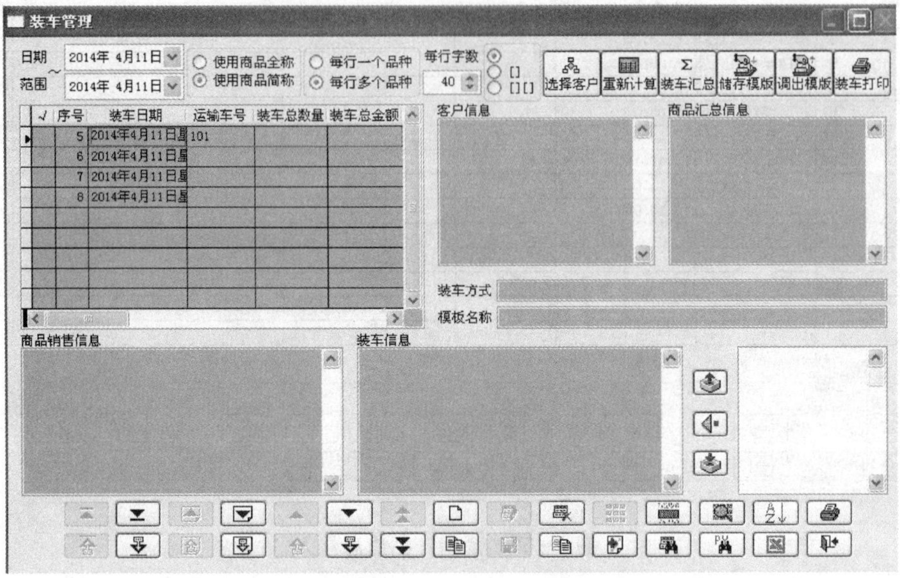

图 9－54　装车管理界面

装车操作：在界面上单击“数据编辑”下拉菜单，然后选择“装车管理”命令，如图 9－54 所示。

在图 9－54 所示界面中单击按钮，打开编辑界面，如图 9－55 所示，界面中分为上、下栏两列表，上栏的列表为运输凭证列表，下栏的列表为商品销售信息。

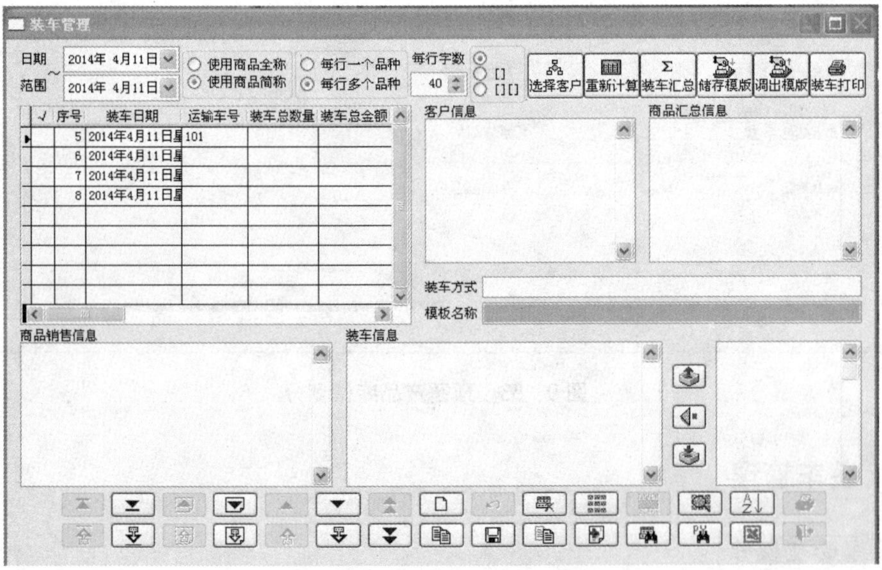

图 9－55　装车编辑界面

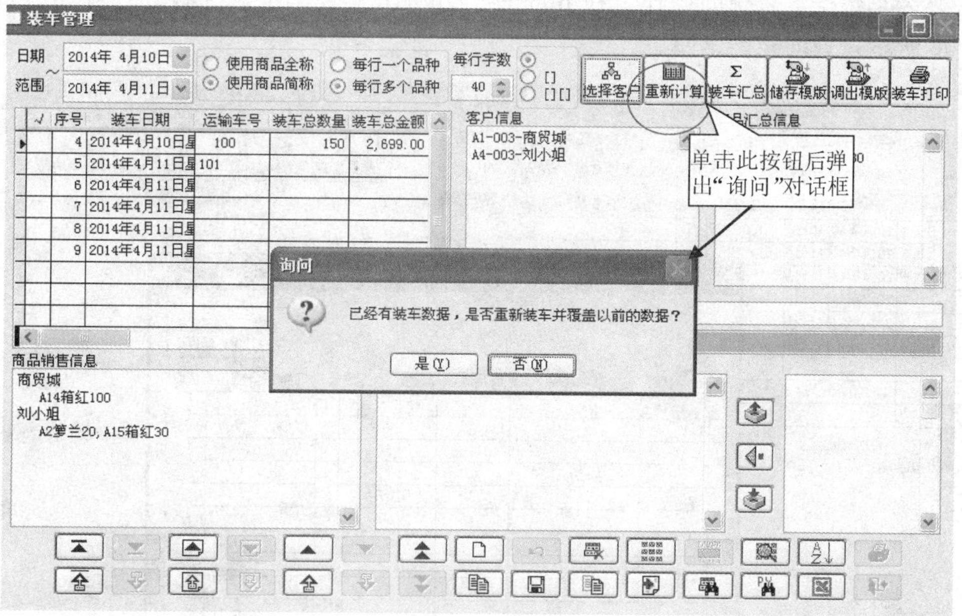

图 9－56 选择客户

(1) 在界面右上方，单击“选择客户”按钮，弹出操作界面，进行装车客户数据确认。如图 9－56 所示。如果需要重新计算装车费用，则返回单击“重新计算”按钮，如图 9－57 所示。弹出界面，确定是否需要重新计算。

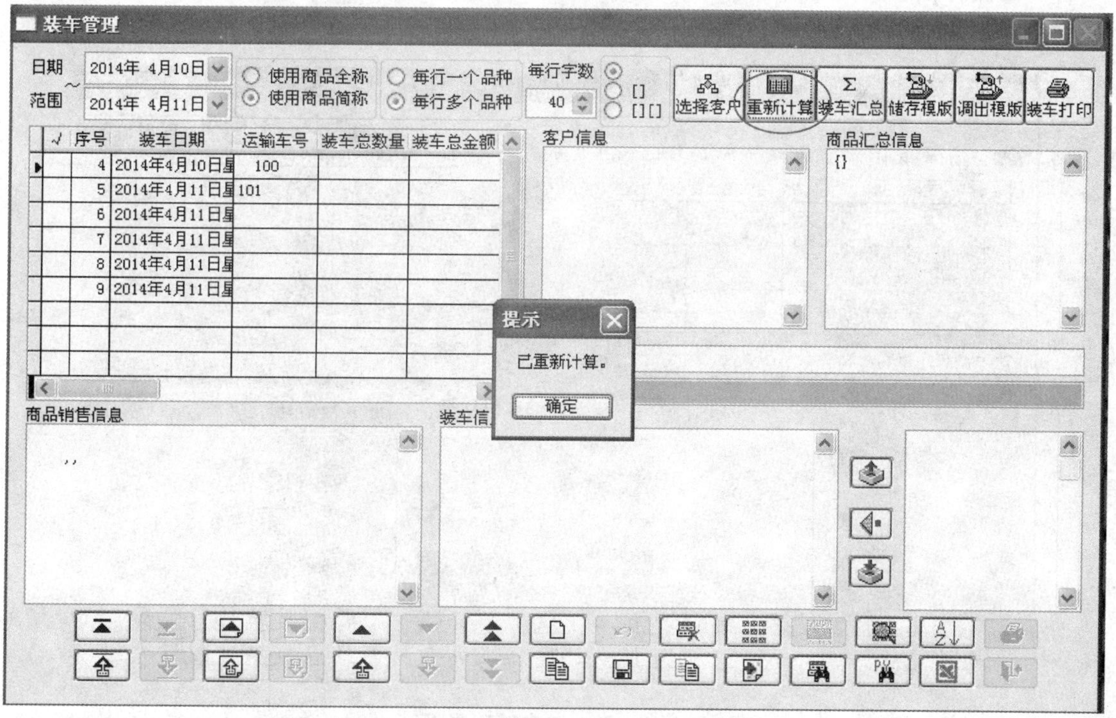

图 9－57 重新计算

(2) 装车数据汇总查询操作：在界面右上方单击“装车汇总”按钮，弹出界面，如图 9－58 所示，查询完毕返回。

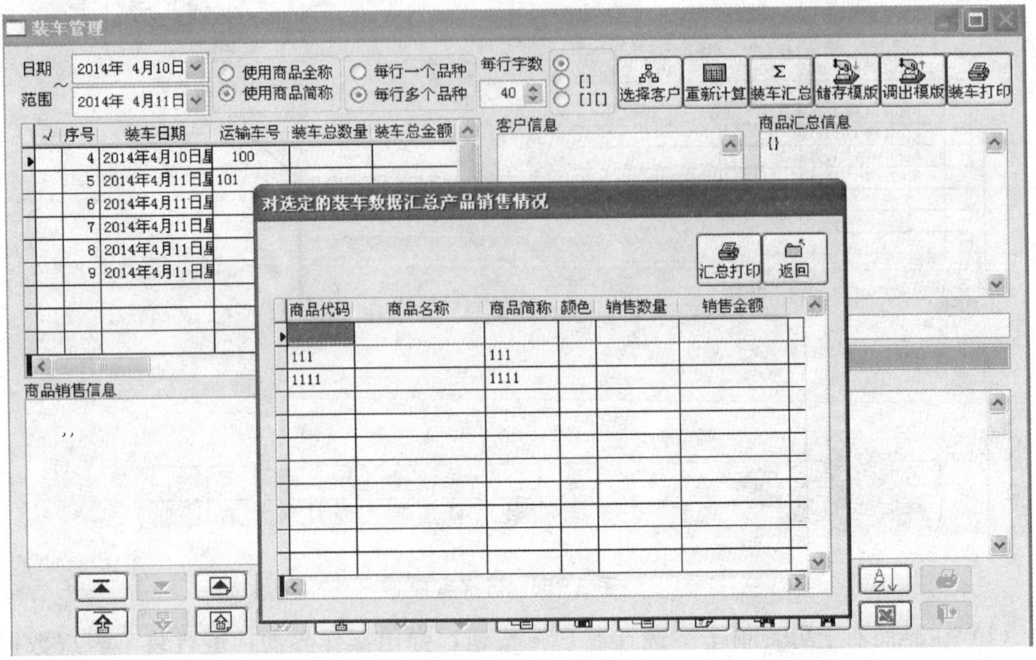

图 9－58　装车产品数据查询

(3) 储存模版功能操作。储存模版主要是为固定客户装车使用，操作方法，在主界面的“数据编辑”下拉菜单中，选择“装车管理”命令如图 9－59 所示。

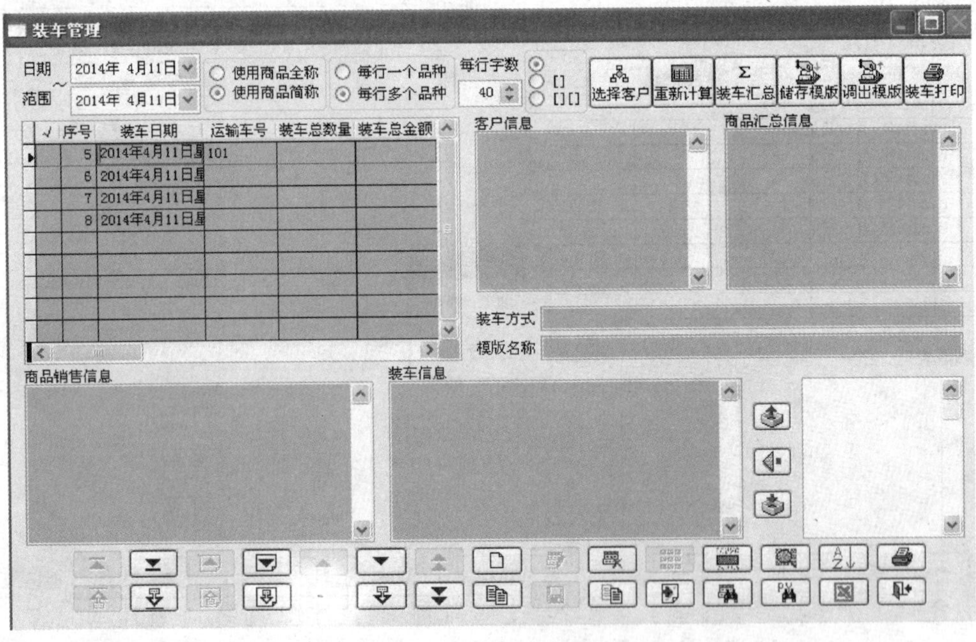

图 9－59　装车管理界面

在界面下方，单击 按钮打开编辑界面，如图 9－60 所示。然后单击“储存模版”

按钮弹出界面，如图 9－61 所示，输入您要保存为模版的名称，然后单击“确认”按钮。

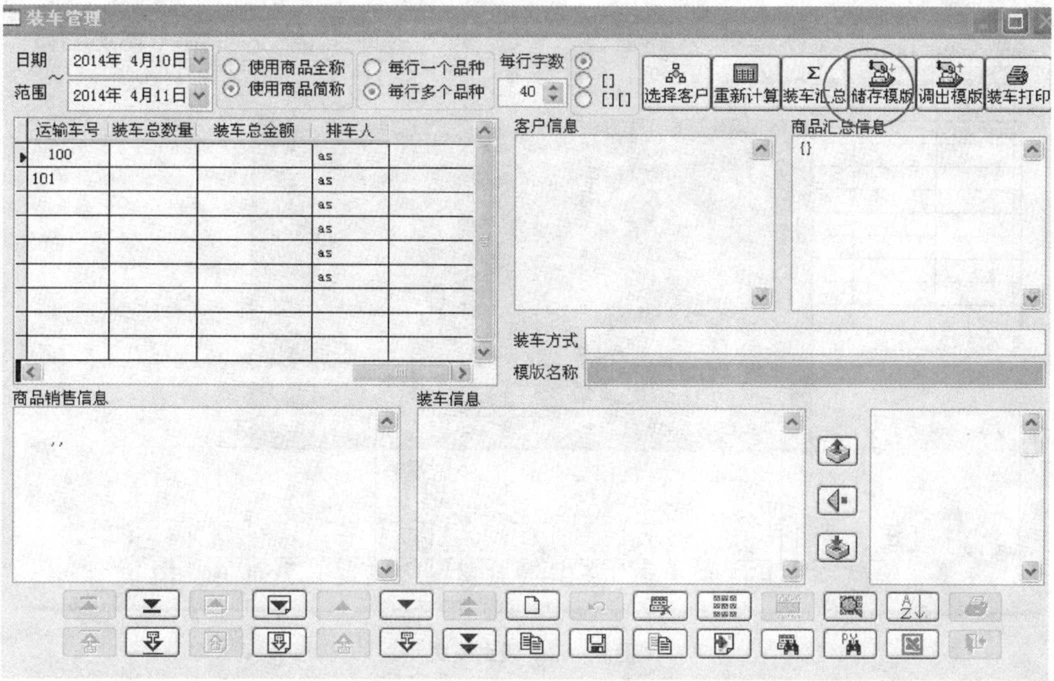

图 9－60 装车管理编辑界面

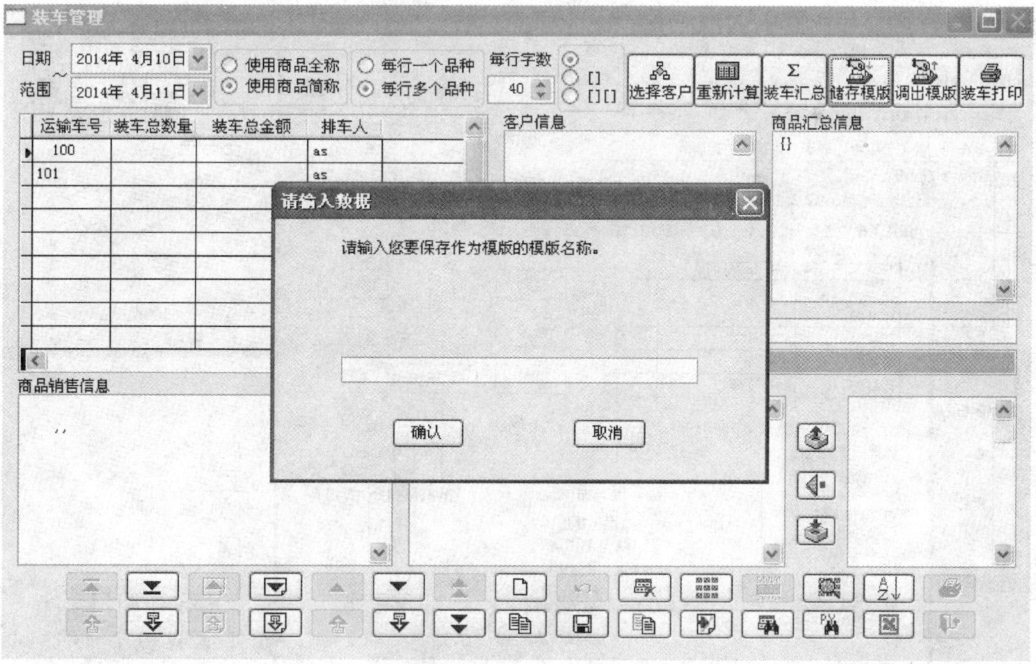

图 9－61 储存模版功能

(4) 调出模块功能操作。参见储存模版操作。在装车管理编辑界面右上方，单击“调出模版”按钮弹出界面，如图 9－62 所示，进行装车费用数据查询。

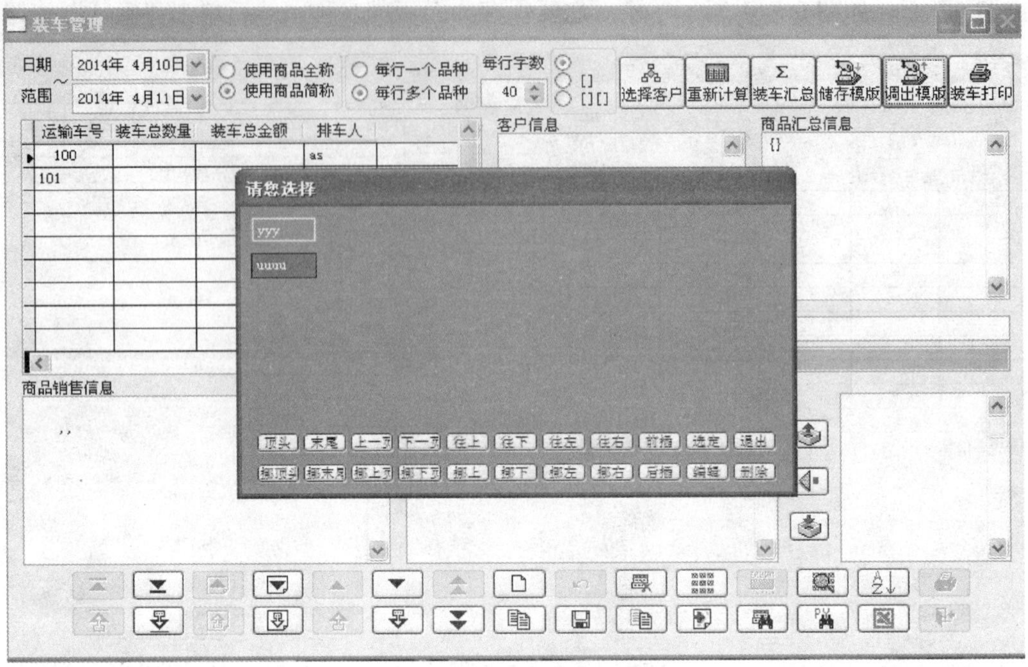

图 9－62　调出模版

（5）装车打印操作，参见调出模版操作。进入装车管理界面，在界面上方，单击“装车打印”按钮弹出如图 9－63 所示的界面，进行报表浏览、打印报表。

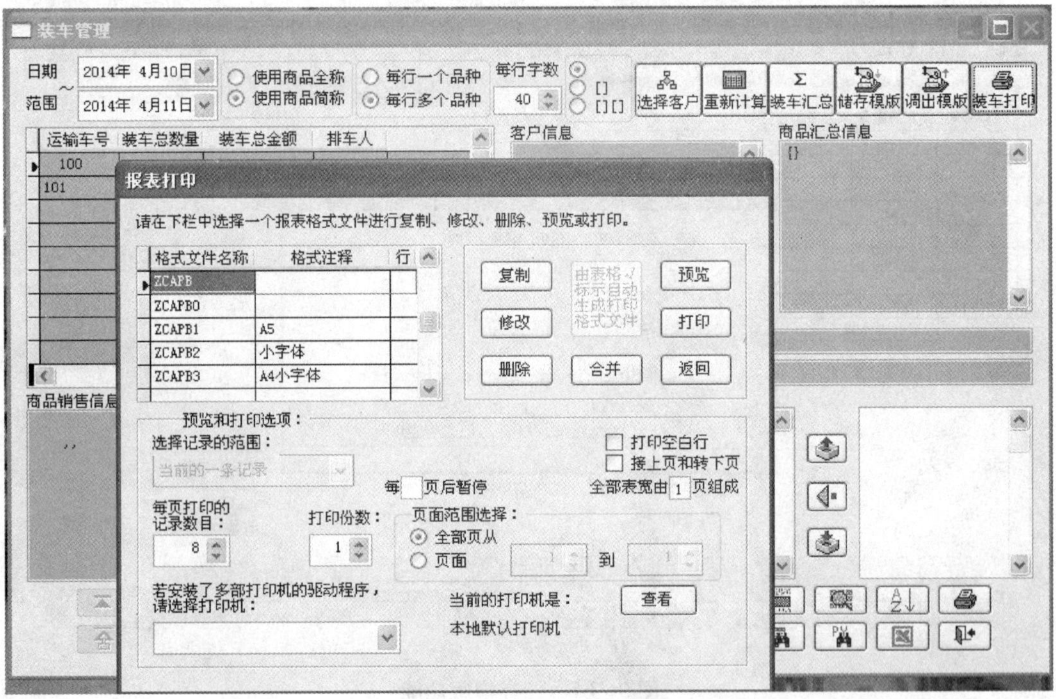

图 9－63　装车费用管理

（6）打印处理送货凭证。在“装车管理”界面中单击右上角的“装车打印”按钮，弹出如图 9 - 64 所示的界面，再单击“预览”按钮，进行报表打印预览，如图 9 - 65 所示。

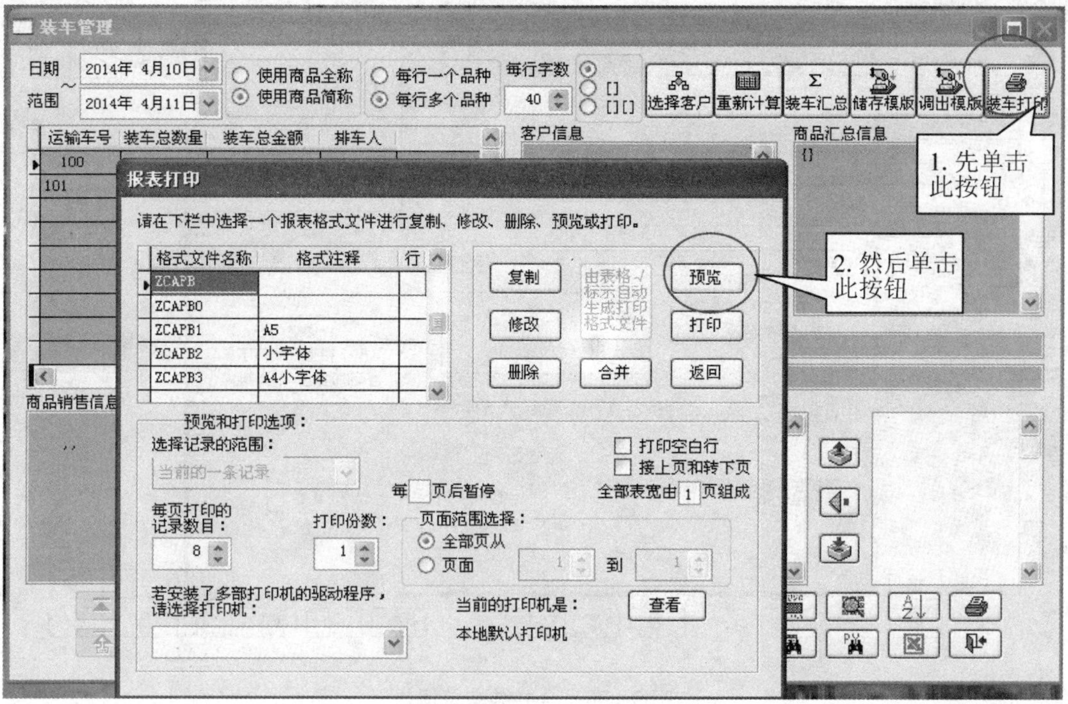

图 9 - 64　装车报表打印操作

图 9 - 65　装车报表打印预览

保存时必须指定的信息是：收费方式、结账方式等。从下拉列表框里选择司机和车牌号，如果运输需要运输费用，那么可以在“费用”栏中输入所需费用。

说明：只有对送货凭证进行打印，送货凭证的状态才会从“未处理”转为“执行”；只有“未处理”的送货凭证才能够进行处理操作。

2. 合并装车单

合并派车单的主要功能是将客户、收货人及车辆历次交易信息合并，且状态为“下达”的装车单进行合并，其基本包括以下操作。

在装车管理界面上，单击“装车打印”按钮弹出报表打印对话框，如图 9 - 66 所示，再单击“合并”按钮，合并装车单，如图 9 - 67 所示。

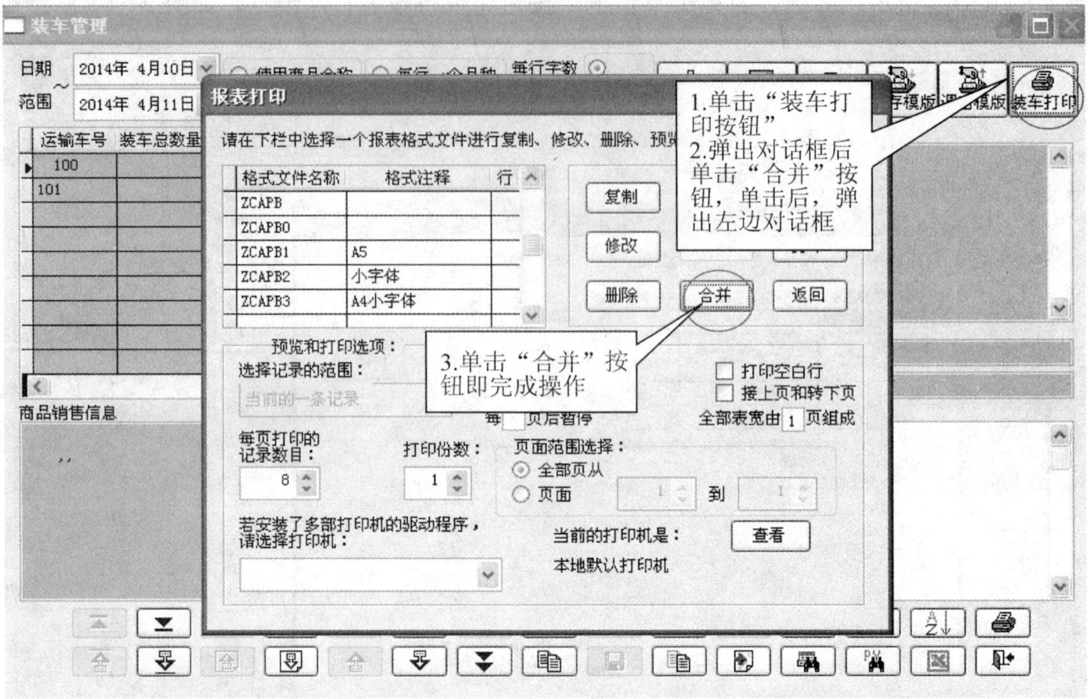

图 9－66　合并装车单操作

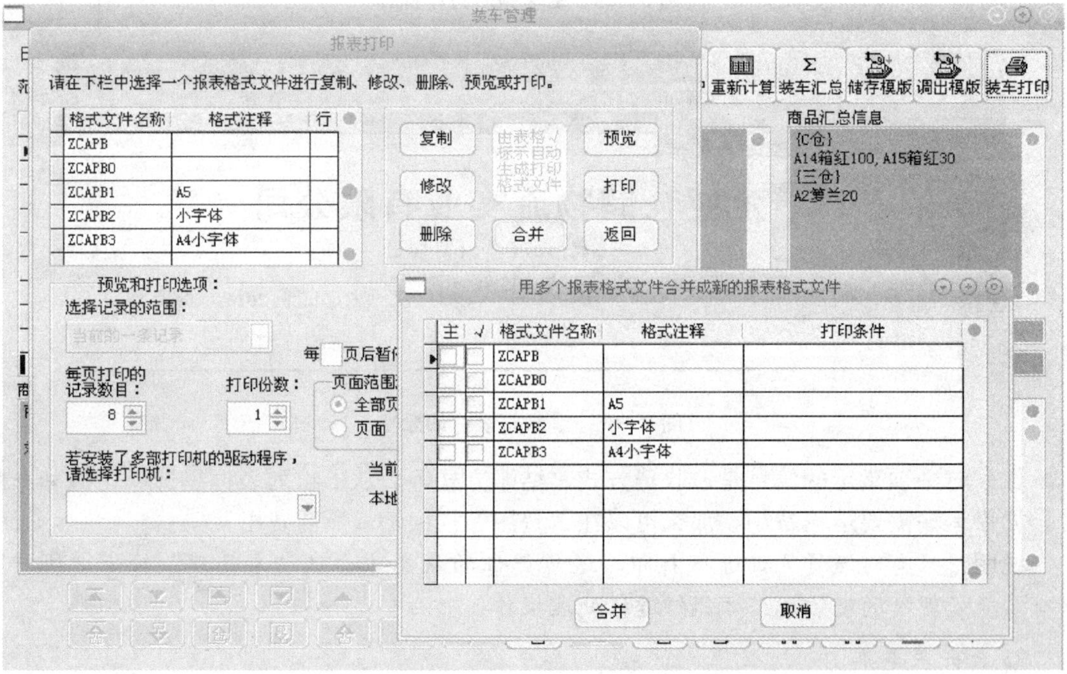

图 9－67　合并装车单弹出窗口

9.4.11 盘点管理

盘点管理：为了保证库存资产的安全和完整，做到账实相符，必须对存货进行定期或不定期的清查，查明存货盘盈、盘亏、损毁的数量以及造成的原因，并据以编制存货盘点报告表，经有关部门批准后，应进行相应的账务处理，调整存货账的实存数，使存货的账面记录与库存实物核对相符。盘点时系统提供多种盘点方式，如按仓库盘点、按批次盘点、按类别盘点、对保质期临近多少天的存货进行盘点等等，还可以对各仓库或批次中的全部或部分存货进行盘点，系统根据盘盈、盘亏的结果自动生成盘点单。

左键单击主界面上方功能菜单："统计盘点"，在下拉菜单中选择"每日统计"命令，可以进行：①商品资料浏览编辑；②商品资料单列显示。

说明：（1）只有状态是"未执行"的凭证才可以被修改。统计盘点功能用来生成盘点单、对某张盘点单进行反馈并生成盘点表。

（2）系统中可进行每日统计、每月统计。

9.4.12 统计（盘点）打印管理操作

1. 每日盘点

（1）计算参数：单击"统计盘点"下拉菜单选择"每日统计"命令，打开界面如图9-68所示，单击右上方的"计算参数"按钮进行盘点参数设置，如图9-69所示。系统即根据盘点条件生成盘点单，并把所有符合条件的出入库单的状态置为"盘点中"，然后自动生成盘点单，就可以根据盘点单进行实际盘点。

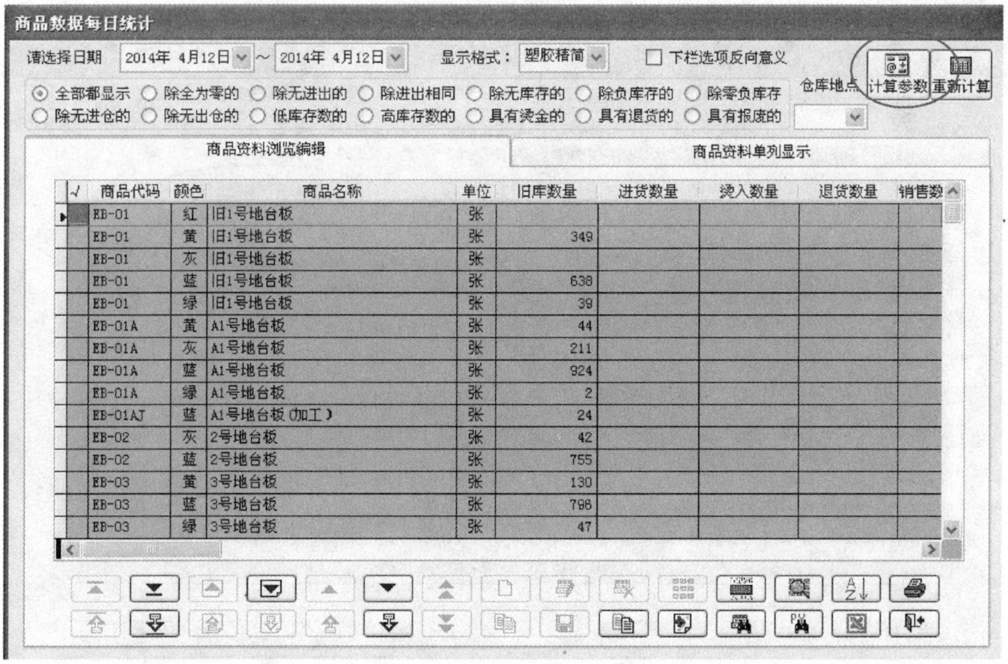

图9-68 盘点界面

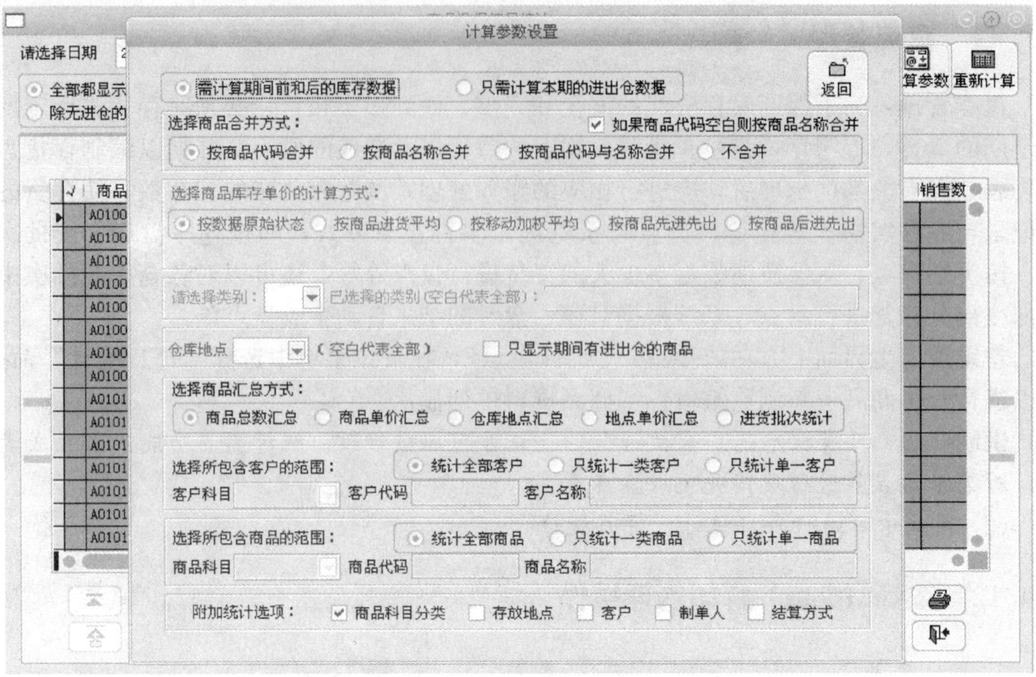

图 9－69　盘点参数设置

注意：为了防止学习者将系统参数数据删除，笔者将输入的数据进行了审核，因此，不能再改动和增加。

(2) 查看盘点单。在盘点界面中，如图 9－70 所示，单击右边的“商品资料单列显示”(图中圆圈处)按钮，查看盘点单，如图 9－71 所示。

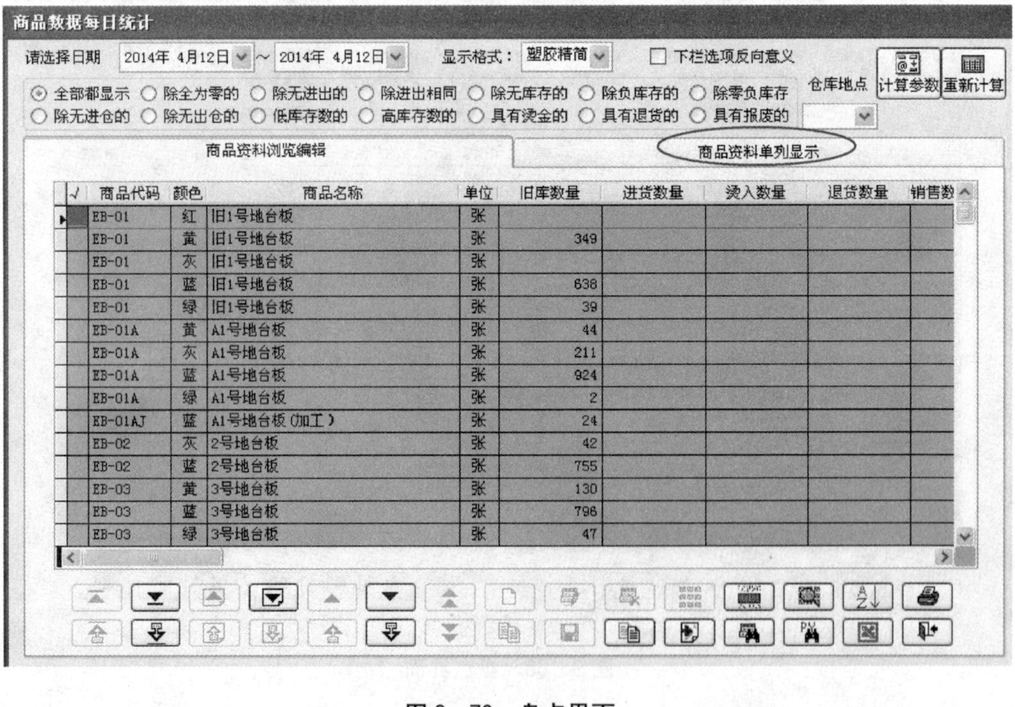

图 9－70　盘点界面

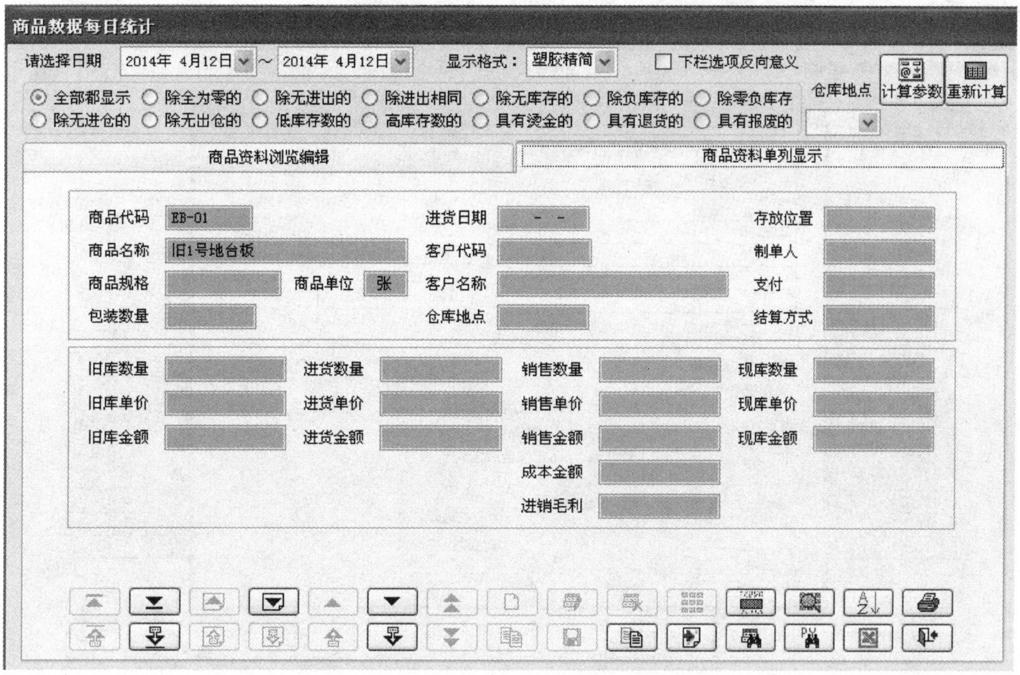

图 9-71 查看盘点信息

(3) 统计盘点报表打印操作。在主界面中单击“统计盘点”下拉菜单，选择“每日统计”命令，打开统计界面，如图 9-72 所示。

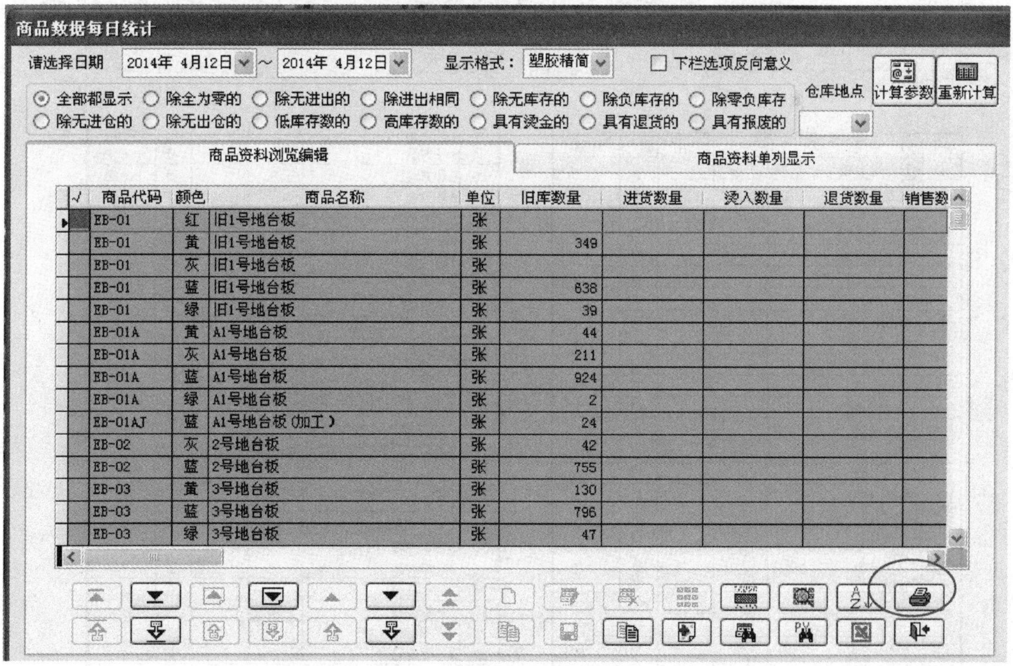

图 9-72 统计盘点界面

在每日统计界面中，单击右下角的🖶按钮弹出窗口如图 9-73 所示。单击圈内的“预览”按钮，进行报表打印预览，如图 9-74 所示。

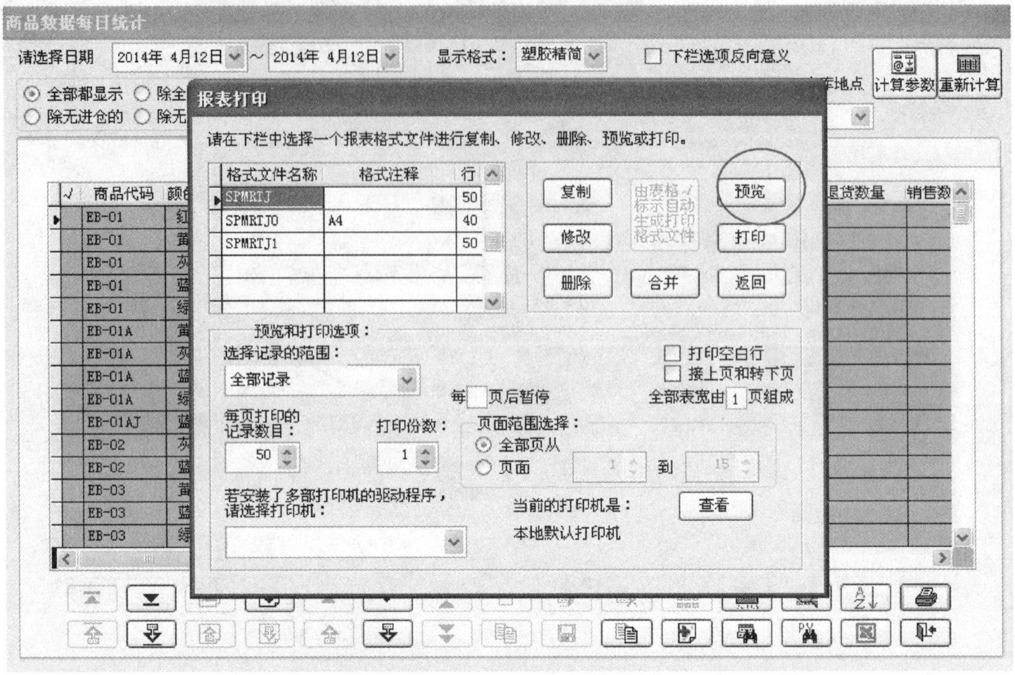

图 9－73　统计盘点报表打印操作

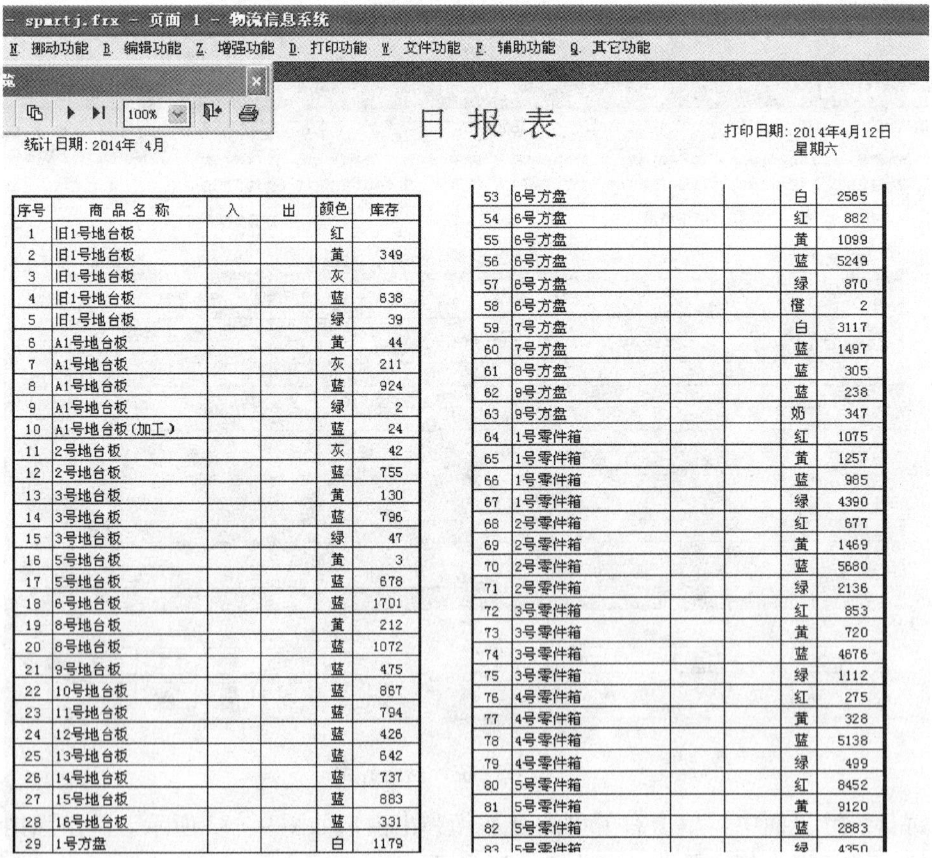

日 报 表

统计日期：2014年 4月

打印日期：2014年4月12日 星期六

序号	商 品 名 称	入	出	颜色	库存
1	旧1号地台板			红	
2	旧1号地台板			黄	349
3	旧1号地台板			灰	
4	旧1号地台板			蓝	638
5	旧1号地台板			绿	39
6	A1号地台板			黄	44
7	A1号地台板			灰	211
8	A1号地台板			蓝	924
9	A1号地台板			绿	2
10	A1号地台板(加工)			蓝	24
11	2号地台板			灰	42
12	2号地台板			蓝	755
13	3号地台板			黄	130
14	3号地台板			蓝	796
15	3号地台板			绿	47
16	5号地台板			黄	3
17	5号地台板			蓝	678
18	6号地台板			蓝	1701
19	8号地台板			黄	212
20	8号地台板			蓝	1072
21	9号地台板			蓝	475
22	10号地台板			蓝	867
23	11号地台板			蓝	794
24	12号地台板			蓝	426
25	13号地台板			蓝	642
26	14号地台板			蓝	737
27	15号地台板			蓝	883
28	16号地台板			蓝	331
29	1号方盘			白	1179
53	6号方盘			白	2565
54	6号方盘			红	882
55	6号方盘			黄	1099
56	6号方盘			蓝	5249
57	6号方盘			绿	870
58	6号方盘			橙	2
59	7号方盘			白	3117
60	7号方盘			蓝	1497
61	8号方盘			蓝	305
62	9号方盘			蓝	238
63	9号方盘			奶	347
64	1号零件箱			红	1075
65	1号零件箱			黄	1257
66	1号零件箱			蓝	985
67	1号零件箱			绿	4390
68	2号零件箱			红	677
69	2号零件箱			黄	1469
70	2号零件箱			蓝	5680
71	2号零件箱			绿	2136
72	3号零件箱			红	853
73	3号零件箱			黄	720
74	3号零件箱			蓝	4676
75	3号零件箱			绿	1112
76	4号零件箱			红	275
77	4号零件箱			黄	328
78	4号零件箱			蓝	5138
79	4号零件箱			绿	499
80	5号零件箱			红	8452
81	5号零件箱			黄	9120
82	5号零件箱			蓝	2883
83	5号零件箱			绿	4350

图 9－74　盘点日报表打印预览

2. 每月盘点

每月盘点，先将参数设为月盘点，操作流程见日盘点操作。

9.4.13 查询计算

查询计算具体包括以下操作。

(1) 在主界面“查询计算”下拉菜单中，选择“商品进出查询”命令，打开查询界面如图 9－75 所示。

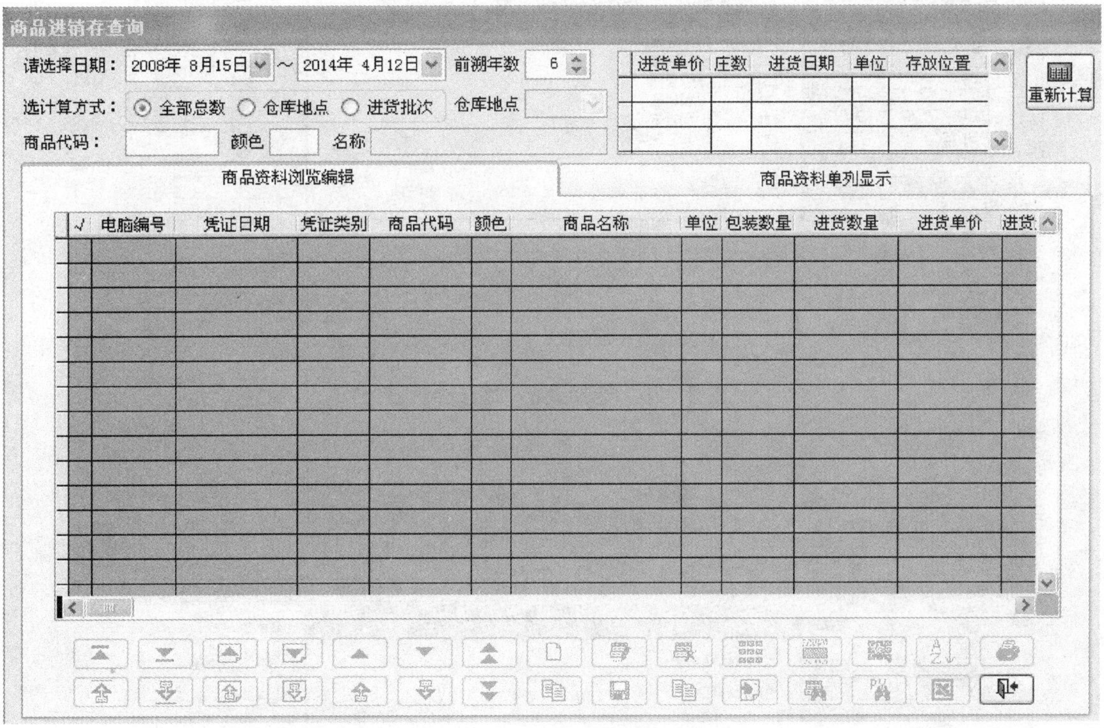

图 9－75 打开商品进出查询界面

右击商品代码编辑框，系统自动弹出“请选择商品二级分类科目”对话框，如图 9－76 中圆圈，然后按标注提示做。

(2) 在操作界面中，双击图中圆圈选中的“二级商品”，系统弹出窗口“请选择商品二级分类科目”窗口，如图 9－77 所示，在弹出窗口中选中要查询的商品再双击，进入商品目录，如图 9－78 所示。再双击选中产品，编号自动出现在商品代码编辑区，如图 9－79 标注所示。

客户业务查询、商品库存查询操作方法同“商品查询”。

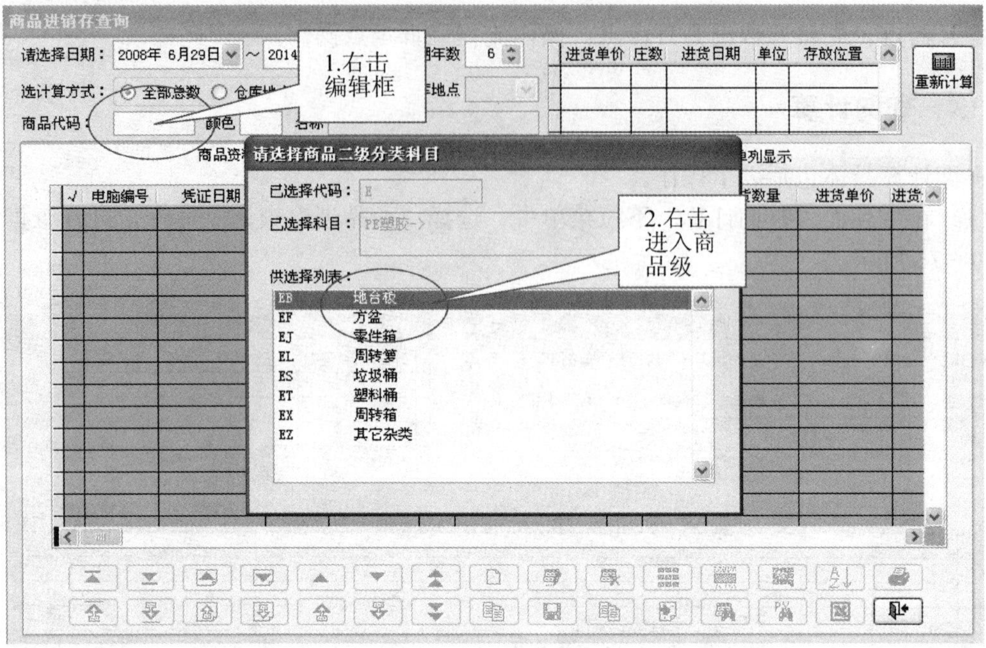

图 9－76　选择商品二级分类科目

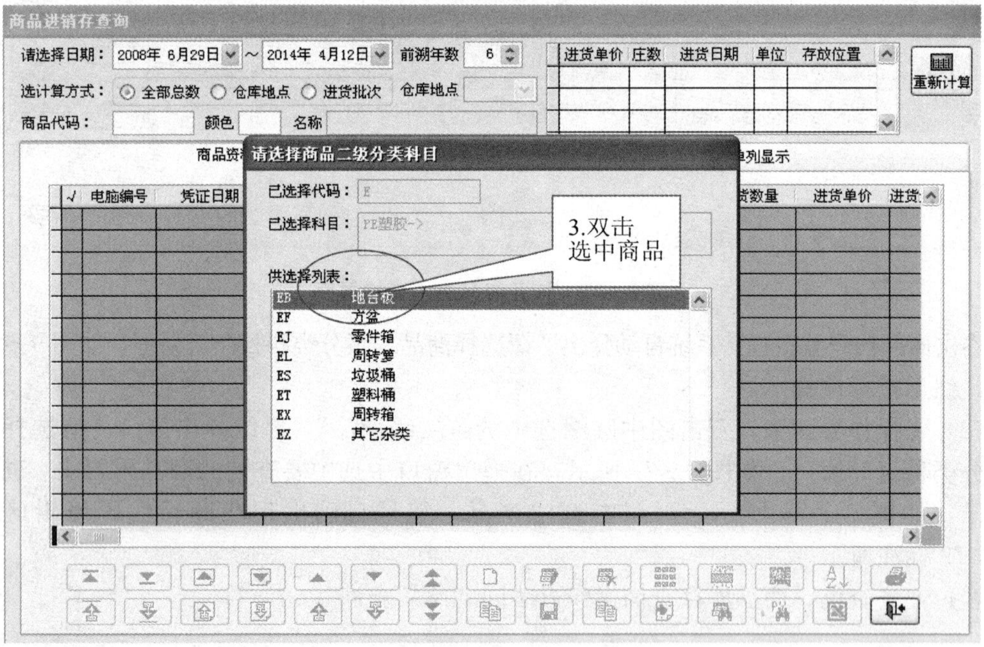

图 9－77　选择商品二级分类科目

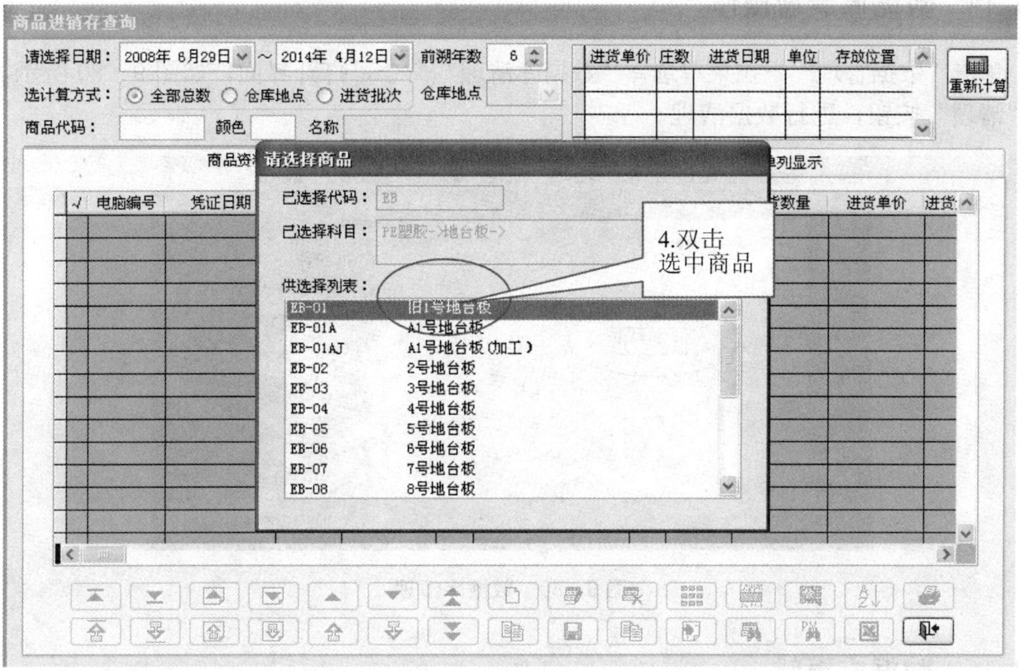

图 9－78　选择商品

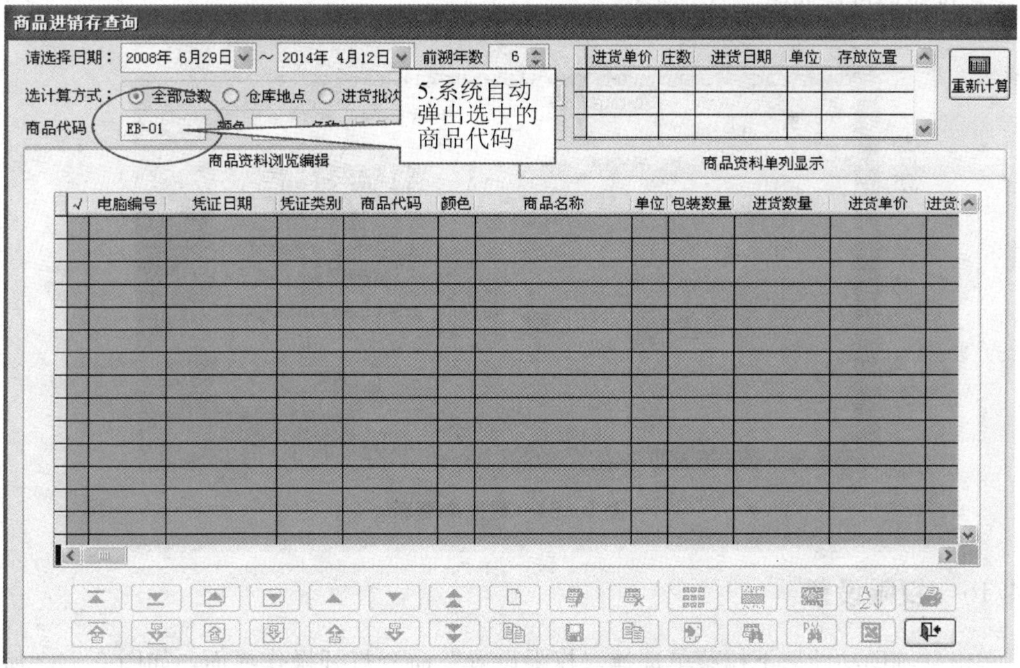

图 9－79　系统自动弹出选中的商品代码

9.4.14 数据库清理操作

单击“数据管理”下拉菜单选择“数据库清理”命令，打开界面，如图 9-80 所示，单击“清理”按钮，进行数据清理。

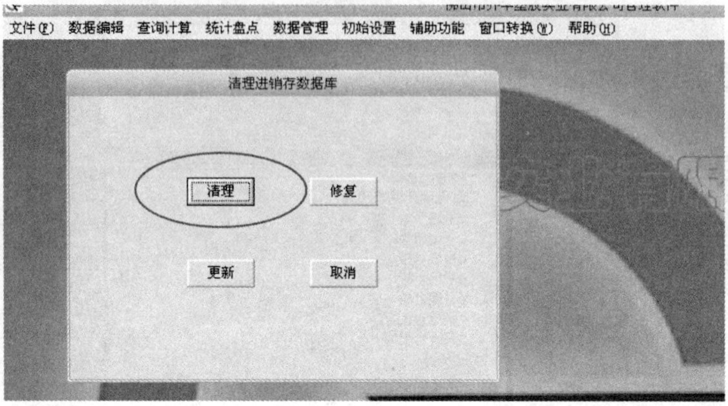

图 9-80 数据库清理

9.4.15 数据库更新

在所有操作完成后，为了保存最新数据，需要将数据更新。操作：在界面中，单击“更新”按钮即可，如图 9-81 所示。

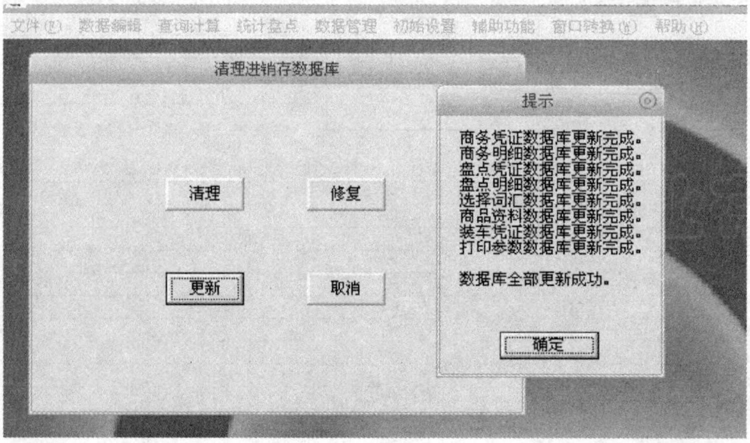

图 9-81 数据库更新

9.4.16 权限设置

单击“辅助功能”下拉菜单选择“权限设置”命令打开操作界面，如图 9-82 所示，进行“权限设置”，然后保存。

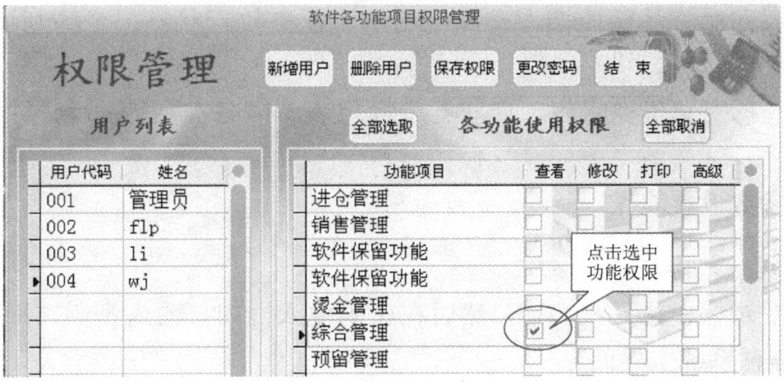

图 9－82 权限设置

9.4.17 密码修改操作

在系统主界面的"辅助功能"下拉菜单中选择"用户密码更改"命令，打开操作界面如图 9－83 所示，进行密码修改。

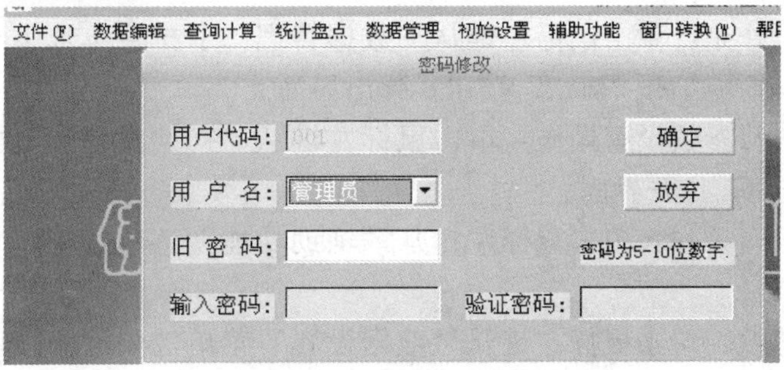

图 9－83 用户密码修改

本 章 小 结

物流管理信息系统是一个能够收集、存储、处理和传输入库管理、销售出库管理、库存管理、装车管理、商品信息管理、客户信息管理的具有完整功能的集合体，用以支持企业进行物流市场分析、物流预测和决策、物流控制等活动，体现了现代化的物流管理，也是物流发展信息化的必然结果。

思考与练习

一、填空题

1.（　　）的设计追求与数据图的对应性，模块间的独立性，（　　）、（　　），基本模块的大小适中，模块的扇入、扇出适度，模块只有单一的入口等。

2.（　　）(MSD) 也称控制结构图，是用来表示系统的（　　），表示模块的（　　）、（　　）与控制流的传递关系以及外界或数据存储信息接口的规范化图形，它是结构化系统设计的一种重要的图表描述工具。

3.（　　）。即对货品保质期、仓库使用率、任务执行状态、合约到期、应收应付逾期等的报警。

4.（　　）。即对物资类账表、管理类指标报表、财务类台账账表等报表的统计查询与管理。

5. 在初始参数设置前先（　　）。

二、判断题

1. 在系统登录框中输入“001”，然后在密码输入框内，输入密码“88888”后按回车进入物流管理信息系统主界面。（　　）

2. 界面约定：字段底色为“白色”表示该字段不可录入，其数值由系统自动产生。（　　）

3. 界面约定：字段底色为“灰色”表示该字段不可录入，其数值由系统自动产生。（　　）

4. 关闭当前窗口：Ctrl+F4。（　　）

5. 反向移动焦点：Shift+Tab。（　　）

6. 参数设置操作是：单击鼠标左键从“数据管理”下拉菜单选中“初始化数据”按钮，打开界面，单击下边的“初始”按钮，弹出界面。（　　）

7. 客户分类科目参数设置操作：单击鼠标左键从“初始设置”下拉菜单选中“商品分类科目设置”按钮，打开界面。（　　）

8. 软件参数设置操作：单击鼠标左键从“辅助功能”菜单选中“软件参数设置”打开操作界面。（　　）

9. 用户密码修改：单击鼠标左键从“数据设置”菜单选中“用户密码更改”打开操作界面。（　　）

10. 打印处理送货凭证：在“装车管理”界面中点击右上角的“装车打印”按钮，弹出界面。（　　）

三、单项选择题

1.（　　）把数据项分成若干组，每一区间代表一个组，码中数字的值及其位置都代表一定意义。

A. 助忆码　　B. 区间码　　C. 顺序码　　D. 二维码

2.（　　）用文字、数字或文字+数字结合起来编码，其特点是，可以通过联想帮助记忆。

A. 助忆码　　B. 区间码　　C. 顺序码　　D. 二维码

3. 由（　　）转为目标系统的阶段。首先识别公司需求的对象以及行为，分别设计出各个对象的实体。

A. 数据系统　　B. 代码系统　　C. 系统流程　　D. 模型系统

4.（　　）在开发中，程序和数据是封装在一起的，对象作为一个实体，其操作隐藏在方法中，其状态由对象的“属性”来描述，通过对象中的“方法”来改变。封装性构成了面向对象开发方法的基础。

A. 抽象性　　B. 继承性　　C. 多态性　　D. 封装性

5.（ ）对象间的联系是通过对象间的消息传递动态建立的，发送到不同的对象可引发不同的操作。

A. 抽象性　　B. 继承性　　C. 多态性　　D. 封装性

四、思考题

1. 简述物流信息系统的设计目标。
2. 简述物流信息系统的设计原则。
3. 在物流信息系统的设计过程中需要考虑的因素有哪些？
4. 简述系统代码设计的原则。
5. 编码方法有哪些？
6. 简述物流信息系统开发过程。
7. 简述物流管理信息系统操作总体流程。
8. 简述入库管理流程。
9. 简述出销售库管理流程。

五、案例分析

华晨金杯实施ERP的管理

华晨金杯汽车有限公司的前身是沈阳金杯客车制造有限公司，是华晨中国汽车控股有限公司的重点生产企业。2004年，华晨金杯与企业管理软件和协同商务解决方案供应商SAP公司、专业服务机构德勤公司合作开发、实施了华晨金杯ERP。

“华晨金杯SAP项目上线刚一个多月，成效还不可能用具体的统计数字来说明，但在一些方面还是有所体现，比如在一个销售计划完成后，销售部门会做一系列统计的工作，过去这个过程需要两到三个小时，现在半小时就可以完成了。”华晨金杯主管商务和信息的副总裁查剑平在接受记者专访时说，公司2003年决定上SAP系统是必须和及时的。

华晨金杯希望通过SAP项目实现业务流程的标准化和规范化，提高管理效率；增强信息的透明度和加快信息流通，提高生产计划的准确性，从而提高企业的应变能力；提升企业的财务管理水平，实现对生产成本的及时、准确控制。

以前，业内人士比喻企业实施ERP是九死一生，投入不小，但成功的很少，可见其中的风险很大。对于风险，查剑平是这样认为的：“其实SAP系统本身是没有问题的，问题主要出在实施上。正因为如此，华晨金杯觉得选择一个好的咨询顾问对ERP的成功上线是非常关键的一点。”华晨金杯在选择顾问时经过了一个比较长时间的反复考虑、比较，最终选择了德勤公司。德勤管理咨询合伙人戴耀华则认为，咨询队伍并不是决定项目成败的唯一因素，双方领导层和团队的紧密合作才是这次项目成功的关键因素之一。

根据华晨金杯汽车有限公司的业务需求和信息技术发展需要，本项目的实施覆盖了整个公司的财务、成本、生产、销售以及物料管理等关键业务。整个SAP实施项目从项目准备、业务蓝图、系统实现、上线准备到上线及支持5个阶段，从2003年11月份开始，历时约7个半月。

为做好项目实施，公司专门成立了一个项目团队包括领导小组、质量控制小组和各个业务小组。领导小组由公司的高层领导组成，公司总裁直接担任组长，不仅给予项目直接的支持，而且在出现关键问题、出现关键矛盾的时候，都能够予以解决。

质量控制小组由公司各个业务部门的高级经理组成，负责对项目质量进行监督、控制，尤其是在蓝图设计阶段进行质量把关。各级业务小组由对应业务部门的经理任组长，各部门的业务骨干负责具体的实施工作，因为ERP是一个管理工程而不是一个信息工程，使得项目始终以管理为中心，以业务为导向。

这个系统也是按照华晨金杯的一些理念实施的，对其影响最大的还不是最高主管，而是高级经理、管理人员，因为计划性，业务流程的规范性体现得非常明显。

资料来源：田宇．物流管理[M]．广州：中山大学出版社，2013.

思考与讨论

1. 如何理解华晨金杯汽车有限公司案例中的“ERP是一个管理工程而不是一个信息工程”这句话？

2. 信息化对企业发展有什么影响？

参 考 文 献

[1] 王世文．物流管理信息系统[M]. 北京：电子工业出版社，2010.

[2] 夏火松．物流管理信息系统[M]. 北京：科学出版社，2012.

[3] 刘键．物流管理信息系统[M]. 北京：清华大学出版社，2012.

[4] 冉文学．物流管理信息系统[M]. 北京：科学出版社，2010.

[5] 凤凰出版社．物流管理信息系统应用开发指南[M]. 北京：凤凰出版社，2009.

[6] 田宇．物流管理[M]. 广州：中山大学出版社，2013.

21 世纪全国高等院校物流专业创新型应用人才培养规划教材

序号	书 名	书 号	编著者	定价	序号	书 名	书 号	编著者	定价
1	物流工程	7-301-15045-0	林丽华	30.00	36	物流管理概论	7-301-20095-7	李传荣	44.00
2	现代物流决策技术	7-301-15868-5	王道平	30.00	37	供应链管理	7-301-20094-0	高举红	38.00
3	物流管理信息系统	7-301-16564-5	杜彦华	33.00	38	企业物流管理	7-301-20818-2	孔继利	45.00
4	物流信息管理	7-301-16699-4	王汉新	38.00	39	物流项目管理	7-301-20851-9	王道平	30.00
5	现代物流学	7-301-16662-8	吴 健	42.00	40	供应链管理	7-301-20901-1	王道平	35.00
6	物流英语	7-301-16807-3	阚功俭	28.00	41	现代仓储管理与实务	7-301-21043-7	周兴建	45.00
7	第三方物流	7-301-16663-5	张旭辉	35.00	42	物流学概论	7-301-21098-7	李 创	44.00
8	物流运作管理	7-301-16913-1	董千里	28.00	43	航空物流管理	7-301-21118-2	刘元洪	32.00
9	采购管理与库存控制	7-301-16921-6	张 浩	30.00	44	物流管理实验教程	7-301-21094-9	李晓龙	25.00
10	物流管理基础	7-301-16906-3	李蔚田	36.00	45	物流系统仿真案例	7-301-21072-7	赵 宁	25.00
11	供应链管理	7-301-16714-4	曹翠珍	40.00	46	物流与供应链金融	7-301-21135-9	李向文	30.00
12	物流技术装备	7-301-16808-0	于 英	38.00	47	物流信息系统	7-301-20989-9	王道平	28.00
13	现代物流信息技术(第 2 版)	7-301-23848-6	王道平	35.00	48	物料学	7-301-17476-0	肖生苓	44.00
14	现代物流仿真技术	7-301-17571-2	王道平	34.00	49	智能物流	7-301-22036-8	李蔚田	45.00
15	物流信息系统应用实例教程	7-301-17581-1	徐 琪	32.00	50	物流项目管理	7-301-21676-7	张旭辉	38.00
16	物流项目招投标管理	7-301-17615-3	孟祥茹	30.00	51	新物流概论	7-301-22114-3	李向文	34.00
17	物流运筹学实用教程	7-301-17610-8	赵丽君	33.00	52	物流决策技术	7-301-21965-2	王道平	38.00
18	现代物流基础	7-301-17611-5	王 侃	37.00	53	物流系统优化建模与求解	7-301-22115-0	李向文	32.00
19	现代企业物流管理实用教程	7-301-17612-2	乔志强	40.00	54	集装箱运输实务	7-301-16644-4	孙家庆	34.00
20	现代物流管理学	7-301-17672-6	丁小龙	42.00	55	库存管理	7-301-22389-5	张旭凤	25.00
21	物流运筹学	7-301-17674-0	郝 海	36.00	56	运输组织学	7-301-22744-2	王小霞	30.00
22	供应链库存管理与控制	7-301-17929-1	王道平	28.00	57	物流金融	7-301-22699-5	李蔚田	39.00
23	物流信息系统	7-301-18500-1	修桂华	32.00	58	物流系统集成技术	7-301-22800-5	杜彦华	40.00
24	城市物流	7-301-18523-0	张 潜	24.00	59	商品学	7-301-23067-1	王海刚	30.00
25	营销物流管理	7-301-18658-9	李学工	45.00	60	项目采购管理	7-301-23100-5	杨 丽	38.00
26	物流信息技术概论	7-301-18670-1	张 磊	28.00	61	电子商务与现代物流	7-301-23356-6	吴 健	48.00
27	物流配送中心运作管理	7-301-18671-8	陈 虎	40.00	62	国际海上运输	7-301-23486-0	张良卫	45.00
28	物流项目管理	7-301-18801-9	周晓晔	35.00	63	物流配送中心规划与设计	7-301-23847-9	孔继利	49.00
29	物流工程与管理	7-301-18960-3	高举红	39.00	64	运输组织学	7-301-23885-1	孟祥茹	48.00
30	交通运输工程学	7-301-19405-8	于 英	43.00	65	物流管理	7-301-22161-7	张佺举	49.00
31	国际物流管理	7-301-19431-7	柴庆春	40.00	66	物流案例分析	7-301-24757-0	吴 群	29.00
32	商品检验与质量认证	7-301-10563-4	陈红丽	32.00	67	现代物流管理	7-301-24627-6	王道平	36.00
33	供应链管理	7-301-19734-9	刘永胜	49.00	68	配送管理	7-301-24848-5	傅莉萍	48.00
34	逆向物流	7-301-19809-4	甘卫华	33.00	69	物流管理信息系统	7-301-24940-6	傅莉萍	40.00
35	供应链设计理论与方法	7-301-20018-6	王道平	32.00					

相关教学资源如电子课件、电子教材、习题答案等可以登录 www.pup6.cn 下载或在线阅读。
扑六知识网(www.pup6.com)有海量的相关教学资源和电子教材供阅读及下载(包括北京大学出版社第
业部的相关资源)，同时欢迎您将教学课件、视频、教案、素材、习题、试卷、辅导材料、课改成果、
品、论文等教学资源上传到 pup6.com，与全国高校师生分享您的教学成就与经验，并可自由设定
知识也能创造财富。具体情况请登录网站查询。
需要免费纸质样书用于教学，欢迎登录第六事业部门户网(www.pup6.com.cn)填表申请，并欢迎
选题以到北京大学出版社来出版您的大作，也可下载相关表格填写后发到我们的邮箱，我们将及
联系并做好全方位的服务。
识网将打造成全国最大的教育资源共享平台，欢迎您的加入——让知识有价值，让教学无界限，
。
：010-62750667，dreamliu3742@163.com，lihu80@163.com，欢迎来电来信咨询。